盱眙年鉴编纂委员会

主　任　朱海波

副主任　张晓红　雍　梅　王行政

委　员　陈劲松　严　镇　张士柱　王国胜　方云飞　孙亚兴
　　　　　张远涵　朱　耀　陈渐垒　葛　云　宋正永　汪　海
　　　　　向正兵　金　鑫　徐　壮　汪玉奎　傅育成　郭永余

《盱眙年鉴（2017）》编审人员

顾　　问　桑　芸

主　　编　王行政

文案编辑　许现高　李　婧　李　静　杨　杰　田　超　邵友红

照片提供　政务网信息中心及各供稿单位

绘　　画　汪玉龙

盱眙年鉴

XUYI YEARBOOK

2017

盱眙县地方志编纂委员会 编

方志出版社

中国龙虾产业联盟高层论坛

龙虾节开幕式花车表演

龙虾节开幕式

第十六届中国·盱眙国际龙虾节

万人龙虾宴

县委书记李森宣布开捕仪式开始

开捕仪式捕捞现场

开捕仪式现场烧制龙虾

登高望远晚会

李宇春

6月12日晚19时30分，第十六届中国·盱眙国际龙虾节“登高望远”今世缘大型文艺晚会在万众期盼中如约而至。此届中国·盱眙国际龙虾节，形式多样、丰富多彩，龙虾产业板块、群众文体板块、休闲旅游板块、商务合作板块，四大板块几十项活动，涵盖了经济文化社会民生的各个方面，展示了盱眙人创新、创业、创优的精神风貌，承载着每一个盱眙儿女建设美好家园的共同梦想。晚会由江苏省盱眙龙虾协会、江苏今世缘酒业股份有限公司主办，司麦澳（北京）文化艺术有限公司承办，江苏七仙女影视股份有限公司特别协办。得到了盱眙县人民政府、扬子晚报社、江苏省环保厅、江苏省海洋与渔业局、江苏省广播电视总台、江苏省旅游局的大力支持。晚会由尼格买提、蓝羽、法捷耶娃主持。著名歌手周华健、张宇、张韶涵、李宇春及五洲辣妹组合等演员倾情加盟，为广大观众带来一次难忘的视听盛宴。

主持人：法捷耶娃、蓝羽、尼格买提

张　宇

周华健

城市慢生活

“慢生活”的理念自提出后，一直为全球广泛推崇，并细化出一系列的“慢”生活方式，如，慢写、慢爱、慢阅读、慢运动、慢呼吸……盱眙县委、县政府积极响应，结合地域人文特色，迅速吸收“慢生活”的理念，将盱眙山水、文化融入其中，使都市的人们能够徜徉于花海，体味生活的本真；能够游览桃花源的脱俗，品味隐居的乐趣；能够漫步象山，独享生活的恬趣，将身心寄托于自然，品读“慢”的生活方式。

都梁花海

【概况】都梁花海项目是县委、县政府确定的2015年民生实事和城乡一体化项目之一，由盱城镇承建。项目位于盱眙县都梁大道南、游乐场东，占地约5.73公顷。项目聘请江苏省城市规划设计研究院按照“城市乡野风情”设计，主要包含景观园路、茅亭、铺装、景观小品等。

【精心打造】2015年，盱城镇党委政府为确保在盱眙第15届龙虾节前都梁花海景观工程的顺利完工及确保龙虾节期间鲜花全面盛开。镇党委政府一班人高度重视，多措并举强力推进：3月中旬开始征地、拆迁、土地整理；4月1日播种栽植，并同步实施园区配套工程，其中，园区游道2200米、中心道路长200米、宽4米。经过3个多月的艰苦努力，达到预期效果，6月显现出一片花海景观，成为第15届中国·盱眙国际龙虾节的一道靓丽风景。

【花海含义】花海播种以格桑花为主，二月兰为辅。格桑花，又称格桑梅朵，在藏语中，“格桑”是“美好时光”或“幸福”的意思，“梅朵”是花的意思，所以格桑花也叫幸福花，它花期长，易培育，适合大面积种植，景象好，同时孕育着盱眙人民对幸福生活的一种期盼。科学合理的空间布局、山水兼备的自然特色、清新静谧的生态环境，花海已成为盱眙人工作之余观景、休闲的好去处。

城市桃园

【概况】城市桃园项目位于盱眙县盱城镇，基地范围西临青年水库，东靠宁宿徐高速公路，南至盱眙客运中心后侧规划道路，北为新华村王洼组、黄庄组，占地约82.86公顷。其中，国有土地25.22公顷，集体土地57.70公顷，涉及土地流转农户210余户，拆迁33户，预计造价5943万元。

【规划要素】项目规划面向采用自行车骑行旅游和步行游览出行的人群，以游览休闲、体育健身、低碳出行为特色，结合风景绿道的建设，基于山水环境和田园资源，以优越的生态环境和田园机理为基底，以保护和提升生态环境质量，优化生态格局，打造现代农业种植的特色景观廊道为目标，服务人们观光、休闲、游憩等需求，结合郊野休闲、田园种植、农业体验、和风景游赏等功能，发展丰富多样的游憩体验活动，形成独具特色的游赏风景绿道系统。为城乡居民和游客提供休闲游览、农业休闲观光等活动的路径和场所。

【建设意义】城市桃园的建设将在城区西北部与青年水库一起形成大型生态版块，与城市西北的低山丘陵连成一体，丰富城市的生态基底，增加城市绿地率，提升城市绿地的物种多样性水平，优化城市生态格局。以《桃花源记》为主题的开发提升城市的文化品位与特色，提升盱眙城市文化特色，以绿道串联盱眙山水风光，与体育公园相衔接，实现一体化发展。随着盱眙体育公园等景区的建设与开放，丰富城市旅游产品的效果已经初显，成为服务盱眙城乡居民与游客的又一主打景区，丰富城市旅游产品。

体育公园

【概况】体育公园项目位于城区北部，北至四山圩，南起戚大山、象山，西至淮河，东至新华村，边临淮河大桥，宁徐公路，囊括盱眙象山国家矿山公园，属于淮河合围的三角地带，总面积约4平方千米。

【主题建设】体育公园以“漫游龙都绿野、骑品原味山水”为主题（漫游是指休闲健康的慢生活，一种低碳的旅游态度；龙都即龙虾之都，帝王故里；绿野即郊野风光；骑品是“赏、忆、游、品、悟”的全方位自行车骑行模式；原味即真山真水，原滋原味；山水即自然美景，乡土风情，孕育美食），从生态与周边资源整合的角度，强调绿道与山、水、村、田的有机融合，形成“山与河的传说”“林与谷的密语”“村与田的剪影”“水与田的交融”四大主题片区，包含子项目有象山印象、幸福港湾、石筑小院、荷塘映月、麦田梯浪等多个特色景点，打造出一道可以品读山河故事、听悟林谷蜜语、体验水田交融，赏议村田魅影的风景，让人回归自然。

【建设意义】体育公园以突出原生态的自然景观风貌、保护本色山水风情、整合旅游资源为前提，实现道路交通、景观游憩、农业体验和生态保护功能的有机结合，通过健身绿道构建，打造苏北地区首个以体育旅游、健身休闲、低碳出行为特色的风景观光，为人民提供文化体验、郊野休闲，视觉和味觉享受的一道自然风光大餐。

大云山汉墓

大云山汉墓位于盱眙县马坝镇云山村大云山山顶区域，西距盱眙县城30千米，南距汉代东阳城遗址1千米，与青墩山、小云山汉代贵族墓地相邻，经专家考古确定为西汉景帝之子、第一代“江都王”——刘非及其后妃的墓葬遗址群。陵园内发现主墓3座、陪葬墓14座、祭祀坑3座、车马坑遗址4座、兵器坑遗址2座、建筑基址2处以及司马道遗址。出土金银铜器、玉器、陶器、漆器等珍贵文物1万余件，其中金缕玉衣、玉棺、编钟等珍贵文物的文物价值与学术价值极为重大。2010年9月2日，成立大云山汉墓文物保护管理处。2011年6月，被评为江苏省首批 “大遗址”，12月，被公布为“江苏省第七批重点文物保护单位”。2012年1月，被中科院评为“2011年中国考古六大新发现”；4月，入选“2011年全国十大考古新发现”。大云山汉墓的保护和发展被列入江苏省大遗址公园保护工程和江苏省重点旅游规划。

4号车清理后现状（俯拍）

暗花纹剑簇

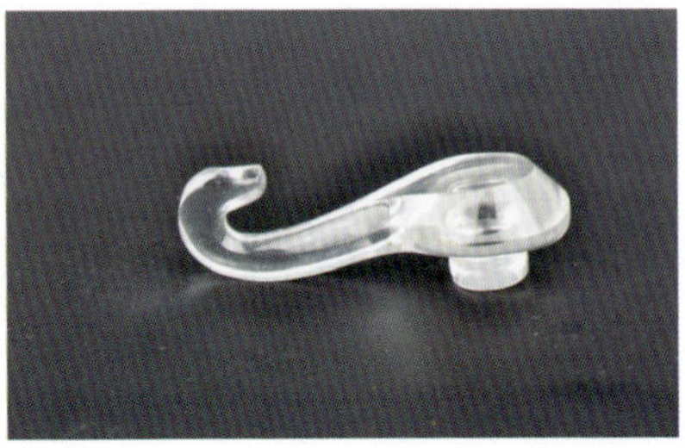

水晶玉带钩

一号墓和二号墓航拍全景

车马坑一号车车轮及毂軎出土场景

修复后的编钟调试

发掘队员余伟提取兵器

考古实习生现场绘图

发掘队员陈刚清理编钟

民工取土

泗州城遗址

【概况】泗州城遗址位于淮河镇城根村和沿河村，面积约2.46平方千米。2010年底，南京博物院考古研究所开始对泗州城遗址进行大规模的考古勘探与发掘，发掘面积20000平方米，揭露出香华门与南城墙一段、灵瑞塔塔基与普照禅寺等部分重要遗迹。通过考古勘探发掘与历史资料记载对比，确认泗州城遗址的年代为唐至清初。2013年3月28日，省市专家对泗州城申报江苏大遗址进行验收；4月28日，被公布为第七批全国重点文物保护单位。

【泗州城遗址现状与保护】遗址绝大部分位于农田、住宅、道路之下，距地表1.5米以下。所在地为

明代晚期建筑及道路遗迹

灵瑞塔碑碑座

铁镬

冲积平原。泗州城遗址范围内，建设住宅对遗址破坏严重。2006年，成立盱眙县泗州城遗址管理保护利用管理委员会，由文化、公安、水利、国土等单位共同参与泗州城遗址的保护、管理。制止严重破坏遗址的行为，进行抢救性发掘。由于遗址地处乡村，周边主要为农田，故遗址保存延续性得以维持，综合分析，泗州城遗址保存完整性较好。2011年，县政府设立“泗州城遗址”标志牌。2012年，成立盱眙县泗州城文物保护管理所，编制3人。2013年，启动泗州城遗址保护规划编制工作。

【监测与维护】2006年，县泗州城文物保护管理所按照《盱眙县泗州城遗址保护管理办法》。建立由镇村人员和文物工作人员组成的专门保护小组，对泗州城遗址进行日常监测与维护。2012年，泗州城文物保护管理所成立，泗州城遗址的监测与保护由泗州城文物保护管理所负责，配备专门人员，建立完善的日常监测与维护制度，严格按制度要求进行落实，做好详细的监测记录。

香华门

宁淮新兴产业科技园

2016年7月18日，江苏省委常委、副省长杨岳（左四）莅临园区考察

宁淮新兴产业科技园

2016年9月24日，南京市委常委、江北新区党工委专职副书记罗群（左五）莅临园区考察

2016年12月8日，南京雨花区区长李世峰（右四）莅临园区考察

宁淮新兴产业科技园位于江苏省淮安市盱眙县东南部，距南京市区85千米，距南京江北新区半小时车程。园区规划总面积45平方千米，东至宁淮高速，南至铁山寺快速通道，西至盱张公路，北至305县道及新扬高速，其中核心启动区8.21平方千米。园区重点发展智能制造、新能源、新材料等先进制造业，休闲观光、旅游度假、养生养老、主题公园等现代服务业以及科技研发服务、科研成果转化、孵化中试、服务外包等科技服务产业，最终建成以高端产业集聚为特色的新兴产业城。

宁淮新兴产业科技园于2012年9月启动建设，现已全面完成45平方千米总体规划、8.21平方千米启动区控制性详细规划、全县首个管综规划以及旧铺片区空间发展规划，启动区区域规划环评已获专家及部门审查通过，获批淮安市县域现代服务业集聚区，纳入江苏省南北共建园区管理。园区累计投入7.03亿元完成前期路网、水、电、气等基础设施建设，初步达到企业入驻条件，江苏九思智能装备产业园项目成功签约入驻。

同创新城商业综合体

盱眙县特殊教育学校

淮安市百节名师课堂交流活动

“金秋感动”活动现场

盱眙县特殊教育学校创办于1992年，原为盱眙县聋哑学校，1999年5月，更名为盱眙县特殊教育学校。2008年异地新建，新校园占地2公顷，建筑面积7500平方米。现有18个教学班，其中5个听障班、3个培智班、2个语训班、蓝天幼儿园学前班8个，在校生362人，现有教职工55人。专科以上学历93%，中级以上职称42%。

学校配备计算机室、科学发现室、蒙氏训练室、感统训练室、听力检测室等各项专用设施设备，每间教室都配备电子白板。2002年以来，先后有40余名学生考入南京特教学院、山东特教专科学校就读。谢磊同学先后3次在全国残疾人田径竞标赛中荣获标枪冠军；学生舞蹈《快乐踢踏》、课本剧《绿色校园》分别在第八届、第六届全省残疾人运动会中荣获二等奖、三等奖；学生美术、计算机绘画多次在省、市各项比赛中获奖。

学校先后被市政府授予“先进单位”称号，被市教育局授予“教学质量先进单位”称号，被市教育局、市红十字会授予“淮安市红十字示范学校”称号，被市教育局、市节能减排办公室授予“节能示范学校”称号。

盱眙县残疾人联合会

县残疾人联合会(简称残联)1990年9月24日成立，1997年1月21日升格为正科级单位;下设残疾人劳动就业服务处和残疾人辅具器具服务站，职能是“代表、服务、管理”，宗旨是发展残疾人事业，主要开展残疾人康复、就业、维权、教育、用品用具供应、福利、社会服务及专门协会等工作。

现有各类残疾人4.17万人，其中持证视力残疾1427人、听力残疾1216人、言语残疾74人、肢体残疾8937人、智力残疾3205人、精神残疾1871人、多重残疾218人。

2016年，县残联利用媒体开展与残疾人康复工作有关的公益宣传服务。开展“爱眼日”“爱耳日”“精神卫生日”“防治碘缺乏病日”“防治麻风病日”等活动，有重点地开展宣传教育，组织干预措施，配合卫生部门进行早期干预和早期康复训练，获得残疾朋友的广泛认可。

县残联邀请市二院康复专家到盱眙培训康复指导员

“七一”县残联党支部组织党员到黄花塘军部重温入党誓词

县残联到乡镇为残疾人培训蔬菜种植技术

“爱耳日”县残联联合县中医院到特校开展“0～6”岁儿童听力筛查

金康达观赏石博物园

金康达观赏石博物园有限公司成立于2016年3月23日，是经国家工商总局核准、国务院备案的国字头综合博物园。博物园项目位于盱城街道新华村、赵岗村、新湾村，占地约300公顷；计划五年完成，三年部分项目开园，总投资20亿元，目前已经收集观赏石6万多块，观赏石拥有量位居全球第一，品级全球最高，具有不可估量的社会价值与经济价值。

金康达观赏石博物园以观赏石为载体，与文化艺术相结合，与园林建设、温泉休闲度假、健康养生养老、科技农业、生态旅游相融合，打造全国乃至全球著名的文化、旅游目的地。

目前，项目总体规划由东南大学、南京农业大学、南京大学、南京林业大学4所高校专家教授共同完成。项目分为三期，目前观赏石博物馆项目区已修园区路网近30千米，完成部分绿化与园林石布置。一期核心项目中的博物馆、温泉休闲酒店、游客服务中心与停车场已完成规划与设计。

编辑说明

一、《盱眙年鉴》是由盱眙县人民政府主办的大型综合性、资料性工具书，自1994年起，每年编印一卷，旨在按年全面系统地记载盱眙县在社会主义四个文明建设中的历史进程，为宣传盱眙、建设盱眙和对外经济技术合作交流服务。

二、《盱眙年鉴（2017）》主要记载2016年1月1日至12月31日盱眙县各行、各业、各界发展情况，取得的新成就，发展的大事、要事、新事。新任县领导任职时间截至2016年12月。单位及领导人名录，收录副科级以上实职领导干部名单。

三、《盱眙年鉴（2017）》采用分类法编辑，编排门类。全书设特载、盱眙概貌、大事记、人物、政治、群团组织、法治、公共管理、农业、工业、服务业、旅游、基础设施、城乡发展、环境保护、科教人才、文化、卫生体育、社会保障、军事、龙虾节、乡镇场、统计资料、文件选编、附录25个部分，图表随文配置。

四、《盱眙年鉴（2017）》记述结构为栏目、类目、分目、条目4个层次，每一个部分从哪个层次开始竖写，根据实际情况灵活处理；条目及少数分目为记述的基本形式；部分栏目和类目设综述，类目和分目一般设概况，以对这一事业（行业）作宏观介绍。

五、语言文字、标点符号的运用以及数字的竖写等，按照国家标准执行。量与单位的使用，执行国家有关部门规定的标准，土地面积较小的用“亩”为计量单位，书中所记货币除注明币种外均为人民币。

六、较长的名称及某些词语，一般首次出现时用全称，再次出现时均用简称，如中国共产党盱眙县委员会简称“中共盱眙县委”，必要时再简称“县委”；县人民政府简称“县政府”等。

七、《盱眙年鉴（2017）》检索系统有：卷首设目录，卷末设按汉语拼音字母顺序排列的主题分析索引，书眉排有栏目。全书所有信息均可由目录、索引、书眉获得，检索方便。为方便卷本索引标注，页面左半栏称“a”，右半栏称“b”。

八、《盱眙年鉴（2017）》在封面、旅游及龙虾节制作了6个二维码，可看视频可听音频。

九、《盱眙年鉴（2017）》资料由各部门、各单位提供，专人撰写，单位负责人审稿，县地方志办公室编纂审查定稿。文末署供稿人、审稿人姓名，每个栏目的责任编辑也署名，以示负责。“统计资料”由县统计局提供，凡全县性的数据，除说明来源者外，均以县统计局公布的为准。

目　录

Contents

特　载

盱眙概貌

大事记

人　物

政　治

社会团体

法　治

公共管理

农　业

工　业

服务业

旅　　游

基础设施

城乡发展

环境保护

科教人才

文　化

卫生　体育

社会保障

军　事

龙虾节

乡镇场

统计资料

文件选编

附　　录

特　　载

Special load

中国共产党盱眙县第十四次代表大会隆重开幕

2016年7月29日上午，中国共产党盱眙县第十四次代表大会在县大剧院隆重开幕。大会应到代表238名，因事、因病请假8名，实到代表230名，符合规定人数。8时30分，中国共产党盱眙县第十四次代表大会正式拉开帷幕。担任大会执行主席的是：梁三元、朱海波、陈俊祥、高为森、张晓红、杨军、林波、顾强、杨韬、张健、张柏。朱海波主持大会。梁三元、朱海波、陈俊祥、高为森、张晓红、杨军、林波、顾强、杨韬、张健、张柏、蒋国民、刘建功在主席台前排就坐。列席大会的有：部分原四套班子领导，不是党代表的县处级领导，不是党代表的县级机关单位党政主要负责人，不是党代表的乡镇人民政府、街道办事处主要负责人。

梁三元代表中国共产党盱眙县第十三届委员会向大会作题为《抢抓战略机遇、推动转型升级、为率先实现“十三五”一高双强目标而努力奋斗》的工作报告；杨韬代表中国共产党盱眙县纪律检查委员会向大会作题为《尊崇党章党纪、聚焦主责主业、为实现“一高双强”目标提供坚强保障》的工作报告。通过大会选举办法。

梁三元的报告分为三个部分，分别为：过去五年主要工作和基本经验，未来五年奋斗目标和突破重点，全面加强和提升党的建设。梁三元首先就大会的主要任务予以阐述。会议的主要任务是：回顾总结第十三次党代会以来的主要工作，研究部署今后五年的主要任务，选举产生中共盱眙县第十四届委员会和纪律检查委员会，动员全县各级党组织、广大党员干部群众，凝心聚力、担当实干，为率先实现“十三五”一高双强目标而努力奋斗。梁三元在报告中全面回顾了过去五年的主要工作和基本经验。县第十三次党代会以来，在市委、市政府正确领导下，县委团结带领全县上下，坚持以小康建设为总揽，突破三大重点，推进八项工程，砥砺奋进，攻坚克难，圆满完成既定目标任务，科学跨越发展迈上新台阶。过去的五年，盱眙县把扩总量调结构作为第一目标，以实干创实绩，综合实力实现大跨越；过去的五年，盱眙县县委县政府把生态文明作为第一责任，以共建促共享，城乡面貌实现大变样；过去的五年，盱眙县县委县政府把人民幸福作为第一追求，以民生聚民心，幸福指数实现大提升；过去的五年，盱眙县县委县政府把改革创新作为第一动力，以先行争先进，转型发展实现大进步；过去的五年，盱眙县县委县政府把党的建设作为第一保障，以党风带民风，政治生态实现大改善。

梁三元说，五年的生动实践，为今后发展奠定了坚实基础，积累了宝贵经验。谋划工作，必须始终保持敏察大势的眼界胸襟；干事创业，必须始终保持争先向上的精神状态；破解难题，必须始终保持改革创新的勇气担当；推动发展，必须始终坚持切合实际的路径选择；执政为民，必须始终坚持以人为本的工作宗旨；强化保障，必须始终坚持从严治党的各项要求。

梁三元在报告中勾画了盱眙今后五年的蓝图。他指出，今后五年，盱眙发展的指导思想和奋斗目标是：在全省“迈上新台阶、建设新江苏”、全市“打造增长极、共筑崛起梦”的大局中找准定位、提升标杆，以实现“一高双强”为目标，以向南向前为引领，大力实施创新驱动、产业融合、生态引领、城乡统筹、民生共享五大发展战略，着力构建现代产业、民生保障、县域治理、众创空间、生态文明五大发展体系，把盱眙建设成为淮安南部增长极、南京都市圈北部门户城市、长三角山水文化休闲名城,让每一个盱眙人都能过上有滋有味的美好生活。具体奋斗目标是:县域经济再上新台阶,改革创新激发新活力,城乡面貌展现新气象,人民生活实现新提升,社会建设迈出新步伐。壮丽蓝图已经绘就,美好前景催人奋进。梁三元指出,围绕上述目标,今后五年要突出抓好五个方面工作。一要突出支柱支撑,推动三次产业转型升级。未来五年,要以强产业大项目为抓手,做强“三大支柱”,推动三次产业转型升级。即做强新型工业支柱,做强现代服务业支柱,做强现代农业支柱。二要突出生态文明,推动统筹城乡转型升级。要把“特色盱眙、生态家园”作为统筹城乡发展的本底,构建产业互补、功能融合、服务均衡、城乡个性鲜明的新格局。统筹推进城乡精品建设,统筹提升城乡公共服务,统筹打造城乡生态环境。三要突出体制机制,推动改革创新转型升级。要进一步增强定力、保持韧劲,用改革的办法、创新的思维,破解瓶颈、集聚资源、释放活力、助推发展。全面深化行政体制改革,大力推进新型城镇化综合配套改革,有效实施社会领域改革,持续加大科技创新力度。四要突出以人为本,推动民生幸福转型升级。必须坚持以人民为中心的发展理念,从群众最关心的问题入手,以更大力度办实事、更实举措优服务,让发展成果更多更公平惠及全县人民。拓宽富民增收渠道,高位推进民生事业,完善社会保障体系。五要突出开明开放,推动社会建设转型升级。坚持向上文化引领,突出民众导向、法治导向,纵深推进社会治理创新,为建成更高水平小康社会打下坚实基础。全面加强思想文化建设,纵深推进社会治理创新,努力提升对外开放水平。

就全面加强和提升党的建设,梁三元指出,事业发展,核心在党,关键在干部。要把打造一支能征善战的干部队伍,作为事业成功的根本保证。一要坚定信念,铸造绝对忠诚的党性之魂。二要锤炼队伍,打造攻坚克难的精锐之师。三要重抓基层,构造凝心聚力的固本之基。四要强化问责,锻造正风肃纪的反腐之剑。

梁三元号召大家倍加珍惜党和人民的信任,

时刻牢记肩上的责任，用实干落实发展蓝图，用实干破解发展难题，用实干厚植发展优势，为率先实现“十三五”一高双强目标而努力奋斗。

杨韬代表中国共产党盱眙县纪律检查委员会向大会作了题为《尊崇党章党纪、聚焦主责主业、为实现“一高双强”目标提供坚强保障》的工作报告。报告从过去五年工作回顾、过去五年工作体会、今后五年主要任务等方面进行了深入全面的阐述与分析。

朱海波就贯彻市委六届十次全会和县第十四次党代会精神，对当前及今后工作提出明确要求。朱海波要求，一要紧盯指标推进，大干当前，确保完成全年任务。优势指标要巩固保持，中间指标要奋勇争先，短腿指标要迎头赶上。二要聚力产业招商，矢志争先，掀起项目建设热潮。做到主攻重特大项目招引，狠抓在建项目建设，强化企业帮办服务。三要继续深化改革，攻坚克难，不断激发内生动力。做到巩固行政审批制度改革成果，推动新型城镇化综合改革，丰富金融业态模式。四要聚焦民生实事，实干为民，提高群众生活质量。做到方便群众生活，解决群众需求，实现群众解困。他还强调，要严守三条底线，为下半年全县经济社会发展营造良好的环境。一是严守生态环保底线。二是严守安全生产底线。三是严守社会稳定底线。

盱眙县行政审批制度改革

深化“一枚印章管审批” 2015年7月，盱眙行政审批局自成立以来，先后三批划转171项部门审批事项实行集中审批，原22个部门、75个科室、235名审批人员和53枚审批公章，精简为1个部门、4个科室、37名审批人员和1枚审批公章。内部实行“全能岗”集约办件、车间流水线式作业，实现资源配置集约化、审批服务便利化、权力运行规范化。审批环节、审批层次压缩50%，申请材料减少近60%，平均办结时限减少70%。2016年5月，盱眙相对集中行政许可权改革试点顺利通过评估，并在全省推广。行政审批局利用互联网手段，促进审批再精简、效能提升。落实“网上办”要求，对除需要现场勘查的审批事项，实行网上申报、网上审查、网上反馈，超过50%常办事项实现全程网上办理。针对投资建设项目审批中环节多、相互串联、互为前置等问题，推进“区域评、联合审”，建立联合评估、联合踏勘、联合图审、联合验收“四联合”制度，建设项目从立项到取得施工许可证审批时限压缩至42个工作日以内。

实现“一套标准管服务”在推进集中审批的基础上，盱眙县积极探索行政审批服务标准化建设，围绕优化审批流程、环节和提高审批效率，初步搭建覆盖审批服务全过程的标准体系框架。审批事项进行充分融合,将171个审批事项进行分类整合,按照项目办理全部流程,建立12类投资项目集约化审批标准。固化各类项目办理环节、时限、要件、流程,编写办理案例说明,公布精短合理的审批路线图,制订告知承诺、容缺受理等22项配套制度,约束审批权力,规范自由裁量权,使审批速度更加规范、高效。针对企业的"痛点"、"难点",推行证照联办、全程代办制度。按照"事项统一受理、材料合并审查、现场同步勘查、证照同时发放"的原则,对餐饮店、超市、网吧等16种许可事项试行证照联办。坚持新"四方五办"机制,在行政审批局设立代办窗口,做到专人受理、全程办理,实现企业代办简洁化、项目服务标准化。2016年,新注册企业同比增长43.7%,注册资本金增长66.7%,部分营商环境指标接近全球先进水平。

推进"一个体系管监管"在深化行政审批制度改革的同时,压茬跟进监管配套体系,确保改得扎实、改得到位。搭建"一局四中心"架构,完成设立政务服务中心、公共信息中心、公共资源交易中心和社会信用管理中心。通过大数据建设,实现公共管理信息互联互通,平台共建共享,服务精准高效。在全市率先构建信用体系,建设信用信息"一网两库一平台"系统,即"信用"盱眙网、社会法人信用基础数据库、个人信用基础数据库、信用信息查询服务平台。加强信用联动奖惩,在市场准入、行政许可、资质认定等方面强化运用,使失信者"一处失信、寸步难行"、守信者"处处方便、全程通行"。强化事中事后监管。把大幅度减少下来的一线审批人员,集中到事中事后监管上来。制定监管清单,明确监管责任,促进了审批、监管既相互分离、又相互制约。建立监管责任追责机制和监管绩效奖惩机制,健全双随机抽查机制,完善"一主七辅"制度体系。推进综合行政执法改革。在市场监管、农林水利、城市管理等5个领域、12个部门开展跨部门、跨行业综合执法,将原有28支执法队伍整合为5支。综合执法队伍编制由371名精简为209名,执法人员由287名核减为204名,有效解决权责交叉、推诿扯皮、多头执法、重复执法等突出问题,将更多精力集中到事中事后监督、不断优化服务上,推进行政体制改革持续向前。

本栏目责任编辑:王行政

盱 眙 概 貌

Xuyi General Picture

基本情况
Fundamental State

【建置沿革】 盱眙建县已有2230多年。春秋时，盱眙名“善道”，属吴国，曾是诸侯会盟的地方。战国时，越灭吴，盱眙属越国；后楚国东侵扩地至泗上，盱眙为楚邑。秦始皇统一中国实行郡县制度时，盱眙建县，县名初为“盱台”（台，音怡），后为“盱眙”。境内有都梁山，山上盛产都梁香草（即泽兰）。隋大业初，炀帝在盱眙置离宫——都梁宫后，盱眙别称“都梁”。历史上，盱眙曾建过都，升过郡、军，州、郡在盱眙设治。民国时，安徽省第六、四、九行政督察区曾先后设治于盱眙。抗日战争期间，中国共产党领导抗日民主政府——淮南路东行政公署曾设在境内。1955年，盱眙县由安徽省划归江苏省，隶属淮阴专区，1966年改属六合专区，1971年隶属淮阴地区。1983年，江苏省实行市管县体制，盱眙县隶属淮阴市。2001年1月，淮阴市更名为淮安市后，盱眙县隶属淮安市。

【自然地理】 盱眙县地处北纬32°43′29″~33°11′04″、东经118°11′43″~118°54′26″。县界总长373.972千米，县域面积2497.3平方千米，人均土地面积列江苏省各县（市、区）之首。境内地势西南高，多丘陵低山；东北低，多平原；呈阶梯状倾斜，高差悬殊223米。淮河流经境内，北部濒临洪泽湖。境内有低山、丘岗、平原、河湖圩区等多种地貌。修建于穆店乡境内的龙王山水库是全县最大的水库。位于仇集镇狮子峰，黄海高层系231米，为盱眙境内地貌最高点；位于观音寺镇衡西圩，黄海高层系8米，为盱眙境内地貌最低点。

【气候】 盱眙地处北亚热带与暖温带过渡区域，属季风性湿润气候。四季分明，季际、年际变异性突出。2016年，盱眙县年平均气温比往年偏高，降水偏多，日照总时数偏少。7月22~31日连续高温，为近30年来7月份持续时间最长。10月20~29日连续阴雨天气天数和降水量198.7毫米。为近30年来10月最长值和最多值（9天，163.1毫米）。2016年，平均气温16.1℃，比历年（1981~2010年）平均气温偏高1.0℃。5~6月的月平均气温偏低，6月偏低最多为0.3℃，其余各月平均气温均偏高，4月平均气温偏高最多为2.4℃。2016年总降水量1259.7毫米，多于常年1036.9毫米。2016年总日照时数1869.7小时，少于常年1943.2小时。2016年总蒸发量859.9毫米。2016年1月20~25日强寒潮天气过程，过程雪量7.0毫米，最大积雪1.8厘米，最低气温-11.4度（为近30年来第三最低值）。6月21~22日，全县普降大暴雨，区域站最大降水量为桂五站223.3毫米。

【人文历史】 盱眙人文荟萃，英雄辈出。历史上盱眙县杰出人物有：古代，秦末农民起义领袖之一的陈婴，起兵反秦，后与项梁、项羽会合，拥立楚怀王熊槐的孙子熊心为怀王，受任上柱国，封五县，后投靠刘邦，封堂邑侯；西汉时，追随项羽征战的武涉，受项羽指派劝韩信弃汉投楚，虽未果，但深得项羽赞赏；三国时，官至司徒、受封东阳侯的政治家陈矫，佐魏文帝登基，稳定政局；唐朝时，以骁勇而驰名的军事家刘金，破秦彦，败孙儒，屡立战功；元末，农民起义领袖朱元璋，率兵推翻元朝，成为明朝开国皇帝。近代，20世纪30年代初，中共盱眙县委书记李桂五，组织西高庙农民武装暴动，成立盱眙红军游击队；抗日战争中，爱国绅士王养吾，组织千名民练抗击日军；解放战争时期，人民解放军炮兵英雄王工一，在多次战役中屡立战功。历代名人在盱眙也曾留下足迹。春秋时，齐国政治家管仲和鲍叔牙入仕前在盱眙经商时，留下管鲍分金的传说；秦末，刘邦、项羽率反秦起义军曾在盱眙休整，官滩镇境内有汉王城、项王城遗址；隋大业间，炀帝南巡扬州时在盱眙建离宫，名曰“都梁宫”；“初唐四杰”之一的骆宾王在盱眙写下《早发淮口望盱眙》诗篇，著名诗人常建大历年间任盱眙尉时留有《晚泊盱眙》诗，韦应物、李绅、韩愈、白居易、温庭筠等名家也在盱眙留有诗文；北宋时，苏轼、黄庭坚、米芾曾到过盱眙留下诗篇，第一山有苏轼、米芾的摩崖；南宋时，爱国诗人陆游曾到盱眙写有《盱眙军翠屏堂记》，杰出诗人杨万里在盱眙留有多篇诗作；明代，燕王（后为明成祖）朱棣曾率“靖难师”到过盱眙；清代，著名词人陈维崧在盱眙留有诗篇。抗日战争期间，老一辈无产阶级革命家刘少奇、陈毅、张云逸、罗炳辉等在盱眙指挥华东地区军民抗战。

盱眙历史悠久，文化灿烂。盱眙是江苏省最早有人类活动的地区之一。1954年，中国科学院学者在鲍集镇下草湾引河东岸发现旧石器时代更新世晚期人类化石,将江苏的人类历史上溯到四五万年之前。盱眙是江苏省古文化遗址较多的县之一。全县发现的古文化遗址有60多处。位于维桥乡南约5千米处范家岗,系新石器时代遗址,位于桂五镇西北约1千米的大墩头,文化层厚3米,地表有鼎足鬲足堆纹陶片、绳文陶片及红烧土等,还发现长条形石斧,系新石器时代和周代遗址。新中国成立后,盱眙陆续出土一批重要文物。金、铜器有:西周铜鼎,春秋吴国铜匜,战国圆壶,秦始皇诏铜权,汉代博山炉、神兽镜和铜灯等;2011年出土大云山汉墓,确立墓主人为汉代江都王刘非,踞今2160多年。木漆器有:西汉木刻星象图,汉代漆器等;陶、瓷、玉等器有:西汉茶黄釉双耳铺首瓿,西晋墓砖,唐代越窑青瓷海棠杯,宋代影青高足杯,元代磁州窑人物山水罐等,其中1974年8月出土于东阳故城的西汉木刻星象图,与汉元帝初元五年(公元前44年)一颗彗星记录大致吻合,从而断定其为彗星运行图。西汉木刻星象图被定名为"盱眙星象图",属国家一级文物。1982年2月10日出土于穆店乡南窑的错金银重络铜壶(称为"陈璋圆壶"),铭文标明序数是第25个,其铭文和美国宾州大学博物馆收藏的陈璋方壶仅一字之差。

【行政区划】 盱眙县设有14个镇、3个乡、3个街道,分别为:马坝镇、官滩镇、旧铺镇、天泉湖镇、桂五镇、管镇镇、鲍集镇、黄花塘镇、明祖陵镇、铁佛镇、淮河镇、仇集镇、观音寺镇、维桥乡、穆店乡、兴隆乡、古桑街道、盱城街道、太和街道。全县有51个居委会(含三河农场5个),218个村民委员会,9个社区,2683个村民小组,72个居民小组。全县1500人以下的行政村39个,1500~2000人的行政村59个,2000人以上的行政村(居委会)129个。

【交通区位】 盱眙县位于江苏省西部,淮安市南端;东与金湖县、安徽省天长市相邻,南、西分别与安徽省来安县和明光市交界,北与淮安市洪泽区、泗洪县接壤。宁淮、宁宿徐两条高速公路穿越全县三分之二的乡镇。盱眙县到南京市只需45分钟,融入南京1小时经济圈,距省内其他大中城市路程都在2小时左右,形成四通八达的交通网,成为苏北地区重要的交通中转枢纽。盱眙县境内有县道15条、乡道149条、专用道5条。淮河大桥是全国最大油管、公路两用桥;宁宿徐高速公路淮河二桥全桥长6048米,宽25.5米。淮河三桥全长5868米。其中,桥梁长1692米,接线长4176米,一级公路标准,路基宽26米,设计时速100千米,建设投资3.4亿元,于11月28日建成通车。淮河盱眙段1994年6月被定为省管三级航道,总长37千米;支线航道10条,总长143.92千米。2007年12月,淮河盱眙港建成并投入使用。

【物产资源】 盱眙县物产资源极为丰富。动物资源:主要有狼、獾、狐、兔、黄鼬、草獐以及171种留鸟、侯鸟等野生动物,洪泽湖和淮河盛产鳊鱼、鲌鱼、鲤鱼、鲫鱼、银鱼、黄鳝等各种水生动物,其中鲤科鱼类占60%以上。中药材资源:主要有野生药用植物780个品种,药用动物42个品种。蜈蚣、灵芝、黄精、猫爪草等珍稀名贵药材,丹参、山楂、桔梗、柴胡、白头翁等常规药材远销省内外。林木资源:存有树种65科、232种,其中裸子植物5科、22种、被子植物60科、210种。1985年林业调查,境内新发现的树木有漆树、毛叶欧李、迎春花、野核桃、羽叶泡花、湖北山楂、毛楝、红脉钓樟、中华石楠等。铁山寺森林公园内还发现有栾树、无患子、重阳木、椴树等稀有树种。矿产资源:境内蕴藏着凹凸棒石黏土、玄武岩、石灰石、矿泉水、石油等多种矿产。凹凸棒石黏土发现的矿床(点)32处,其中大型矿床2处、中型矿床4处、小型矿床5处、矿点20多处;查明优质资源量9646万吨,预测有用黏土总资源量21.77亿吨,占全国总量的73%。玄武岩主要分布于县域南部丘陵低山地区,出露面积500平方千米,资源总量177亿吨;按其工业用途,可用于建筑石料、岩棉、水泥、铸石等。石灰岩资源主要分布于官滩镇至古桑乡佛窝一带,面积78平方千米,储量约21.2亿吨,其中用作水泥原料约1.07亿吨、用作建筑石料的约2680万吨。矿泉水主要分布县域南部和西南部丘陵低山地区,面积1014平方千米。黄花塘镇泥沛和桂五镇"八四"库矿泉水通过部级鉴定,其中泥沛矿泉水埋深80米~120米、"八四"库矿泉水埋深54.9米,水化学类型均为HCO_3-Ca·Mg型水。马坝油田已探明储量约1000万吨,自1995年勘探开采以来,施工53口油井。管镇镇、兴隆乡、铁佛镇、鲍集镇、淮河镇已探明有石油。

(县志办)

经济和社会事业发展情况

Development of Economy and Social Undertakings

【概况】 2016年，全县围绕市委“突破之年”的总体要求，以进位争先、冲击“双强”为目标，改革创新、提质增效、转变作风，经济社会呈现出可持续的发展局面，在转型升级中平稳增长。全年实现地区生产总值356.7亿元，增长8.9%。其中，第一产业增加值54.2亿元，增长1.2%；第二产业增加值140.3亿元，增长10.6%；第三产业增加值162.2亿元，增长10.1%。全县人均地区生产总值54625元。三次产业增加值占生产总值比重从2015年的16.2∶40.2∶43.6演进为15.2∶39.3∶45.5，三次产业结构趋于优化。与上年比较，第三产业比重提高1.9个百分点。第三产业对生产总值增长的贡献率61.85%，拉动生产总值增长7.05个百分点，对全县生产总值的贡献率和拉动增长百分点在三次产业中均为最大。

2016年三次产业对经济增长贡献率和拉动经济增长百分点（现价）

表1　　单位：亿元、%

	2016年总量	2015年总量	2016年增量	增长贡献率	拉动增长百分点
地区生产总值	356.70	320.13	36.57	100	11.4
第一产业	54.20	51.98	2.22	6.07	0.69
第二产业	140.30	128.57	11.73	32.08	3.66
第三产业	162.20	139.58	22.62	61.85	7.05

【农林牧渔业】 2016年，全县实现农林牧渔业总产值100.75亿元，增长4%。全县粮食播种面积143580公顷，比上年增加830公顷，其中，夏粮种植面积61950公顷；秋粮种植面积81630公顷。全县粮食总产量97.86万吨，比上年减少0.86万吨，下降0.87%，其中，夏粮33.45万吨，夏粮亩产360公斤，下降4.58%；秋粮64.41万吨，秋粮亩产526公斤，增长0.26%。全县设施农业面积18890公顷。新增0.15万公顷，形成园艺蔬菜、经济林果、特粮特经、中药材为代表的高效设施农业产业。地膜覆盖0.5万公顷，农用化肥施用量（按折纯法计算）5.3万吨。林牧渔业发展稳定。全县林木覆盖总面积为61220公顷，同比下降6.6%，林木覆盖率26.55%。全县全年生猪出栏43.96万头，同比下降6.6%；牛出栏0.77万头，同比下降6.1%；羊出栏14.27万只，同比下降3.6%；家禽出栏1828万只，同比增长1.3%；禽蛋总产量2.86万吨，同比增长0.7%。

【工业、建筑业和固定资产投资】 2016年，全县工业用电量10.26亿千瓦时，同比增长4.7%，占全社会用电量的58.6%。全县规模以上工业企业实现产值1040.26亿元，同比增长13.5%；实现主营业务收入1062.61亿元，同比增长13.3%。全县规模以上高新技术企业87户，累计实现产值272.27亿元，占全县规模以上工业企业总产值的26.2%，同比增长26.3%。全县实现建筑业总产值102.0亿元，同比增长15.3%；实现建筑业增加值26.85亿元，同比增长5.5%。全县完成规模以上固定资产投资350.65亿元，同比增长19.3%；完成工业投资228.63亿元，同比增长19.4%。

【交通、邮电、旅游】 2016年，全县城市万人公交车拥有量4.75标台，行政村客运班线通达率100%，镇村公共交通开通率55%。全县公路货运量1609.68万吨，客运量991.79万人，港口货物吞吐量1250万吨。年末，等级公路通车里程2723.78千米，其中，高速公路通车里程114.39千米。全县邮电业务总收入3.98亿元，其中，电信业务收入0.98亿元、邮政业务收入0.52亿元。年末住宅电话用户4.5万户，移动电话用户51万户，互联网宽带接入用户11.8万户。全县接待国内外旅客614.6万人次，旅游业总收入68.54亿元，分别增长10.1%、11.9%。全县拥有国家AAAA级景区3个，省级乡村旅游示范点13个，旅行社10家，星级饭店7家，星级饭店客房总数1060间。

【内外贸易】 2016年，全县实现社会消费品零售总额123.89亿元，同比增长11.6%。其中，城镇消费品零售额88.81亿元，同比增长11.8%；乡村消费品零售额35.08亿元，同比增长11.0%。全县实现进出口总额1.88亿美元，同比下降24.4%，其中，出口总额1.34亿美元，同比下降29.1%。全县新批外资项目25个，实际到账注册外资1.20亿美元，同比增长2.9%。

【财政、金融】 2016年,全县公共财政预算收入30.78亿元,下降12%,其中,税收收入23.02亿元,下降21.1%。全县公共财政预算支出54.65亿元,下降5%。年末全县银行业金融机构14家。年末金融机构存款余额277.13亿元,增长26.6%,其中,居民储蓄存款余额146.24亿元,增长11.8%;年末金融机构贷款余额222.34亿元,增长7.8%,其中,企业贷款余额97.29亿元,基本与上年持平。

【教育、文化、卫生】 截至2016年年末,全县各级各类学校总数119所,其中,幼儿园49所。有在校学生11.56万人。其中,普通中学在校学生30301人;职业高中在校学生7556人;小学在校学生56292人;幼儿园在校生21391人。学龄儿童入学率100%,小学毕业生入学率100%,初中毕业生入学率98.6%,高中毕业生升学率87.0%。全县二本以上达线人数1351人。全县有公共图书馆1个,图书总藏量33.4万册(件),剧场、影剧院4个,博物馆6个,文化馆1个,美术馆1个,文化站(中心)20个。省级以上文物保护单位6个,其中国家级3个。各类文艺团体45个,举办各类文艺演出81场次。全县年末有卫生机构335个,其中,医院9个、卫生院20个。全县卫生机构拥有床位数3370张,有专业技术人员3592人,其中执业医师1545人。全年产妇住院分娩比例100%,5岁以下儿童死亡率3.29‰,其中婴儿死亡率2.47‰。

【科技、生态环保】 2016年,全县年末科研机构数153个,比上年增加41个,年末科研人员1210人,比上年增加247人。全县专利申请受理量1555项,授权量605项,其中,发明专利申请量441项。新获批国家级高新技术企业11家,累计31家;新获批省级高新技术产品9个,累计47个。全县划定生态红线区域728.9平方千米,占全县总面积的29.2%。城市水域功能水质达标率100%,Ⅲ类及以上地表水比例96%。单位生产总值化学需氧量排放强度2.6千克/万元,单位生产总值二氧化硫排放强度0.74千克/万元,城市空气质量达到二级以上标准天数304天。

【人口、居民生活和社会保障】 2016年,全县年末总户数21.65万户,户籍总人口80.47万,性别比为104.37:100。年末常住人口65.35万人,其中,城镇人口34.26万人,农村人口31.09万人,城镇化率52.42%。全年人口出生率11.05‰,人口死亡率7.45‰,人口自然增长率3.60‰。全县全体常住居民人均可支配收入21923元,同比增长9.6%。其中,城镇常住居民人均可支配收入30684元,同比增长8.2%;农村常住居民人均可支配收入14495元,同比增长9%。城镇常住居民人均住房面积49.2平方米,农村常住居民人均住房面积53.0平方米。全年居民消费价格指数101.1,恩格尔系数为31.6%。全县城乡基本养老保险参保人数23.49万人,城乡基本养老保险覆盖面97.68%;城镇基本医疗保险参保人数18.19万人,城镇基本医疗保险覆盖面97.17%;新型农村合作医疗参保人数54.6万人,新型农村合作医疗覆盖面100%。全县新增城镇就业8208人,再就业3640人,新增农村劳动力转移3125人,城乡劳动者就业技能培训3660人次。年末城镇登记失业人数2312人,城镇登记失业率2.15%;失业保险参保人数7.18万人,失业保险覆盖面97.13%。全县社会福利收养性单位41个,社会福利收养性单位床位4404张,社区服务中心覆盖率100%。城乡居民最低生活保障对象9235人,城乡特困供养人数2554人。

(县志办)

单位及领导人名录

Name List of Institutions and Leaders

(2016年1月1日至2016年12月31日)

中共盱眙县委员会

书　记　李　森(6月免)　梁三元(6月任)
副书记　贺宝祥(1月免)　梁三元(1月任、6月免)
　　　　朱海波(6月任)　陈俊祥
常　委　刘爱国(7月免)　高为森　张晓红　杨　军
　　　　林　波(7月任)　顾　强(4月任)
　　　　江　迈(7月免)　杨　韬(7月任)
　　　　魏宏亮(4月免)　张　健(7月任)
　　　　张　柏(7月任)　翟红军(挂职)(1月免)
　　　　蒋国民(挂职)(1月任)　刘建功(挂职)(2月任)
(注:正、副书记在常委中不重复列名)

盱眙县人民代表大会常务委员会

主任、党组书记　姚玉祥
副主任　王恒亮　傅维林　朱正荣　沈思为(7月任)

党组副书记　王恒亮　傅维林

盱眙县人民政府

县　长　贺宝祥(1月免)　梁三元(1月任,6月免)
　　　　朱海波(6月任)
党组书记　朱海波
副县长　刘爱国(7月免)　林　波(7月任)　雍　梅
　　　　顾　强(4月免)　郑海梁　章文凤(1月任)
　　　　杨　忠(10月免)　董　清(4月任)
　　　　冯建淮(11月任)　蒋国民(挂职,1月任)
　　　　胡国堂(挂职,11月免)　李　杰(挂职)
　　　　沈新莲(挂职)　孙　彬(挂职,9月任)
党组副书记　林　波(8月任)

政协盱眙县委员会

主　席　胡启新
党组书记　胡启新
副主席　成兆友(11月免)　张本华　张瑞晴
　　　　王行政　殷建春
党组副书记　成兆友(11月免)

中共盱眙县纪律检查委员会

书　记　江　迈(7月免)　杨　韬(7月任)
副书记　方云飞
常　委　黄银林　吴　坤　马　俊(8月任)
　　　　何　明(4月任)

中国人民解放军盱眙县人民武装部

部　长　杨　军
政　委　孟永军
党委第一书记　梁三元
党委副书记　杨　军

盱眙县人民法院

院　长　王亚林(11月免)　接　滨(11月任)
副院长　何培江　张秀楷　唐晓燕　刘志超(8月任)
纪检组长　徐　静
审判委员会专职委员　贾晓红　张永丽(8月任)
执行局(副科级)　姚月梅

盱眙县人民检察院

检察长　潘建文
副检察长　伍光辉　王行兵　吕永辉　李军和(8月任)
纪检组长　张洁仁
检察委员会专职委员　邵海珍
反贪污贿赂局(副科级)　丁祖高

中共盱眙县委工作部门及直属单位

办公室
主　任　高　辉
副主任　刘青松　何善光　梁开成　许春彬(11月任)
组织部
部　长　陈俊祥(7月免)　顾　强(7月任)
副部长　葛天成　张远涵　沈玉华(12月任)
宣传部
部　长　张晓红
副部长　孙亚兴　梅家勇　周海军
统一战线工作部
部　长　张本华(8月免)　张　柏(8月任)
副部长　贾厚余
农村工作部
部　长　陈渐垒
副部长　刘仕斌　王正勤　王公新
政法委员会
书　记　高为森
副书记　赵紫银
县委企业和社会组织工委
书　记　张远涵
副书记　沈玉华
县精神文明建设指导委员会办公室
副主任　贾战军
县委对外宣传办公室(县政府新闻办公室)
主　任　周海军
党史工作委员会
主　任　傅育成
副主任　朱志宏
党　校　陈俊祥
副校长　张列祥(常务)　桂宏光　李光明
老干部局
局　长　高乾斌
副局长　张爱梅　曹建高
台湾工作办公室(县政府台湾事务办公室)
主　任　刘青松(11月任)
保密委员会办公室(国家保密工作局)(副科级)
主　任(局长)　梁广平
机要局
局　长　张玉宏
社会治安综合治理办公室
副主任　潘北冰
国家安全工作办公室
副主任　牛泽海
依法治县领导小组办公室
副主任　耿　慧(8月任)

中共盱眙县委县级机关工作委员会
书　记　赵　珺
副书记　殷洪江　孙邦书
纪工委书记　姚霞明
盱眙现代信息中心
总　编　梅家勇
副总编　韩开春　刘　凯　林昌海
重点项目督查考核办公室
主　任　樊金鸿
副主任　沈玉华
目标督查办公室
主　任　金　鑫
盱眙经济开发区工作委员会(副处级)
书　记　张　健(7月任)
副书记　管成祥(7月任)　赵红地
党工委委员　赵建军(11月任)　卢寅生　张劲涛
蒋　勇　胡建龙　周鸿群
人武部部长　周鸿群

盱眙县人大常委会办事机构和工作机构

办公室
主　任　严　镇
副主任　邵　峰　陈　蓬
财政经济工作委员会
主　任　方　向
内务司法工作委员会
主　任　陈恒兵
社会事业工作委员会
主　任　李　峰
人事代表联络工作委员会
主　任　汪永贵
环境资源城乡建设工作委员会
主　任　邱　刚
农村经济工作委员会
主　任　曹易辰(11月任)

盱眙县人民政府工作部门及直属单位

办公室
主　任、党组书记　张士柱
副主任　汪永平　尤建兵　韩业波(11月任)
沈　杰(11月任)　徐　伟(11月任)
礼宾处
主　任　何善光
县金融工作办公室
主　任　叶　霆
农业委员会
主　任、党委书记　朱　耀(11月任)
副主任　杨兆荣　邱学荣　张连文　严以涛
党委副书记　李守刚
纪委书记　陈桂龙
发展和改革委员会(物价局)
主　任、党组书记　金　鑫
副主任　冯玉俊　王海峰　盖庆兵(8月任)
经济和信息化委员会
主　任、党委书记　王佩华(11月任)
副主任　朱永朝　黄善军　陈晓明　李　祥
党委副书记　叶兴福
纪委书记　王瑞宏
卫生和计划生育委员会
主　任、党委书记　王晓力
副主任　袁守军　王兆勇　梁　祥　干文武　张宗成
陈玉军　胡松柏　许　军　汪仲勇
党委副书记　李　坚　姚克志
纪委书记　殷小红
科学技术局
局　长、党组书记　李翠竹(11月任)
副局长　柏正基　郑茂松
商务局
局　长、党委书记　宋正永(11月任)
副局长　纪晓林　彭　诚　周振斌
纪委书记　程绪明
教育局
局　长、党委书记　谷文书(11月任)
副局长　赵素礼　张建国　余治水　黄维林
党委副书记　刘广金
纪委书记　张滢滢(4月任)
工会主席　黄维林
公安局
局长、党委书记　冯建淮(11月任)
政委、党委副书记　戚善举
副局长　朱　越　李　兵　赵可军　丁　松
副政委　陈　坚
纪委书记　李恒华
民政局
局　长、党委书记　王方平
副局长　王玉太　李玉军　王　静
纪委书记　吉　利
财政局
局　长、党组书记　向正兵(11月任)
副局长　张传春　张照军　周本才　赵长煜
人力资源和社会保障局
局　长、党委书记　蒋学文
副局长　杨　超　王正明　张世伟　侯永明

党委副书记　魏忠义(11月任)
纪委书记　方　真
审计局
局　长、党组书记　叶山狮
副局长　任克诚　臧保新　蒋　浩　孟雷鸣
党组副书记　任克诚
统计局
局　长、党组书记　胡培中
副局长　许　莉　吴建明　刘维维(11月任)
党组副书记　许　莉
国家统计局盱眙调查队
队　长　廖善祥
住房和城乡建设局
局　长、党委书记　汪　海(11月任)
副局长　庄信龙　秦福建　陈玉军　刘德仁
纪委书记　柏昌林
交通运输局
局　长、党委书记　徐　壮(11月任)
副局长　孙　洁　王家勤　邱洪如　马佃彬
纪委书记　杨　震
司法局
局　长、党组书记　王　清
副局长　杨传林　李景府　陈佳忠　杨万金
党组副书记　杨传林
文化广电新闻出版局
局　长、党委书记　葛　云
副局长　卞　龙　胡仁生　陈　平
党委副书记　陶卫国
纪委书记　冼家广(4月任)
环境保护局
局　长、党组书记　朱长祥
副局长　陈俊彪　左　坚　朱　祥　戴　浩
党组副书记　陈俊彪
水务局
局　长、党委书记　叶　彬(11月任)
副局长　桂　英　陈奋远　杨以湖
党委副书记　乐　峰(11月任)
纪委书记　刘国华
监察局
副局长　何　明　赵鸿瑛
信访局
局　长　杨德健
副局长　王玉香　叶秀莲　孙家正
市场监督管理局
局　长、党委书记　张鹤鸣(11月任)
副局长　刘钺章　王国华　吴　威　韩　成　赵海洋
　　黄开荣
党委副书记　周奇伟
纪委书记　吴厚贵
食品安全委员会办公室副主任　陈宏铁
安全生产监督局
局　长、党组书记　朱志玉
副局长　杨宏侠　王　松　王成勇(11月任)
农业资源开发局
局长、党组书记　陈　浩
副局长　蔡海滨　李其标　周成浩(8月任)
农业机械管理局
局　长、党组书记　朱志厚
副局长　冯功成　郑树华(11月任)　杨修凡
党组副书记　冯功成
旅游局
局　长　陈　俊
党组书记　毛周林(11月任)
副局长　毛周林(11月任)　何友才　朱志霞(11月任)
龙虾产业发展局
局　长　李守刚
副局长　殷守防　赵建民
广播电视台
台　长　王盱明
副台长　刘兆军　王金波　钱明望　刘砚强　沈业明
民族宗教事务局
局　长　贾厚余
副局长　卢　林
城市管理局(城市管理行政执法局)
局　长　陈朝晖(11月任)
党委书记　陈朝晖(11月任)
副局长　吴建松　许　波　翁学明(4月任)
交通战备办公室
主　任　孙　洁
体育局
局　长　谷文书(11月任)
机构编制委员会办公室
副主任　卢玉勋　齐　兵
供销合作总社
主　任、党委书记　李向阳
副主任　谢克思　曹玉成　杨凤彬
拥军优属拥政爱民办公室
主　任　杨加忠
投资促进局
局　长　黄其华(8月免)
副局长　卢寅生
行政审批局
局　长、党委书记　郑鸿儒(12月任)
副局长　崔宝鹏　刘　洋　房春园　苏恒见
党委副书记　崔宝鹏
纪委书记　刘立峰

政务服务中心
主　任　李生华
副主任　侯卫东
淮安市公共资源交易中心盱眙分中心
主　任　王　岚(8月任)
副主任　赵红权(8月任)
盱眙经济开发区管理委员会(副处级)
主　任　管成祥(7月任)
副主任　卢寅生　张劲涛　林本盛
工会主席　林本盛
档案局(馆)
局　长　汪玉奎
副局长　殷守防　孟凡清
地方志办公室(副科级)
主　任　王行政
副主任　郭永余
房屋征收办公室(副科级)
主　任　汪　海
建工局(副科级)
局　长　许　革
地方统计调查局(副科级)
局　长　孙开军(11月任)
蔬菜办公室(副科级)
主　任　邱学荣
县维护稳定工作领导小组办公室
主　任　李　兵(8月任)
副主任　朱报春
公安交通巡逻警察大队(副科级)
大队长　王兆峰
公安刑事警察大队(副科级)
大队长　傅永刚
指导员　陈　勇
公安经济案件侦察大队(副科级)
大队长　徐德祥
教导员　万旭东
公安指挥中心(副科级)
主　任　毛小松
教导员　文春林
公安局治安大队(副科级)
大队长　郁从波
公安局国内安全保卫大队(副科级)
大队长　于维东
公安局巡特警大队(副科级)
大队长　陈宏波
公安局警务督查大队(副科级)
大队长　李恒华
教导员　赵耿延
公安局盱城派出所(副科级)
所　长　杨玉祥
公安局新城派出所(副科级)
所　长　张绍宏
公安局工业开发区派出所(副科级)
所　长　胡建龙
公安局马坝派出所(副科级)
所　长　李瑞跃
公安局官滩派出所(副科级)
所　长　杨晓虎
公安局桂五派出所(副科级)
所　长　邢殿亮
公安局河桥派出所(副科级)
所　长　吕成圆
公安局黄花塘派出所(副科级)
所　长　丁长选
公安局明祖陵派出所(副科级)
所　长　王玉涛
公安局铁佛派出所(副科级)
所　长　施学林
公安局淮河派出所(副科级)
所　长　张才伍
公安局维桥派出所(副科级)
所　长　周　洲
公安局古桑派出所(副科级)
所　长　曹成学
公路管理站(副科级)
站　长　高永斌
地方海事处(副科级)
处　长　林光勇
运输管理所(副科级)
所　长　马佃彬
航道管理站(港口管理局　副科级)
站长、党支部书记　臧余文
农业技术推广中心(副科级)
主　任　孙可贵
盱眙中学(副处级)
校　长　葛天成
副校长　柏玉基　陆维照　李　伟　周志国
党委副书记　刘兴东
纪委书记　徐长贵
马坝中学
校长、党委书记　王海兵
副校长　韩立岗　高成兵　陈忠军　张佐明
纪委书记　戴　青
职业教育集团
校长、党委书记　周华平
副校长　祖为民　陈道广　刘万灵　林新农
党委副书记　刘国征

纪委书记　汪玉成

县第二中学(副科级)

校　长　张成桃

铁山寺国家森林公园管理委员会(副处级)

党委副书记　张广成(11月任)

副主任　赵　洲　周从峰(4月任)

纪委书记　徐　勇(4月任)

明祖陵文物保护管理处(副科级)

主　任　胡仁生

黄花塘新四军军部旧址纪念馆(副科级)

馆　长　卞　龙

都梁公园管理处(副科级)

主　任　许　波

妇幼保健所(副科级)

所　长　朱定荣

卫生监督所(副科级)

所　长　钱丽君

疾病预防控制中心(副科级)

主　任　袁守国

人民医院

院　长、党委书记　张卫东

副院长　袁书海　董静武　胡立平　沈掩瑜

党委副书记　陶绪杰

纪委书记　李传生

中医院

董事长　乔　锴

董　事　马鲁沂

院　长　何占德

党总支书记　江卫平

党总支副书记　纪华城

副院长　刘延红

物资集团总公司

总经理、党委书记　芮红成(11月任)

商业集团总公司

总经理、党委副书记　俞永革

县茧丝绸总公司

副总经理　严以涛

食品公司

经理、党总支书记　俞永革

县果园场(副科级)

场　长　徐　辉(11月免)

政协盱眙县委员会办事机构和工作机构

办公室

主　任　王国胜

副主任　吴志国

文教卫体委员会

主　任　杨先明

港澳台侨委员会

主　任　葛朝阳

文史资料委员会

主　任　陈　杰

经济科技委员会

主　任　王福超

提案委员会

主　任　汪　洋

学习与法制委员会

主　任　李桂逯

社　会　团　体

盱眙县总工会

主席、党组书记　高振如

副主席　葛成银　赵新波

共青团盱眙县委员会

书　记　徐　丹

副书记　杨　雪　汪　杰(11月任)

盱眙县妇女联合会

主　席　王　敏

副主席　沈利利　张　艳

盱眙县红十字会

副会长　梁　祥

盱眙县科学技术协会

主　席　王士元

副主席　姜文银　龚恒峰

盱眙县工商业联合会

主　席　张瑞晴

党组书记　杨　军(11月任)

副主席、秘书长　刘洪喜

盱眙县残疾人联合会

理事长　韩立山(11月免)

副理事长　李洪兵

盱眙县文学艺术界联合会

主　席　孙亚兴

盱眙县"阳光盱眙"管理办公室

主　任　葛天祥

副主任　陈振跃

盱眙县外资招商服务中心

主　任　赵红地

盱眙县凹土科技产业园管委会

主　任　孙　霖

副主任　王　娟(11月任)

副书记　李从前(11月任)

盱眙都梁凹土产业控股有限公司

总经理　孔繁星(8月任)

监事会主席　单红星(8月任)

盱眙县教育督导室

主　任　张　啸
副主任　刘　军(8月任)
盱眙县第一山风景名胜区管理委员会
主　任　庄信龙
副主任　程　彪
盱眙县大云山汉王陵文保所(副科级)
所　长　金　山
盱眙县人才市场管理办公室(副科级)
主　任　崇　桐
盱眙县乡镇交通综合管理所(副科级)
所　长　席梦凯
盱眙县环境监察局(副科级)
局　长　宋恩安

市属单位

中国人民银行盱眙县支行
行长、党组书记　徐正友
副行长　陆晓明
纪检组长　姚　艳
中国工商银行股份有限公司盱眙支行
行　长　刘洪庆
副行长　胡　巍　陈清宇(12月免)
中国农业银行股份有限公司盱眙县支行
行　长　马恒山(10月任)
副行长　张奠邦　杨亚明　刘中亮
中国银行股份有限公司盱眙支行
行　长　周　军
副行长　胡　斌　嵇友军(1月免)　徐志华(1月任)
中国建设银行股份有限公司盱眙支行
行　长　潘致中
副行长　吴　刚　魏　杰(免)汪　伟(任)
中国农业发展银行盱眙县支行
行　长　袁　军
副行长　蔡　芳(1月免)　瞿中旭　王莹(1月任)
江苏盱眙农村商业银行股份有限公司
董事长、党委书记　陈　雷
行长、党委副书记　吕　彬
监事长、纪委书记　韩先祥
副行长　刘志勇　王祥全　傅家斌
中国邮政储蓄银行股份有限公司盱眙县支行
行　长　李　祥(8月免)　闵强军(8月任)
副行长　赵玉红
江苏银行盱眙支行
行　长　严　剑(5月免)　张丽娟
副行长　苗　春　戚　芳(1月任)
江阴农村商业银行盱眙支行
行　长　陆一浩(3月免)　金国民(3月任)
副行长　林慧慧　柳　伟(3月任)

中国民生银行股份有限公司盱眙支行
行　长　唐宝林
副行长　谢长山　谢长山　管连华(10月任)
江苏盱眙珠江村镇银行股份有限公司
董事长　丁　彬
行　长　戚轶刚
风险财务总监　沈厚林(3月任)
江苏海安农村商业银行股份有限公司盱眙支行
行　长　姚　群
中国人民财产保险股份有限公司盱眙支公司
经　理　程　敬
副经理　王　成
中国人寿保险公司盱眙支公司
经　理　刘　辉
副经理　李　勇(10月任)　尚　红　张东润
中华联合财产保险股份有限公司盱眙支公司
经　理　胡建国(9月免)　张京波(9月任)
副经理　余志荣　曾　光
太平洋财产保险股份有限公司盱眙支公司
经　理　郁　锋
太平洋人寿保险股份有限公司盱眙支公司
经　理　张苗苗
副经理　杨　明
中国平安财产保险股份有限公司盱眙支公司
经　理　高　畅
紫金财产保险股份有限公司盱眙支公司
总经理　顾新苗
盱眙县供电公司
总经理、党委副书记　杨　飞
党委书记、副总经理　韩　强
副总经理　杜　军　张晓冬　时　昀　邱巨春
纪委书记、工会主席　赵建坤
盱眙县邮政局
总经理、党委书记　程兴祖
副总经理、纪委书记　吴祥林
盱眙县电信局
局长、党委书记　邹正国
副局长、纪委书记　田学红
副局长、工会主席　孟明晖
副局长　王　翔(挂职)
盱眙县国家税务局
局　长　尹方方
副局长　张　阳　刘　伟　戴　伟　侍　伟
纪检组长　陈　超
盱眙县地方税务局
局长、党组书记　吴　昊
副局长　郑晶铸　夏启成　雍　康
纪检组长　张祥彬

盱眙县气象局
局长、副调研员　侍爱军
副局长　黄坤祥
国土资源管理局
局长、党委书记　郭　茂
党委副书记、副局长　葛培宁
党委委员、副局长　何　浩　陆　忠　陈国勇
党委委员、监察大队长　严　巍
纪委书记　王尚波
盱眙县烟草局(公司)
局　长(经理)　徐　毅
副局长、副经理　周晓明
副局长　王金连(2月任)
盱眙县盐务管理局、江苏省盐业公司盱眙县支公司
局　长　巫先高(6月任)
党支部书记　巫先高
副局长　马君睿(6月任)
中国移动通信有限公司盱眙分公司
总经理　周海涛
副总经理　马广彬　裴　斌
中国联合网络通信有限公司盱眙分公司
总经理　谢国明
副总经理　罗　标(2月任)

乡镇党委、人大、政府、纪委

马坝镇
党委书记　莫成明
镇　长　张　霞(4月任)
人大主席　蒋中海(11月任)
党委副书记　李长春　刘善信
党委委员　杨　沫(4月任)　耿　杰(4月任)
　　周继亚(4月任)
人大副主席　李训林
副镇长　耿　杰(4月任)　李景平　王少东
纪委书记　杨　沫(4月任)
政法委员、综治办主任　刘善信
官滩镇
党委书记　张春林
镇　长　吴春燕
党委副书记　吴春燕　高　伟
党委委员　姜春林(4月任)　许志相(11月任)
　　魏秀春　孙大海　贺孝成
人大主席　李国宝
副镇长　许志相(11月任)　吴　波　汪　伟(4月任)
　　司侃侃(4月任)
纪委书记　姜春林(4月任)
政法委员、综治办主任　高　伟
旧铺镇
党委书记　陈劲松
镇　长　李传中
党委副书记　李传中　陆和军(11月任)
党委委员　王友刚(4月任)　刘　伟　顾大勇　魏忠明
　　华东波(4月任)　宋　娟(4月任)
　　刘昌柱(11月任)
人大主席　张　娟(11月任)
副镇长　刘　伟　顾大勇　孙　卫　高相峰(11月任)
纪委书记　王友刚(4月任)
政法委员、综治办主任　刘昌柱(11月任)
桂五镇
党委书记　陈　健
镇　长　顾明志
党委副书记　顾明志　朱永军(4月任)
党委委员　张太巍(4月任)　庞　标(11月任)
　　陈　功　朱才慧(4月任)　陈　静(11月任)
人大主席　张夕永
副镇长　庞　标(11月任)　秦凤刚(4月任)
　　刘百千(11月任)
纪委书记　张太巍(4月任)
政法委员、综治办主任　朱永军(4月任)
管镇镇
党委书记　陈孝明
镇　长　王　军
党委副书记　王　军　王铭铭
党委委员　朱泽祥　张继承(4月任)　何善文(11月任)
　　郭　亮(11月任)　张　政(11月任)
人大主席　韦　群(4月任)
副镇长　李瑞中(4月任)　章　清(11月任)
　　杨　凯(11月任)
纪委书记　朱泽祥
政法委员、综治办主任　张继承(4月任)
河桥镇
党委书记　柳　军
镇　长　朱延庆(4月任)
党委副书记　朱延庆(4月任)　陈北风
党委委员　许天山　李文河(4月任)　吴　飞(4月任)
　　姚苏丹(4月任)　梁玉兰(11月任)
人大主席　侯建成
副镇长　李文河(4月任)　吴　飞(4月任)
　　李玉忠(4月任)　陈　凯(11月任)
纪委书记　许天山
政法委员、综治办主任　陈北风
鲍集镇
党委书记　邵洪斌
镇　长　高以东(11月任)
党委副书记　高以东(11月任)　杨　光(11月任)
党委委员　乔春明(4月任)　朱保军(4月任)

葛登洋　龚　静　侯学田　许　畅
人大主席　吴加涛(11月任)
副镇长　朱保军(4月任)　宋良诚(4月任)
赵　娜(11月任)
纪委书记　马　勇
政法委员、综治办主任　龚　静

黄花塘镇

党委书记　朱　亚(11月任)
镇　长　江　水
党委副书记　江　水　刘　鹏(4月任)
党委委员　赵　虹　刘　宇(4月任)　卢玉华
杨开华(4月任)　黄　涛(4月任)
人大主席　沈洪波
副镇长　刘　宇(4月任)　张正良(4月任)
赵崇征(11月任)　庞成娟(11月任)
纪委书记　赵　虹(4月任)
政法委员、综治办主任　刘　鹏(4月任)

明祖陵镇

党委书记　夏　嫣(11月任)
镇　长　陈国栋(11月任)
党委副书记　陈国栋(11月任)　王家玉
党委委员　刘善江　吕成贵　邵加锦　马广能　刘　源
人大主席　阮泽早(4月任)
副镇长　吕成贵　邵加锦　戚金知(4月任)
刘传玺(11月任)
纪委书记　刘善江
政法委员、综治办主任　王家玉

铁佛镇

党委书记　杨金昌(4月任)
镇　长　乔桂军(11月任)
党委副书记　乔桂军(11月任)赵　朗
党委委员　黄小银　刘志宝(4月任)　张成波
黄培林(4月任)　金殿安(11月任)
人大主席　滕学勇(11月任)
副镇长　刘志宝(4月任)　马国鹏(11月任)
许　丹(11月任)　程长青(11月任)
纪委书记　黄小银
政法委员、综治办主任　赵　朗

淮河镇

党委书记　杨　波(11月任)
镇　长　李　恺(11月任)
党委副书记　李　恺(11月任)　沈在春(4月任)
党委委员　马　勇(4月任)　蒋德淮　张才伍
马仕梅(4月任)　张新生(4月任)
人大主席　滕　坤
副镇长　蒋德淮(4月任)　宗永江(11月任)
徐　辉(11月任)　方　敏(11月任)
纪委书记　马　勇(4月任)
政法委员、综治办主任　滕　坤(8月任)

仇集镇

党委书记　何　勇
镇　长　徐乃军(11月任)
党委副书记　徐乃军(11月任)　李道军(4月任)
党委委员　杨永辉　孙海市　刘俊武　化文聪
朱　超(4月任)
人大主席　殷宏祥
副镇长　孙海市　莫　梅(4月任)　赵先军(11月)
纪委书记　杨永辉
政法委员、综治办主任　李道军(4月任)

观音寺镇

党委书记　崔　勇
镇　长　刘仁柱(11月任)
党委副书记　刘仁柱(11月任)　刘东进
党委委员　梁红根　吕　进　郦盱阳(4月任)
陆静静(4月任)　钟亚洲(11月任)
叶芳军(11月任)
人大主席　张海明
副镇长　吕　进　郦盱阳　费伯渠(5月任)
冯　川(11月任)
纪委书记　梁红根
政法委员、综治办主任　(11月任)

天泉湖镇

党委书记　张大虎(11月任)
镇　长　张广成
党委副书记　张广成　李守新
党委委员　王　娟　刘维斌　闵　敏　吕　兵(11月任)
赵守永(11月任)
人大主席　朱　丽(11月任)
副镇长　李明山(4月任)　李永橙(11月任)
孙绍雨(11月任)
纪委书记　王　娟
政法委员、综治办主任　赵守永(11月任)

维桥乡

党委书记　倪　金
乡　长　冯胜科
党委副书记　冯胜科　刘正波
党委委员　朱永超　张宏来　龚　成　姜来明
侯学初(11月任)
人大主席　华一寨
副乡长　张宏来　龚　成　朱志军(11月任)
侯小华(11月任)
纪委书记　朱永超
政法委员、综治办主任　刘正波

穆店乡

党委书记　蒋林海(11月任)
乡　长　张　霞

党委副书记　张　霞　何　辉
党委委员　张　晶(4月任)　俞　伟(11月任)
　　沈明春(4月任)　丁兆亮　庆克志(11月任)
人大主席　周长美
副乡长　俞　伟(11月任)　仇圆圆(4月任)
　　魏旭初(11月任)　张公兵(11月任)
纪委书记　张　晶(4月任)
政法委员、综治办主任　何　辉

兴隆乡

党委书记　朱云亮
乡　长　赵　勇(11月任)
党委副书记　赵　勇(11月任)　陈小飞(11月任)
党委委员　韦　伟(4月任)　朱志林　夏吉成
　　杨学盼(4月任)　陈同洋(11月任)
　　潘顺利(11月任)
人大主席　姜良峰(11月任)
副乡长　朱志林　孙广飞(4月任)　罗登建(11月任)
　　孙华中(11月任)
纪委书记　韦　伟(4月任)
政法委员、综治办主任　潘顺利(11月任)

盱城街道

党工委书记　于　军(11月任)
办事处主任　葛家志
党工委副书记　葛家志　王　坤
党工委委员　徐军军　朱正俊　孙建斌(4月任)
　　李树斌　陆　越(4月任)　尹兴好(4月任)
人大工委主任　陈永尚
办事处副主任　朱正俊　孙建斌(4月任)
　　杨玉祥　陈　杰
纪工委书记　徐军军
政法委员、综治办主任　孙建斌(11月任)

古桑街道

党工委书记　孙　霖
办事处主任　薛　峰
党工委副书记　薛　峰　谢春新
党工委委员　王　亚(4月任)　王　杰　张绍军
　　郑　飞
人大工委主任　郑宝健
办事处副主任　王　杰
纪工委书记　王　亚(4月任)
政法委员、综治办主任　张绍军(8月任)

太和街道

党工委书记　赵建军(11月任)
办事处主任　杨行军
党工委副书记　杨行军　赵金济
党工委委员　王善翠(8月任)　陈亚春(4月任)
　　张大伟　曹炳权　陈　岑(4月任)
办事处副主任　陈亚春(4月任)　张大伟
人大工委主任　蒋素梅

附:省、市属企业驻盱单位

江苏省三河农场(处级)

党委书记、场长　王波成(7月任)
党委副书记　赵广福(7月任)
纪委书记、工会主席　王　强
党委委员　金见国(7月任　12月免)
党委委员、副场长　韩树明(7月任)

江苏淮河化工有限公司(国有9395厂,处级)

总经理、党委书记　安礼如
常务副总经理　姜育田
副总经理　夏文标
总经理助理　张建国
科技总监　夏珊珊
行政总监　左扬钧

江苏天明化工有限公司(国有9305厂,处级)

董事长、总经理　王明华
副总经理　王亚军　李书银
副总经理、总工程师　何劲松
董　事　赵　兵　管　军　施文江　董振清

江苏省红光化工有限公司(国有5315厂,处级)

董事长、总经理　叶　英
副总经理　朱平家(12月免)　范　杰　刘明祥(1月任)
总经理助理　王国梁(1月任)
监事会主席　丁桂成

江苏永丰机械责任有限公司(国有925厂,处级)

董事长、总经理　郝日光
总工程师　马增虎
副总经理　徐　斌　赵更生　丁建宝　陈苏宁
　　姜建国(8月免)
党委书记、工会主席　张永兵
总会计师　唐玉清

(供稿:纪星宇)
本栏目责任编辑:王行政

大 事 记

Chronicle of Events

一　月
January

4日　全县小型水库工程管理体制改革试点通过省级验收。

6日　盱眙县委召开常委(扩大)会议。会议通报公务用车制度改革总体方案和车改工作开展情况,并就2016年重点项目编排情况,产业招商人员海选出征方案,加强农民专业合作社党建工作,全县国有场圃职工养老保险等议题进行研究讨论。

同日　省教育厅厅长、党组书记沈健率省教育厅机关第八党支部党员干部到盱眙县开展"三解三促"活动。

7日　县委书记李森到马坝镇就党风廉政建设"两个责任"落实情况进行专项巡查。

8日　县委召开2015年度乡镇(街道)党委(党工委)书记抓基层党建工作述职评议会。

同日　县十六届人大常委会召开第二十九次会议。会议补选左卫卫、程大军、姚玉祥三名同志为淮安市第七届人民代表大会代表,讨论县人大常委会工作报告(征求意见稿);表决通过有关人事任免及其他相关事项。同日　省妇儿工作督导组到盱开展"十二五"妇女儿童发展规划实施情况终期督察评估。

9日　盱眙县第二届马拉松友谊赛成功举行。此次马拉松赛从都梁阁出发,经都梁广场,沿迎宾路横过淮河东路,经过虎宣路、泵站路、山水大道、一山路,最后到达终点奥体中心,全程距离超过21公里。

11日　县召开"招商先锋"海选出征动员大会。

12日　盱眙龙虾创业学院正式挂牌成立。

13日　盱眙县召开金融工作座谈会。

14日　中共盱眙县委常委会召开"三严三实"专题民主生活会。

15日　淮安市委书记姚晓东带队观摩盱眙县公共服务民生类项目。

同日　县政府领导班子召开"三严三实"专题民主生活会。

16日　淮安市委常委、组织部部长张彤带队对盱眙县落实党风廉政建设责任制情况进行检查考核。

同日　县第十六届人大常委会召开第三十次会议,任命梁三元为盱眙县人民政府副县长、决定其代理县长。县委书记、县人大常委会主任李森主持会议。会议审议通过县人大常委会关于接受贺宝祥同志辞去县人民政府县长职务请求的决定。会议听取并审议县人民政府关于提请梁三元任职的议案,经投票表决任命梁三元为盱眙县人民政府副县长,决定其代理县长。会议讨论通过县人大常委会关于召开盱眙县第十六届人民代表大会第五次会议的决定。

18日　盱眙县获"江苏省现代民政示范县"称号。

同日　盱眙县召开全县接送学生车辆交通安全专项整治工作会议。

21日　滁州市政协副主席、天长市委书记金维加率天长市党政代表团到盱考察。

同日　县政协召开九届十九次常委会议。会议讨论并通过县政协《常委会工作报告》和《提案工作报告》;协商通过有关人事事项,决定增补陈北风等10人为县政协第九届委员会委员;协商通过关于召开县政协九届五次会议的决定、议程、日程、委员讨论编组名单、秘书处组成人员名单等事项,决定于2016年1月28日~30日召开县政协九届五次会议。

同日　盱眙县召开覆盖拉网式农村环境综合整治试点工作省级考核反馈会。

同日　科技部火炬中心发文核定盱眙凹土特色产业基地为2015年第二批国家火炬特色产业基地。

22日　盱眙县委副书记、代县长梁三元主持召开县政府全体(扩大)会议。会议讨论并原则通过《"十三五"规划纲要(草案)》和《政府工作报告(征求意见稿)》。

同日　全国首家特高压变电站警务室在盱成立。

24日　盱眙举行"法润盱眙·健康生活"盱眙首届定向越野公开赛暨大型普法宣传咨询活动。

25日　盱眙县第一家"虾稻共作"专业合作社——盱眙马坝美盛虾稻共作专业合作社正式成立。

26日　全县低收入农户建档立卡工作暨业务培训会议召开。

同日　县抗旱应急水源工程顺利通过省市

验收。

同日 县十六届人大常委会第三十一次会议召开。会议审议通过盱眙县人大常委会关于接受李森辞去县第十六届人大常委会主任职务请求的决定(草案)和宋志远辞去县第十六届人大常委会副主任职务请求的决定(草案)。研究讨论县十六届人民代表大会第五次会议的有关事宜。

28日 河北省邢台市隆尧县县委书记李国印、县人大常委会主任焦景芬率考察团到盱考察文物保护利用工作。

同日 盱眙县上调最低工资标准。由原来的每月1270元,调整为1400元;非全日制用工小时最低工资标准,由原来的11元,调整为12元。调整后的最低工资标准,从2016年1月1号起执行。

同日 盱眙县新增两所省级绿色学校:王店初级中学、桂五镇中心小学。

29日 政协盱眙县第九届委员会第五次会议在县大剧院隆重开幕。县委书记李森作重要讲话,县委副书记、代县长梁三元在大会专题发言后发表讲话,县政协副主席成兆友向大会作政协盱眙县第九届委员会常务委员会工作报告,县政协副主席张本华向大会作县政协九届四次会议以来提案工作情况报告,县政协副主席殷建春主持会议。

30日 盱眙县第十六届人民代表大会第五次会议在县大剧院隆重开幕。县委副书记、代县长梁三元代表县人民政府向大会作《政府工作报告》,县人大常委会副主任王恒亮主持大会。

同日 政协盱眙县第九届委员会第五次会议顺利闭幕。会议协商确认有关人事事项,协商通过《选举办法》和选举工作人员名单;会议选举胡启新为政协盱眙县第九届委员会主席,选举李桂逯为政协盱眙县第九届委员会常务委员。会议协商通过《政协盱眙县第九届委员会第五次会议<决议>》。

二　月

February

1日 2016盱眙"绿博园"国际农业嘉年华开幕。

同日 盱眙县第十六届人民代表大会第五次会议胜利闭幕。会议通过投票,选举姚玉祥为盱眙县第十六届人民代表大会常务委员会主任,梁三元为盱眙县人民政府县长,王敏、汪永贵、邱刚、徐丹等4人为盱眙县第十六届人民代表大会常务委员会委员。会议通过关于盱眙县人民政府工作报告的决议;通过关于盱眙县国民经济和社会发展第十三个五年总体规划纲要的决议;通过关于盱眙县2015年国民经济社会发展计划执行情况和2016年国民经济社会发展计划的决议;通过关于盱眙县2015年财政预算执行情况和2016年财政预算的决议;通过关于盱眙县人大常委会工作报告的决议;通过关于盱眙县人民法院工作报告的决议;通过关于盱眙县人民检察院工作报告的决议。

同日 淮安市人民检察院检察长肖天奉到盱调研检察工作。

5日 盱眙县召开产业招商推进会。

6日 淮安市委常委、组织部部长张彤到桂五镇开展春节慰问活动。

13日 县委召开常委(扩大)会议。与会人员就2015年全县科学发展目标考核情况、2016年全县主要经济指标任务下达情况、"招商先锋"海选决赛暨出征大会方案进行讨论研究。

同日 县委书记李森在盱会见美国普渡大学旅游管理学博导、健康卫生与行为科学学院副院长蔡利平。

14日 全县2015年度目标兑现大会在县大剧院召开。县委书记李森出席会议并动员全县上下拉满弓、早出发,为实现"十三五""一高双强"目标开好局、起好步。县委副书记、县长梁三元主持会议,就贯彻落实会议精神提出要求。会上,县委常委、常务副县长刘爱国宣读《关于表彰2015年度科学发展目标考核先进集体的决定》;县委副书记、组织部部长陈俊祥宣读《关于2015年项目建设"冲刺会战"暨四季度产业招商工作的奖惩决定》;县委常委、开发区党工委书记魏宏亮宣读《关于2015年度利用外资工作的表彰决定》;县委常委、纪委书记江迈宣读《关于2015年科学发展目标考核后进单位的通报》。会上对获得目标考评突出贡献奖、一等奖及利用外资工作突出贡献奖的乡镇部门现场颁发奖牌。管镇镇等8个单位作为代表现场递交2016年度科学发展目标责任状。

同日 盱眙县举行以"招商攻坚战、先锋我来干"为主题的"招商先锋"海选暨出征大会。现场海选20名招商分局长。

16日　县委书记李森赴常州、南京开展前线招商活动。

17日　全县小型水库工程管理体制改革省级试点顺利通过验收。

18日　县委书记李森带队开展“百户企业大走访”活动。

同日　盱眙县召开卫生计生工作大会。

同日　市水利局到盱眙县开展2015年度实行最严格水资源管理制度综合考核工作。

同日　盱眙县获2015年度全市安全生产先进集体称号，

20日　盱眙县召开全县公安工作会议。

同日　全县市场监督管理暨系统党风廉政建设工作会议召开。

21日　淮安市委副书记、市长惠建林带队到盱视察调研。

22日　江苏汉世伟现代循环农业产业园项目签约仪式举行，

同日　欢乐山城2016盱眙县第四届元宵节民俗汇演在盱眙县龙虾节广场精彩上演。

同日　盱眙县召开全县信访工作会议。

25日　省海洋与渔业局局长汤建鸣率调研组到盱调研龙虾产业发展情况。

同日　县委副书记、县长梁三元赴省农业资源开发局汇报“十三五”期间盱眙农业综合开发、丘陵山区开发规划情况并争取省级项目支持。

同日　盱眙县召开全县农业农村重点工作推进会。

26日　盱眙“凹凸棒石高值利用关键技术创新及其产业化应用”项目获得江苏省科学技术一等奖。该项目共获授权国家发明专利18项、出版专著2部、形成行业标准1件。

28日　县委召开议事会。会议就2016年全县工业经济大会方案、组建凹土产业集团、盱眙县环境保护网格化划分及监管实施方案、盱眙县信访工作责任追究办法、县交投公司融资事项等议题进行专题讨论和研究。

29日　全县政法工作会议召开。

同日　盱眙成为省级知识产权战略示范县。

同日　盱眙电信分公司20万门程控交换机正式关电退网，这是盱眙通信发展史上一个重要的里程碑，标志着盱眙正式迈入全光网时代。

三　月

March

1日　盱眙县召开审计工作领导小组会议。

4日　全县党风廉政建设暨警示教育大会召开。

同日　盱眙县人民政府与南京深度体育发展有限公司就盱眙潜水基地项目签约。

7日　全省稻渔综合种养现场观摩会议在盱眙县召开。

同日　县政府召开十六届三十六次常务会议。就首季“开门红”目标完成情况，城镇长效管理工作和2016年县政府工作报告任务分解工作等提出要求。会议听取2016年县本级收支预算安排情况，讨论研究其他相关事项。

8日　盱眙县召开2016年“春雷行动”新引进项目评审会。

同日　淮安市稻渔综合种养和池塘工业化工作推进会在盱眙召开。

9日　2016年盱眙县高等学校招生委员会第一次会议召开。

10日　省司法厅副厅长周红养到盱调研司法行政工作。

同日　盱眙县召开全县宣传思想文化工作会议。

11日　盱眙县召开2016年“春雷行动”重大项目评审会。

同日　省食品药品监督管理局副局长俞善浚一行到盱调研。

12日　全县工业经济大会召开。县委书记李森出席会议并讲话。12个项目成功签约，合同引资额34.87亿元并4500万美元。会议对2015年度功勋企业家奖、突出贡献企业奖、县长质量奖、优秀帮办奖、工业企业经济扶持奖等获奖者进行现场颁奖。

同日　盱眙县召开2015年度县处级领导班子和领导干部年度考核和干部选拔任用工作“一报告两评议”会议。

15日　县政协九届二十一次常委会议召开。

同日　县政府在明祖陵镇明祖陵村现场推进全县春季田间管理暨农业规模化工作。

同日　盱眙县在苏宁生活广场举行“新消费我做主”为主题的3·15大型公益活动。

16日　全县反家庭暴力工作联席会议召开。

同日　省科协副主席冯少东带队到盱调研科普信息化工作。

17日　盱眙县·南京大学EMBA班互动联谊会在南京大学商学院举办。

同日　省考核组到盱考核淮安市实行最严格水资源管理制度工作。

20日　省考核组到盱检查考核法治先进县创建工作。

22日　盱眙(南京)文创和旅游产业招商恳谈会在南京举行。金陵山庄二期、铁山寺滑雪漂流、莫泰精品酒店、都梁花海迪士尼乐园、文化艺术馆等5个项目现场签约,总投资4.1亿并500万美元。

同日　盱眙县召开迎接市委驻盱帮扶工作队进村开展工作会议。

同日　县政府与广州农商行、珠江村镇银行正式签约。

23日　盱眙港口产业园投资建设运营合作协议正式签约。

同日　江苏省农业科学院党委书记严少华、副院长郑建初率专家组到盱视察虾稻共作和现代农业项目。

24日　省民防局纪检组组长王金泉一行到盱调研民防工作及党风廉政建设情况。

同日　安徽省来安县政协主席张亚滨,县委常委、副县长桂勇一行到盱考察县人民医院新院区建设及运行情况。

同日　盱眙县出台《向社会组织购买困难群体精神关爱项目的实施办法》。

25日　全县组织工作暨乡镇领导班子换届工作会议召开。

同日　盱眙警务协作区第二十八次联席会议召开。

同日　县长梁三元率盱眙县考察团赴句容市学习考察。

同日　扬州市蜀冈-瘦西湖风景区平山乡与盱眙县马坝镇缔结友好乡镇。

27日　盱眙(北京)凹土产业招商推介会在京举办。

同日　2016年淮安市工业重大项目春季集中开工(盱眙县会场)活动举行,12个亿元以上重大工业项目集中开工,合同引资额40.29亿元。淮安市委常委、组织部部长张彤,淮安市副市长王红红等市领导出席活动。县委副书记、县长梁三元主持活动。

28日　眙和大数据有限公司正式开始运营。

29日　盱眙县召开县机构编制委员会全体会议。

同日　县第十六届人大常委会第三十二次会议召开。会议传达学习第十二届全国人大四次会议精神,学习县委关于批转《县人大常委会2016年工作要点》的通知。会议听取和审议县政府关于《中华人民共和国政府采购法》实施情况的汇报,审议通过《盱眙县人民代表大会常务委员会关于健全和完善执行联动工作机制的决定(草案)》,审议通过《盱眙县城市总体规划(2015～2030)》的议案。会议还通过有关人事任免。

同日　全县政法机关开展社会治安综合保险参保活动。

同日　县人大常委会首次召开新闻发布会。

30日　2016年项目引进和项目推进“春雷行动”产业招商项目集中开竣工活动举行。县委书记李森出席活动并讲话,围绕“春雷行动”怎么看、“红色风暴”怎么干两方面作点评和部署。有48个项目参加集中开竣工仪式,合同总引资额28.28亿元。其中29个参加开工仪式,合同总引资额19.5亿元;19个参加竣工仪式,合同总引资额8.78亿元。

同日　县委召开议事会。会上,县党政班子领导分别进行工作交流,重点汇报一季度工作清单完成情况和二季度工作清单内容。会议听取全县一季度安全生产情况的汇报,通报2月28日县委议事会研究事项落实情况。会议就2016年乡镇(街道)、经济开发区、县直机关科学发展目标考核,下达2016年“双过半”目标任务等议题进行专题讨论和研究。

同日　淮安市人大常委会副主任、党组副书记陆长苏率市人大调研组到盱视察“4+1”现代农业产业重点项目。

同日　省水利厅党组成员、省水文局局长张春松率检查组到盱检查水文测报汛前准备工作。

同日　“2016年盱眙电商大讲堂”活动举行。

31日　“五德”话剧《纤夫》在盱演出。《纤夫》选取周恩来总理1958年黄河抢险、三年自然灾害期间劝侄回乡、文革期间苦撑危局、回延安访贫问苦、生命中最后时光的内心波澜等故事，生动刻画周总理面对困难险境和自身疾病，始终信仰坚定、公正严实，鞠躬尽瘁、死而后已，拉着共和国命运之船奋力前行的坚强党性和感人事迹。

同日 县政府召开全县食品安全工作暨创建省级食品安全城市推进会。

四 月

April

1日 县召开纪委委员质询评议会。

同日 盱眙县政府下发《关于申报2016年盱眙县县长质量奖的通知》，标志着盱眙县第三届县长质量奖申报工作正式启动。

7日 淮安市青年农民创业示范基地建设现场推进会在盱召开。

8日 "2016盱眙休闲农业观光季"——第二届"缘来三河"梨园观光季开园仪式在三河农场的生态梨园举行。

9日 县召开环境整治攻坚战动员会，对省环保厅苏北督查中心通报问题的整改落实工作进行再落实、再动员、再部署。

同日 盱眙县开展首场机关公车改革处置车辆拍卖会。29辆被改革取消的公车参加拍卖，成交率达100%。

11日 盱眙县召开2016年"春雷行动"第二批重大项目评审会。

13日 国土资源部地环司副司长陈小宁率队视察盱眙象山国家矿山公园建设管理情况。

15日 淮安市副市长吉子俊率市政府督查组到盱督查，检查指导重大项目与民生实事项目进展情况。

同日 淮安汉世伟黄花塘循环农业产业园举行开工奠基仪式。

同日 盱眙县召开全县环境整治攻坚战暨维桥河整治工作推进会。

同日 世界冠军、中国著名女排运动员赵蕊蕊走进鲍集淮西小学，参加蒙牛乳业"有你最美——我回老家上堂课"活动。

18日 县检察院和江苏省盱眙龙虾协会正式签约，联手开展"服务龙虾产业·守护金色品牌"盱眙龙虾知识产权保护专项行动。

19日 盱眙县被江苏省人民政府授予"江苏省人口协调发展先进县（市、区）"荣誉称号。

20日 省政府法制办主任于爱荣、省工商局副巡视员李晓东一行到盱就《江苏省消费者权益保护条例（草案）》开展立法调研。

21日 淮安市委副书记、市长惠建林，淮安市副市长赵洪权一行到盱视察防汛工作。

同日 县人大常委会主任姚玉祥主持召开盱眙县第十六届人大常委会第二十八次主任会议。会议听取了盱眙县关于贯彻《中华人民共和国河道管理条例》《江苏省慈善事业促进条例》《城镇排水与污水处理条例》实施情况的报告。

同日 全县见义勇为表彰大会召开。

同日 盱眙县龙虾养殖保险首单签约仪式举行。龙虾产业企业与渔业互助保险协会签订稻（藕）田套养小龙虾互助保险单。

22日 全县双拥工作会议召开。

26日 省政协经济委员会主任周建强带队到盱视察调研行政审批制度改革工作。

27日 天泉湖紫霞岭蓝莓谷庄园项目签约仪式举行。

28日 县委召开议事会。会议围绕《2016年项目引进和项目推进"红色风暴"实施方案（讨论稿）》，"两学一做"学习教育活动和第十六届中国·盱眙国际龙虾节策划方案进行研讨；县委副书记、县长梁三元传达全市一季度金融形势分析会会议精神，并分析全县金融形势，安排下一阶段金融工作；会议通报3月30日县委议事会研究事项落实情况，就2016年首季"开门红"目标考核情况、一季度工业经济考核情况、"春雷行动"考核情况和一季度"产业招商"考核情况等议题进行专题讨论和研究。

29日 县第十六届人大常委会第三十三次会议召开。会议决定任命董清为盱眙县人民政府副县长；免去顾强盱眙县人民政府副县长职务。

同日 淮安市副市长赵洪权到盱视察小麦赤霉病防治和夏粮收购等相关工作。

30日 无锡蓝光耍街首届盱眙龙虾节开幕仪式隆重举办。

是月 盱眙县上解财政资金592万元，用于支援新疆西藏及青海藏区发展，其中支援新疆356万元，支援西藏119万元，支援青海省藏区117万元。

五　月
May

3日　太和街道党群服务中心正式揭牌运行。

4日　全县“春雷行动”、首季开门红总结暨“红色风暴”、二季度双过半动员大会召开。

同日　盱眙县举行以“弘五四,树新风,争做时代好青年”为主题的纪念“五四”运动97周年活动。

同日　淮安市副市长赵洪权带领水利部门到盱视察防汛工作。

6日　盱眙县召开防汛防旱工作会议。

同日　盱眙县举办政法系统“两学一做”专题报告会。江苏法制报社副社长、江苏省报业协会行业报委员会副主任孙劲松为全县政法干警作“推动政法工作与媒体融合发展”的专题辅导。

同日　盱眙博图凹土股份有限公司股权挂牌仪式在江苏省股权交易中心举行。

7日　福建省政协副主席杨根生一行到盱考察马坝镇新型城镇化建设情况。

9日　全县“两学一做”学习教育工作部署会召开。县委书记李森出席会议并就开展好全县“两学一做”学习教育提出明确要求。淮安市委“两学一做”学习教育督导一组组长、市委组织部干部教育处处长孙爱超一行到会指导。

同日　盱眙县举办“两学一做”学习教育专题党课。全国道德模范提名奖获得者、桂五镇敬老院院长李银江以《勤勤恳恳做事 干干净净做人 做一名合格党员》为题讲一堂生动精彩的党课。

同日　省信访局副局长史国君带队到盱开展“三解三促”活动。

10日　中国行政体制改革研究会副会长汪玉凯率省改革试点评估组到盱开展相对集中行政许可权改革试点评估工作。评估组一致认为盱眙县开展相对集中行政许可权改革是成功的,经验做法可在全省推广。

12日　省创建公共文化服务体系示范区督查组到盱开展中期督查工作。

同日　成都市委常委谢瑞武带队到盱考察现代农业发展情况。

17日　省政协副主席、党组副书记罗一民率省政协调研组到盱调研养老服务业发展情况。调研组对盱眙县养老服务业的发展给予充分肯定。

同日　省体育局局长陈刚一行到盱调研体育发展工作。

18日　盱眙县召开金融工作暨政银企融资对接会议。

同日　县政府召开全县饮用水保护工作会议。

19日　盱眙县举行以“‘招商先锋’晒一晒,看谁项目来的快”为主题的第二期“招商先锋”论坛。

同日　四川省委党校、行政学院副校(院)长杨颖一行到盱眙县行政审批局进行考察学习。

同日　《盱眙之恋》旅游微电影开机仪式及景区特色游启动仪式在盱举行。

20日　2015年秋季秸秆禁烧禁抛与综合利用工作总结暨2016年夏季工作部署会议召开。

同日　盱眙县召开2016“红色风暴”新引进项目评审会。

同日　盱眙县综合科技馆主题馆正式开馆。

22日　第十六届中国·盱眙国际龙虾节龙虾开捕仪式隆重举行。

23日　盱眙县第十六届中国·盱眙国际龙虾节龙虾烹饪大赛培训班举行开班典礼。

24日　工信部国防科工局发展计划司副司长何世新率国务院促进民间投资专项督查组到盱走访部分民营企业。

同日　淮安市公共资源交易中心盱眙分中心揭牌。

同日　盱眙县召开2016年中高考工作会议。

25日　省扶贫开发与老区建设“三会”理事长丁解民率省联合调研组到盱调研“十三五”扶贫开发和黄花塘革命老区建设情况。

同日　县第十六届人大常委会第三十四次会议召开。会议听取和审议县政府关于盱眙县旅游产业发展情况的汇报,听取县政府关于落实《中华人民共和国政府采购法》实施情况审议意见的情况汇报。会议审议通过《盱眙县人大常委会关于进一步提高县人大常委会会议审议质量的规定(草案)》《盱眙县人大常委会关于开展满意度测评工作实施办法(草案)》《盱眙县人大常委会关于县人大代表履职建档的意见(草案)》《盱眙县人大常委会关于县人大常委会组成人员履职建档的意见(草案)》《盱眙县人大常委会任命人员任前法律知识考试办法（草案）》《盱眙县人大常委会关于切实做好乡镇（街道）人大工作的意见（草案）》。会议表决通过关于接受陈俊辞去县第十六届人大常委会委员职务请求的决定（草案）。会议决定免去陈俊县人大常委会环境资源城乡建设工作委员会副主任职务。

26日 县委书记李森出席中国共产党马坝镇第四次代表大会开幕式，并作重要讲话。

同日 江苏省苏北徐州、连云港、宿迁、淮安四市关于依法加强基层宗教工作的调研座谈会在盱眙县召开，苏北四市的佛、道、伊、基、天五大宗教团体30余名负责人出席会议。省宗教局巡视员顾传勇、副巡视员王晓利等领导出席座谈会。

同日 全县群众权益保障卡制度推进工作动员会召开。

27日 盱眙县召开县域水环境整治交办会。

同日 县委副书记、县长梁三元出席中国共产党管镇镇第十三次代表大会开幕式，并作重要讲话。

同日 县委召开议事会。会议听取《盱眙县综合行政执法体制改革试点实施方案》，通报4月28号县委议事会研究事项落实情况，对《县委常委会开展"两学一做"学习教育工作方案》《农村土地承包经营权暂缓或不予确权等工作的指导意见》《关于实施脱贫致富奔小康工程的意见》《盱眙县处置低效闲置企业暂行办法》等工作进行研究讨论。

30日 盱眙县召开"红色风暴"第一批新引进重大项目评审会及"蜗牛榜"项目会办会。

31日 盱眙县召开简政放权创业创新环境试评价工作推进会。

六　　月

June

1日 盱眙县举行不动产权证书首发仪式。市、县领导分别对首批商住和工业项目共4位不动产权利人代表颁发不动产权证书。

同日 盱眙县出台《盱眙县严重失信行为联合惩戒办法（试行）》。

3日 第十六届中国·盱眙国际龙虾节南京科技招商洽谈会举行。

同日 全市社区戒毒社区康复全国示范点揭牌仪式在盱举行。

同日 盱眙县召开全县矛盾纠纷多元化解暨社会稳定工作会议。

同日 第十六届中国·盱眙国际龙虾节北京系列活动——北京簋街花家怡园四合院店第四届盱眙龙虾美食季开幕。

5日 "中国盱眙·京东"第二届互联网龙虾节暨京东盱眙馆开馆新闻发布会在北京江苏大厦举行。

同日 第十六届中国·盱眙国际龙虾节暨第八届江苏省创新菜盱眙龙虾烹饪大赛决赛举行。

同日 举行2016年盱眙龙虾会员店集中授牌仪式，为於氏龙虾等16家餐饮企业集中授牌。

7日 农业部副部长于康震带队到盱调研龙虾产业发展情况，前往兴隆"虾稻共作"万亩示范园等地进行实地调研。

同日 小盱小眙真人秀暨千名志愿者服务龙虾节仪式顺利启动。

同日 第十六届中国·盱眙国际龙虾节"有滋有味的盱眙风采展"在宁波正式启动。

同日 第十六届中国·盱眙国际龙虾节产业招商签约会在宁波举行。

同日 宁波市世纪金源大饭店加盟盱眙龙虾会员店，这是全国首家五星级酒店加盟盱眙龙虾会员店。

同日 "盱眙历史文化丛书"（第一辑）出版发行。一套四册分别为：《盱眙史粹》《盱眙风情》《盱眙山水》《盱眙名人》。这是新中国建立以来，盱眙县历史上第一套系统介绍盱眙历史文化的丛书。

10日 第十六届中国·盱眙国际龙虾节"致诚健身——华国队"健身文化节开幕。

11日 淮安市副市长、公安局局长刘必权带队到盱视察龙虾节安保工作。

同日 全国龙虾协会联谊会暨中国龙虾产业联盟理事（扩大）会议在盱召开。

12日 第十六届中国·盱眙国际龙虾节群众广场文化活动暨开幕式隆重举行。

同日 第十六届中国·盱眙国际龙虾节"登高望远"今世缘大型文艺晚会精彩上演。

同日 省政协副主席许津荣对盱眙县经济社会发展情况进行实地调研，

同日 2016年《电影+美食——跨界电影》主题电影高峰论坛在盱举行。

同日 第十六届中国·盱眙国际龙虾节盱眙与美国印第安纳州友好合作项目签约仪式举行。

同日 第十六届中国·盱眙国际龙虾节中国龙虾产业联盟高层论坛召开。

同日 第十六届中国·盱眙国际龙虾节产业招商项目集中签约仪式举行。此次龙虾节,包括北京、深圳、宁波等地活动在内,签约项目67个。

同日 2016盱眙龙虾产业博览会在县奥体中心开幕。

同日 第十六届中国·盱眙国际龙虾节产业招商项目集中竣工仪式举行。总投资达14亿元的24个项目集中竣工。

13日 第十六届中国·盱眙国际龙虾节万仙宫景区万人龙虾宴暨“盱眙之恋”大型综艺晚会隆重举行。

同日 第十六届中国·盱眙国际龙虾节群众户外运动大会举行。

同日 第十六届中国·盱眙国际龙虾节——“丹青盱眙·南大美院聂危谷师生九人展”画展开幕。

同日 第十六届中国·盱眙国际龙虾节——“红旗劲舞”群众户外趣味运动大会暨“运动健身四季赛”之夏季活动举行。

14日 2016年上半年市对县科学跨越发展目标推进会召开。

同日 第十六届中国·盱眙国际龙虾节“龙虾之都 国手摇篮”中国乒协乒乓球运动学校优秀生源基地挂牌仪式举行。

15日 第十六届中国·盱眙国际龙虾节“创业投资、金融之城”——盱眙县企业投融资恳谈会在南京召开。

同日 盱眙文化系列丛书《穆店史话》举行首发式。

16日 第十六届中国·盱眙国际龙虾节第三届龙虾美食周活动——山地音乐节举行。

17日 淮安市副市长窦立夫带队到盱调研检查秸秆禁烧工作。

同日 第十六届中国·盱眙国际龙虾节“新马·清江杯”国际高中篮球邀请赛在县体育馆开幕。

18日 第十六届中国·盱眙国际龙虾节走进上海系列活动举行。

19日 第十六届中国·盱眙国际龙虾节感恩淮安行——江苏民歌音乐会在淮安钵池山公园举行。

同日 湖北省潜江市委书记、市人大常委会主任胡功民一行到盱考察龙虾产业。

20日 盱眙县召开乡镇(街道)人大工作会议。

21日 国家粮食局调控司副司长罗守全一行到盱调研夏粮收购工作。

25日 全国人大代表南京淮安组一行到盱专题调研现代农业发展情况。

同日 淮安市委副书记、市长惠建林,淮安市委副书记练月琴带队到盱视察防汛工作。

26日 县委召开全县领导干部会议。市委书记姚晓东到会讲话,市委常委、组织部部长张彤主持会议,市委组织部副部长、组织员办主任李松宣读省委、市委关于盱眙县委、县政府主要领导职务调整的决定。决定梁三元任中共盱眙县委书记,免去李森中共盱眙县委书记、常委职务,另有任用;提名朱海波为盱眙县人民政府县长候选人,梁三元不再担任盱眙县人民政府县长职务。

同日 盱眙县十六届人大常委会第三十五次会议召开。会议同意接受梁三元辞去县人民政府县长职务,决定任命朱海波为县人民政府副县长、代理县长。

28日 第十六届中国·盱眙国际龙虾节闭幕式暨《难忘盱眙》大型文艺演出在县大剧院隆重举行,标志着历时17天的第十六届中国·盱眙国际龙虾节完美落幕。

同日 盱眙县召开县十六届人大常委会第四十次主任会议。会议听取全县扶贫开发工作情况和职业教育工作情况的汇报。

29日 县委书记梁三元主持召开县委议事会。会上,县党政班子领导分别进行工作交流,对二季度工作进行回顾和总结,对三季度重点工作进行安排和部署。会议听取全县“双过半”目标任务完成情况汇报;通报5月28日县委议事会研究事项落实情况。

同日 全县防汛工作会议召开。

30日 盱眙县隆重召开庆祝建党95周年暨“七一”表彰大会。

七 月

July

1日 淮安市委书记、市人大常委会主任姚晓东到盱视察防汛工作。

同日 淮安市委常委、组织部长张彤到盱在联系点上——官滩镇霍山村过党日庆“七一”。

同日 淮安市副市长赵洪权带队到盱检查指导防汛工作。

4日 市委市政府督察室一行到盱现场推进上半年重大项目建设进度。

5日 盱眙县召开“红色风暴”第二批新引进项目评审会。

同日 盱眙县委组织部开设“部长有约”专栏。

同日 副市长窦立夫到盱与基层党员一起过党日庆“七一”。同日，盱眙县著名作家韩开春撰写的《虫虫》入选2016年国家新闻出版广电总局向全国青少年推荐百种优秀出版物名单。

7日 国家粮食局副局长邓亦武到盱督查夏粮收购工作。

11日 淮安市委书记、市人大常委会主任姚晓东率队对盱眙县2016年上半年重大项目建设情况进行现场督察推进。

同日 盱眙县组织召开西南岗片区扶贫工作座谈会。

12日 盱眙县人大常委会督办重点议案建议落实情况。

15日 县委副书记、代县长朱海波主持召开部分问题楼盘处置会办会。

16日 县委召开常委(扩大)会议。就中央环境保护督察工作组进驻江苏工作进行部署。

17日 全省民政工作年中分析会暨现代民政建设推进会在盱召开。

19日 盱眙县召开2016年“红色风暴”第二批新引进重大项目评审会暨“百日竞赛”首批拟开工亿元以上重大项目推进会。

同日 盱眙县人大常委会对拟任命的7名检察人员实行任前法律知识闭卷考试。

20日 江苏省2016年上半年传染病防治工作会议在盱召开。

25日 菲律宾菲华商联总会青合委员会代表团到盱参观考察经济社会发展情况。

同日 县十六届人大常委会第三十六次会议召开。县人大常委会主任姚玉祥主持会议。会议以投票表决的方式，决定任命林波为县人民政府副县长，决定免去刘爱国县人民政府副县长职务，任命徐保林等7名同志为县人民检察院检察员。会议听取县政府关于2016年上半年国民经济社会发展计划执行情况的报告；审议县政府关于2015年县级财政决算草案及2016年上半年财政预算执行情况的报告和2015年财政预算执行和其他财政收支审计情况的报告，审查批准2015年县级财政决算，审议通过审计工作报告的决议；听取县政府关于落实盱眙县旅游产业发展情况审议意见的汇报；审议县政府关于《江苏省物业管理条例》实施情况的汇报，与会组成人员对物业管理涉及问题进行专题询问。

27日 县委书记梁三元主持召开县委常委议军会议。

同日 盱眙县召开政协九届二十二次常委会议。

28日 县委书记梁三元主持召开县委第十三届十次全委会。

同日 县委书记梁三元主持召开县委常委会。会议听取党代会筹备工作领导小组关于县第十四次党代会筹备情况的汇报，讨论相关事宜。

29日 中国共产党盱眙县第十四次代表大会在县大剧院隆重开幕。梁三元代表中国共产党盱眙县第十三届委员会向大会作题为《抢抓战略机遇 推动转型升级 为率先实现“十三五”一高双强目标而努力奋斗》的工作报告，杨韬代表中国共产党盱眙县纪律检查委员会向大会作题为《尊崇党章党纪 聚焦主责主业 为实现“一高双强”目标提供坚强保障》的工作报告。县委副书记、代县长朱海波主持大会。

30日 中共盱眙县第十四次代表大会闭幕。大会选举产生中国共产党盱眙县第十四届委员会委员、候补委员、中国共产党盱眙县第十四届纪律检查委员会委员和盱眙县出席淮安市第七次党代会代表。大会审议通过中国共产党盱眙县第十四次代表大会关于中国共产党盱眙县第十三届委员会工作报告的决议、中国共产党盱眙县第十四次代表大会关于中国共产党盱眙县第十三届纪律检查委员会工作报告的决议。

同日 中国共产党盱眙县第十四届委员会第一次全体会议召开。会议选举产生中国共产党盱眙县第十四届委员会常务委员会委员，分别是：梁三元、朱海波、陈俊祥、高为森、张晓红、杨军、林波、顾强、杨韬、张健、张柏。选举产生书记、副书记。梁三元当选书记，朱海波、陈俊祥当选副书记。

31日 县委召开议事会。听取盱眙港口产业园及道路建设PPP项目招标相关事项和“两区两园”指挥部组织架构及人员情况的汇报。就调整盱眙县产业招商领导小组组长、副组长和责任单位相关事项，二季度指标考核等议题进行专题讨论和研究。

同日 中国共产党盱眙县第十四届纪律检查委员会第一次全体会议召开。会议选举杨韬、郑鸿儒、方云飞、黄银林、吴坤、何明、马俊为县纪律检查委员会常务委员。杨韬当选为县纪委书记，郑鸿儒、方云飞当选为县纪委副书记。

八　月

August

1日 县委副书记、代县长朱海波主持召开县政府十六届三十七次常务会议。

同日 淮安关检一站式服务进园区(盱眙)活动举行。

2日 省青少年女子橄榄球锦标赛决赛在盱眙县举行。

3日 淮安市副市长赵洪权带队现场观摩盱眙县淮安温氏畜牧有限公司黄花塘种鸭场项目。

同日 淮安市副市长唐道伦率市直相关部门负责人到盱开展“一县一题”专项扶持凹土产业突破发展调研活动。

同日 省应急办主任沈仲一一行到盱眙县调研应急管理工作。

4日 市委第二巡察组在盱眙经济开发区召开巡察工作动员会。

同日 盱眙县举办第三期“招商先锋”论坛。

5日 省国土资源厅副厅长、党组副书记魏红军一行到盱开展扶贫调研工作。

8日 盱眙县召开加强过境垃圾联管联控工作推进会。

9日 省政协常委、南京市政协副主席、民进江苏省委会副主委、民进南京市委会主委陈华一行到盱调研养老服务业工作。

10日 全县扶贫开发工作会议召开。

同日 盱眙县召开人才工作领导小组会议。

同日 省政府法制办副主任马太建、行政执法监督局局长滕天云一行到盱调研行政审批工作。

同日 市委副书记练月琴一行到盱指导扶贫工作。

11日 盱眙县召开技防监控建设动员大会。

12日 中科院盱眙凹土研发中心第二届第三次技术委员会和理事会联席会议召开。

13日 第十一届中国凹土高层论坛暨生态环境专题学术交流会在盱开幕。

同日 盱眙县举行凹土项目集中开竣工仪式。

同日 中国科学院科技服务网络计划(STS计划)江苏凹土产业关键技术创新体系与示范服务平台建设项目启动仪式在盱眙县举行。

同日 江苏省凹土产业技术创新战略联盟新品——凹凸棒石玉米赤霉烯酮吸附剂发布会在盱召开。

18日 盱眙县召开全县村居(社区)党组织换届工作动员部署会。

同日 盱眙龙虾整肢熟制速冻调味龙虾出口第一单暨红胖胖龙虾出口澳大利亚启动仪式在盱举行。

19日 淮安市政协副主席、市委统战部长仲波带队调研盱眙县公共体育服务体系建设情况。

23日 省委常委、副省长杨岳带队到盱眙县黄花塘镇调研。

24日 县十六届人大常委会第四十二次主任会议召开。会议分别听取全县亿元以上项目引进和培植、现代公共文化服务体系建设工作、农村土地承包经营权确权登记颁证工作等情况汇报。与会人员就三项议题指出具体问题，提出建议性意见。

26日 淮安市委书记、市人大常委会主任姚晓东带队到盱就黄花塘镇扶贫工作进行专题调研。

同日 盱眙县举行第九批科技镇长团下派工作会议，对第八批科技镇长团工作进行总结，对第九批科技镇长团工作进行部署。

同日 第十六届中国·盱眙国际龙虾节“蓝莓遇上小龙虾”美食周在大连启动。

同日 盱眙县召开接送学生车辆交通安全综合整治工作会议。

同日 新能源电池材料产业园项目合作协议签约仪式在盱举行。中科院院士、清华大学材料学与工程研究院院长南策文，清华大学材料学院副院长林元华，县委书记梁三元，县委副书记陈俊祥出席签约仪式。

28日 盱眙县人民政府和南京广播电视集团战略合作签约仪式暨大型季播节目《南京》走进盱眙系列报道开机仪式在盱举行。

29日 江苏省2016年长江、淮河渔政执法工作交流座谈会在盱召开。

30日 盱眙县召开创建国家级经济技术开发区动员会。

同日 盱眙县举行家庭医生签约服务启动仪式。

31日 县委副书记、代县长朱海波主持召开县政府十六届三十八次常务会议。会议对关于出台《进一步加强财政资金支出管理意见》、棚户区改造三年计划编制工作、沿市政道路铺设天然气管道工作、全县离休干部医疗保障工作、建设智能公交项目等17个事项进行讨论会办。

九　月

September

5日 盱眙县组织开展《中华人民共和国慈善法》实施暨首个"中华慈善日"系列活动。

7日 盱眙县召开新四大国有集团公司资产交接会议。

同日 省水利厅副厅长叶健带队到盱调研黄花塘片区扶贫开发工作。

8日 省民防局副局长沈斌带队到盱对应急避难场所规划建设情况进行专项检查。

同日 全县矿山整治暨仇集——河桥段凹土运输通道建设推进会召开。

同日 全县龙虾养殖扩面工作推进会召开。

12日 盱眙县物业服务纠纷调处中心举行揭牌仪式。

13日 淮安市水利资产经营有限公司与江苏宁淮产业园有限公司PPP模式合作签约仪式举行。

同日 盱眙县丘陵山区现代农业产业园标准化通过省级验收。

14日 省农业资源开发局党组书记、局长唐铁飞来盱调研农业综合开发精准帮扶革命老区工作。

18日 盱眙县举行2016年新兵入伍欢送仪式。

同日 盱眙县举行防空袭行动演练。

同日 盱眙县举行盱眙互联网+创业峰会暨全国首家"互联网+美容院""一局一中心审批系统"启动仪式。

19日 全县棚户区改造工作推进会召开。

同日 盱眙县诚信示范街区创建工作启动。

同日 市督查组到盱督查棚改工作。

同日 盱眙县召开政府融资改革及项目发布会。

20日 县委副书记、代县长朱海波主持召开县政府十六届三十九次常务会议。

同日 "品盱眙龙虾 游都梁山水·百名台湾里长龙虾之都结缘行"活动启动仪式举行。

同日 人社部第九期司局级干部培训班到盱学习。

同日 省水利厅副厅长朱海生、省水利工程移民办主任朱德伦一行到盱调研大中型水库移民后期扶持工作政策实施情况。

21日 盱眙县召开金融扶贫现场融资对接会议。

22日 县十六届人大常委会第三十七次会议召开。会议询问《盱眙县人民代表大会常务委员会关于健全和完善执行联动工作机制的决定》落实情况；审议县政府关于《科学技术进步法》实施情况的汇报及县政府关于代表建议办理情况的汇报。审议通过县政府关于提请授予唐红军等5人为"盱眙县荣誉市民"称号的议案(草案)及县政府关于拟将盱眙县天源水务有限公司2016年公司债券偿债资金纳入县级财政预算的议案(草案)。会议通过相关人事任免。

24日 南京江北新区与盱眙县人民政府区域融合发展战略合作框架协议签约活动在盱举行。

26日 全县县乡人大换届选举工作会议召开。

同日 盱眙县十六届人大常委会第三十八次会议召开。会议讨论通过盱眙县人大常委会关于全县县乡两级人民代表大会换届选举时间的决定(草案)；讨论通过盱眙县人大常委会关于乡镇人民代表大会代表名额的决定(草案)；讨论通过盱眙县人大常委会关于县乡两级选举委员会组成人员的决定（草案）。

28日　省粮食局副局长陈一兵率队到盱督导全国粮食流通监督检查示范单位申报工作。

29日　盱眙县召开“五整一打”百日专项行动动员部署会议。

30日　盱眙县召开选举委员会第一次全体（扩大）会暨换届选举工作培训会。

同日　盱眙县举行烈士公祭活动。

十　月
October

1日　全县旅游工作推进会召开。

6日　县委召开产业招商推进会。

10日　电影《泡菜爱上小龙虾》举行开机新闻发布会。

13日　盱眙县选举委员会召开第二次全体（扩大）会议。会议听取各选举单位换届选举准备阶段工作开展情况的汇报；研究讨论换届选举第二阶段工作任务；讨论通过《选民登记办法》《选民登记公告》《致选民的一封信》和《选民须知》；通过县代表选区选举工作小组组成人员名单；讨论天泉湖部分区划调整选区划分和代表名额分配；通报《关于县乡人大换届选举联系指导分工的通知》。

同日　盱眙县召开创建国家级特色小镇工作会议。

同日　省民政厅党组成员、省老龄办主任夏春青率队到盱督查养老服务业工作情况。

15日　县委召开全县城市工作、农业农村工作汇报会。

18日　盱眙县召开秋季秸秆禁烧禁抛与综合利用工作会议。

同日　淮安市人大常委会党组书记、副主任陈洪玉到盱指导县乡人大换届选举工作，

20日　省扶贫“三会”“滴水·筑梦助学工程”暨金康达集团捐资助学仪式在盱举行。

同日　省农科院院长易中懿率队到盱帮扶黄花塘革命老区农业发展。

同日　盱眙县鲍贡蟹出口第一单启动仪式举行。

同日　科暖石墨烯产业化加速基地开业庆典在盱举行。

21日　淮安市委常委、纪委书记李晓雷到盱调研经济社会发展和党风廉政建设工作。

同日　盱眙县召开全县棚户区改造工作推进会。

同日　民革省委副主委、省农委副主任张坚勇率民革江苏省委考察团到盱调研。

26日　滁州市考察团到盱参观考察。

同日　县第十六届人大常委会第四十五次主任会议召开。会议听取全县“多规合一”实施方案情况的汇报、关于刑事侦查监督工作情况和关于拒执罪案件办理情况的汇报。

同日　省民政厅副厅长沙维伟、省妇联副主席崔娟带领省“儿童家庭监护缺失社会干预试点工作”专项调研组到盱调研。

27日　江苏省编办优化审批流程研讨会在盱召开。省编委办主任俞军、副主任张学才出席会议。

同日　省农机局局长沈建辉率队到盱督察“三秋”农机化重点工作。

28日　环保部考核验收组对盱眙县国家级生态县创建工作进行考核验收。

同日　盱眙县召开冬季安全生产暨消防工作会议。

同日　盱眙县人民医院加入淮安市第二人民医院集团签约揭牌仪式举行。

29日 省旅游局调研组到盱调研全域旅游和重点旅游项目建设工作。

31日　盱眙县召开2017年省市重大项目编排汇报会。

十　一　月
November

1日　香港警务处警察机动部队总部校长郭荫庸、香港警务处总系统经理方耀恒率香港公务员代表团一行到盱参观访问。

同日　江苏省农业科技自主创新项目启动会暨省农技协科技服务站对接活动在盱召开。

2日　县政府召开第十六届四十次常务会议。会议听取28项议题的有关情况汇报，朱海波就相关事项提出意见和要求。

同日　盱眙县召开亿元以上通过评审拟开工项目过堂会。

3日　淮安市委常委、政法委书记赵洪权带队到盱调研秋收秋种和秋粮收购工作。

4日　省人大常委会副秘书长顾万峰率队到盱调研指导工作。

8日　盱眙县中医院建院三十周年暨直线加速器正式投入运行仪式在县大剧院举行。

9日　县委副书记、代县长朱海波会见四川恒康集团董事长周先敏一行。

同日　盱眙县选举委员会第三次全体(扩大)会议召开。

同日　县政府召开2017年度新型农村合作医疗筹资会议。

11日　全县大气和水环境整治工作推进会召开。

同日　省老促会会长丁解民带队到盱调研黄花塘革命老区建设。

15日　县第十一届村委会和第六届居委会换届选举工作会议召开。

16日　县人民政府与北控水务集团有限公司签订县域水环境整治战略合作协议。

17日　省环保厅苏北督察中心主任成杰一行到盱督察园区环境整治和大气污染防治工作。

同日　水利部太湖流域管理局副局长吴浩云带队到盱就2016年农村饮水安全巩固提升工作开展专项检查。

同日　“江苏省中小企业竞争力大讲堂”活动在盱眙县举行。

18日　省卫生与计划委员会重点扶贫暨盱眙县人民医院与黄花塘镇卫生院举行组建医联体签约揭牌仪式举行。

同日　盱眙县组织开展“两学一做”学习教育“争当履职先锋、做合格共产党员”主题演讲比赛。

22日　盱眙县召开“12345”平台整合热线及拓展便民服务功能会办会。

同日　县十六届人大常委会第三十九次会议召开。会议决定任命冯建淮为县人民政府副县长、县公安局局长,决定免去杨忠县人民政府副县长、公安局局长职务,决定任命孙彬为县人民政府副县长,任免张鹤鸣等16名县政府相关部门职务,刘志超等6名同志县人民法院相关职务。

24日　县委副书记、代县长朱海波主持召开县政府十六届四十一次常务会议。会议听取关于出台《盱眙县政府投资工程融资资金池管理办法》、环洪泽湖大道和黄高路建设、第三届县长质量奖评审工作、2017年拟实施民生实事等15项议题的情况汇报。

26日　县委召开常委务虚会。会议深入谋划2017年重点工作、重大项目,拟重点打造的特色亮点。

同日　省文化厅到盱实地抽查省级公共文化服务体系示范区建设情况。

同日　盱眙县选举委员会第四次全体(扩大)会暨县乡人大代表投票选举工作部署会召开。会议讨论通过《盱眙县选举委员会召开代表候选人与选民见面会办法》。

28日　南京市高淳区委书记霍慧萍率队到盱考察行政审批制度改革工作。

30日　省新闻出版广电局副局长于国民一行到盱就行政审批制度改革工作进行专题调研。

十　二　月

December

1日　盱眙县规委会第二次全体会议召开。会议对县档案馆新馆建设、宣化社区幼儿园等6个项目规划选址,九龙广场等2个规划设计方案,马坝镇总体规划等4个规划编制项目进行审议,形成纪要。

2日　盱眙县举行国家宪法日集体宣誓仪式。

5日　县人大常委会主任姚玉祥带队对棚户区改造工作进行专项视察,

6日　盱眙县首批林权证和乡镇一级不动产权证颁发。

同日　省政府教育督导组到盱眙进行教育工作回访督导。

7日　盱眙县市场监督稽查大队正式挂牌。

8日　南京市雨花台区区长李世峰到盱调研宁淮新兴产业科技园规划建设工作。

同日　省第十三次党代会精神省委宣讲团盱眙报告会举行。

同日　南京财经大学党委书记陈章龙带队到盱开展校地合作交流活动。

12日　淮安市人大常委会副主任王海平带队到盱调研《盱眙县人大常委会关于健全和完善执行联动工作机制的决定》实施情况。

13日　盱眙县出口宠物食品示范区通过省

级考核验收。

14日 省海洋与渔业局党组书记、局长汤建鸣率省“三农”工作调研组到盱调研。

同日 盱眙县召开首届“盱眙工匠”表彰大会。大会授予李彪等10人为“盱眙工匠”荣誉称号,并颁发奖杯和奖金。

19日 县第十六届人大常委会第四十次会议召开。会议讨论通过盱眙县人大常委会关于召开第十七届人民代表大会第一次会议的决定;讨论确定县人大常委会工作报告(征求意见稿);初步审查2016年国民经济和社会发展计划执行情况与2017年国民经济和社会发展计划(草案)初步方案、2016年预算执行情况与2017年县本级预算(草案)初步方案;听取部分委员辞去县选举委员会职务的报告;研究相关表彰事项和县人大代表小组划分的相关事宜。

20日 盱眙县召开2016年度全县农村造林绿化暨森林防火工作会议。

21日 县政府召开十六届四十二次常务会议。会议对县城投公司拨付新购24辆新能源公交车资金情况、“十三五”教育布局规划工作、2017年全县主要经济社会发展指标初步安排情况、盱眙县产业发展扶持资金管理暂行办法、“七五”普法规划、征求《政府工作报告》意见等议题进行讨论研究。

22日 县委召开常委(扩大)会,征求对《县委十四届二次全体(扩大)会议工作报告》(讨论稿)的意见和建议。

同日 省教育厅厅长沈健到盱眙开展走访慰问活动。

23日 淮安市人大常委会党组书记、副主任陈洪玉,市中级人民法院党组书记、院长钱斌带队到盱视察联动执行工作。

同日 南京邮电大学与宇特光电举行校企产学研合作签约仪式。

同日 省公立医院综合改革效果评价复核评估组到盱指导工作。

25日 盱眙县召开砖瓦生产企业专项整治工作紧急会议。

26日 盱眙县工商业联合会(总商会)第八届会员代表大会召开。

27日 县政协召开九届二十三次常委会议。

同日 盱眙县召开鲍集圩行蓄洪区及淮干“三滩”居民迁建综合规划编制工作会议。

30日 中国共产党盱眙县第十四届委员会第二次全体(扩大)会议召开。县委书记梁三元作题为《创新实干、富民优先、奋力开创“十三五”发力之年各项工作新局面》的工作报告。

31日 2017盱眙“澳美”国际农业嘉年华开幕。

本栏目责任编辑:王行政

人　物

Figures

新任县级领导

New County Leadership

梁三元

梁三元，男，汉族，1967年2月出生，淮安市人。1989年7月参加工作，1994年12月入党。1985年9月，在东南大学工业管理工程专业学习，大学学历，东南大学工商管理专业硕士学位，现任中共盱眙县委书记。

1989年7月，为淮阴市政府经济研究中心办事员（其间：1989年12月～1991年12月挂职任盱眙县观音寺乡政府科技助理）。1992年1月，任淮阴市政府经济研究中心（研究室）科员。1995年5月，在淮阴市委组织部企业干部科帮助工作。1996年1月，任淮阴市委组织部企业干部科干事。1996年12月，任淮阴市委组织部企业干部科副科级组织员。1999年1月，任淮阴市委组织部企业干部科副科长。1999年12月，任淮阴市委组织部研究室主任。2000年12月，任清浦区委常委、组织部长、市委组织部研究室主任。2001年10月，任清浦区委常委、组织部长。2004年1月，任清浦区委副书记、纪委书记（其间：2003年9月～2004年9月，挂职任南京市雨花台区区长助理。2003年3月～2006年3月参加东南大学工商管理硕士学位学习）。2006年5月，任淮安市审计局副局长、党组副书记。2010年4月，任淮安市国资委主任、党组书记。2013年9月，任淮安市审计局局长、党组书记。2016年1月，任中共盱眙县委副书记、县政府副县长、代县长。2016年2月，任中共盱眙县委副书记、县政府县长。2016年6月，任现职。

朱海波

朱海波，男，汉族，1973年12月出生，淮安市淮安区人。1995年11月参加工作，1998年5月入党，省委党校区域经济专业研究生学历，现任中共盱眙县委副书记、县政府代县长。

1995年11月，为淮安市（县级）公安局政保科办事员。2000年9月，任共青团淮安市（县级）委书记。2001年2月，任共青团淮安市楚州区委书记。2003年2月，任淮安市楚州区朱桥镇党委副书记、镇长。2004年1月，任淮安市楚州区南闸镇党委书记。2006年5月，任中共盱眙县委常委、宣传部部长。2007年11月，任中共盱眙县委常委、县政府副县长、党组成员。2010年12月，任中共盱眙县委常委、县政府副县长、党组成员、县交通资产投资有限公司董事长。2011年6月，任中共盱眙县委常委、县政府常务副县长、党组副书记、县交通资产投资有限公司董事长。2013年6月，任中共盱眙县委副书记、县委党校校长。2014年8月，任淮安市政府副秘书长、政府办主任。2016年6月，任现职。

姚玉祥

姚玉祥，男，汉族，1963年12月出生，仪征市人。1984年8月参加工作，1988年9月入党。华东水利学院农田水利工程专业大学学历，现任盱眙县人大常委会主任、党组书记。

1984年8月，为盱眙县水利局办事员，副站长，水利工程队队长。1990年5月，为盱眙县人大办公室秘书。1993年4月，任盱眙县人大办公室主任助理。1994年7月，任盱眙县人大办公室副主任。1996年12月，任盱眙县人大常委、人大办公室主任。1998年5月，任盱眙县河桥乡党委书记、人大主席。1999年10月，任盱眙县水利局局长、党委副书记。2001年12月，任盱眙县水务局局长、党委副书记。2004年1月，明确副县级；10月，任盱眙县政府党组成员、县水务局局长、党委副书记（副处级）。2006年5月，任副调研员、盱眙县政府党组成员、县水务局局长、党委副书记。2007年11月,任盱眙县政府副县长、党组成员。2010年7月,任盱眙县政府副县长、党组成员、县农业委员会主任;12月,任盱眙县政府副县长、党组成员。2013年9月,任盱眙县委常委、县政府副县长、党组成员。2015年3月,任盱眙县委常委、县政府副县长、党组成员、县市场监督管理局党委书记、局长。2015年8月,任盱眙县委常委、县政府党组成员、县市场监督管理局党委书记、局长;12月,任盱眙县人大常委会主任候选人、党组书记。2016年2月,任现职。

胡启新

胡启新,男,汉族,1966年11月出生,涟水县人。1988年7月参加工作,1995年11月入党。省委党校区域经济学专业研究生学历,现任盱眙县政协主席、党组书记。

1986年9月,为南京物资学校经济管理专业学生。1988年7月,为淮阴市金属回收公司会计、业务科长。1994年2月,任淮阴市化轻公司副经理。1995年4月,任淮阴市物资大厦副经理。1996年11月,任淮阴市物资大厦经理兼支部副书记。1998年6月,任盱眙县物资局局长、物资集团总公司总经理。1999年5月,任盱眙县物资局局长、党委书记、物资集团总公司总经理。2001年12月,任盱眙县经贸委主任、党委副书记、乡镇局局长。2003年9月,任连云港市新东港实业公司副总经理。2007年1月,任淮安经济开发区经济发展总公司副总经理(主持工作)。2011年4月,任淮安经济开发区经济发展总公司副董事长、总经理。2012年8月,任淮安经济技术开发区党工委委员、经济发展总公司董事长、党委书记。

2013年9月,任淮安市经信委副主任、党组成员、市中小企业局局长。2015年8月,任盱眙县政协主席候选人、党组书记。2016年1月,任现职。

陈俊祥

陈俊祥,男,汉族,1966年10月出生,淮安市淮阴区人。1987年7月参加工作,1992年9月入党,中央党校党政管理专业大学学历,现任中共盱眙县委副书记、党校校长。

1984年9月,为连云港水产学校养殖专业学生。1987年7月,为泗洪县临淮林场技术员。1989年3月,为泗洪县洪泽湖管理局技术员。

1990年6月,任淮阴县新渡乡团委干事。1990年8月,任淮阴县纪委办事员、秘书。1995年12月,历任淮阴县纪委副科级纪检监察员、淮阴县委副科级组织员、淮阴市纪委副科级纪检监察员、淮阴(淮安)市纪委正科级纪检监察员。2001年10月,任淮安市纪委宣传教育室副主任。2005年2月,任淮安市纪委副秘书长、办公室副主任。2006年1月,任淮安市纪委副秘书长、研究室副主任(主持工作)。2008年11月,任淮安市纪委研究室主任、副秘书长,淮安市纪委办公室主任、副秘书长。2013年6月,任中共盱眙县委常委、组织部部长。2015年12月,任中共盱眙县委副书记、组织部部长、党校校长。2016年7月,任现职。

林　波

林波,男,汉族,1967年3月出生,泗阳县人。1988年8月参加工作,1993年12月入党,中央党校政法专业大学学历,现任中共盱眙县委常委、县政府常务副县长、党组副书记。

1988年8月,为盱眙县公安局水冲港派出所民警。10月,为盱眙县颁发居民身份证办公室、公安局户政股办事员。1996年5月,任盱眙县委组织部干事、组织员,党管科副科长、科长,乡镇干部科科长、机关干部科副科长。2003年3月,兼任盱眙县委副科级组织员。2004年2月,任盱眙县委组织部干部科科长、副科级组织员。2005年7月,任盱眙县委组织部部务委员、干部科科长。12月,任盱眙县委组织部副部长、干部科科长、正科级组织员。2006年6月，任盱眙县委组织部副部长、干部科科长、正科级组织员，县重点项目办主任。11月，任盱眙县委组织部副部长、县重点项目办主任、县人大人代联委主任。2007年11月，任盱眙县委办公室主任、县委组织部副部长、县重点项目办主任、县人大常委、人代联委主任。2008年3月，任盱眙县委办公室主任。2011年6月，任副调研员、盱眙县委办公室主任。2012年2月，任副调研员、盱眙县马坝镇党委书记(升格前)。2012年8月，任盱眙县马坝镇党委书记。2014年8月，任涟水县委常委、组织部部长。2016年7月，任现职。

顾　强

顾强，男，汉族，1976年1月出生，涟水县人。1993年7月参加工作，2000年6月入党，省委党校国民经济决策与管理专业研究生学历。现任中共盱眙县委常委、组织部长、县凹土产业园区管委会党工委书记。

1993年7月，为淮安双鹤药业集团工人。1998年7月，为淮阴区公安局徐溜派出所民警。2001年3月，为淮阴区公安局指挥中心秘书。2002年6月，任淮阴区司法局副局长，司法局副局长、淮阴工业园区招商服务办副主任。2004年1月，任淮阴区丁集镇党委副书记、镇长。2008年8月，任淮阴区码头镇党委书记，党委书记、人大主席。2011年3月，任淮阴区渔沟镇党委书记。2012年2月，任盱眙县政府副县长、党组成员。2015年8月，任盱眙县政府副县长、党组成员、县凹土产业园区管委会党工委书记。2016年4月，任中共盱眙县委常委、县凹土产业园区管委会党工委书记。2016年7月，任现职。

杨　韬

杨韬，男，汉族，1971年10月出生，沭阳县人。1995年8月参加工作，1995年3月入党，省委党校世界经济专业研究生学历。现任中共盱眙县委常委、县纪委书记。

1992年09月，为淮阴师专中文系中文专业学生。1995年08月，为淮阴市幽兰都大酒店有限公司办公室秘书。1997年10月，为淮阴市人才交流服务中心办事员。1997年12月，为淮阴(淮安)市人事局科干科、军转与培训科、办公室科员。2002年4月，为淮安市人事局副主任科员。2月，在淮安市委组织部研究室帮助工作。2003年01月，为淮安市委组织部研究室工作人员。2月，任淮安市委组织部研究室副科级组织员。2005年9月，任淮安市委组织部研究室副主任。2008年04月，任淮安市委组织部研究室副主任、正科级组织员。2010年1月，任淮安市委组织部研究室主任(其间：2009年9月～2012年6月，参加省委党校世界经济专业在职研究生学习)。2013年11月，任淮安市委组织部干部监督处处长。2015年8月，任淮安市体育局党组成员、纪检组长。2016年07月，任现职。

张　健

张健，男，汉族，1967年3月出生，沭阳县人。1990年10月参加工作，1997年3月入党，江苏农学院农田水利工程专业大学、中央党校经济专业大学学历。现任中共盱眙县委常委、江苏盱眙经济开发区工委书记。

1986年9月，为江苏农学院农田水利工程专业学生。1990年10月，为淮阴市水利局水利干部学校教师(其间：1993年8月～1995年12月，参加中央党校经济专业本科函授学习)。1996年5月，任金湖县银集镇镇长助理(挂职)。1998年7月，任金湖县银集镇副镇长。2000年8月，任金湖县戴楼乡党委副书记、副乡长。2001年1月，任金湖县戴楼乡(镇)党委副书记、乡(镇)长。2003年7月，任金湖县委组织部副部长;11月,任金湖县委组织部副部长,正科级组织员。2006年5月,任金湖县委组织部副部长,正科级组织员,县社科联副主席;8月,任金湖县政府办公室主任、党组书记,县政府党组成员,县社科联副主席。2007年6月,金湖县政府办公室主任、党组书记,县双拥办主任,县政府党组成员,县社科联副主席。7月,金湖县委办公室主任,县社科联副主席。12月,任金湖县委办公室主任、机要局局长,县社科联副主席。2010年6月,任淮阴区副区长、金湖县委办公室主任、机要局局长。8月,任淮阴区副区长。2014年7月,任淮阴区副区长、淮安高新技术产业开发区党工委书记。2016年7月,任现职。

张　柏

张柏,男,汉族,1976年8月出生,淮安市淮阴区人。1996年10月参加工作,1999年6月入党,中央党校行政管理专业大学学历,现任中共盱眙县委常委、统战部部长。

1994年9月,为南京师范大学新闻与传播学院传播媒体艺术专业学生。1996年10月,为淮阴县广电局办事员、办公室副主任、外宣部主任(其间:1996年12月~1999年10月,在淮阴县委宣传部帮助工作,1999年10月~2001年12在淮阴县(区)委办公室帮助工作)。2001年12月,任淮阴区委办公室副科级秘书、综合科科长(其间:2001年8月~2003年12月参加中央党校行政管理专业本科函授学习)。2004年1月,任淮阴区委办公室副主任(其间:2004年4月~2004年11月在淮安市政府办公室帮助工作);11月,任淮安市政府办公室综合处副处长,淮阴区委办公室副主任;12月,任淮安市政府办公室综合处副处长。2007年2月,任淮安市政府办公室综合处主任科员。2008年7月,任淮安市政府办公室综合处处长。2011年6月,任金湖县副县长、市政府办综合处处长;11月,任金湖县副县长。2016年07月,任现职。

刘建功

刘建功,男,汉族,1979年10月出生,安徽省太湖县人。2002年8月参加工作,2001年6月入党,省委党校社会学专业研究生学历。现任中共盱眙县委常委。

2002年8月,在南京市雨花台区板桥街道近华村工作;2002年10月,为南京市雨花台区板桥街道党政办科员;2003年10月,为南京市雨花台区委宣传部科员;2004年10月,任南京市雨花台区区委宣传部办公室副主任;2006年7月,任南京市雨花台区铁心桥街道尹西社区党总支副书记;2007年5月,任南京市雨花台区铁心桥街道团工委书记、党政办副主任;2008年4月,任南京市雨花台区铁心桥街道团工委书记、招商办副主任;2010年6月,任南京市雨花台区铁心桥街道党政办主任、团工委书记;2011年5月,任南京市雨花台区铁心桥街道党政办主任、监察室主任(其间:2011年9月借用南京市雨花台区委组织部组织科工作);2012年2月,任南京市雨花台区委组织员办公室副主任;2013年12月,任南京市雨花街道党工委副书记、办事处副主任;2016年2月,任现职。

沈思为

沈思为,男,汉族,1962年10月出生,苏州市人。1981年8月参加工作,1993年9月入党。徐州师院中文专业函授大学学历,现任县人大常委会副主任候选人、党组成员。

1981年8月,为王店中学教师。1991年10月,为县委宣传部干事、新闻科副科长、科长。1996年7月,为县委组织部组织员。1997年2月,明确副科级;3月,任县委组织部办公室主任。1998年11月,任铁山寺森林公园管委会主任、开发总公司总经理,县多种经营管理局副局长、党委委员,县水利局副局长、党委委员,古城乡党委副书记,县林场党委副书记。1999年12月,任铁山寺森林公园管委会主任、开发总公司总经理,县林业局副局长,县水利局副局长、党委委员,古城乡(王店乡)党委副书记,县林场党委副书记;2000年8月,任铁山寺森林公园管委会主任、开发总公司总经理,林业局副局长、党组成员,水利局副局长、党委委员。2001年12月,任铁山寺森林公园管委会主任、开发总公司总经理,县林业局副局长、党组成员,县水务局副局长、党委委员。2002年2月,任县委组织部副部长,铁山寺森林公园管委会主任、开发总公司总经理。2003年2月,任县委组织部副部长,铁山寺管委会主任、党委书记、开发总公司总经理。2005年7月,任县委组织部副部长,铁山寺管委会主任、开发总公司总经理(2007年12月兼县人大常委)。2008年7月,任县委组织部副部长,铁山寺管委会主任、党委书记、开发总公司总经理、县人大常委。2009年1月,任县政府党组成员、铁山寺管委会主任、党委书记、开发总公司总经理、县人大常委。2012年3月,任县政府党组成员、县铁山寺国家森林公园管委会主任、党委书记。2015年8月,任县政府党组成员、县铁山寺国家森林公园管委会主任、党委书记、天泉湖镇党委书记。2016年7月,任现职。

董　清

董清,男,汉族,1979年10月出生,泗阳县人。1999年10月参加工作,2002年11月入党。南京大学工商管理硕士研究生、省委党校行政管理专业研究生学历,现任盱眙县政府副县长、党组成员。

1998年12月,通过南京师范大学汉语言文学专业大专自学考试。1999年10月,为泗阳县临河中学教师,淮阴(淮安)有线电视台记者,淮安广电宽带网络有限公司办公室副主任,淮安电视台记者。(其间:2004年1月至2007年1月参加淮阴师范学院汉语言文学专业本科函授学习,2005年9月至2008年7月参加省委党校行政管理专业在职研究生学习)。2010年5月,任淮安市广播电视台宣传党支部副书记。2011年12月,任淮安市广播电视台(集团)报业中心主任(广播电视报社社长),(其间:2011年12月至2014年3月挂职任清河区委宣传部副部长,2013年10月至2016年1月参加南京大学中荷国际工商管理教育中心工商管理专业硕士研究生学习)。2015年4月,任淮安区茭陵乡党委书记。2016年4月,任盱眙县政府副县长。2016年7月,任现职。

冯建淮

冯建淮,男,汉族,1964年7月出生,安徽省宿县人。1983年8月参加工作,1987年6月入党。中央党校党政管理专业大学学历,现任盱眙县政府副县长、党组成员,县公安局局长、党委书记、督察长。

1983年8月,为市公安局清河分局闸北派出所见习民警。1984年8月,为市公安局清河分局闸北派出所办事员。1985年5月,任市公安局清河分局长西派出所副所长。1994年1月,任市公安局清河分局正股级纪检员。1996年2月,任市公安局清河分局巡警大队教导员。1997年4月,任市公安局清河分局长西派出所所长。2000年5月,任市公安局清河分局闸北派出所所长。2002年8月,历任市公安局清浦分局副局长、清浦区委610办公室主任、市公安局清浦分局政委。2012年3月,任市公安局新城分局局长。2015年2月,任市公安局清浦分局局长,3月,任市公安局清浦分局党委书记、局长;10月,任清浦区政府党组成员、清浦公安分局党委书记、局长。2016年10月,任盱眙县政府党组成员,县公安局局长、党委书记、督察长。2016年11月,任现职。

新 闻 人 物

People in the News

朱锦梅

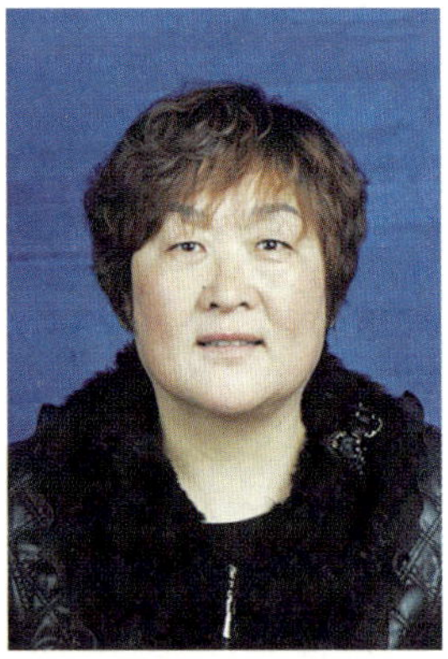

朱锦梅，女，1963年生，盱眙县桂五镇高庙村卫生室赤脚村医。37年如一日，村民们称赞为“身边的120”。桂五镇高庙村的村民早已养成一个习惯，无论白天黑夜，不管风吹雨打，只要生病就想到朱锦梅，她揣着助人为乐的热情，用行动践行医者仁心，是全村村民的守护天使。获得2016年度江苏好人和2015年度淮安好人、盱眙好人荣誉称号。

1980年，朱锦梅进入了高庙村卫生站。朱医生的手机号码就是乡亲的“120”，村民如是说。2013年6月21日晚，宝山村张文秀的父亲病危，接到电话的朱锦梅立即骑车赶去，天色暗、路况差，心急的她一时没能注意翻到路边的稻田里，造成肱骨粉碎性骨折。出院后，女儿坚持接她过去一起生活，可没几天，朱锦梅的身影又出现在村医院里。“现在不是村民离不开我，是我离不开他们。”朴实的话里流露出割不断的情。

“村里好多孤寡老人都是在朱医生的陪伴下走完最后的人生”，桂五中心卫生院陈主任说。星星村的“空巢老人”马奶奶患重病，朱锦梅利用每天去为她挂水、打针的空档陪她聊天，既当医生又当女儿，马奶奶临终前的那句“我的儿女都不如你”是对她真情付出的最佳回复。

马志美

马志美，女，1956年6月生，盱眙县官滩镇圣山居委会居民。一个人先后服伺痴呆的公公、失能的婆婆、不能行走的父亲、体弱多病的母亲和半瘫的丈夫，这一服伺就是15年，诠释人间大孝大善。获得2016年度江苏好人、淮安好人、盱眙好人荣誉称号。

一日三餐，喂饭喂药，住院陪护，洗衣洗澡，倒屎倒尿，操心劳碌，全凭她里里外外一把手，一年365天，没有消停一天，没睡过一个安稳觉。多亏丈夫还能帮帮忙，日子就这样过下去。2011年，丈夫朱长和突发脑血栓，半身不遂，顶梁柱断了，如同墙倒屋塌。这样的压力给谁都顶不住，但马志美坚持住了，这种坚持叫担当，是大孝的担当。但有谁知道，马志美吃多少苦，受多少罪。在她的精心照料下，丈夫已经能丢掉拐杖能慢步走行，人们都说，创造奇迹的人是马志美。

2016年，女儿出嫁，儿子大学毕业工作，丈夫能走路，马志美的好日子到来，应验“好人有好报”的古语。

吴 凯

吴凯，男，1981年9月生，盱眙县仇集中学教师。一位平凡的山区教师，2016年，一场车祸使他永远失去左腿，命运的不公，没有击溃他的教育信念。获得2016年淮安好人、2015年盱眙好人荣誉称号。

车祸半年后，倔强的吴凯再次站在讲台上。由于刚穿假肢不久，一节课站下来，腿上的皮不知磨破多少次，常常课间要用酒精消毒防止溃烂感染。作为班主任，吴凯视学生如亲人，全身心投入到班级管理中。坚持爱字当头，情字当先，“没有爱的教育是缺失的”，他以“不抛弃、不放弃”每个学生作为行为准则。作为学校领导，抓管理，搞教学两不耽误。长时间的超负荷工作，无规律的作息让他身体已经经常感到不适，但他从不在意，从不言谈，总是咬紧牙关，忘我工作。

“我要和健全人一样继续教下去。唯有如此，我才能对得起爱我的人和我爱的人，我才能体会到快乐和自己的价值。"吴凯一直践行着自己爱的誓言，用自己的行动彰显出80后的担当和责任。

管士美

管士美，男，1943年2月生，盱眙县癌友协会会长。在盱眙有这样一群人，他们与命运抗争，敢把死神踩在脚下，用生命唤起生命，用真情共筑康复梦想，这群人的"领头雁"就是盱眙县癌友康复协会会长管士美。获得2016年度淮安好人、盱眙好人荣誉称号。

管士美是一位退休老干部，一个身患癌症的老人，他心中始终装着癌症的病友，他用"八道大餐"倾心服务癌友，打造"温馨家园"，使癌友协会成为癌友的"娘家"，谱写出一曲曲关爱癌友冷暖的动人赞歌。

管士美用真心、真情为癌友服务，体现一个老党员无私奉献精神，他身体力行践行"向上、向善、向美"的盱眙向上文化。

夏德慈

夏德慈，男，1970年8月生，汉族，江苏省马坝高级中学语文高级教师，现在拉萨江苏实验中学援藏支教，淮安市教师援藏组组长。获得2016年度淮安好人、盱眙好人荣誉称号。

一位平凡的教师，却于平凡中选择一条不平凡的路，他到距离家乡8000里外，海拔3700米高的西藏支教，克服高原反应、饮食不调、思念家乡、车祸受伤等困难，坚守岗位、认真工作、甘于奉献、团结同事，赢得领导、同事、学生们的高度赞扬，为家乡援藏工作赢得广泛的声誉。

八千里远支教路，三千米高汉藏情。江苏每一个援藏的老师都有他们自己难忘的援藏故事，因为他们的努力付出，因为他们的宽厚仁慈，在雪域高原，汉藏友谊之花绽放得更加鲜艳美丽！

陈连红

陈连红，女，1970年4月生，现为盱眙县维桥乡良种场场长、党支部书记。她3岁失去母爱，在邻居的照料下成长。长大后，她感恩街坊的一碗粥、邻居的一块饼，一直坚持做好事、做善事。她先后获得"县三八红旗手""巾帼标兵"等称号。

公益路上热心人，只为感恩不为名。她心系敬老院，每逢春节、中秋、重阳等节日，她都会来到老人的身边，陪老人过节。重阳节期间，她组织爱心团队开展"走近孤寡老人"活动，为全县敬老院、养老院的老人送去"一次健康体检、一本精美相册、一台文艺演出、一场法律咨询和一顿团圆饺子"，让老人感受到社会对他们的浓浓关爱。陈连红先后组织开展"爱老、敬老"活动15场次，捐助物品价值近6万元。

（供稿：朱 政　审稿：朱 政）

本栏目责任编辑：王行政

政　　治

Polity

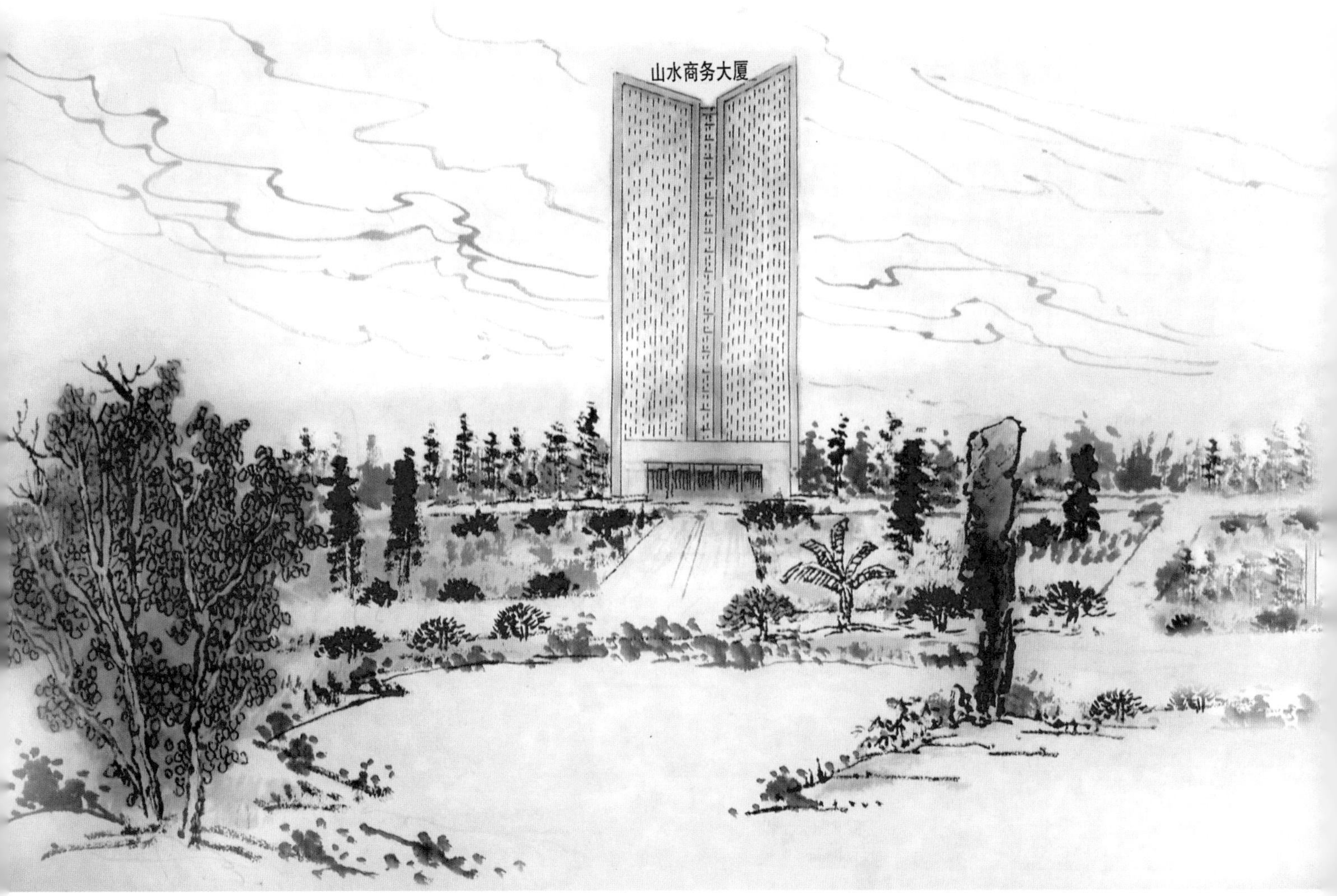

中共盱眙县委员会
Xuyi County Committee of CPC

重要会议

【全县目标兑现大会】 2016年2月14日，全县2015年度目标兑现大会召开。县委书记李森作动员报告，要求全县上下拉满弓、早出发，为实现“十三五”“一高双强”目标开好局、起好步。会议主要目的是：在“十三五”开局之年的开门之际，动员全县上下始终保持争先发展的霸气、奋发进取的锐气，围绕新一年的目标任务，压实工作责任、压紧工作节奏，奋力赢得首季“开门红”，实现开局“满堂彩”。会上，县委常委、常务副县长刘爱国宣读《关于表彰2015年度科学发展目标考核先进集体的决定》；县委副书记、组织部部长陈俊祥宣读《关于2015年项目建设“冲刺会战”暨四季度产业招商工作的奖惩决定》；县委常委、开发区党工委书记魏宏亮宣读《关于2015年度利用外资工作的表彰决定》；县委常委、纪委书记江迈宣读《关于2015年科学发展目标考核后进单位的通报》。会上对获得目标考评突出贡献奖、一等奖及利用外资工作突出贡献奖的乡镇部门现场颁发奖牌。管镇镇等8家单位作为代表现场递交2016年度科学发展目标责任状。

【全县“春雷行动”、首季“开门红”总结暨“红色风暴”、二季度“双过半”动员大会】 2016年5月4日，全县“春雷行动”、首季“开门红”总结暨“红色风暴”、二季度“双过半”动员大会召开。会议回顾总结一季度工作、部署安排二季度任务。会议指出，全县上下面对复杂严峻的宏观形势、持续加大的下行压力，始终保持迎难而上的昂扬斗志，高举项目为王大旗、狠抓核心指标推进，拉满弓、早出发，压实责任、压紧节奏，各项工作扎实推进。特别是县乡两级领导干部，以上率下、奋勇争先，营造浓烈的比拼氛围、形成强劲的前行态势，“春雷行动”成效明显、“开门红”任务基本实现。 二季度工作总体要求是：绷满弦接续发力、快步跑持续领先.总体布局是“一线一点、两点两线”：围绕“红色风暴”这条主线，营造龙虾节这个亮点；抓住县乡换届和“两学一做”两个重点，守住信访稳定和换届风气两条底线。突出主线抓项目，确保指标“双过半”。抓住三个重点，推动项目建设持续突破。产业招商的重点在突破特大项目，项目建设的重点在开工项目，乡镇部门工作的重点在消除停滞项目。抓住两个方面，确保核心指标全面争先。短腿指标要重点突破，优势指标要继续保持；要营造亮点办节庆，提高品牌“含金量”。会议就办好龙虾节要求是：提炼一个主题，把握两个关键，谋求三个提升，办好四大板块。提炼一个主题：传承和创新相结合，既要考虑延续性和群众性，又要体现时代性和创造性。把握两个关键：丰富品牌内涵，推动富民强县。谋求三个提升：提升盱眙干部谋大事的眼界胸襟、办大事的能力水平，提升龙虾产业的水平，提升民众的参与感、获得感和幸福感。办好四大板块：龙虾产业板块——舌尖上的盱眙，群众文体板块——文化里的盱眙，休闲旅游板块——山水间的盱眙，商务合作板块——发展中的盱眙.做好宣传引导，抓好问题排查，严明纪律责任。

二季度的工作要求：圆满实现既定的目标任务，既要落实责任职责，更要讲究方式方法。要做到三个结合：以上率下和以下促上相结合，善于突破和敢于担当相结合，正面激励和反向倒逼相结合。

【中国共产党盱眙县第十四次代表大会】 2016年7月29日，中国共产党盱眙县第十四次代表大会召开。县委书记梁三元作题为《抢抓战略机遇推动转型升级 为率先实现“十三五”一高双强目标而努力奋斗》的工作报告。会议的主要任务：回顾总结第十三次党代会以来的主要工作，研究部署今后五年的主要任务，选举产生中共盱眙县第十四届委员会和纪律检查委员会，动员全县各级党组织、广大党员干部群众，凝心聚力、担当实干，为率先实现“十三五”一高双强目标而努力奋斗。报告全面回顾过去五年的主要工作和基本经验。县第十三次党代会以来，县委团结带领全县上下，坚持以小康建设为总揽，突破三大重点，推进八项工程，砥砺奋进，攻坚克难，圆满完成既定目标任务，科学跨越发展迈上新台阶。过去的五年：把扩总量调结构作为第一目标，以实干创实绩，综合实力实现大跨越；把生态文明作为第一责任，以共建促共享，城乡面貌实现大变样；把人民幸福作为第一追求，以民生聚民心，幸福指数实现大提升；把改革创新作为第一动力,以先行争先进,转型发展实现大进步;把党的建设作为第一保障,以党风带民风,政治生态实现大改善。为今后发展奠定坚实基础,积累宝贵经验。谋划工作,必须始终保持敏察大势的眼界胸襟;干事创业,必须始终保持争先向上的精神状态;破解难题,必须始终保持改革创新的勇气担当;推动发展,必须始终坚持切合实际的路径选择;执政为民,必须始终坚持以人为本的工作宗旨;强化保障,必须始终坚持从严治党的各项要求。站在新的起点,必须谋划大势、认清形势、把握走势,在应对挑战中抢抓机遇,在攻坚克难中破解瓶颈,在担当实干中开创局面。纵观未来,机遇和挑战并存,总体上机遇大于挑战。要一着不让抢抓机遇,一刻不停补齐短板,一马当先向南向前。会议指出,今后五年,盱眙发展的指导思想和奋斗目标是:在全省“迈上新台阶、建设新江苏”、全市“打造增长极、共筑崛起梦”的大局中找准定位、提升标杆,以实现“一高双强”为目标,以向南向前为引领,大力实施创新驱动、产业融合、生态引领、城乡统筹、民生共享五大发展战略,着力构建现代产业、民生保障、县域治理、众创空间、生态文明五大发展体系,把盱眙建设成为淮安南部增长极、南京都市圈北部门户城市、长三角山水文化休闲名城,让每一个盱眙人都能过上有滋有味的美好生活。具体奋斗目标:县域经济再上新台阶,改革创新激发新活力,城乡面貌展现新气象,人民生活实现新提升,社会建设迈出新步伐。今后五年突出抓好五个方面工作:突出支柱支撑,推动三次产业转型升级;突出生态文明,推动统筹城乡转型升级;突出体制机制,推动改革创新转型升级;突出以人为本,推动民生幸福转型升级;突出开明开放,推动社会建设转型升级。会议强调:全面加强和提升党的建设,把打造一支能征善战的干部队伍,作为事业成功的根本保证。坚定信念,铸造绝对忠诚的党性之魂;锤炼队伍,打造攻坚克难的精锐之师;重抓基层,构造凝心聚力的固本之基;强化问责,锻造正风肃纪的反腐之剑。

【中共盱眙县委十四届一次全体会议】 2016年7月30日,中国共产党盱眙县第十四届委员会第一次全体会议召开。会议选举产生中国共产党盱眙县第十四届委员会常务委员会委员,分别是:梁三元、朱海波、陈俊祥、高为森、张晓红、杨军、林波、顾强、杨韬、张健、张柏。选举产生书记、副书记。梁三元当选书记,朱海波、陈俊祥当选副书记。会议通过中共盱眙县第十四届纪律检查委员会第一次全体会议选举结果。批准杨韬为县纪委书记,郑鸿儒、方云飞为县纪委副书记。新当选的县委书记梁三元对新一届县委班子提出四个方面的意见:以担当实干的精神描绘新蓝图;以一心为民的情怀焕发新作为;以精诚团结的胸怀凝聚新合力;以务实清廉的作风展示新形象。

【中共盱眙县委十四届二次全体(扩大)会议】 2016年12月30日,中国共产党盱眙县第十四届委员会第二次全体(扩大)会议召开。县委书记梁三元作题为《创新实干 富民优先 奋力开创“十三五”发力之年各项工作新局面》的工作报告。会议指出,2016年以“向南向前”为引领,积极推进产业招商、城乡统筹、改革创新、民生幸福、社会事业、党的建设等各项工作,不断提升发展境界,经济社会发展呈现稳中有进、进中有新之势,圆满完成既定任务,“十三五”时期发展实现良好开局。2017年,要同心同德凝聚创新导向、富民导向、生态导向广泛共识。围绕集聚创新这一核心动能,创新招商工作机制,继续高举项目为王大旗不动摇,从根本上推动招商方式转型,实施平台招商、专业招商、精准招商;创新目标考核机制,深化实施差别化考核,科学设定考核内容,切实发挥考核杠杆作用,让考核导向与乡镇(街道)、部门的工作实际最大限度契合。聚焦富民这一根本目的,要把居民收入、企业利润、财政收入“三个口袋”鼓起来,作为县委工作的出发点和落脚点。采取多种措施,实现产业富民、创业富民、就业富民、生态富民、政策富民、科技富民。要着力补齐富民短板,重点抓好黄花塘片区和纳入西南岗片区2个乡镇的脱贫攻坚,积极向上争取对接,分类实施精准扶贫,确保在小康建设新征程中一个不少、一户不落。彰显生态这一独特优势。要主动作为,全力争取,通过发挥生态优势,彰显生态特色,努力把盱眙建成全省生态引领绿色发展示范区。会议提出,2017年,坚持稳中求进工作总基调,牢固树立和贯彻落实新发展理念,以提高发展质量和效益为中心,紧扣“两聚一高”,聚焦“一高双强”,持续“向南向前”,明确目标,主攻重点,奋力建设“品位繁荣智慧文明幸福”美好盱眙。会议要求:着力建设城乡一体、面貌一新、生态一流的“品位盱眙”;着力建设产业体系优、平台载体强、创业氛围浓的“繁荣盱眙”;着力建设创新驱动、改革推动、活力涌动的“智慧盱眙”;着力建设文明有序、文化昌明、平安和谐的“文明盱眙”;着力建设群众收入好、公共服务好、生活质量好的“幸福盱眙”。千方百计促进就业增收,提质增效优化公共服务,蹄疾步稳推动脱贫攻坚。会议认为:建设美好盱眙、实现跨越发展,关键在党,关键在干部。要求干部锤炼过硬作风,用好问责利器,彰显考核导向。县委将认真贯彻中央和省、市委关于党的建设的决策部署,切实强化管党治党责任,扎实抓好“两个责任”落实,不断提升党风廉洁建设和反腐败工作水平,为全年目标任务完成提供坚强有力的组织保障和作风保证。

(供稿:仓　盛　审稿:梁开成)

盱眙县人民代表大会
Xuyi County People′s Congress

重要会议
Important meeting

【盱眙县十六届人民代表大会第五次会议】 2016年1月30日-2月1日,盱眙县第十六届人民代表大会第五次会议在盱眙大剧院召开,会议应到代表251名,实到代表231名。大会听取审议县人民政府代县长梁三元所作的《政府工作报告》,县人大常委会副主任王恒亮所作的《盱眙县人民代表大会常务委员会工作报告》,县人民法院院长王亚林所作的《盱眙县人民法院工作报告》,县人民检察院检察长潘建文所作的《盱眙县人民检察院工作报告》,以书面形式向全体代表作《盱眙县2015年国民经济社会发展计划执行情况和2016年国民经济社会发展计划(草案)的报告》和《盱眙县2015年财政预算执行情况和2016年财政预算(草案)的报告》。会议分别通过相应的决议。会议通过投票,选举姚玉祥为盱眙县第十六届人民代表大会常务委员会主任,梁三元为盱眙县人民政府县长,王敏、汪永贵、邱刚、徐丹为盱眙县第十六届人民代表大会常务委员会委员。

【县十六届人大常委会第二十九次会议】 2016年1月8日上午,县第十六届人大常委会第二十九次会议召开。会议补选左卫卫、程大军、姚玉祥为淮安市第七届人民代表大会代表,讨论县人大常委会工作报告(征求意见稿)。接受江淮滨辞去县第十六届人大常委会委员职务的请求。表决通过胡国堂任县人民政府副县长;表决通过陈宏波任县城市管理局、县城市管理行政执法局局长;免去姚玉祥县市场监督管理局局长职务;免去张秀武县监察局局长职务。表决通过汪永贵任县人大常委会人事代表联络工作委员会主任;邱刚任县人大常委会环境资源城乡建设工作委员会主任;曹易辰任县人大常委会人事代表联络工作委员会副主任;邵峰任县人大常委会财政经济工作委员会副主任;陈蓬任县人大常委会办公室副主任、内务司法工作委员会副主任;董静武任县人大常委会社会事业工作委员会副主任;陈俊任县人大常委会环境资源城乡建设工作委员会副主任;陈永尚任盱城街道人大工委主任;郑宝健任古桑街道人大工委主任;蒋素梅任太和街道人大工委主任;免去江淮滨县人大常委会人事代表联络工作委员会主任职务;免去孙霖古桑街道人大工委主任职务;免去夏嫣太和街道人大工委主任职务;免去王坤盱城街道人大工委副主任职务;免去姜春林古桑街道人大工委副主任职务。决定许可对县十六届人大代表孟现喜采取取保候审等强制措施。

【县十六届人大常委会第三十次会议】 2016年1月16日下午,县第十六届人大常委会第三十次会议召开。会议接受贺宝祥辞去县人民政府县长职务的请求,并经表决任命梁三元为县人民政府副县长、代理县长;通过县人大常委会关于召开第十六届人民代表大会第五次会议的决定。

【县十六届人大常委会第三十一次会议】 2016年1月27日下午,县第十六届人大常委会第三十一次会议召开。会议听取人大代表变动情况的报告,研究讨论县十六届人民代表大会第五次会议有关事宜;审议通过盱眙县人大常委会关于接受李森辞去县第十六届人大常委会主任职务请求的决定,接受宋志远同志辞去县第十六届人大常委会副主任职务请求的决定。

【县十六届人大常委会第三十二次会议】 2016年3月29日上午,县第十六届人大常委会第三十二次会议召开。会议传达学习第十二届全国人大四次会议精神,学习县委关于批转《县人大常委会2016年工作要点》的通知,听取和审议县政府关于《政府采购法》实施情况的汇报,审议通过《盱眙县人民代表大会常务委员会关于健全和完善执行联动工作机制的决定(草案)》,听取和审议县政府关于《盱眙县城市总体规划(2015-2030)》的议案。表决通过蒋国民任盱眙县人民政府副县长(挂职1年);章文风任县市场监督管理局局长。表决通过王云云任县人民法院审判员;王德宝任县人民法院审判员;陈娇娇任县人民法院审判员;高林任县人民法院审判员;免去李家锐县人民法院副院长职务;免去邓家铭县人民法院审判员职务;免去田树余县人民法院审判员职务;免去曹志升县人民法院审判员职务;免去贾才保县人民法院审判员职务;免去孙玉祥县人民法院审判员职务。

【县十六届人大常委会第三十三次会议】 2016年4月29日下午,县第十六届人大常委会第三十三次会议召开。会议表决通过董清任盱眙县人民政府副县长;免去顾强盱眙县人民政府副县长职务。

【县十六届人大常委会第三十四次会议】 2016年5月25日下午,县第十六届人大常委会第三十四次会议召开。会议审议县政府关于旅游产业发展情况的汇报,听取县政府落实县人大常委会关于《政府采购法》实施情况的审议意见的汇报,审议通过县人大常委会《关于进一步提高县人大常委会会议审议质量的规定(草案)》《关于开展满意度测评工作实施办法(草案)》《关于县人大代表履职建档的意见(草案)》《关于人大常委会组成人员履职建档的意见(草案)》《任命人员任前法律知识考试办法(草案)》,讨论通过《盱眙县人大常委会关于切实做好乡镇(街道)人大工作的意见(草案)》。接受陈俊辞去县第十六届人大常委会委员职务的请求,免去陈俊县人大常委会环境资源城乡建设工作委员会副主任职务。

【县十六届人大常委会第三十五次会议】 2016年6月26日上午,县十六届人大常委会第三十五次会议召开。会议接受梁三元辞去县人民政府县长职务的请求,表决通过朱海波任县人民政府副县长,代理县长。

【县十六届人大常委会第三十六次会议】 2016年7月25日,县第十六届人大常委会第三十六次会议召开。会议听取县政府《关于2016年上半年国民经济社会发展计划执行情况的报告》;审议县政府《关于2015年财政决算暨2016年上半年财政预算执行情况的报告》和《2015年财政预算执行和其他财政收支审计情况的报告》,审查批2015年县级财政决算,审议通过审计工作报告的决议;审议和询问县政府关于《物业管理条例》实施情况的汇报;听取县政府落实县人大常委会关于旅游产业发展情况的审议意见的汇报。表决通过林波任县人民政府副县长;免去刘爱国的县人民政府副县长职务。表决通过徐保林、方文龙、许昌盛、陆和新、梁园园、杨樱、刘明任县人民检察院检察员。

【县十六届人大常委会第三十七次会议】 2016年9月22日下午,县十六届人大常委会第三十七次会议召开。会议审议县政府关于《科学技术进步法》实施情况的汇报和代表建议办理情况的汇报;询问《盱眙县人民代表大会常务委员会关于健全和完善执行联动工作机制的决定》落实情况;审议县政府关于提请授予唐红军等5人为"盱眙县荣誉市民"称号的议案和拟将盱眙县天源水务有限公司2016年公司债券偿债资金纳入县级财政预算的议案。表决通过免去刘爱国的县行政审批局局长职务。

【县十六届人大常委会第三十八次会议】 2016年9月26日上午,县十六届人大常委会第三十八次会议召开。会议讨论通过盱眙县人大常委会关于全县县乡两级人民代表大会换届选举时间的决定(草案)、盱眙县人大常委会关于乡镇人民代表大会代表名额的决定(草案)和盱眙县人大常委会关于县乡两级选举委员会组成人员的决定(草案)。

【县十六届人大常委会第三十九次会议】 2016年11月23日,县十六届人大常委会第三十九次会议召开。会议审议县政府关于《农产品质量安全法》实施情况的汇报,审查批准2016年县政府关于财政预算调整情况报告,听取和询问2015年财政预算执行和其它财政收支审计中查出的问题整改落实情况汇报并进行满意度测评，听取县政府落实县人大常委会关于《江苏省物业管理条例》实施情况的审议意见的汇报并进行满意度测评，审议县政府相关议案，审议县人大常委会相关制度。会议决定免去杨忠县人民政府副县长、县公安局局长职务；决定任命冯建淮为县人民政府副县长、县公安局局长，孙彬为县人民政府副县长（挂职两年）；决定免去章文风县市场监督管理局局长职务，决定任命张鹤鸣为县市场监督管理局局长；决定免去张鹤鸣县教育局局长职务，决定任命谷文书为县教育局局长；决定免去谷文书县水务局局长职务，决定任命叶彬为县水务局局长；决定免去叶彬县交通运输局局长职务，决定任命徐壮为县交通运输局局长；决定免去徐壮县商务局局长职务，决定任命宋正永为县商务局局长；决定免去高伟森县农业委员会主任职务，决定任命朱耀为县农业委员会主任；决定免去樊金鸿县经济和信息化委员会主任职务，决定任命王佩华为县经济和信息化委员会主任；决定免去王佩华县科学技术局局长职务，决定任命李翠竹为县科学技术局局长；决定免去蒋中海县财政局局长职务，决定任命向正兵为县财政局局长；决定免去向正兵县住房和城乡建设局局长职务，决定任命汪海为县住房和城乡建设局局长；决定免去陈宏波县城市管理局、县城市管理行政执法局局长职务，决定任命陈朝晖为县城市管理局、县城市管理行政执法局局长；决定任命郑鸿儒为县行政审批局局长。会议决定任命接滨为县人民法院审判员、审判委员会委员、副院长，刘志超为县人民法院副院长；免去丁德平县人民法院管镇法庭庭长职务，任命丁德平为县人民法院行政审判庭庭长；免去胡佳县人民法院审判监督庭庭长职务，任命刘宏杰为县人民法院审判监督庭庭长；免去胡迎阳县人民法院马坝法庭庭长职务，任命罗德俊为县人民法院马坝法庭庭长。会议决定接受王亚林辞去县人民法院院长职务的请求，接滨为县人民法院代理院长。会议决定免去王玉国县人大常委会农村经济工作委员会主任职务；决定任命曹易辰为县人大常委会农村经济工作委员会主任；决定免去曹易辰县人大常委会办公室副主任、人事代表联络工作委员会副主任职务。会议特别邀请县委常委、副县长蒋国民主讲金融形势与金融知识。

【县十六届人大常委会第四十次会议】 2016年12月19日上午，盱眙县第十六届人大常委会第四十次会议召开。会议讨论通过盱眙县人大常委会关于召开第十七届人民代表大会第一次会议的决定（草案）；讨论确定县人大常委会工作报告（征求意见稿）；初步审查2016年国民经济和社会发展计划执行情况与2017年国民经济和社会发展计划（草案）初步方案、2016年预算执行情况与2017年县本级预算（草案）初步方案；听取部分人员辞去县选举委员会职务的报告；研究相关表彰事项和县人大代表小组划分的相关事宜。

常委会工作

The Work of the standing committee

【概况】 2016年，县十六届人大常委会围绕中心、服务大局，认真行使法定职权、切实发挥代表作用，实现人大工作的巩固提升。全年召开主任会议13次、常委会12次，听取和审议“一府两院”工作报告13个，作出决议、决定、审议意见31项，组织执法检查、视察、调研、询问和满意度测评18次，依法任免国家机关工作人员83人次。常委会改进和提升代表工作的方法在2016年5月上旬召开的全省市县人大主任学习会上作经验介绍。

【计划预算执行监督】 2016年，县人大常委会在全面检查计划与预算执行情况的同时，做到三点工作：全要素初步审查2017年财政预算编制工作。要求财政预算草案按“一图一表一报告”的形式，将一般公共预算、政府性基金预算、国有资本经营预算、社会保险基金预算“四本帐”编列到项、编列到款。督促问题整改。发挥审计职能，对财政预算执行和其他财政收支情况进行专项审计，审计17个政府组成部门，查出问题56个。县人大财经工委会同审计、财政部门对审计查出问题整改情况进行督办，常委会第三十九次会议听取和询问政府及相关部门上述问题整改情况汇报，并进行满意度测评。成立预算审查专家库。发挥专家在预算审查和监督中的作用，召开专家会审会3次，提出问题35个，要求财政部门一一回复。

【政府工作监督】 在审议《科学技术进步法》实施情况时，强调尽快制定全县科技创新发展规划，明确科技创新的方向、目标、主要政策和措施;财政用于科学技术经费的增长幅度应高于经常性收入的增长幅度;重视人才引进、培养和使用工作,加快引进人才步伐,加强复合型人才培养,优化人才结构,建成一批优势创新团队,造就高科技人才队伍;努力解决科技人才在工作、学习、生活方面的实际困难,为引进人才、用好人才、留住人才创造良好的环境。审议旅游产业发展时,强调政府要高起点做好全域旅游总体规划,加大投入,加强景区建设和管理;加强旅游产品的开发和营销,科学评估现行的相关政策,充分发挥各类市场主体的作用,调动各方面积极性,形成做大做强盱眙旅游的合力。常委会还对全县"多规合一"工作进展以及亿元以上项目引进与培植情况进行调研,提出有针对性的意见。

【关注民生】 2016年,县人大常委会坚持以"促进民生幸福"为根本,推动解决热点难点问题,提高人民群众的生活质量。关注物业管理。常委会首次组织联合检查组进行执法检查;综合运用执法检查、审议、专题询问等多种监督形式;邀请市民代表列席会议,发表意见;对审议意见落实情况进行满意度测评;安排县内新闻媒体全程参与、全程录像报道。关注环境整治。强调开展城镇排水普查,将重点排水户进行登记造册;加快开发区污水管网联网建设进度,完善市政管网收集能力。强调加快推进截污纳管、生活污水处置、畜禽场治理搬迁等水污染防治工作,改善和提升河道水质;有效落实"河长制",加强长效管理;加大宣传力度,营造保护河道人人有责的社会氛围。关注扶贫工作。检查全县扶贫工作开展情况,要求坚持整体推进与精准到户相结合,在实施好整乡整村推进项目的同时,个性化地帮助贫困农户;发挥政府主导作用,整合扶贫开发项目,管好用好资金,提升扶贫开发效果;推进扶贫开发与社会保障有效衔接;动员社会力量更广泛地参与扶贫。关注农产品质量安全。建议进一步增强全社会农产品质量安全意识;强化全程控制,积极构筑农产品质量安全监管屏障;加大投入,增强农产品质量安全监管能力;加强部门配合,分工协作,使农产品质量安全监管工作更为有效地开展。常委会还听取全县职业教育工作、现代公共文化体系建设和土地确权颁证工作情况的汇报,视察棚户区改造工作。

【推进依法治县】 2016年,县人大常委会坚持以"促进公平正义"为目标,审查和批准"七五"普法规划,聚力联动执行,促进"一府两院"依法行政,公正司法。推进执行联动工作。作出《盱眙县人民代表大会常务委员会关于健全和完善执行联动工作机制的决定》并监督执行。在常委会的推动和各成员单位的共同努力下,执行工作总体呈现出部门协同、社会影响、工作保障、实际执结率"四提升"的良好态势。12月23日,淮安市联动执行工作现场会在盱眙召开,市人大常委会认为盱眙县的联动执行工作"聚合执行工作的多方资源,创新执行工作的体制机制,提升执行工作的质效,维护法律权威,促进公平正义",要求全市推广盱眙经验,推介盱眙模式。督促"两院"公正司法。对2016年"法治为民办实事工程"项目实施情况进行视察。组织代表15次旁听法院庭审并进行评议。听取检察院全面工作汇报,并对侦查和刑事案件办案区进行视察。检查刑事侦查监督工作开展情况,要求检察机关监督纠正执法不严、司法不公问题,切实保障人权,促进司法公正。高度关注"两院"干警队伍建设,在调研考察的基础上,依据相关规定向县委提出加强审判委员会、检察委员会建设,提高干警职级待遇的建议,得到县委高度重视。检查《中华人民共和国政府采购法》实施情况,要求强化政府采购预算管理;扩大采购规模,拓展购买公共服务范围;完善采购监管机制,加强对采购全过程监管,加大对违法行为查处力度;加快推进电子平台建设,提高效率,净化环境,推动采购监管、方式和机制创新,确保政府采购领域的公开透明和公平竞争。检查《江苏省慈善事业促进条例》实施情况,强调政府要完善促进慈善事业发展的政策;尽快完成慈善协会换届工作,强化社会慈善组织培育;加大推动力度,做大慈善资金盘子,放大慈善事业效果。

【代表工作】 2016年,县人大常委会坚持以"发挥代表作用"为基础,创新工作载体和形式,代表工作取得长足进展。及时交办县十六届人大五次会议代表提出的79件建议。从79件建议中抽取7件作为重点建议,由常委会领导带队现场调研、推动、测评、督办,将督办情况书面向县政府反馈,跟踪2件不满意建议的办理。常委会第三十九次会议听取县政府关于代表建议办理情况汇报,进行专题询问。12月下旬，对优秀代表建议进行表彰。加强平台建设。建立县人大机关联系代表工作室、乡镇（街道）代表问政议事园和村居人大代表之家三级活动平台。建立“互联网+代表工作”新模式，将代表活动平台从线下延伸到线上。强化服务管理。组织专题培训、以会代训、代表活动等12次，邀请45名代表列席常委会会议。出台《关于县人大代表履职建档的意见》，制作《履职手册》，配发给全体县人大代表，年底将代表当年度履职手册收集装入个人履职档案作为评先评优的重要参考。

【换届选举】 按照中央和省市的统一部署，完成新一届县乡两级人大代表换届选举工作。全县总人口805758人，选民总数637801人，登记选民636199人，选民登记率99.75%。全县有378名县人大代表正式候选人参加与选民代表的见面会，见面率96.4%。568301名选民参加投票选举，参投率89.32%，选举产生县人大代表263名，乡镇人大代表1089名。

【基层建设】 2016年，县人大常委会坚持以“规范化建设”为主线，指导推动乡镇（街道）人大实现有机构、有人员、有平台、有制度、有成效，促进县乡人大工作同步提升。规范组织建设。乡镇人大主席、街道人大工委主任全部实现专职化配备。经县编委批准，各乡镇（街道）均挂牌成立人大办公室。经乡镇、街道党委推荐，县委组织部统一考察配齐乡镇（街道）人大秘书。各乡镇（街道）人大都建立会议室、档案室、人大代表问政议事园和人大代表之家，使得议事有场所，活动有平台。建立完善主席团会议制度、主席团成员联系代表制度、代表联系接待选民制度、代表述职评议制度等，规范各项活动的开展。规范业务建设，出台《关于切实做好乡镇（街道）人大工作的意见》，对乡镇人代会的召开、主席团活动、代表工作等内容作具体的明确。分批组织20名乡镇（街道）人大主席（工委主任）赴山东青岛和北京顺义全国人大培训基地学习培训。

【自身建设】 2016年，县人大常委会坚持以“提高履职能力”为抓手，加强制度、作风等建设，为各项工作的顺利开展提供保障。制定出台《关于进一步提高常委会会议审议质量的规定》《关于开展满意度测评工作实施办法》《专题询问办法》《关于对任命的国家机关工作人员进行述职评议的办法（试行）》等9项制度，监督工作更加规范化、制度化。在年终向每位组成人员寄送履职“成绩单”，增强常委会组成人员履职意识。注重作风建设，把实效作为衡量作风建设的标尺。在议题选择上坚持走群众路线，先自下向上提，再自上向下选，力求聚民心、汇民意、集民智；在调查研究上深入实际，深入基层，力求掌握第一手资料；在方式方法运用上，讲究实用，力求实效；在开展“两学一做”学习教育上，坚持“以学促做、学做结合、学以致用”，把学习教育与实现机关全年目标任务相结合，与推动发展相结合，与提高监督水平相结合。

（供稿：宋馨遐　审稿：陈　蓬）

盱眙县人民政府

Xuyi County People′s Government

【盱眙龙虾创业学院挂牌成立】 2016年1月12日，县委书记李森，县委常委、政法委书记、盱眙龙虾协会会长、创业学院理事长高为森，副县长雍梅等县领导出席仪式。中国水产科学院研究员、省挂县强渔首席专家周鑫等嘉宾应邀出席。李森、周鑫共同为盱眙龙虾创业学院揭牌。盱眙龙虾创业学院正式挂牌成立。

【行政许可权改革试点评估会议召开】 2016年5月11日，召开相对集中行政许可权改革试点评估工作会议。以中国行政体制改革研究会副会长汪玉凯为组长的改革试点评估组认为盱眙县开展相对集中行政许可权改革是成功的，经验做法可在全省推广。市委常委、常务副市长戚寿余，县委书记李森，县委常委、常务副县长、行政审批局局长刘爱国等市县领导，以及市、县编办，县法制办、县行政审批局等相关单位主要负责人参加会议。

【调研视察】 2016年3月7日，全省稻渔综合种养现场观摩会议在盱召开。省农委副主任张坚勇、省海洋与渔业局副局长张建军、市政府副秘书长秦浩等省、市领导莅临盱眙县指导调研。县委书记李森、副县长郑海梁陪同。与会人员在盱眙县兴隆乡金陡湖村实地观摩盱眙县虾稻工作示范园。南京市、无锡市等各市、县农委、渔业生产负责人参加。4月13日,国土资源部地环司副司长陈小宁率队视察盱眙象山国家矿山公园建设管理情况。省国土资源厅副厅长刘聪,市国土资源局局长岳春山等参加视察,县委副书记、县长梁三元,县委常委、常务副县长刘爱国及相关单位负责人陪同。6月7日,农业部副部长于康震带队来盱调研龙虾产业发展情况。于康震一行对兴隆“虾稻共作”万亩示范园等地进行实地调研。省海洋与渔业局局长汤建鸣,市委副书记练月琴,县委书记李森,县委常委、政法委书记高为森,副县长沈新莲等领导陪同调研。7月7日,国家粮食局副局长邓亦武到盱督查夏粮收购工作。前往江苏盱眙城南国家粮食储备库、中央储备粮淮安直属库盱眙分库等地现场督查盱眙县夏粮收购工作情况。省粮食局局长陈杰、副市长赵洪权、市政府副秘书长秦浩、副县长郑海梁等省市县领导陪同。8月23日,省委常委、副省长杨岳带队到盱眙县黄花塘镇调研。先后调研慰问黄花塘镇低收入户、观摩汉世伟循环农业园项目、参观黄花塘新四军军部纪念馆。并听取黄花塘镇扶贫开发情况的汇报。县委书记梁三元,县委副书记、代县长朱海波,县委常委、政法委书记高为森,副县长沈新莲等市县领导陪同。

【龙虾节群众广场文化活动开幕】 2016年6月12日,第十六届中国·盱眙国际龙虾节群众广场文化活动暨开幕式隆重举行。省领导许津荣,省直部门领导王文坚、张建军、胡和林、周泳,市领导姚晓东、王维凯、陈洪玉、王红红,县领导李森、姚玉祥、梁三元、胡启新,国外友人马克·纽曼、肯特·阿德、约瑟夫·尤策姆、查克·约翰逊、海瑟·杰克逊、肖恩·戴克、崔弗·郝罗威威·马克斯威尔以及陈艳、成中和、管峻等社会各界代表出席。开幕式上,省政协副主席许津荣宣布第十六届中国·盱眙国际龙虾节开幕。市委书记、市人大常委会主任姚晓东作重要讲话。第十六届中国·盱眙国际龙虾节组委会名誉主任、县委书记李森致辞。第十六届中国·盱眙国际龙虾节组委会主任、县委副书记、县长梁三元主持开幕式。随后举行“都梁放歌”大型群众广场文化活动,文体表演共分为“虾都战鼓、虾舞都梁、虾行天下”三个篇章。12日晚,《登高望远》大型文艺晚会在龙虾节广场上演。此届龙虾节先后在盱眙、南京、北京、上海、宁波、大连、淮安、香港等地举办40多场活动。6月28日,第十六届中国·盱眙国际龙虾节闭幕。

【中共盱眙县委十四届一次全体会议】 2016年7月30日,中国共产党盱眙县第十四届委员会第一次全体会议召开。受中国共产党盱眙县第十四次代表大会主席团的委托,朱海波主持会议。会议采取无记名投票差额选举的方式,选举产生中国共产党盱眙县第十四届委员会常务委员会委员,分别是:梁三元、朱海波、陈俊祥、高为森、张晓红、杨军、林波、顾强、杨韬、张健、张柏。会议采取无记名投票的方式,选举产生书记、副书记。梁三元当选书记,朱海波、陈俊祥当选副书记。会议通过中共盱眙县第十四届纪律检查委员会第一次全体会议选举结果,批准杨韬为县纪委书记,郑鸿儒、方云飞为县纪委副书记。

【南京江北新区与盱眙县融合发展签约活动在盱举行】 2016年9月24日,南京江北新区与盱眙县人民政府区域融合发展战略合作框架协议签约活动在盱举行。南京市委常委、南京市江北新区党工委副书记罗群率江北新区管委会相关负责人出席活动。淮安市委书记、市人大常委会主任姚晓东,淮安市委常委、常务副市长戚寿余及县领导朱海波、胡启新、陈俊祥、林波、刘建功等市县领导出席活动。

【县域水环境整治战略合作协议】 2016年11月16日,县人民政府与北控水务集团有限公司签订县域水环境整治战略合作协议。县委副书记、代县长朱海波出席仪式并致辞。北控水务集团副总裁杨光,北控水务集团华东区域总经理张剑,县委常委、开发区党工委书记张健,副县长章文风等参加签约仪式。

(供稿人:刘亚飞　审稿人:张士柱)

政协盱眙县委员会

Xuyi County Committee of the People′s Political Consultative Conference

【政协盱眙县第九届委员会第五次会议】 2016年1月29～31日,政协盱眙县第九届委员会第五次会议在盱城召开。县委书记李森出席会议并作重要讲话；县政协副主席成兆友作《政协盱眙县第九届委员会常务委员会工作报告》；县政协副主席张本华作《政协盱眙县第九届委员会常务委员会关于九届四次会议以来提案工作情况的报告》；委员们就加快推进城北老街改造、牵手互联网 促进新发展、合理解决盱眙百姓的“心肺之患”等方面作大会专题发言。全体政协委员列席盱眙县第十六届人民代表大会第五次会议，听取并讨论县政府工作报告及其他报告。协商通过了有关人事事项，免去赵长桂县政协主席职务，免去赵朱丽县政协第九届委员会常务委员职务；选举胡启新为政协盱眙县第九届委员会主席，选举李桂逯为政协盱眙县第九届委员会常务委员。

【政协盱眙县第九届委员会常委会议】　2016年，县政协共召开5次常委会议。1月21日，县政协召开九届十九次常委会议。会议协商通过有关人事事项，免去朱丽、侯建成、张海明、赵勇、郑宝健、朱永祥政协盱眙县第九届委员会委员职务，同时拟免去侯建成、张海明、赵勇、郑宝健分别担任的县政协山区片联络组、东片联络组、河西片联络组、城区片联络组组长职务；拟增补陈北风、陈静、罗登建、谢春新、乔锴、涂明霞、王宇、高振东、朱晓青、王昕等10人为县政协第九届委员会委员。拟任命陈北风、陈静、罗登建、谢春新4人分别担任县政协山区片联络组、东片联络组、河西片联络组、城区片联络组组长职务。讨论县政协《常委会工作报告(征求意见稿)》和《提案工作报告(征求意见稿)》；协商通过关于召开县政协九届五次会议的决定、议程、日程、委员讨论编组名单、秘书处组成人员名单等有关事项。

【政协盱眙县九届二十次常委会议】　2016年1月29-30日，县政协在九届四次会议期间召开九届二十次常委会议，会议分二次进行。第一次会议听取各讨论组汇报学习县委书记李森在县政协九届四次会议上的讲话和审议县政协常委会工作报告及提案工作报告情况；协商讨论县政协九届四次会议《选举办法(草案)》及选举工作人员建议名单。

【政协盱眙县九届二十一次常委会议】　3月15日，县政协召开九届二十一次常委会议。会议讨论通过《政协盱眙县委员会2016年工作要点》；通报《关于表彰优秀建议案、提案、社情民意、大会发言的决定》；协商通过有关人事事项，同意刘宗春、朱芹辞去政协盱眙县第九届委员会委员的请求。

【政协盱眙县九届二十二次常委会议】　7月27日，县政协召开九届二十二次常委会议。副县长沈新莲代表县政府向常委会通报上半年全县经济社会运行情况。文广新局、民政局、环保局、商务局、盱城街道五个提案办理重点单位主要负责人汇报县政协九届五次会议以来提案办理情况。县政协主席胡启新传达学习全省政协主席会议精神；讨论通过《关于全县学前教育发展情况的调研报告》；协商通过了相关人事事项，免去蒋美霞政协盱眙县第九届委员会委员资格。

【政协盱眙县九届二十三次常委会议】　12月27日，县政协召开九届二十三次常委会议。会议讨论《政协盱眙县第九届委员会常务委员会工作报告》(讨论稿)和《政协盱眙县第七届委员会常务委员会关于五年来提案工作情况的报告》(讨论稿)；协商通过县政协第十届委员会委员名单，协商通过召开县政协十届一次会议有关事项。

【政协盱眙县调研视察工作】　2016年，县政协卫计委工作视察、少数民族村发展状况视察、电信资费情况视察、义诊活动、幼儿教育工作调研、盱眙龙虾品种改良、推动龙虾产业发展调研、历史文化名城创建情况调研、行政机关执法情况视察、文化市场管理视察等方面开展调研视察活动。经常委会议、主席会议协商讨论，向县委、县政府提交《关于全县学前教育发展情况的调研报告建议案》。

【社情民意工作】　2016年，县政协共收集社情民意信息50多条，向县委、县政府报送《加强居民区棋牌室规范管理的建议》《关于优化我县公交网络的建议》《关于加强洪武大道交通秩序管理的建议》《莫让“盲道”成“忙道”》《关于引入澳洲淡水龙虾补充盱眙龙虾品种的建议》《我县中小学校外教育培训机构亟待规范》《关于尽快修建气象局西侧天泉路的建议》等7期《社情民意》。

【提案办理工作】 县政协九届四次会议以来，共收到提案137件，经提案委员会审查，立案118件。在提案办理工作中，采取了重点提案、重点承办单位督办，提案办理协商等多种形式。对住建局、城管局、教育局等10家提案承办重点单位进行督办，并开展第三方绩效评议工作，对《关于加大对城区非机动车道和非机动车的管理力度 打造和谐文明畅通盱眙的建议》(公安局)、《优化公交路线 提高便民服务效率》(交通局)等重点提案进行督办。

【文史资料工作】 发挥文史工作在聚人心、促和谐方面的独特作用，文史研究有新发展。整合历史文化研究会和政协文史工作力量，出版《盱眙史粹》《盱眙山水》《盱眙风情》《盱眙名人》等文史书籍。

(供稿：张天柱　审稿：王国胜)

纪检监察

Work of Discipline Inspection and Supervision

【概况】 2016年，盱眙县党风廉政建设和反腐败工作取得新成效。常态化、清单式严查“四风”做法中央纪委网站予以报道；对被处分人员开展触动悬谈、提点式醒谈、建议式座谈、关爱式回访“三谈一访”做法，受到省纪委肯定；“都梁清韵”廉洁教育品牌创建工作，省、市纪委内网信息专刊予以推介；百名纪检干部赴名校“充电”提能，市纪委主要领导批示肯定；全市纪律审查能手、精品案例“双十佳”评选榜上有名；纪检监察内网信息工作连续四年受到省纪委办公厅通报表扬；《中国纪检监察报》、中央纪委网站用稿量全市第一。

【优化发展环境】 2016年，县纪委、监察局分类开展效能督查，编发督查短信微信430条、通报专报65期。针对产业招商、项目建设等5项重点工作，以现场交办、跟踪督办等方式开展“五线”督查。深化“两为”整治，明查暗访30余批次，问责828人。其中，科级干部21人，党政纪立案35人，以严厉问责倒逼党员干部聚力发展。

【压实主体责任】 2016年，县纪委、监察局将“两个责任”落实纳入县委“大党建”目标考核，将主体责任、第一责任人责任细化为50项任务，以季度工单向77个党委(党组)派发，推动责任清单逐一落实。定期检查《履职纪实手册》，现场纠正问题45个。15名党员干部就主体责任落实问题在民主生活会上说明情况，5名党组织负责人因主体责任落实问题在纪委委员质询评议会上“红脸出汗”。查处落实主体责任不力案件2件，问责4人。在明祖陵镇开展驻点巡察，发现问题线索8条，立案调查5件。

【党员干部作风转好】 2016年，县纪委、监察局围绕中央八项规定精神落实“四风”问题，对40余个单位开展商业预付卡、违规吃请等专项督查14批次，编发督查通报3期，通报科级干部8名。开展“小五长”和经信委、发改委等五系统项目资金专项整治，分别查处151人、8人。严查群众身边的不正之风和腐败问题82个，立案调查30人，函询谈话43人，其中科级干部6人，规范管理资金4500余万元。

【严查执纪】 2016年，县纪委、监察局围绕“六大纪律”开展执纪审查，查处违反政治纪律4件、违反组织纪律14件、违反廉洁纪律39件、违反群众纪律5件、违反工作纪律36件、违反中央八项规定21件。科学运用“四种形态”，用纪律管人束人，实施诫勉谈话653人次、谈话函询186人次，红脸出汗成为常态；准确把握用好后三种形态，查处党员干部271名。其中，轻处分167人、移送司法机关15人，分别占比62%、5.5%。实施一案双查、责任倒查9件，追责28人。严把干部任用廉洁关，暂缓提拔有问题的干部3名。开展重复信访举报化解工作，成功化解6年以上信访积案4件。

【筑牢防腐防线】 2016年，县纪委、监察局健全五项重点权力运行监督制约机制，加强权力运行情况监督检查，发现问题线索3个，追责“一把手”6人。在桂五、明祖陵等4个乡镇设立村级纪检委员试点，在马坝镇推行村务监督委员会制度，推动全面从严治党落实到最基层。创建“都梁清韵”廉洁教育品牌，增强廉洁教育针对性、实效性，建立新入党、新录用和新任职人员“五个一”(开展一次集体廉洁谈话、签订一份廉洁承诺书、会唱一首廉洁自律准则之歌、观看一部廉洁专题警示教育片、进行一场知识测试)廉洁教育制度,教育104名新任职科级干部;分批次组织1200名党员干部到德园接受警示教育展览、警示教育片、警示教育报告、"两规"现场实时视频连线的"三警一线"教育;开展"倡廉洁·正家风"主题教育活动,160名正科职干部家属承诺当好"廉内助"。

(供稿:张运良　审核:吴　坤)

组织工作

Organization work

【概况】 2016年,全县各级党组织和全体组工干部紧扣发展主旋律,唱响党建四季歌,提升基层党建和组织工作整体科学化水平,为全县"十三五"时期开好局、起好步提供政治保证和组织保障。省委书记李强、中组部干部教育局局长张洪涛、淮安市委组织部部长张彤先后调研全县基层党建工作,肯定黄花塘新四军军部纪念馆建设,干部信息纪实网络管理平台收录到中组部《全国组织系统信息化应用典型案例汇编》,"三提三知"工作法获江苏省基层社会治理十大创新成果。

【"两学一做"学习教育】 2016年,县委组织部高标准定位"两学一做"学习教育,创新学教形式、拓展学教载体、丰富学教内涵、彰显学教成效。开通智慧党建云平台,开设"部长有约" "书记会客厅"等专栏。建立县级领导固定学习日制度,县委常委轮流担任"领学讲师"。举办"两学一做"主题演讲比赛,评选金牌讲师167名,组织送课上门60余场。传承弘扬"铁军精神",打造以黄花塘新四军军部纪念馆为主阵地,以天泉湖镇新四军后勤基地旧址、旧铺镇华中建设大学旧址、盱城镇第一山大屠杀遇难同胞纪念园为辅助的"一主三辅"党性教育基地,先后接待60余班次5000余人。开展合格共产党员标准大讨论,制订党组织和党员个人合格党员要素清单、问题清单和整改清单,梳理典型问题174个,整改销号155项,群众满意度99.1%。在全县招商引资和帮办服务中开展比项目赛能力、比推进赛速度、比实绩赛贡献活动,开展党员创新创智活动,用发展成果检验学习教育实际成效。

【县乡村三级换届工作】 2016年,县委组织部把换届工作列入党建责任清单,制订党组织书记换届工作职责任务书,党组织做好各类人选的推荐、提名、审查工作,建立党员县领导换届工作联系点制度,各项议程圆满完成,组织提名人选均当选。创新"四考四化"工作法,考准考实干部综合素质。通过换届,各级领导班子结构实现"三提一降"。执行"九严禁""九个一"等要求,建立"两谈两监督"工作机制,换届期间,未发生一起违反换届纪律的行为。

【深化"五维评干"】 2016年,县委组织部结合干部能上能下机制,把目标完成实绩作为衡量干部的重要方面,提拔重用实绩突出、长期领先、持续突破的干部,交流调整工作长期落后、目标考核倒数的干部。全年对10名干部采取"下"的措施。建立117名新任公务员成长纪实档案,深化"五维评干",每半年按五个维度进行强制排序乡科级班子成员,结合换届工作,"五维评干"全县553名乡科级领导班子成员。完善干部信息纪实网络管理平台,把优秀中层干部纳入管理。比选产生35名"招商先锋",打破资历陋规,同台竞技比拼,提拔重用完成既定招商目标且符合干部选拔任用条例的1名招商先锋。

【基层组织建设】 2016年,县委组织部拓宽"三提三知"内涵,在七类户之间开展结对联系,创业户帮助困难户,党员户挂钩信访户,县乡联动帮助解决问题。将新选任的17名第一书记纳入范围,要求乡村干部做到"四必访",建立整改清单,解决土地流转等难题1100余个。在10个乡镇探索实施村级财务"金财工程",成立村级财务核算中心,建立收支统管平台,每季度由乡镇党委督促会计结算中心集中财务公示。同步建立村乡县三级村财审计组织体系,审计发现的严重问题,予以责任追究。将开发区综合管理网格划分为三级网格、六个片区,建立综合管理责任制,强化经济发展平台党建工作。实施银地企三方e融党建升级版,将非公企业党建工作评星定级结果与银行授信额度挂钩,扩增合作银行范围,解决企业融资难题,为127户企业提供转贷资金6.71亿元。

【人才工作】 2016年,县委组织部先后吸引和集聚“千人计划”专家饶伟锋团队等高层次创新人才(团队)3个。人才资本带来创投资金,清陶能源吸引风投资金6000万元。推进凹土科技园、科创园、宁淮新兴产业园建设,8月,举办十一届中国凹土高层论坛,与南京信息工程大学合作共建盱眙凹土研发中心成功签约。江苏神力特生物科技有限公司“凹凸棒石霉菌毒素吸附剂研发及产业化”项目,获得省科技成果专家专项资金支持800万元,全市县区唯一。建成集中国凹土检测中心、中科院盱眙凹土研发与产业化中心等为一体的香兰大厦,免租金为高层次人才提供5000平方米实验场所和4000平方米人才公寓。

(供稿:任高明　审稿:葛天成)

宣　传

Propaganda Work

【概况】 2016年,中共盱眙县委宣传部以“向南向前”为引领,以理论武装、新闻舆论、文明创建、文化产业事业为工作重点,以社会主义核心价值观“盱眙化”、县内外主流媒体用稿数量和质量最大化、文明创建和志愿服务常态化、“向上典型”选树最优化、“一乡一特”文化品牌化为抓手和考核内容,推动全县宣传思想文化工作开创新局面。理论研究工作取得新进展,韩珊珊的《绿色发展与绿色崛起——关于淮安生态经济发展道路的探讨》被确立为2016年淮安市社科类应用课题;成兆友的《大云山汉王陵精品文物与中国文化》等30余篇作品参与市哲学社会科学优秀成果评奖,获二等奖1个,三等奖4个。实行舆情监测24小时值班制度,按照“321”工作机制和属地管理原则,规范舆情处置流程,及时稳妥地处置舆情50余起,未发生舆情持续发酵情况。加强未成人思想道德建设,开展“上好开学第一课”活动,引导学生正确面对新学期。完成中央、省彩票公益金支持乡村学校少年宫项目建设任务,全县18个乡村少年宫得到国家和省公益金支持。

【意识形态工作】 2016年,县委宣传部出台《盱眙县党委(党组)意识形态工作责任制考评方案》,明确党委主体责任和党委(组)书记第一责任,把意识形态工作作为党的建设和政权建设的重要内容。制定百分制考评细则,将意识形态工作责任制纳入领导干部考评问责体系和宣传思想文化工作考评体系。抓学习,重实效,理论学习规范化、制度化、常态化。落实《2016年度中心组学习计划》,以“两学一做”学习教育为重中之重,服务县委中心组集体学习10次,编写中心组学习专辑5期,习近平“七一”讲话专题学习1次,组织县委中心组(扩大)学习会2次,每季度对乡镇(街道)和县直部门开展督查考核1次。率先在全市开展中心组学习秘书培训活动,提高学习秘书的思想政治素质和业务工作水平。以“树向上向善风尚,做合格共产党员”为主题,创新开展年度基层党员冬训活动,得到基层党员的好评。

【新闻宣传】 2016年,县委宣传部着眼全局,正面宣传再攀新高度。对外宣传持续领先全市,累计在各级主流平面媒体刊发稿件500余篇次。其中,新华社图片新闻374幅,《人民日报》5篇,《新华日报》60篇,“交汇点”11篇,《淮安日报》头条23篇。在《新华日报》刊登的《转变招商理念,实现精准对接》和《盱眙:无缝契入南京江北新区发展》两篇报道,从不同角度展示全县在十三五开局之年,经济社会发展的新思路新战略新方法。在中央电视台发稿14条,省电视台149条,市电视台161条;政府网站发布各类政务信息6000余条,在中国网开辟盱眙频道,发布信息1500余条。县内宣传方面,注重新媒体发展,出台《关于做好新型媒体——微信公众号订阅推广工作的通知》,全县范围内推广“盱眙县现代信息中心”“盱眙发布”“盱眙广播电视台”“中国盱眙”等官方媒体微信公众号。围绕龙虾节宣传,中央电视台财经频道现场连线直播开捕仪式,新华社、《新华日报》、江苏卫视等主流媒体对龙虾节进行全程跟踪报道。《光明日报》《科技日报》《新华日报》、交汇点等主流媒体跟踪报道凹土论坛活动。

【文明创建】 2016年,县委宣传部以“以卡为本、对标找差、全面创建、常态长效”为要求,以“优美环境、优良秩序、优质服务”为标准,以为盱眙人民打造繁荣文明的幸福环境为追求,开展省级文明城市创建年度测评迎检工作。在做好前期准备工作的基础上,分解落实各项工作任务,成立由县委县政府主要领导挂帅的迎检指挥部。11月16日,县委县政府召开工作推进会,动员和部署全县干群。唱响文明创建四季歌，每季度分片区开展文明创建现场观摩活动。各项工作全面飘红，涌现出马坝镇、县公安局、盱城街道新华村等省级文明系列乡镇、单位、村(社区)32家。

【先进典型】 2016年，县委宣传部抓好先进典型宣传。李银江荣膺江苏省“时代楷模”称号，市委市政府召开李银江先进事迹报告会，江苏广电台城市频道和《新华日报》对其事迹开展专题报道。常态化评选盱眙好人，前三季度表彰盱眙好人30名，其中7人获淮安好人称号。开展省市首届文明家庭评选活动，向省市推荐李银江家庭为省文明家庭，推荐孙伟燕、赵志敏、高凤家庭为市文明家庭。

【志愿服务】 2016年，县委宣传部牵头开展学雷锋活动月、小盱小眙真人秀暨千名志愿者服务龙虾节等各类活动200余次，参与志愿者2万多人次。组织全县志愿者代表参加首届省志愿者交流大会。推广“志愿江苏”服务平台，全县注册志愿者60143人，志愿组织130个。

【文化事业】 2016年，县委宣传部按照省级公共文化服务体系示范区标准开展创建工作，乡镇(街道)推进对标找差。管镇、桂五、马坝重点镇均按乡镇一级文化中心标准建设新站房。城区15分钟文化圈、乡镇十里文化圈基本形成，乡村两级公共文化设施全覆盖，全县公共文化设施面积12.2万平方米，万人拥有公共文化设施面积1979平方米。开展文化“三送”活动，送戏下乡100余场，送电影下乡3500余场，送图书1.8万余册。完善行政村文化活动室功能，实现数字农家书屋全覆盖。开展文化惠民活动，完成第十六届中国·盱眙国际龙虾节策划工作。邀请各届人士召开策划座谈会，向全社会征集“好点子”，收到全国10余个省、直辖市的建议近千条，形成“有滋有味龙虾节共创共享好生活”的办节主题，实现龙虾产业从节庆品牌向实体实业化发展，从传统的种植业美食业向新经济新业态发展。唱响文化四季歌，举办春节联欢晚会、“登高望远”大型文艺晚会等大型群众文化活动50余场。全民阅读指数纳入全年文化产业增加值占GDP比重考核指标。推进一乡一特，《人民日报》宣传报道桂五十三番锣鼓。开展文艺工作者培训活动。

【文化产业】 组织文创和旅游产业招商小组招大引强，新引进新四军文化园、八仙台·万仙宫等5亿元以上项目2个，金康达观赏石博物园、湿地公园等亿元以上项目5个，亿元以下项目8个。全县文化产业标识单位增至520家。其中，三上文化企业49家，金玉祥展示、常爱佛电子、天生服装等8家文化产业单位作为新增企业申报审核。开展省市文化产业引导资金申报工作，已向上申报横店影视城等3家。

(供稿：李正扬　审稿：孙亚兴)

统　战
United Front Work

【概况】 2016年，盱眙县委统战部结合“两学一做”活动，通过进企业、进社区、进宗教堂点和举办培训班等形式，开展以“同心同向”为主要内容的理想信念教育，通过宣讲党的政策，社会主义核心价值观及中国梦的宏伟篇章，引导非公经济人士、党外代表人士和民族宗教界代表人士与社会主义相适应，维护和谐稳定的社会局面，深化参政议政，通过“季季谈”“季季看”“双月谈”等活动形式，为党外代表人士、非公经济人士、民族宗教界人士搭建参政议政平台，全年举行“季季谈”活动3次、“季季看”活动3次、“双月谈”活动5次，交流讨论县委的一些重大课题、百姓关心的热点问题、党风廉政的敏感话题，深入调研。全年党外代表人士、非公经济人士、民族宗教界代表人士形成28条高质量的意见和建议，为县委、县政府的科学决策提供依据。

【为民解困】 2016年，县委统战部组织统战成员开展送医疗服务、送科技服务、送文艺演出等下乡活动。部里主动和民革南京医科大学支部联系，邀请专家到盱眙县进行义诊活动。5月，组织民建支部开展送戏下乡活动，为敬老院的老人表演节目，丰富老人的文化生活。10月，组织九三支部开展送科技服务下乡活动，帮助村民解决生产生活中遇到的困难和问题。在非公经济人士中开展“爱心助学、助困活动”，会同工商联、市民建直属二支部组织9次爱心助学活动，全年，接受非公经济人士、社会爱心人士捐增65万元，120名贫困学生受益。为全县148位孤儿争取爱德基金30万多元,11月,爱德基金又出资5万元为50名贫困学生送爱心。

【统战工作职能】 2016年,县委统战部围绕凤还巢联络中心,挖掘招商资源。通过建立盱眙籍在外投资客商资料库,加强与苏南、浙江等地盱眙籍客商较多的商会建立联系,鼓励客商返乡创业,推动家乡经济发展。前往无锡、常州、慈溪等地,拜访当地的盱眙籍客商,经努力,有4名盱眙籍客商有意向回乡投资兴业。通过台资企业联谊中心,促进交流协作。上半年,走访20余家台资企业,帮助他们解决遇到的困难和问题。联谊会的成立给以商引商工作带来新的进展,通过联谊会引荐到盱眙考察的台商有20余人次。做好民族、宗教界人士的思想稳定工作,引导他们自觉维护盱眙和谐稳定的局面。以"政策法规宣传月活动"为抓手,对宗教团体负责人和场所的班子人员进行爱国主义教育和政策法规培训。以"发挥正能量,共筑中国梦"主题征文活动,激发广大宗教界人士的爱国、爱党、爱社会主义的热情,共同构建稳定、繁荣的和谐社会。以"一牵三联"为抓手,建立基层党组织和宗教场所互动机制。通过"一牵三联"活动的开展,基层宗教领域与基础党组织和派出所形成良性互动,为地方的和谐稳定作出贡献。

【统战工作格局】 2016年,县委成立统一战线工作领导小组,县委书记作为统一战线工作第一责任人,定期专题研究统一战线工作重大问题,带头学习宣传和贯彻党的统一战线理论、方针、政策和法律法规,带头参加统一战线重要活动,带头广交深交党外朋友。建立健全相关部门协作配合机制,通过联合会办、联合部署、联合发文、联合考察、联合督查通报等方式,共同做好党外干部选拔任用工作;建立健全各级党委民族宗教工作领导小组,巩固党委统一领导、党政齐抓共管、统战和宗教工作部门综合协调、相关部门各司其职、社会各方共同参与的宗教工作格局;发挥党委统战部在履行党外知识分子工作职能方面的牵头协调作用,创新党外知识分子工作机制,形成工会、共青团、妇联、台侨联等组织共同参与、齐抓共管局面;建立和完善非公有制经济代表人士综合评价机制,建立综合评价工作联席会议,对拟推荐为人大代表、政协委员的,拟在工商联(民间商会)等人民团体中以及在光彩事业促进会、工商联所属商会等任职的,拟推荐为优秀中国特色社会主义事业建设者、劳动模范、三八红旗手、五四青年奖章等评选表彰的非公有制经济人士,把综合评价作为确定组织考察人选的前置环节,坚持一个入口、一套标准、凡进必评。建立健全统一战线工作考核督查长效机制,把统战工作纳入乡镇领导班子和领导干部考核内容,督促检查统一战线方针政策和相关法律法规的落实情况,把统战工作纳入宣传工作计划,把统一战线理论、政策纳入党校教学内容。

(供稿:徐正达　审稿:贯厚余)

对台工作
Taiwan affairs

【概况】 2016年,盱眙县对台办公室(以下简称县台办)组织对台交流、对口交流,打造盱眙台资高地,做好台商、台企、台属服务工作,帮助解决实际困难,对台工作取得突破。突破台资招引工作,盱眙引进台湾客商柳建龙投资3000万元乐颐养老项目,台湾客商黄识嘉投资300万元的擁暄实业项目,签约台湾浩鑫股份拟投资1.5亿美元浩鑫电脑项目,台湾金俊装备工业有限公司拟投资2亿美元金俊机床项目。

【对台经贸交流】 2016年,全县有4批经贸考察团赴台交流,公商务赴台交流人数11人次。4月23~28日,县委书记李森率团赴台就农业、台湾台塑集团与盱眙凹土合作、养生养老产业等考察交流。5月10~13日,县委常委、组织部部长顾强率团赴台交流盱眙凹土与台塑集团合作等事宜。

【对台对口交流】 2016年7月26日,金湖县邀请的台湾新北市新庄区里长15人,到盱眙铁山寺国家森林公园、明祖陵考察交流。9月19~23日,盱眙县邀请台湾新北市土城区里长16人,成功举办"品盱眙龙虾、游都梁山水、百名台湾里长龙虾之都结缘行"活动。活动主要以双方通过观场观摩、实地考察、座谈交流、宣传推介、村里合作等方式交流互动,取得效果。新北市土城区柑林里与盱眙县维桥乡桃园村缔结友好社区。12月26日,淮阴区邀请台湾新北市新庄区里长30

人到盱眙铁山寺国家森林公园、明祖陵考察交流。12月27日，台湾各级公教退休人员参访团一行32人，到盱眙参访交流，参访盱眙县新马中学并座谈交流。

【服务台企台商】 2016年，县台办经常主动走访调研台资企业，协调台资企业与各相关部门的关系，了解并帮助解决生产和生活中的问题。解决台商韩福来先生要求退还明祖陵村墓地赔偿金一事。县台办动员组织台商参加2016年淮安市委、市政府举办的“中秋台商联谊会”“台商投资说明会”“十一届台商淮安论坛”“淮安市台商联谊会”“淮安市台属企业联谊会”和淮安市政府召开的“全市台商代表座谈会”等活动，为在盱台商、台企发展做好服务工作。

【服务台商台胞台属】 2016年，县台办做好台属及返乡探亲台胞接待工作，全年县台办走访、接待回乡探亲赴台人员、台商、台胞、台属160人次，其中台湾台商20批130多人次。县台办在做好台胞台属工作的同时，做好重点台胞、台属的联络工作，利用节日走访到盱投资的重点台商和重点台属，并通过他们向在台的亲友宣传家乡发展和招商引资政策。在县台办支持与服务下，由台属创办的“宝驰”米业、马坝“龙马休闲”等企业发展势头良好。

（供稿：朱树营　审稿：刘青松）

机构编制

State commission offcice for public sector reform

【概况】 2016年，盱眙县机构编制委员会办公室（以下简称县编办）围绕省市编办“421”工作总体部署，创新思路，推进全县审改、体改、综合执法改革工作。相对集中行政许可权改革试点、马坝镇行政管理体制改革试点和综合行政执法体制改革3项重点工作顺利通过省评估组验收。盱眙的改革模式得到省市的肯定。

【省相对集中行政许可权改革试点通过验收】 5月，江苏省对改革试点工作组织第三方评估，获专家组充分肯定，专家组组长汪玉凯教授指出，盱眙的改革可以定位为“三个探索”：政府治理体系再造的新探索；政府运行机制的新探索；以公众为中心的服务模式的新探索。专家组成员认为盱眙县开展相对集中行政许可权改革是成功的，其经验做法可在全省推广。为进一步深化改革，巩固改革成果，促进审批标准化，县编办与行政审批局共同谋划，对有限责任公司、餐饮企业、百货超市、食品加工企业、工业生产企业、房地产开发、工业厂房、商业开发、娱乐场所、社会团体、民办非企业、公益服务建设等12类审批事项制定审批标准。审批过程在符合条件和审批不出窗口的基础上，优化整合所有行政许可事项，逐项细化审批条件、流程和申请材料等指标，在窗口和审批网站上对外公开。创新工作思路和运行机制，推行告知承诺制、容缺受理制、延伸告知制，实行建设项目“四联合”等。10月27日，省编办审批流程优化研讨会在盱眙县召开，总结提升改革经验。

【马坝行政管理体制改革】 2016年，县编办根据2010年省文件精神，将马坝镇列为全省20个经济发达镇行政管理体制改革试点之一。为做好试点，在第一批省统一下放的724项权限的基础上，增加下放马坝镇自排的经济社会发展急需的53项权限，于2014年发文共下放马坝镇777项权力事项。2015年，根据改革要求，将县市场监督管理局的872项权力事项下放至马坝镇。在机构设置上虚实结合：政府内设机构做实，全镇综合设“两办八局”，事业单位做虚，只保留名称不实质性运转。人员使用上行政事业人员打破身份、统筹使用。在职能履行上，突出重点打造亮点。在保证乡镇内设机构正常运行的前提下，县编办会同马坝镇重点打造马坝综合执法局和行政审批服务局（便民服务中心）。按照“一支队伍管执法”“执法领域全覆盖”和“一枚印章管审批”的工作要求，设置内设机构、划转相关职能，规范运行机制。经省市批准成立马坝行政审批服务局，7月14日，马坝镇行政管理体制改革已经顺利通过省第三方评估验收，获得专家组好评。8月18日，省联席办下发第三方评估情况通报，马坝镇改革试点工作跨入全省第一方阵。通过改革试点，形成领跑全国的“江苏经验”，创新切合当地的“淮安实践”，打造具有地域特色的“马坝模式”。

【综合行政执法改革】 2016年，综合行政执法体制改革作为县域治理结构的一个重要组成部分，县行政审批制度改革后的又一项重要工作。县编办抓住确定改革范围、梳理权力清单、摸清队伍情况、开展模拟推演、拟订实施方案五个关键环节，推进综合执法改革。根据省、市编办指导意见，县编办确定在市场监管、农林水利、城市管理、文体旅游、交通运输等5个领域开展综合执法改革。围绕12个涉改部门执法事项与使用频次，梳理"五张清单"，共排出2296项行政执法权，其中有176项权力在近3年内被使用。通过调查，摸清全县承担执法事项的机构共53个(含43个事业单位，10个行政机关内设机构)，初步排出其中28个事业单位在改革范围。制订《盱眙县综合行政执法体制改革试点实施方案》，获淮安市人民政府批复后，成立县综合行政执法改革工作领导小组，印发《盱眙县深化行政执法体制改革全面推进综合行政执法的实施意见》，并完成5支综合执法队伍的组建。12月1日，举行盱眙县综合行政执法体制改革职能委托仪式，标志着职能和执法人员正式划转至综合执法大队。12月7日，揭牌仪式在县市场监督管理局举行，五支综合执法大队正式运行，盱眙综合行政执法体制改革迈上新台阶。12月22日，顺利通过省评估组验收。

(供稿：何小龙　审稿：卢玉勋)

县级机关党的工作

Party Work of County Organizations

【概况】 2016年，盱眙县级机关工委下属工级党委2个，党总支8个，党支部38个。以科学跨越发展目标为总揽，创新思路，创造特色，坚持党建引领，项目驱动，重抓三项制度，推动党建工作步入快车道。实施"三单"公示制度。年初，印发机关党建工作要点，梳理出全年工作重点，形成机关党建工作一年"早知道"。机关各单位按要求修订完善党建工作责任清单，制订全年工作项目清单，每季度开展回头查，排查出问题整改清单。按时间节点公示党建"三单"，接受党员和群众监督。落实督导巡查制度。采取调研督查、实地访查、专项抽查等方式，每季度检查各单位党建重点工作完成情况，及时发现问题，提出改进意见，传导工作压力。坚持目标差别考核制度，发挥目标考核指挥棒作用，提高党建考核在县科学跨越发展总目标考核中所占权重，季度量化考核各单位党建工作。

【组织建设】 2016年，县级机关工委围绕县委县政府工作中心、民生实事需求、基层和群众期盼，突出党建引领、服务和保障作用，组织引领各单位将党务融进服务。制定机关基层党组织规范化建设有一套规范化的组织制度、有一个规范化的活动场所、有一个规范化的工作机制、有一套规范化的档案资料、有系列规范化的组织活动，领导班子好、党员队伍好、工作机制好、工作业绩好、群众反映好的"五有五好"标准，通过分类定级、达标评比，选树一批示范党支部，提升机关党建规范化、科学化建设水平。通过实地指导、观摩交流、典型引路、督查考核等措施，培育20个示范点，推动盱眙机关党组织规范化建设再上新台阶。加大基层组织生活会、"周一党课"、党日活动等常规制度刚性执行力度，采取分组挂钩方式督促各基层党组织抓好落实。县直所有单位党组织生活实现常态化，参与讲党课的领导2140人次，"七一"期间到联系点过党日的领导干部600余人。

【创新"书记项目"】 2016年，县级机关工委实施"书记项目"创新工程，突出"一把手"抓党建，推动党组织书记在党建工作中当好主体。围绕基层组织建设、党员教育管理、职工履职争先、文化机关创建等，明确党组织书记主抓一个党建创新项目，实行时间、措施、责任三落实。创建"一库三清单"管理模式、党建文化长廊、"三徽"党建等党建特色项目，落实党组织书记责任，推动创新型党组织建设。

【打造服务品牌】 2016年，县级机关工委坚持党务与服务深度融合，推动党组织和党员改进服务方式，提升机关效能。成立"小盱小眙"党员志愿服务队。围绕龙虾节庆、文明城市创建、社区创优服务等方面开展志愿服务。在龙虾节活动中，组织开展重大现场、文明交通、休闲旅游、招商服务、乡镇街道五大板块志愿服务，近千名党员志愿者参与其中，为到盱客人提供交通指引、安全维护、旅游推介、招商政策宣讲、扶困救助等服务。"小盱小眙"志愿服务活动获市优秀志愿服务项目奖，并参加首届江苏志愿服务展示交流会展评。全年，县直机关创建服务品牌32个，其中新创品牌10个、深化品牌22个。县公安局"社区警务两提两知”、县人社局“创业工坊”等品牌在全省推广。

【读书文化教育】 2016年，县级机关工委组织开展机关读书活动，组织好书推荐、读书交流、书香大篷车、名家讲堂、读书征文活动，机关75个单位建立读书阵地，添置图书1.1万余册；3000余名干部职工参加读书交流活动，组织微讲座65场次，评选优秀读书征文42篇。机关干部读书月“书香大篷车”被淮安市周恩来读书节评为“优秀活动项目”，创成省级“书香机关”示范点1个；举办运动健身四季赛，将党建文化和向上文化融入机关运动健身四季赛，利用每季度一次的机关职工健身活动，推送盱眙历史文化和党员教育内容。比赛中嵌入的文化教育内容涵盖党建知识、历史典故、人物风采等，使县级机关党员干部在健身锻炼的同时，洗礼思想。

（供稿：梅松青 审稿：赵 珺）

信息调研
Information & Investigation Work

【概况】 2016年，盱眙县委办围绕县委中心工作，报送盱眙的特色工作、亮点工作、经验做法，并报送有价值的建议信息，为各级领导实施科学决策、研究指导工作提供有益的参考。全年整合、组织上报各类信息近2000条，被省市采用154条，编辑《参考信息》24期，报送的信息中有6条互联网信息得到省委书记李强等领导批示，建议信息《建议我市尽快调整出台促进文明行为方面的条例》得到市委副书记练月琴批示。同时，外宣工作取得明显成效，《盱眙“十三五”：让老百姓过上有滋在味好生活》登上《今日头条》、行政审批制度改革等方面信息调研宣传稿件被《江苏改革简报》《江苏通讯》等省级以上媒体刊用。

（供稿：仓 盛 审稿：梁开成）

效能督查
Efficiency Supervision

【概况】 2016年，盱眙县效能101中开展督查督办，编发督查短信33条、微信397条，印发效能督查通报、专报65期，其中20期得到县委、县政府主要领导的批示。全程跟踪督查工作的每个环节，提升执行力和落实力，全县乡镇、部门呈现出工作作风务实、服务形式创新、办事效能提升局面。

【“四线”督查】 2016年，县效能101中心督查产业招商前线，联合新闻媒体，跟踪督查“春雷行动”期间，全县乡镇、部门主要负责人外出情况、招商成果，每天通报招商前线情况，编发督查短信、微信35条，印发通报、专报8期。20个产业招商小组签约项目13个，新引进“三落实”项目11个，新开工项目40个。一线督查项目建设，跟踪督查全县企业节后复产、在建项目复工情况，现场督查市对县重点项目、5亿元以上重特大项目、工业大会签约亿元项目、“春雷行动”集中开竣工项目、2015年75户竣工工业企业运行等最新进展情况，编发短信、微信41条，印发通报7期。现场交办工业项目普遍存在进度慢、设备投入不足等问题以及三产服务业项目存在营业面积不足等问题。督查审批服务热线，会同行政审批局就相关职能部门行政许可事项划转后，事中事后监管情况，督查县城管局、住建局、卫计委、农委、市场监管局、文广新局、环保局、安监局、交通局、商务局等，交办发现的思想认识不到位、反馈信息不明确、监管方式不合理等个别问题，督促限期整改；督查社会稳定底线，会同县信访局督查全县20个乡镇（街道）领导值班值守和信访接待制度落实等信访稳定工作，特别是G20峰会等敏感期间稳定工作开展情况，重点督查全县乡镇（街道）信访矛盾纠纷排查及包案化解情况、值班值守及接访下访、信息预警应急处置、重点人员“吸附”措施落实以及“阳光信访”综合服务中心基础建设等。

【“四面”督查】 2016年，县效能101中心根据年初重点目标任务责任清单，考核全县首季“开门红”和“春雷行动”以及“百日竞赛”和三季度科学发展目标，督查核心指标完成情况。一对一短信督促提醒落后短腿、落后的指标进行，编发微信8条，印发通报3期。督查全年十大类46项民生实事进展情况，印发专报12期，推动项目建设进程，46个项目全部完成。督查代县长朱海波会办的22个问题楼盘推进情况，18个楼盘有进展，4个楼盘无实质性进展，编发短信、微信21条，印发专报5期。联合环保局现场督查维桥河水环境整治、大气污染防治等，印发专报5期，发现问题现场交办,组织整改情况"回头看",确保整改到位。围绕"101%服务"要求,利用深化"两为"整治契机。明查暗访中层干部、窗口服务人员、基层执法人员的工作作风、服务态度、办事效率、执法水平,未发现"不作为、乱作为"等行为。策应县委深度推进党建与经建融合的要求,对照党建"季度工单",结合"两学一做"主题教育活动,开展1次党建工作定向督查,督促解决干部队伍中存在的能力不足而"不能为"、动力不足而"不想为"、担当不足而"不敢为"的问题。

(供稿:叶圣忠 审稿:黄银林)

党校工作
Work of Party School

【概况】 2016年,盱眙县委党校开展党员干部教育培训,举办青年干部培训班、村书记能力提升班、入党积极分子及发展对象培训班等近10期主体班次,受训学员1500余人次。其中部分班次延伸到中国领导科学研究会、江西干部学院、焦裕禄干部学院及孟良崮纪念馆等党性教育基地,反响较好。先后开发《盱眙革命史》等新课件。邀请县主要领导、先进典型、纪检干部等走上党校讲台。县委党校与县国土局、水务局、兴隆乡等乡镇和单位联办各类培训,受教育1000余人次。做好教研科研等各项工作,每周五下午定为教学活动日,开展试讲、示范课、业务培训等相关工作。开展"送教基层,服务'两学一做'"特色活动。"送教菜单"有10课,"两学一做"主体课与延伸课各占一半。

【咨政服务】 2016年,县委党校开展咨政服务。《基于宿扬高速公路的苏北苏中县域合作路径研究》被确定为省委党校2016年调研课题,《盱眙龙虾产业升级与城市形象传播——基于"龙虾特色小镇"的规划与设计》被省社科联和省委党校列为省社科联"社科应用研究精品课题(市县专项)"。

【党性教育基地】 2016年,县委党校参与打造全县"一主三辅"党性教育基地,从课件开发、场馆解说词、现场教学内容等方面给予支持。"一主三辅"党性教育基地,即以黄花塘新四军军部纪念馆为主阵地,以天泉湖镇新四军后勤基地旧址、旧铺镇华中建设大学旧址、盱城镇第一山大屠杀遇难同胞纪念园为辅助。10月起,县委党校参与在黄花塘新四军党性教育基地开展全县党员轮训工作,党校教师前去授课66场次。

(供稿:黄 鑫 审核:李光明)

老干部工作
Old Cadre Work

【概况】 2016年,县委老干部局落实上级关于老干部工作部署要求,激励和引导老干部积极作为,增添正能量,服务和保障老干部安度晚年。对于身体相对较好,能独立外出的老干部,通过召开座谈会形式向他们传达、讲解,听取他们的学习感想和体会。全县各老干部党支部组织召开座谈会30多次,参学人数2300多人。对于行动不便的老干部送学上门,向他们赠送资料或通过刊发报纸的形式,把文件精神及时送到老干部手中,确保每个老干部学习文件精神,吃透文件精神。

【离退休干部思想政治工作】 加强离退休干部党组织建设,6月,经盱眙县委研究决定,成立盱眙县委离退休干部工作委员会。向全县离退休党员干部赠送《党章》《习近平总书记系列重要讲话读本(2016年版)》及学习教育笔记本等"两学一做"学习资料300余套。掌握离退休干部动态,设计开发"全县离退休干部ING视讯"系统,该系统包含全县离退休干部党员和老干部党支部两方面信息,内容涵盖老党员健康等级、工作简历和家规家风等基本情况以及动态影像资料,实现离退休干部信息一键通。连续四年开展"树长者风范、做时代老人"活动,制订"爱党爱国、老而可敬,修身修德、老而可亲,守信守节、老而可嘉,多学多做、老而可为"32字准则。离退休干部对照标准,立家规、讲风范,笃学笃行,修身修为,成为新常态、新时尚。结合纪念建党95周年和红军长征胜利80周年活动,组织老干部合唱团、老年大学等社团到中小学校演出,扩大学习教育活动影响力。落实市局要求,以县委"两学一做"协调小组名义发文,面向全县离休干部和党员退休干部,开展"立家规、传家风、扬美德"活动,彰显离退休干部正能量,助推学习教育活动深入开展。召开"立家规"活动动员会,组织骆春华、朱茂业等离休干部现场撰写家规家训,立榜样,传美德。组织40

名离退休干部参观周恩来纪念地，学习周恩来"十条家规"。举办"信仰与家风"专题讲座，引导离退休干部从自身做起，从家庭做起，坚定信念，传承家风。

【发挥离退休干部独特优势】 2016年，县委老干部局鼓励和支持离退休干部发挥余热，促进老干部工作与党的建设、社团发展和文明创建等工作深度融合。开展省离退休干部社区党建试点工作。搭建志愿服务平台，发挥余热服务社会。结合元旦、春节、读书节等节庆，县老年大学、县老干部合唱团、县老科协等涉老社团，深入学校和乡镇敬老院开展社会主义核心价值观、科技、环保、法制等宣传教育活动，促进青少年健康成长和社会和谐稳定。结合建党95周年暨长征胜利80周年纪念活动，老干部合唱团到县实验中学、第一小学、县大剧院开展"长征胜利之歌""党在我心中"等演出活动4场。搭建扶老帮困平台，促进社会和谐稳定。

【加强老干部管理】 2016年，县委老干部局开展"健康天使"志愿结对老干部活动，办理"一卡通"，畅通就医"绿色通道"；围绕"角度、宽度、温度、共度"宗旨，持续办好、办优《金秋》工作报，实行工作动态"一张报"全知晓；情况通报会从大聚会"听"，改为小集体"议"，实行小班化、届次化、互动化；走访慰问品货币化；健康体检就近就便、分批次，医疗专家上门解读。上门服务制度化，完善工作人员结对联系老干部制度，每月联系1次以上，每季走访1次以上。全年，电话拜访老干部2600余人次，上门慰问860余人次，提供生活服务216次，协调医疗、医保问题143次。对90岁以上、独居、生活不能自理或家庭负担重的离休干部，建立重点帮困对象档案，及时掌握了解思想动态，灵活多样提供个性服务，切实解决实际问题；设置15个"互帮共联组"，促进老干部互联互通、互帮互助、互娱互乐。

（供稿：黄　笑　审稿：高乾斌）

党 史 工 作

Party history work

【概况】 中共盱眙县委党史工作委员会（以下简称县委党史工委）位于盱眙县都梁公园迎宾路8号，有干部职工3人。2016年，为丰富1927至1949年盱眙县地方党史史料，对《盱眙人民革命斗争史》内容进行查漏补缺，县委党史工委全面启动《中国共产党盱眙县历史（第一卷）》的重新修订工作，把编纂出版《中国共产党盱眙县历史（第一卷）》作为2017年县委党史工委重要工作。到2016年年底，该书的史料收集工作已基本完成。全年策划宗岗战斗纪念碑重新修缮工作，撰写纪念碑碑文；启动对河桥战斗纪念碑重新修缮，设计河桥战斗展览馆；谋划恩来干部学院盱眙教学点之一——盱城大屠杀纪念碑重建工作，为盱城大屠杀纪念碑撰写碑文。

【党史宣传和教育】 2016年，为庆祝建党95周年，县委党史工委组织部分党员干部在全县积极开展"学党史、上党课"活动。傅育成分别为江苏护理职业学院和盱眙县医院全体党员上专题党课《为新中国成立作出突出贡献的江苏英雄模范人物——李桂五》，原党史工委主任侯明铎为兴隆乡党员领导干部上专题党课《信仰》。结合党史"六进"、"三增三帮"以及"七一联系点上过党日活动"向全县部分乡镇、县直机关单位及挂包帮扶村居莲塘村党员干部赠阅《盱眙解放史画》。

【《盱眙解放史画》出版发行】 2016年，县委党史工委积极开展党史专题研究，继续努力探索党史编撰新模式，把党史与文化有机结合起来，运用"图文结合，以图说史"的方式，认真开展盱眙党史文化系列丛书《盱眙解放史画》的编撰工作。该书以翔实的史料、珍贵的图片，再现盱眙军民在中国共产党的领导下开展英勇奋战、解放盱眙的恢宏画卷，勾勒出盱眙解放战争时期历史发展的清晰脉络，拓宽出盱眙党史研究的领域。2016年10月，《盱眙解放史画》已在全县范围内正式出版发行。

【招商引资工作】 2016年，县委党史工委多措并举推动招商引资工作的开展。邀请客商到盱眙县进行实地考察。招商引资工作取得了重大突破。招引浙江客商到盱眙投资约8000万元中汉新型建筑材料有限公司，项目落户在河桥建材工业园区，目前各项工作正在有序推进。

（供稿：何东兴　审稿：傅育成）

本栏目责任编辑：王行政

社 会 团 体

Social Groups

盱眙县工商联

Federation of Industry and Commerce

【概况】 2016年，盱眙县工商联合会(以下简称县工商联)加强非公企业文化建设，实施"非公有制经济人士素质提升工程"，组织开展非公企业"营改增"税务知识培训班，培训80余人次。增强民营经济发展正能量，组织近30名非公经济企业家赴黄花塘新四军军部纪念馆开展理想信念教育，到井冈山革命根据地体验红军生活、感悟井冈山精神的理想信念教育，到红旗渠考察学习，深化企业家的理想信念，增强民营经济发展的正能量。与副会长单位——盱眙银联商贸共同承办江苏掼蛋精英大赛盱眙赛区比赛，组织全县近430名非公企业家参赛。联系全县100家会员企业与全县100户贫困户结对帮扶，通过助学、助医、指导就业等形式开展精准扶贫，引导非公经济人士弘扬"扶贫济困、乐善好施、发展企业、回馈社会"的"光彩精神"。端午节期间，组织盱眙县女企业家商会会员代表慰问盱眙儿童福利院和盱城敬老院的孤残儿童和孤寡老人。组织会员企业向县部分小学生捐赠羽绒服500套。金康达集团向盱眙中学和盱眙县鲍集小学捐赠现金和物资近80万元。建立盱眙县女企业家商会和盱眙县新生代企业家商会，吸纳会员124名。组织2次银企对接座谈会，为会员企业搭建融资平台。县工商联被县委县政府评为先进单位。

【参政议政】 2016年，县工商联帮助非公经济代表人士提升参政议政能力和水平。提升非公企业家政治待遇，新推荐4名优秀企业家担任县政协委员。县工商联与商会组织到企业，及时掌握外部环境对民营企业发展的影响情况，分析企业面临的困难和问题，提出有关意见建议报送党委政府。到县农本尚品公司考察调研，了解农产品电子商务发展。组织民营企业参加法律和财务培训讲座，邀请司法部门、律师协会、相关领域的专家授课，开展法律咨询，建立非公企业"法律服务站"，开展"法律服务进企业"等活动。

【搭建招商引资交流平台】 2016年，县工商联实施"以商引商"战略，全年组织近10家会员企业赴无锡等地兄弟工商联考察交流。利用商会平台和企业家资源优势，开展以商引商工作。通过以商引商，推荐相关企业到盱眙考察，向盱眙县各产业招商负责单位介绍信息，搭建外地客商与全县招商信息桥。接待贵州威宁自治县工商联"百企帮百村"工作考察组一行，推荐盱眙县龙虾产业带动农民脱贫工作经验。主动投身第十六届中国·盱眙国际龙虾节，通过商会之间的联系与沟通，开展"锡城全媒体盱眙龙虾文化行"采风活动，无锡广播电视台等13家锡城主流媒体报道盱眙县龙虾文化。与无锡盱眙商会、无锡商会地产集团、无锡广播电视台等联合承办无锡首届盱眙龙虾节，扩大盱眙龙虾在无锡的知名度、美誉度和影响力。

【县工商联代表大会】 2016年12月26日，县工商联召开第八届会员代表大会，张瑞晴当选为盱眙县工商业联合会第八届执委会主席、县总商会会长；杨军、刘洪喜当选为盱眙县工商业联合会第八届执委会副主席、县总商会副会长；万福香、马怀兵、王宇、王栋权、刘国秀、芮锋、李叶红、张君、陈孝忠、夏青、徐克成、涂明霞、黄士忠、龚武强、戴兵等当选为盱眙县工商业联合会第八届执委会副主席、县总商会副会长(不驻会)；万福香等159人当选为盱眙县工商联第八届执委会执委；马建国等72人当选为盱眙县工商联第八届执委会常委。

(供稿：高克楠　审稿：刘洪喜)

盱眙县总工会

Labor Union

【概况】 2016年，盱眙县总工会以服务企业、服务基层、服务职工为重点，增强工会工作的政治性、先进性、群众性，发挥工会组织的桥梁和纽带作用，为全县经济社会发展做贡献。全县新建工会28家，发展会员1800人，新建农合组织工会6家。开展模范职工之家创建，加大经费投入，加大工作力度，推进基层工会规范化建设，全年创建模范职工之家50个，其中全国模范职工之家1个、江苏省模范职工之家6个、江苏省模范职工小家6个、市模范职工之家37个。全年举办工会干部各类培训班5期，参培2000多人。为100余家企事业单位、3000名一线职工送去防暑降温物品，投入经费25万余元。

【扶贫帮困】 2016年,县总工会免费体检特困职工103名,投入经费3万余元。8月,与团县委、教育局开展“寒门学子走进大学”暑期校园行活动;安排助学金26万元开展金秋助学活动。全年投入帮扶资金180万元,慰问困难职工3000人次。将全县原有的33个困难职工帮扶中心(站)更名为职工服务中心(站),新增职工服务站10个。全年开展送温暖活动,慰问困难职工、农民工162人,发放慰问金8万多元。支付130万元帮扶资金,用于缴纳特困职工意外保险、发放定点药房优惠购药卡、各类生活救助、助学救助、医疗救助、法律援助、职业培训、夏季送清凉等活动。

【劳动保护】 2016年,县总工会有143家生产正常企事业单位、1.9万名职工参加“安康杯”竞赛活动,参赛单位和职工均比2015年提高10%。签订劳动安全卫生专项集体合同53家,开展劳动安全卫生知识教育培训32期,组织1.7万名职工参加全市职工安全卫生知识普及教育竞赛活动。推进职工“爱心驿站”建设,为环卫工人、出租车司机和快递员等户外劳动者提供服务,建成10个“爱心驿站”,投入经费20万元,服务户外劳动者3500余名。

在全县建会企业中,工资集体协商要约覆盖率、集体合同签订率85%以上。签订行业、区域工资协商合同30个,覆盖全县364家企业,涉及职工3.7万人。选送基层工资集体协商骨干参加省、市调训,组织培训全县工资集体协商指导员、谈判员36名。开展“五一劳动法律宣传服务月”活动,编印《职工劳动权益知识100问》口袋书,举办培训讲座16场次,发放各类宣传资料2000余册。

【技能工作】 2016年,县总工会组织引导企业和广大职工开展技术培训、岗位练兵、合理化建议、技术革新、发明创造和名师带徒等建功立业活动。开展以科技创新、绿色发展、节能减排为重点的劳动竞赛。县总工会、水务局、卫计委等单位共同举办技能竞赛活动。全县规模以上企业开展劳动竞赛覆盖面和职工参与率80%以上。新建劳模创新工作室2个,新增省劳模6名,在《盱眙日报》、电视台开设专栏专题,宣传劳模事迹,在都梁阁盱眙历史文化博物馆设立劳模事迹电子展厅,在县政府一楼大厅电子屏滚动播放劳模事迹,弘扬劳模精神。发放劳模“三金”47.5万元,组织23名劳模参加疗养。“工匠评选”全省领先,县总工会、人社局等有关部门开展首届“盱眙工匠”评选活动。吸引53名各行各业的人员参加申报,其中包括从事机械制造、数控编程、车工钳工、服装设计、面塑艺术、根雕等多个专业。经媒体宣传、组织推荐、社会举荐、专家评审、公示监督、公安纪检审查等环节,推选出首届“盱眙工匠”10名。

【文体活动】 2016年,县总工会举办的“农商行”杯职工散文创作竞赛纳入第十六届中国·盱眙国际龙虾节群众文化艺术系列活动。收到参赛作品500余篇,是盱眙历史上规模最大、档次最高的一次散文创作竞赛,评选出一等奖3名,二等奖8名,三等奖15名,优秀奖44名。县总工会开展女职工读书征文活动,推荐18篇稿件参加全国第四届“书香三八”读书征文活动,县农商行陈赞获全国征文优秀奖。县总工会、机关工委、体育局组织开展“运动健身四季赛”活动。组织开展“农商行杯”乒乓球赛、千人广场健身舞等大型群众性文化活动。组织职工参加市八运会职工部排舞比赛,获优秀奖;参加市第三届全民健身运动会职工部比赛,围棋比赛获团体第5名,女子乒乓球比赛获团体第2名,男子乒乓球比赛获团体第5名。

【女职工特殊权益保护】 2016年,县总工会、县卫生局、县妇幼保健所等相关部门,下发《关于开展妇女疾病普查普治工作的通知》,免费开展全县单亲特困女职工、困难女职工和女农民工体检和“两癌”筛查。江苏天源服饰有限公司、县医院、中医院和汽车客运站等4家单位创建爱心母婴室。评选表彰“县五一巾帼标兵岗”37个,“县五一巾帼标兵”59名。6月3日召开的全省工会女职工心理关怀现场经验交流会上,盱眙县总工会作为唯一县级工会作题为《心灯照亮半边天》典型发言。

(供稿:刘晓娟　审稿:高振如)

共青团盱眙县委员会

Communist Youth League of Xuyi

【概况】 2016年,共青团盱眙县委员会(以下简称团县委)探索新形势下共青团干部增强“三性”,协调推进凝聚青年、服务大局、当好桥梁、从严治团"四个维度"工作,发挥共青团作为党的得力助手和后备军的作用。全年,建成青少年之家乡镇级平台5家,县级青少年之家获批省级示范平台。县青少年之家与天都集团开展合作共建,打造"公益课堂"品牌活动,开展活动10余次,服务留守儿童400余人次。团干部联系青年"1+100"活动中,录入专兼职团干部103人,联系青年13750人,人均积分100分。团县委通过微信平台开展"最美青春故事"优秀青年与优秀团干部投票评选活动,40名青年与团干部参与评选,选出优秀青年10名、优秀团干部10名。盱眙县好青年寻梦、狄艳参加市好青年揭榜典礼。全年,获市级好青年荣誉称号11名。青商会员龙飞湖生态有限公司获省双创大赛三等奖,金田源火龙果项目获得优秀奖。龙飞湖生态有限公司经理姚立浦获2016中国水产业杰出人物称号。盱眙供电公司运检班通过省级青年文明号复核工作,完善团员发展与教育管理制度,县第一中学获团员发展工作省先进单位称号。

【青年服务】 龙虾节期间,团县委牵头组织开展"红色风暴"志愿者在行动活动,连续两年获县委县政府颁布发的龙虾节先进服务单位三等奖和二等奖。劳动节、国庆节"乐游盱眙"景区景点服务工作成为常态,服务青年创业就业,联合商务局开展电商专题培训班5场,接受电商知识培训300余人次。联合盱眙农商行、盱眙海安银行拓展青年创业贷款范围,扶持青年创新创业,解决农村青年创业"起步难、贷款难、担保难"等资金问题。在团县委推荐的创业青年贷款中,盱眙农商行在正常利率优惠后再优惠10%。利用盱眙青商会平台,吸纳创业青年42名入会,按季度分片区组织青商成员间的观摩学习,7月,组织青商会成员参观蒙牛集团。组织创业青年参加省、市创业大赛,盱眙县创业青年朱超的"规模化肉鸡养殖暨原生态土鸡养殖"项目在全市大学生村官创业大赛中荣获一等奖。9月22日,召开青年创业面对面活动暨青年商会第三次会员大会。服务优秀青年扎根盱眙,自2015年起,团县委联合相关单位启动交友平台,开展盱眙"爱情连连看"公益交友活动。推进创新品牌活动持续,青年之声平台提问量1.4万个,回答率100%,提问量和回答率位居全市前列。打造"青年之声·半月谈"品牌活动,每半个月开展一次座谈,邀请全县乡镇、部门、学校团委书记参加,锻炼团干部语言表达和发言能力。

【社会关爱】 2016年,团县委以"青春公益四季歌"为主线开展关爱活动。3月,邀请原女排运动员赵蕊蕊走进盱眙县鲍集小学开展爱心公益活动,为孩子们上一堂生动的文化课和一堂体育课,以名人效应助推公益事业发展。6月1日,团县委到古城希望小学举办爱心图书室捐赠仪式。组织全县贫困少先队员走进中华孝道园,开展为期3天的国学文化之旅。8月,组织贫困高中学生开展"寒门学子走进大学"活动,带领学生走进南京大学、南京航空航天大学、河海大学、南京师范大学、南京艺术学院5所高校,亲身感受大学文化,明确"大学梦"。在有关企业的帮助下,团县委资助贫困大学生43名,资助24.3万元。开展"百千万留守儿童关爱行动",5个乡镇、街道开展关爱活动20余场次,近1000名留守儿童参与。开展"开学普法季,实境大课堂"活动,带领团员青年走进看守所、消防大队等地进行警示、自护教育。组织维桥中心小学参加市鼓乐大赛并荣获银奖。12月30日,"安利快乐音乐教室"公益项目在维桥小学开班。

【传统品牌活动开展】 2016年,团县委在创新品牌活动的同时,将传统品牌抓好抓实。"五四"青年节,团县委以文艺汇演的形式开展纪念活动,将新团员入团宣誓仪式、希望工程捐助、青年创业分享、大学生村官创业以小品、舞台剧等形式搬到舞台,在纪念青年人的节日的同时,展示团委工作。"六一"期间,组织开展盱眙县"十佳风采少年"评选活动,有24组选手进入决赛,选出10组选手评为"十佳风采少年"推荐到团市委参加"第二届淮安市风采少年评选大赛"。其中,盱眙县第二中学的袁丁成功入围决赛,获市"十优风采少年"称号,盱眙团县委荣获优秀组织奖。技师学院团委书记王辉,获全国中学中职团委书记职业技能竞赛三等奖。

(供稿:何 雨　审稿:杨 雪)

盱眙县妇联

Women's Federation of Xuyi County

【概况】 2016年,盱眙县妇联获江苏省维护妇女儿童权益示范岗、淮安市“平安家庭”创建活动先进集体。推选李银江为全国最美家庭、全国五好文明家庭标兵户、全国五好文明家庭。新发展市级女企业家协会会员10名。其中,副会长及理事各1人,会员侯晓阳、汤友芝、李叶红被市妇联聘为巾帼创客创业导师。新发展省级女企业家协会会员2名。推荐申报省、市级巾帼示范基地8个。其中,创业创新孵化基地——印象盱眙电商产业园、电商服务示范示范基地——盱眙县农村电子商务服务中心、农家乐示范基地——盱眙马坝佳盛果蔬种植家庭农场,通过省级巾帼示范基地命名,获支持资金3万元。帮助14名创业妇女办理小额贷款109万元,贴息7.5万元。开展“创业富民服务”活动。引导外出务工返乡妇女就业创业,与企业对接,50多名外出务工返乡妇女与16家企业签订就业合同。开展巾帼创客明星“1+1”进社区活动。邀请县石马山农业综合开发有限公司总经理、全国人大代表李叶红,王店丹桂养猪合作社负责人邵晓梅走进天泉湖镇,讲述自己的经历,激励妇女投身大众创业、万众创新热潮。县妇儿工委办编制出台盱眙县“十三五”妇女儿童发展规划。

【公益救助】 2016年,县妇联为4名农村贫困“两癌”患者争取到“中央专项彩票公益金——贫困母亲两癌救助专项基金”,每人1万元。春节前为全县249名单亲特困母亲每人发放1000元的“圆梦资金”,合计24.9万元。发动社会爱心人士、机关、企事业单位、“巾帼文明岗”和女企业家、社会公众参与支持“母亲邮包”公益捐赠活动,捐赠邮包61个,金额7200元。“三八”节期间,联合和引导各级妇联、团体会员及各类女性社会团体,开展“百团‘四送’进百家”活动,共同走进百个“妇女儿童之家”送科技、送教育、送文化、送服务。1月8日上午,省妇儿工作督导组终期督察评估盱眙县“十二五”妇女儿童发展规划实施情况。督导组一行先后走访县儿童福利院、县法院青少年维权中心、马坝镇妇女儿童活动中心、马坝石桥村妇儿之家等,肯定盱眙县的妇儿工作。

【典型选树】 2016年,县妇联对各乡镇(街道)、县直机关的“巾帼文明岗”检查指导和规范管理。新推荐市级“巾帼文明岗”4个、“巾帼建功先进集体”2个、“巾帼建功标兵”3人,发挥典型的示范带动作用。三八妇女节期间,县妇联评比表彰盱眙县“三八”红旗手128名、盱眙县“三八”红旗集体39个。开展寻找“最美家庭”和“最美女性”活动。申报“最美家庭”63户、“最美女性”42人。事迹突出的6户最美家庭和6个最美女性推荐上报市级。“三八”妇女节期间,县妇联联合县委宣传部、文明办,表彰“盱眙最美家庭”54户、“盱眙最美女性”47名。推荐、评选的家庭户中,获市级“十佳最美家庭”称号3户,获市级“十佳最美女性”1人;获省委宣传部和省妇联联合表彰“江苏最美家庭”2户。其中,李银江荣获“全国最美家庭”“全国五好文明家庭标兵户”“全国五好文明家庭”称号。开展“最美家庭讲好家训”巡讲活动,组织省市最美家庭、宣讲人员讲家训2场。到乡镇、学校等宣讲最美家庭、最美女性先进事迹10余场。

【关爱孤困留守儿童】 2016年5月26日下午,县妇联、县教育局在五墩实验小学举办“女童保护”培训班。邀请“女童保护基金”志愿者讲师张冬梅为儿童授课。通过讲座,孩子们掌握“不要搭乘陌生人的车、不要接受陌生人给的食物、去邻居家玩要结伴或者告诉家长、遇到坏人要大声向周围人求助”等自我保护常识。省民政厅、省妇联确定盱眙县“儿童家庭监护缺失社会干预工作试点县”,开展关爱留守儿童、家庭教育指导等活动。在盱城街道城南小学、盱城小学、五墩小学新建3个音乐种子春蕾班,分布在一到四年级。选择60名家庭监护缺失、家庭收入在县贫困线以下的儿童,优先考虑孤儿、女童和单亲、父母病残的儿童家庭,每人发放600元春蕾助学款。联合县教育局举办女童保护讲师培训班,全县77名志愿者讲师通过考核。6月22日下午,县妇联组织盱城中心小学20名留守儿童到红色革命教育基地——黄花塘新四军军部纪念馆参观,了解家乡的革命史,接受爱国主义教育。完成盱城街道城北社区大手牵小手——让留守儿童的心不再留守、黄花塘绿化村绿化家园——让留守花朵幸福绽放,市对县的公益创投项目申报工作。10月26日上午,省民政厅副厅长沙维伟、省妇副主席联崔娟一行到盱调研“儿童家庭监护缺失社会干预试点工作”,先后参观盱眙县马坝镇爱心驿站、盱城街道城北社区“寻梦工作室”，观摩盱城街道城南小学“女童保护”培训课。调研组肯定盱眙县工作。

【妇女维权】 2016年，县妇联利用“科普宣传周”“三八维权周”等大型广场宣传活动，联合公、检、法等部门在广场开展宣传咨询活动，发放相关法律法规宣传材料，释疑解惑群众的法律问题；联合检察院开展预防职务犯罪“进家庭”活动。3月，首次召开反家暴联席会议，4月是《中华人民共和国反家庭暴力法》宣传月，期间部署集中排查一批重点施暴者、公安机关发出一批“告诫书”、法院依法发出一批“保护令”、打击一批施暴者、曝光一批典型案件、化解一批家暴案件的“六个一”活动。排查出家暴典型案件11起，发出“人身安全保护令”5份，“告诫书”41份。3月7日，县妇联开展“法律服务进万家”律师志愿者与妇儿之家结对签约活动，江苏衡胜律师事务所和江苏法之衡律师事务所的4名律师分别与盱城街道的城北社区、城南社区、城中社区、石牛社区的4名妇女儿童之家负责人现场结对签约，明确双方权利义务。开展反家暴法律知识进社区活动，邀请律师志愿者进社区，为社区的居民以案释法，用身边事讲身边人，讲解新出台的《中华人民共和国反家庭暴力法》，现场进行知识有奖竞答，同时开展反家庭暴力万人签名活动。在太和街道毛营社区服务中心举办全县《中华人民共和国反家庭暴力法》培训班。

（供稿：汤晓晴　审稿：王 敏）

盱眙县残联
Handicapped Union

【概况】 2016年，盱眙县残疾人联合会围绕“改善残疾人生活状况”，实施重点工作和重点项目。完成白内障免费复明手术110例。完成低视力配用助视器10名，0～6岁残疾儿童康复训练112例，聋儿助听器5名，举办盲人定向行走和生活技能训练班1期，肢体残疾矫治术5例，假肢装配6例，矫形器装配8名，组织供应各类辅助器具1185件。全县残疾儿童随班就读382名，聋哑儿童就读于县特殊教育学校23名，残疾少年儿童入学率71%。争取项目和资金支持，设立残疾人专项助学资金。补助考上大专院校的残疾人、残疾人子女43人5.3万元，解决残疾人、残疾人子女就学的困难。选送45名有一定文化基础的残疾人接受上级残联组织的职业技能培训，新安排残疾人就业30人。城镇累计就业残疾人155人，就业率65%，农村稳定就业残疾人7500人。县托养中心以庇护性托养为主，乡镇庇护托养与福利托养相结合。县托养中心全托42人、日托8人、居家托养4人，退出县级托养4人；20个乡镇（场）建设托养中心，运行正常有13家，日托198人。

【残疾人扶贫】 2016年，县政府将残疾人扶贫工作纳入政府扶贫计划。县残联落实全县党员干部结对挂钩扶贫制度，动员社会力量开展献爱心活动，解决残疾人生产、生活中的困难，结对帮扶残疾人110户；县、乡镇党政领导慰问全县贫困残疾人家庭，走访慰问残疾人330人次；向省里争取资金3.2万元，奖励补贴盲人机构4个。

【残疾人宣传文化体育工作】 2016年，县残联在县广播电视节目开辟宣传专栏，做到每期有残疾人工作和残疾人事业发展的工作报道，县电视台每月至少有2～3期工作和事迹报道宣传法律法规；组织宣传车到乡镇街道进行残疾人法律法规宣传；采取利用会议、宣传栏和标语等不同形式，宣传残疾人工作；组织医疗专家进行义诊活动，关怀残疾人。各乡镇在“助残日”期间，宣传残疾人事业，营造有利于残疾人事业发展的社会环境。重点结合教育、文体部门，组织残疾人开展符合自身实际的文化体育活动。

【综合服务设施】 2016年，县残联完善“四位一体”功能，改善办公条件，建立残疾人用品用具供应站和残疾人体育、文化活动室，为服务残疾人和做好残疾人工作提供条件。无障碍环境建设取得新进展，按照《城市道路和建筑物无障碍设计规范》的要求，完成无障碍设施，为残疾人走出家门，参与社会生活和享受公共服务提供便利。

【推动康复服务】 2016年，县残联以康复机构为骨干，社区、村为基础，家庭为依托，建立和完善社会化康复服务体系。首先建立残疾人基础档案，了解残疾人对康复的需求。推进残疾人康复服务专门机构和康复专业人才队伍建设，开展社区、乡镇康复，将康复纳入农村基层建设、基层卫生工作中。利用媒体开展与残疾人康复工作有关的公益宣传服务。开展“爱眼日”“爱耳日”“精神卫生日”“防治碘缺乏病日”“防治麻风病日”等活动,有重点地开展宣传教育,组织干预措施,配合卫生部门进行早期干预和早期康复训练。残疾人及其亲友残疾预防、康复知识普及率95%以上。完成建立全县村居残疾人协会的工作,配齐专职委员和兼职联络员,健全完善县、乡、村三级残联工作网络体系,构建县政府、县直机关部门、乡镇、社区村四线齐抓共管的运行机制。推行目标责任制,逐级签订目标责任书,按季组织专项督查,年终考核评比。

(供稿:朱永飞　审稿:朱长翔)

盱眙县关工委

County Customs Committee

【概况】 2016年,盱眙县关工委、铁佛镇关工委被授予全省关心下一代工作先进集体称号。官滩镇党委书记张春林、古桑街道关工委常务副主任张家玉、盱城街道关工委主任龚海琴、旧铺镇关工委常务副主任叶兆芬、县教育局关工委副主任费盘根荣获江苏省关心下一代工作先进个人称号。县关工委受到“中国火炬”杂志社表彰。2016年,全县关工系统共收到捐款捐物71万元,近千名在校学生得到资助。

【基层组织建设】 2016年,县委组织部、县关工委联合下发《关于进一步加强全县关工委工作的意见》,按照“五好”要求,较好地解决“有人办事、有地方办事、有章办事,有钱办事”问题。基本实现“哪里有青少年,关工委组织就建到那里”的要求。20个乡镇街道、三河农场、6个县直部门,53所中小学,村(社区)、部分企业,建立关工委。队伍建设调整充实,全县“五老”人员(老干部、老战士、老教师、老科技、老模范)8218人,从事关心下一代工作。

【主题教育】 5月24日,由县关工委、县文明办、县教育局、县老干部局主办,县第一小学、县老干部合唱团承办的“盱眙县纪念中国共产党建党95周年”暨2016年“听党话、跟党走”主题教育启动仪式,在县第一小学举行,1000余人参加。6月26日,由县关工委、县文明办、县教育局、县老干部局主办,县实验中学、县老干部合唱团承办的“盱眙县纪念长征胜利80周年”活动,在盱眙实验中学举行,1400余人参加。7月18—19日,盱眙作为淮安市唯一代表,参加“全省关工委宣传工作暨党史国史教育经验交流会”,在会上作题为《上好“两史”必修课,引领孩子跟党走》的经验交流。

【预防青少年犯罪】 2016年,全县青少年犯罪84名,比上年减少54人。2个乡镇退出全市青少年犯罪重点乡镇行列,实现在校生零犯罪。铁佛、观音寺、兴隆、太和4个乡镇(街道)为全市零犯罪乡镇。主要实施“教育防范,关爱助学、培训就业、维权服务,结对帮扶,环境净化”六大工程。针对青少年犯罪种类,在“创零”活动中,提出“十无”要求(无盗窃财物,无暴力伤害,无危险驾驶,无色情活动,无吸食毒品,无赌博传销,无坑蒙拐骗,无过激行为,无沉迷网吧,无安全事故)。要求“十无”进家庭,进社区、进学校、进企业、进辅导站。从源头预防青少年犯罪,在县技师学院,建立全省首家“青少年法治宣传教育中心”,对青少年开展法治教育,近1万名中小学生受到教育。

【推进“两创”活动】 2016年,县关工委开展“青年农民创业基地、青年农民创业之星”活动,助推青年农民创业。县农委关工委组织老科技人员帮思想、帮项目、帮技术、帮资金,使青年农民走上创业道路。铁佛镇、明祖陵镇、兴隆乡、马坝镇、河桥镇、桂五镇、天泉湖镇、黄花塘镇8个乡镇关工委千方百计帮助解决青年农民创业用地、用水、用电、用工、用料、用钱等问题。4月8—9日,“全市青年农民创业示范基地建设现场会”在盱眙县召开。省、市会议对盱眙县采取“强化行政推动,关工组织发动,校企配合联动,特色品牌拉动”的经验给予肯定。省农委要求在全省推广县农委关工委采取“以点带面,有序推进,扎实做好两创”工作经验。《中国火炬》《江苏关工》报道铁佛镇关工委常务副主任穆兆良“助推青年创业,搭建关爱平台”的事迹。

(供稿:谭昌奎　审稿:柳怀玉)

本栏目责任编辑:王行政

法　治

Rule of law

综　述
Outline

2016年，盱眙县推进平安、法治盱眙、信用盱眙和过硬队伍建设，取得成效。综治与平安、法治建设年度考核全市第一，刑事发案、民事诉讼量、县以上走访人次较2015年下降22.7%、3.18%、41.5%，公众安全感95%、法治满意率97.5%、政法队伍满意度90.90%，位居省市第一方阵。

社会管理　按照"政法、综治、法治、信访、司法"五位一体整合，建好县乡村三级社会管理服务中心，县乡分管领导兼任中心主任。其中，县平台实行县委政法委分管人常驻办公制，司法局、信访局整体进驻，实现"1+1>2"效应。

立体防控体系　投资1500余万元完成农村技防"村村通"工程建设，招录配齐乡镇专业巡防队伍，率先成立县级平安法治志愿者协会，形成群防群治、人技结合立体治安防范新格局。

矛盾化解　公开招录58名专职调解人员，设立22个公安派出所调解室，建成物业服务、交通事故、医患、土地征收、农村土地纠纷调解仲裁庭等专业、行业性调解组织，全县乡镇、村居个人调解工作室建设达到100%、50%，实现赴京非访"零登记"。

法治文化建设　开播《法治在线》《举案说法》《山城警方》法治电视节目120余期，"黄梅飘香·送法基层行"百场普法巡回演出深受群众喜爱。县法学会研究课题获全省三等奖，应邀参加中国法治现代化2016年智库论坛。

社会治理创新　盱眙在淮安市综治信息化实战应用技能比武竞赛中夺冠，盱城街道被评为"全国社区戒毒社区康复工作示范点"，全市推广盱眙执行联动做法。6个"微创新"品牌被《淮安社会治理创新经验集萃》录用，为全市各县区之首。

社会信用建设　建成"诚信盱眙"网、企业和个人信用基础数据库、信用信息平台"一网两库一平台"架构，县信用管理中心实体化运行，征集各类信息近80余万条，提供信用服务800余人次，工作进度走在全省试点县区前列。

先进典型　县人民法院关注留守儿童督促令获全省十大法治事件提名奖，县人民检察院在全省政法队伍建设会议上作经验交流，县公安局"两提两知"成为全省品牌。县司法局孙华春被评为全国法援工作先进个人，县法院姚月梅被评为全省优秀女法官，县公安局付洪涛被评为江苏最美警察。

（供稿：王 婧　审稿：杜荣勤）

公　安
Public Security

【概况】　2016年，全县公安机关强化维稳处突，筑牢基层基础，提升打防质态，严格队伍管理。盱城街道社区戒毒社区康复点被评为全国示范点。全省信访积案化解现场推进会在盱眙县召开。完成全国"两会"、第十六届中国盱眙国际龙虾节、G20杭州峰会活动安保工作。全年破获刑事案件1300起，破案率高出全市平均水平9.83个百分点，侵财案件破案率高出全市平均值5.37个百分点。公安综合目标考评全市第二。县公安局被省公安厅评为2015年度全省县级公安机关执法质量考评优秀单位。全年立一等功1人，立二等功1人，立三等功43人，受到县级以上党委政府和上级公安机关表彰奖励123余人次。

【"所队合一"改革】　2016年，县公安局从警务实战化入手，探索警力无增长情况下警务工作新思路，按照"警力整合、资源共享、职能一体、发展共赢"的原则，启动"所队合一"勤务模式改革试点，整合派出所和农村交警中队警务资源，破解警力不足难题，互补警种优势，实现1+1＞2的效应。整合后实现"六个一"（一个接待窗口、一个办案中心、一个信息平台、一组值班力量、一个勤务指挥体系、一个后勤保障体系）运行模式，"所队合一"后，派出所民警既管治安又管交通，民警在社区工作中同步做好交通安全宣传、重点车辆管理工作，在道路交通执法中一并开展治安防范工作，做到两不误、两兼顾，最大程度提高现有警力的使用效率，实现资源共享、发展共赢。《人民公安报》、公安部改革办专门刊载报道。

【基层基础建设】　2016年，县公安局先后投入1.2亿元资金，选址新建12家派出所，4个公安检查站，看守所、拘留所。完成搬迁派出所3家，投入使用公安检查站3个。以淮安市公安局标准地址库系统深度应用为契机,在全县范围内组织开展以“实有人口、实有房屋”为主的“双实”信息采集会战,通过警民面对面的走访登记,完善整合人口、房屋、车辆、虚拟身份等条目化信息,夯实公安基础工作,服务公安实战。逐步实现基础信息“鲜活化、集成化、指尖化”。投入1500余万元,开展城区社会面监控高清改造及补盲、城区卡口型电子警察改造、农村视频监控“村村通”工程、老旧小区技防设施改造等工程,科学设定监控点位544个,监控574个,实现城乡主次干道、支路和路口、村居道路出口以及车辆、人员密集场所和重点部位全覆盖。

【打击洪泽湖流域非法采砂】 自2007年洪泽湖被发现水下蕴藏着优质的砂矿资源以来,不法分子不分白天黑夜争相采挖湖底砂石,在这条“黑色”产业链上还寄生出以收取保护费为生的违法团伙,受到中央环保督察组高度重视。2016年,县公安局针此类违法犯罪活动特点,主动作为,抽调100余人组成专案组进行侦查,秘密开展调查取证,搜集固定相关证据,7月9日集中收网,抓获40名非法采砂犯罪嫌疑人,案值600余万元,摧毁一黑社会团伙,抓获团伙成员35人,查扣采砂船20余艘、书证30余份、枪支1支、手雷形烟雾弹6枚、刀具数十把。

【处置“8·15”劫持人质抢劫银行事件】 2016年8月15日上午,一名犯罪嫌疑人窜至中国建设银行盱眙支行五墩营业厅内,持刀将一名等待办理取款业务的女子劫持,要求准备50万元现金,否则将杀害人质。接警后,县公安局启动《盱眙县公安局重大案事件处置预案》,组织各警种迅速出击,清场、问询、谈判、伺机抓捕,各项工作有条不紊。在谈判过程中,现场民警控制嫌疑人,34分钟成功安全解救人质。

【侦破“4·28”河桥杀人焚尸案、“9·19”故意杀人案】2016年4月28日下午18时,县公安局接到群众报警称,河桥镇蒋郢村蒋郢组程某(男,65岁)家中失火,程某被烧死在家中。通过现场勘验、调查走访等措施缜密侦查,用8小时快速抓获犯罪嫌疑人周某(男,58岁)与其情妇林某芹(女,42岁),成功侦破“4·28杀人焚尸案”。9月19日8时,县公安局接群众报警称,盱城街道金源小区邵某在家中死亡,接报后,县公安局刑侦、图侦、技侦等警种到现场进行调查,通过现场勘验、DNA比对和信息研判等措施缜密侦查,用13小时成功抓获犯罪嫌疑人王某(男,17岁,安徽省阜阳市人),快速侦破一起故意杀人案,消除社会影响。

(供稿:许广洋　审稿:李 兵)

检　察
Procuratorial work

【概况】 2016年,盱眙县人民检察院实施“精准司法、精品案件、精致服务、精细管理、精专队伍”的工作举措,整体工作位居全市检察机关第一。通过省文明单位的验收,被淮安市人民检察院记集体三等功一次,县反贪污贿赂局、侦察监督科获市人民检察院集体三等功,龚向柏等4人荣立市人民检察院三等功,龚向柏被市委宣传部、市人民检察院评为最美检察官,赵闯被市人民检察院评为最美转业军人。县检察险持续推进党建“双严”新常态工程,被市委表彰为“先进基层党组织”。

【保障经济发展】 2016年,县人民检察院服务“非公”经济发展,制定服务保障“非公”经济健康发展实施方案,5年来,共办理虚假诉讼案件11件,为非公企业挽回经济损失2000余万元。实施“守护青山绿水、支持公益诉讼”工程,支持的全市首例公益诉讼案件由市检察院起诉到市中级法院,可为政府追偿环境修复资金100余万元。开展“保护盱眙龙虾、守护金色品牌”专项活动,司法助力相关单位建立11个维权点,支持民事诉讼索赔74件120万元。

【职务犯罪侦防】 2016年,县人民检察院查办职务犯罪案件14件21人,大案率100%,为国家挽回资金200余万元。连续三年开展以规范行政自由裁量权为主题的“预防职务犯罪行政审批流程重构”工程;配合县委组织部,实施县乡换届选举“四项机制”,《检察日报》予以报道,农民专业合作社研判报告获市、县委主要领导的批示肯定,推动相关机关制定五项规范性管理制度。

【法律监督工作】 2016年,县人民检察院适时介入省公安厅挂牌督办的洪泽湖流域非法采砂黑社会性质组织犯罪案件，依法批准逮捕17人。公诉部门起诉数量全市前列，办理涉及5万名被害人、涉案4.5亿元的“香港微视传媒”网络诈骗案中，14名主要犯罪嫌疑人归案后，均获有罪判决，挽回经济损失6000多万元，《检察日报》整版报道。马坝检察室被市委政法委评为全市公正司法示范点。

【检察队伍专业化、职业化】 推进司法责任制改革，实行检察人员分类管理机制，确定24名员额制检察官，制订检察官权力清单，实现办案质量终身追责，新的检察权运行机制初步建立。3名干警被省高级人民法院评为专门型检察人才，10名干警被评为市业务能手。

（供稿：徐保林　审稿：潘建文）

法　院
Court

【概况】 2016年，县法院以创新、协调、绿色、开放、共享发展理念为引领，全年新收各类案件15038件，审结11997件，比2015年分别增长12.2%、7.4%。一线法官人均结案352件，结案数超400件的干警4名。注重传统媒体与现代媒体的融合，除微信、微博工作日每日更新外，发表宣传文章1298篇，在全市法院新闻宣传工作考核中位列第一。做好《举案说法》的选编工作，播出电视案例8则，2则电视案例分别被中央电视台和中国教育台播出。组织召开新闻发布会6次，集中宣传和通报涉毒案件、涉企案件、拒执罪办理情况等，取得良好的社会效果。先后有29名干警、9个部门受到县级以上表彰，县法院荣获江苏省文明单位等荣誉称号。针对留守儿童违法犯罪率增长情况，创造性的在全国首先开展“我的小秘密信箱”活动，全国50余家媒体宣传。全国首份关爱留守儿童督促令荣获江苏省未成年人十大保护事件、江苏省第三届十大法治事件提名奖。

【审执工作】 2016年，县法院坚持执法办案第一要务，忠实履行审判职责。加强网上诉讼服务，网上立案490件，立案率99.59%，居全市法院首位；网上送达文书608件、发送卷宗896件；法律文书上网7101件。“12368”配备一名专职坐席员和一名兼职人员，实行AB岗，确保工作时间接听畅通。巡回审判效果显现，全年在村头、街头、床头、船头、码头开庭案件600余件。切实加强与代表委员的联络，先后2次邀请人大代表、政协委员视察法院，召开3次代表委员座谈会、20次观摩评议庭审。

【司法改革】 2016年，县人民法院推进司法改革，院庭长带头办理重大疑难案件、新类型案件5886件，居全市法院前列；按照省高院统一要求，做好法官入额遴选工作，成功入选优秀法官34名；做好马坝法庭审判权运行机制改革试点的经验总结，省高院领导调研审判权运行机制改革时给予肯定；推进执行案件繁简分流，成立快速执行小组，实现“简案快执出效率、繁案细执出精品”的效果；诉讼服务中心专门成立速裁组，处理小额诉讼、法律关系简单案件，日均结案3.9件。通过网络信息化、审限监控和跟踪管理制度等强化案件管理，法定正常审限内结案率达到98.47%，位居全市第一。

【服务大局保障有力】 2016年，县人民法院针对县域内校车严重超载的危险驾驶案件增多的现象，向县政府发出司法建议，得到县委副书记、县长朱海波的批示，县综治委专门出台《加强接送学生车辆交通安全综合整治的实施意见》，促进平安校园、平安乡镇、平安盱眙建设。刑事审判中，保持对严重刑事犯罪的高压态势，审结涉案4个亿的赵某某组织、领导的传销活动案，审结县皮肤病性病医院及院长、副院长、医生等生产、销售假药案等一批案件。民事审判中，针对民间借贷案件高发、市场混乱等现象，开展打击非法集资法律宣传活动，相关案件数量明显下降。商事审判中，分析供给侧改革对涉企案件的影响，形成专项调研报告，为县域经济发展献计献策，得到县委书记梁三元批示肯定。

【健全完善执行联动工作机制】 2016年，县人大常委会审议通过的《关于健全和完善执行联动工作机制的决定》，为有效解决执行难搭建平台。县法院执行工作呈现出“党委领导、人大监督、政府支持、社会各界协助配合”的执行工作新格局，受到市人大常委会党组书记、副主任陈洪玉等领导的现场视察肯定,经验在全市推广。县法院执行局被省高院表彰为执行创新单位,执行局长姚月梅被省高院荣记个人三等功,1名干警被省高院表彰为执行标兵。

【构建多元化矛盾纠纷化解机制】 2016年,全县召开“无讼村居”创建工作会议,政法委出台《关于在全县开展“无讼村居”创建活动的实施意见》,将万人起诉率纳入全县年终综治目标考核。为调动各人民调解组织和人民调解员工作的积极性,县法院与县综治办、县财政局联合出台《盱眙县涉诉矛盾纠纷调解案件考核奖补办法》,县人民法院选派40名法官到全县20个乡镇(街道)担任法官工作站指导员,在全县成立物业、劳动争议等19个专业调解委员会,20个乡镇(街道)、场配备605名专职人民调解员,搭建多元化矛盾纠纷化解的平台。

【实施“智慧法院”工程】 2016年,县人民法院全面加大信息化建设力度,以信息化推动法院工作科学化。改建科技法庭,所有法庭实现庭审的三同步;建成档案库房,完成卷宗档案扫描工作,实现档案工作的影像化、数字化。加强执行指挥中心建设,建成集六大系统为一体的执行指挥中心,接通公安、国土专网,形成惩击老赖的有力武器,彰显工作成效。在县委政法委和桂五镇党委政府的支持下,新建的桂五法庭投入使用。

(供稿:钱岑 审稿:接滨)

司法行政
Administration of Justice

【概况】 2016年,盱眙县司法局“防控风险、服务发展,破解难题、补齐短板”,在省厅综合绩效考核中进入全省先进行列。完善基层基础建设短板,先后召开司法行政基层基础规范化建设现场会、后进乡镇推进会,实施强基工程;建成县社区矫正监控指挥中心,县乡村三级公共法律服务平台实现规范化运作,提升基层队伍“三化”水平,保障基层装备信息化,提高基层站所服务功能。在全市率先开展并完成公证改制,推动公证工作市场化,拓展证源,扩大服务范围,取得良好的经济效益与社会效益。按照省市要求,理顺司法所管理体制,由以乡镇管理为主调整为以县司法局管理为主,提高司法专编落实率,解决“有人干事”问题。加大硬件投入,打造集监督管理、教育矫正与社会适应性帮扶为一体的社区矫正中心,集咨询、援助于一体的公共法律服务中心,集交通事故、物业纠纷调处于一体的社会矛盾纠纷调处服务中心,解决办公场所碎片化、业务工作条线化问题。组织律师参与信访值班,法治宣传、法律服务等业务工作跨条线联动,补齐功能分割的短板。发挥新闻信息宣传对工作的引领作用,加强信息员培训,在市局年终考核中,县司法局新闻宣传名列全市第二,信息宣传位居全市第三。县司法局被省委宣传部、法制宣传教育工作领导小组办公室、省司法厅评为2011—2015年全省普法工作先进单位;被省司法厅评为全省司法行政系统安置帮教工作先进集体、全省司法行政系统宣传工作先进集体、省级社区矫正示范中心、全省司法行政系统“四个全覆盖”体系建设先进单位、全省法律援助工作先进集体;县法律援助中心被淮安市委政法委评为公正司法示范点;被盱眙县委、县政府评为全县科学发展目标考评三等奖、2011—2015年全县普法工作先进集体;观音寺镇司法所、河桥镇司法所被市司法局评为全市优秀司法所;马坝镇司法所、天泉湖镇司法所、旧铺镇司法所被县委、县政府评为2011—2015年全县普法工作先进集体;旧铺镇司法所、古桑街道司法所被县委、县政府评为人民满意政法基层单位。孙华春被司法部评为全国法律援助工作先进个人。

【矛盾纠纷化解】 2016年,县司法局坚持从维护社会稳定大局出发,发挥矛盾纠纷调处工作的“第一道防线”作用:建立医患纠纷、交通事故、物业管理、征地拆迁、企业改制、环境保护、婚姻家庭、劳资纠纷等各级各类调解组织303个,建成横向到部门、纵向到镇村的调解组织网络,实现专业性行业性调解组织全覆盖。公调、诉调实现无缝对接,落实人民调解员“四集中”,全县有专职人民调解员605名,全部定人定岗,挂牌上岗。在“说法评事”开放式调解的基础上进行模式创新,设立人民调解巡回庭,解决涉及面广、政策性强的重大疑难复杂纠纷,做到公众参与、公开透明,资源集中、精准调处。全年,巡回庭调处各类疑难复杂矛盾60余件,巡回调解模式被评为全市司法行政系统十佳创新创优项目，被市委政法委推广为2017年度政法工作创新项目。推进个人调解工作室建设，在保障个人调解工作室工作自主性的基础上，由县人民调解委员会统一负责发证、挂牌与考核，打造人民调解的个人品牌，接受群众监督，确保小事不出村、大事不出镇、矛盾不上交。全县建成县乡级以个人命名的调解工作室25个，村级建成率75%。其中，旧铺等8个乡镇实现村级个人调解工作室全覆盖。制定《盱眙县人民调解员等级评定办法》，开展人民调解员等级评定工作，动态管理调解员，通过考核倒逼调解工作上水平，将人民调解变成目标考核的“硬指标”。全年，全县开展社会矛盾纠纷排查1550场次，受理矛盾纠纷2012件，调解成功2011件，无民转刑案件，调解成功率99.95%。各调处接待窗口接待群众咨询1800批次3600人次，防止群体性事件176起1848人次。

【特殊人群服务管理】 2016年，县司法局坚持社区矫正与安置帮教齐抓并进。常态化管理与集中整治相结合，在全县范围内集中开展“双严”整治活动，形成县社区矫正中心与乡镇司法所分工明确、各有侧重、互为补充的社区矫正工作格局，增强社区矫正工作人员依法履职的意识与能力。定期走访特殊人群，落实安全形势和舆情分析研判制度，每月逐人开展分析研判工作，实地督查乡镇集中教育情况，对社区服刑人员进行风险评估，对重点人员实行“一帮一”，提高矫正执法精准度。封闭式管理与开放式教育相结合。坚持“三三制”工作法，发挥协会与社区作用，引入南京市“十方缘”慈善协会、盱眙县社区矫正和安置帮教协会、心理咨询师协会等社会组织资源，落实“五老”志愿者参与社区矫正，帮助社区服刑人员消除心理障碍，修复社会关系，重树生活信心。监管与帮教相结合，严格落实“必接必送”制度，全年接送60人次，重点人员必接必送率100%。与浦口、龙潭等监狱互帮共建，开通监地远程视频会见系统，持续开展“黄丝带”行动，走访慰问困难服刑人员未成年子女38人，帮助解决生活与学习费用2万余元。结合特色开展龙虾烧制培训，帮助安置帮教对象融入社会，成为全省有名气的安置帮教龙头品牌，探索出一条安置帮教工作发展的新路子。全年，全县累计接收社区服刑人员632人，接收安置帮教对象72人，组织开展重点人员走访211人次，个别谈话102人次，技能培训225人次，心理咨询91人次，审前调查和假释环境评估169人次，重点社区服刑人员定位成功率100%。

【法治宣传教育】 2016年，县司法局坚持分门别类、按需普法，提高普法宣传工作精准度。县委、县政府出台《关于在全县公民中开展法治宣传教育的第七个五年规划》，明确“七五”普法的总体目标与任务路线，普法工作纳入全县经济社会发展和精神文明建设年度目标考核。各普法成员单位按照“谁执法谁普法”要求，认领普法责任清单，分解普法宣传任务，“七五”普法实现高位开局。精准对接群众普法需求，组织“法润盱眙·健康生活”定向越野活动、“书香司法”主题演讲比赛，举办“反家庭暴力”“送法进军营”等活动，组建泗州法苑悦读会、“七五”普法宣传队，编排法治节目，推出普法“菜单”，打造“普法四季讲堂”等多个普法特色品牌，实行“你点单，我服务”，实行精准普法。开展法宣“4个100”行动(开展“普法四季讲堂”100次，大篷车普法100场，法治文化阵地建成率100%，普法活动社会组织参与率100%)。通过购买服务，在县电视台开通《举案说法》等普法节目，在县广播电台开通“司法行政之声”广播栏目(频道：FM96.2)，在《盱眙日报》上设《与法同行》等普法专栏，盱眙司法行政网、盱眙普法微博、盱眙普法微信等普法新平台相继投入使用，实现电视中有图像，广播里有声音，报刊上有栏目，增强利用媒体平台宣传司法行政工作的能力。县乡联动开展“法律六进”“春风行动”“美好城市 法律相伴”系列普法活动，组织法律服务工作者参与城北棚户区改造，宣讲政策法规，精准对接群众的普法需求。重点人群普法成果丰硕。在县大剧院先后组织两场次普法专题演出，利用“12·4”宪法日形成的全民学法氛围，针对新入职公务员、在校中学生等开展“尊崇宪法权威”宣传活动。抓住“关键少数”，“在线学法”平台在98家单位推广使用，运转普法短信通平台，每日向全县领导干部推送普法短信，在全市领导干部学法竞赛活动中，我县荣获“优秀组织奖”。抓住“关键时期”，先后在我县黄花塘、鲍集等乡镇开展送法进校园活动，推动青少年学法。送法下乡育法于乐，发挥盱眙县黄梅剧团人才资源优势，利用黄梅普法大篷车，整合社区德法联谊社等35支普法宣传队，开展黄梅戏送法下乡活动81场次,"黄梅普法"成为我县的普法特色工程,获得社会各界的赞誉。各乡镇普遍建立法治文化公园,推进民主法治示范村与法治文化示范点"双示范"申报工作,法治文化阵地建设成效显著。全县有97个村居获批省级民主法治示范村(社区),250个村居获批市级民主法治示范村(社区),酒金桥法治公园等2处法治宣传基地获评省级法治文化示范点。

【公共法律服务】 2016年,县司法局开展公共法律服务,在援助困难群众中,引导律师、公证、司法鉴定等行业健康发展,提升公共法律服务工作质效。争取党委政府支持,将法律援助工作纳入到全县综治考核内容,法律援助经费纳入财政预算,扩大法律援助工作的社会影响力。按照省市《关于完善法律援助制度的实施意见》要求,降低法律援助门槛,聘请基层法律援助联络员426名,联系村居(社区)255次,组织法律服务进社区10场次,全县村居法律服务覆盖率达100%,实现由"最后一公里"向"服务零距离"的转变。强化法律援助站点建设,完善"县级法律援助中心、乡镇法律援助工作站、村居法律援助工作室"三级联动体系,建成县级法律援助中心1个,乡镇(街道)法律援助工作站21个,村居法律援助工作室255间。加强工、青、妇、老、残等"十大维权中心"以及看守所、驻盱部队等场所的法律援助工作站建设,全县法律援助工作站44个,全部设置便民接待窗口。优化法律援助工作流程,法律援助申请采取网络、电话报批等方式,简化审批程序,缩短审查期限,提升援助质效。县法律援助案件连续第三年被评为江苏省法律援助十大优秀案例,系全省唯一获此殊荣的县区。全县累计办理各类法律援助案件762件,办结731件,解答法律咨询6000余人次,代写法律文书150余件,取得利益或避免损失700余万元。引导律师事务所参加全市"百百千"评选活动,提高律师队伍的职业素养和办案能力。组织律师参加信访值班、担任企业法律顾问、参与法律宣传活动,免费为困难群众答疑解惑,全年全县律师累计办理各类案件950件,其中刑事195件、民事755件、收费总额519万元、上缴税收27万元。司法鉴定稳步发展。中医院司法鉴定所提高司法鉴定专业技能,司法鉴定结果采信率达100%,服务法治社会建设,全年全县共办理司法鉴定309例,其中轻伤乙级以上1例。推动司法行政社会组织参与"省级示范性社会组织"创建,以爱心公益协会为代表的司法行政社会组织坚持主动服务群众,承接政府转移职能,实战化效能显著。全县司法行政系统社会组织已注册(备案)成立32个,其中枢纽型2个、基础型20个、行业型6个、专业型4个、正在推进的社会组织40个。

(供稿:朱光亚 审稿:王 清)

信访工作
Work of Handing Petition and Visits

【概况】 2016年,盱眙县信访局及时处理和化解信访疑难复杂问题,实现全县信访形势大幅好转。全县20个乡镇(街道)、40个重点涉访部门全部开通"阳光信访"信息系统,全县总计接入阳光信访终端电脑100余台,实现县、乡、村三级全覆盖,办信、接访、网上信访、督查督办、纠纷排查、信息预警等功能全开通,全面实现信访信息化。创立县级领导干部每月接访下访、乡镇领导干部每周有约、村干部信访值班制度。县党政主要领导及分管领导坚持除每月四次到县信访部门接待上访群众外,还采取定点接访、重点约访、带案下访和专题会办等形式开展接访活动;各乡镇党政主要领导每周至少安排一次约访活动;村级两委班子每周轮流到乡镇社会管理服务中心信访值班,随时接待上访群众。全年接待上访群众547批次2096人次,其中县委书记接待上访群众8批次,县长接待12批次,报结20批次,解决群众合理诉求300余件,信访积案办结率100%。中央、省、市交办盱眙县信访案件11件。按时办结11件、完全化解并息访9件。国家、省交办积案化解率大于要求的60%;总息访率大于要求的80%;11起信访积案中,无一起发生倒流进京访。

【依法治访】 2016年,县信访局定期开展上门宣教,引导群众依法逐级走访。对上级交办和自排出的所有重点人员全部由包案领导实行定期上门宣教,引导信访人依法逐级走访。进一步厘清信访与行政、司法等其他法定途径的边界,按照"于法有据、要素齐全、简便易行"的原则出台各职能部门信访投诉请求分类处理清单,增强职能部门依法行政意识,按照法定受理范围和规定程序履职尽责，推动群众信访投诉请求能够按照清单及时合理分流、依法按期处理，倡导形成依法、逐级、有序的信访氛围。推行群众依法逐级走访权益保障卡制度，5月1日开始，实行群众权益保障卡制度，通过开展推进法治信访进程，保障群众合理合法的诉求能得到及时有效地解决。成立信访评议庭。

（供稿：赵 军　审稿：杨德健）

本栏目责任编辑：王行政

公 共 管 理

Public administration

宏观经济管理

Macroeconomic management

【经济运行】 2016年，全县地区生产总值完成356.7亿元，同比增长8.9%。其中，第一产业增加值54.2亿元，同比增长1.2%；第二产业增加值140.3亿元，同比增长10.6%；第三产业增加值162.2亿元，同比增长10.1%。全县人均地区生产总值为54625元，略高于全国人均水平。产业结构持续优化。三次产业增加值占地区生产总值比重从上年的16.2∶40.2∶43.6演进为15.2∶39.3∶45.5。全县公共财政预算收入30.78亿元、下降12%；规模以上固定资产投资350亿元、增长18%；注册外资实际到帐1.2亿美元、增长2.56%；农村居民人均可支配收入14490元、增长9%；城镇居民人均可支配收入30620元、增长8%；社会消费品零售总额123.8亿元、增长11.5%；金融存款余额260亿元、增长18%；金融贷款余额223亿元、增长8%左右；万元生产总值能耗预计下降3.5%，完成既定目标。

【规划编制】 2016年，《盱眙县国民经济和社会发展第十三个五年总体规划纲要》正式印发。出台《宁淮同城化发展规划》(2016–2030)。《盱眙县服务业发展“十三五”专项规划》形成初稿。初步编制《盱眙县功能定位和产业布局意见》。出台《盱眙县多规合一工作实施方案》，规范规划编制和落实。健全考核机制，分解落实规划确定的约束性指标，纳入部门、乡镇科学跨越发展目标考核，实行规划目标责任制，确保规划得到严格执行。推进供给侧结构性改革，编制出台《盱眙县供给侧结构性改革补短板实施意见》，着力补齐“综合实力、创新能力、开放水平、生态环境、民生改善”五大短板。推广政府和社会资本合作，初步编排盱眙县PPP项目库，在库项目10个。推进新型城镇化建设和特色小镇创建前期工作，出台《盱眙县特色小镇创建工作实施意见》，马坝、天泉湖、古桑、黄花塘、盱城、明祖陵等乡镇(街道)基本完成前期规划，小镇建设稳步推进。

【重大项目】 年初排定全年22个市对县重大项目，总投资373.3亿元，当年计划投资133.3亿元。加强十大类重点投资项目管理，筛选全县重点项目，编印《盱眙县2016年十大类重点投资项目计划表》，160个十大类重点项目总投资565.4亿元，当年计划投资198.5亿元。重点跟踪推进市对县22个重大项目。全年完成投资136亿元，完成率102%，完成全年任务。向上争取专项建设基金项目6个，共计6.93亿元，总量全市第一。

【服务业发展转型升级】 2016年，县发改委推进服务业发展。全年31个全市“4+3”服务业特色产业项目实现投资68.87亿元，占全年投资计划的100.2%。第三产业占GDP比重达到44.6%，比2015年提升1个百分点。生产性服务业提质增效。盱眙港口产业园启动建设，马坝货运枢纽物流中心建设速度加快，物流供应链不断完善。全县挂牌上市企业总量达到13户，江苏澳吉尔生态农业科技股份有限公司在美国纽交所OTC·QB板块挂牌，成为盱眙县首个在境外市场挂牌的企业，华洪新材料在“新三板”挂牌。中心城区金融商贸服务业集聚发展，苏宁生活广场运行良好，九龙广场一期竣工，中安家天下主体封顶。率先成为首批江苏省乡村旅游创新发展示范县(区)创建单位、中澳乐博园成为首批江苏省五星级乡村旅游区创建单位。省重大项目天泉湖养生社区快速推进，投入超10亿元，成为健康养老领域的行业标杆，辐射周边地区。印象盱眙电子商务产业园建设步伐加快。国家级电子商务示范县启动创建。香兰大厦竣工。

【区域经济合作】 2016年，县人民政府与南京江北新区管委会成功签署《区域融合发展战略合作框架协议》。编排一批超百亿元宁淮产业园项目，争取进市对县考核体系。淮河生态经济带建设稳步推进。港口产业园开发建设有序推进，疏港道路施工顺利推进，工作人员配套生活区启动建设，物流综合配套服务区综合调配服务大楼开工在建。抢抓宁淮同城化发展机遇。盱眙军用机场、宿迁至南京城际铁路盱眙段、宁淮城际铁路盱眙段等一批重大项目纳入“十三五”时期储备项目库，重点对接做好宁淮城际铁路在盱眙马坝设站，强化基础设施互联互通，构建开放的现代交通体系。

【招商和向上争取工作】 2016年，县发改委围绕

"两新一高"产业、"3+2"特色服务业、"4+1"现代农业,专业帮办,精准发力,全力招引。上半年引进中广核100兆瓦农渔光互补、格雷特10万吨杀菌脱霉凹土、龙源风电五期、天力健二期技改等项目。向上争取项目量大质优。"十二五"期间向上争取项目145个,近8亿元。其中,县医院新区医院2号病房楼、官滩镇、天泉湖镇卫生院等社会事业项目获批中央预算内投资资金1770万元,农经项目获批3个,共计资金2000余万元。县医院新区医院2号病房楼主体封顶,官滩镇、天泉湖镇卫生院主体竣工,县妇幼保健院开工在建,全年新增千亿斤粮食产能规划田间工程、水土保持项目盱眙县新华小流域综合治理工程开工建设,新增千亿斤粮食产能规划田间工程建设项目方案通过专家组评审。

【价格工作】 2016年,县物价局稳定市场价格秩序。编制龙虾价格指数,系统掌握龙虾价格变动方向和幅度。强化价格监测和预警,不断提升民生价格公示质量和水平。加强价格监管,开展专项检查,维护市场价格秩序。开展价格认定。完成各类涉案财产价格认定委托工作,配合公安机关等行政执法机关处理案件。开展价格争议调解处理工作。推进重点领域价格改革。深化资源性产品价格改革,推进城乡居民阶梯水价制度,合理调整污水处理收费标准。截至年底,成本调查监审等前期工作正在开展。成功调整出租车运价,完善出租车价格机制。

招商引资
Attract Investment

【概况】 2016年,盱眙县投资促进局全年签约项目118个。其中,亿元以上项目29个,外资项目13个。亿元项目中,10亿元以上特大项目5个,分别是投资36亿元的奶羊养殖加工项目、投资28亿元的国际商贸物流项目、投资15亿元的风力发电项目、投资10亿元的新天绿色能源项目和投资10亿元的龙源风电三期项目。

【招商成效】 2016年,盱眙县投资促进局组建的9个专业招商分局引进项目12个,其中,开工建设4个、竣工投产3个、已完成"三落实"备案未开工建设项目5个、有3个正在申报亿元以上项目。首批推出15个策划包装项目,签约12个,其中,一季度(常州)签约2个、龙虾节签约10个、已"三落实"备案并开工建设项目3个。"春雷行动"招商活动中,签约38个项目,已"三落实"备案并竣工投产的14个、已"三落实"备案并开工建设的15个、"三落实"备案的4个、正在推进中的5个。"红色风暴"招商活动中签约68个项目(含策划包装项目10个),已"三落实"备案并竣工投产的11个、已"三落实"备案并开工建设的28个、已"三落实"备案的8个、正在推进中的21个。

财　政
Public Finance

【概况】 2016年,盱眙县面对经济下行、"营改增"新政等各种困难,攻坚克难,顺利完成调整后的一般公共预算收入任务,财政支出保持稳中有进、进中有升的稳健态势。全年完成一般公共预算收入30.78亿元,其中财政部门完成7.76亿元,增长34.1%。实施"营改增"政策后,完成收入目标任务更加艰难。县财政局通过完善财税征管四项机制(县政府对财税形势定期研判机制、财税部门之间信息通报机制、县乡(街道)上下财税工作联动机制和全县协税护税网络机制),与国税、地税等部门和各乡镇沟通协作,牵头组织财税收入过堂分析会,会办收入过程中遇到的难题,并科学实施差异化目标激励。县政府对全县20个乡镇(街道)实施差异化发展考核,县财政局对乡镇(街道)财政收入分类下达差异化目标。对优化发展乡镇、重点发展乡镇、生态发展乡镇,根据各乡镇(街道)间不同的地理环境、经济基础,下达不同的财政收入基数。乡镇财政实现一般公共预算收入19.45亿元。其中,税收收入18.79亿元,税收占比96.6%,较好实现预期目标,位居全市第一方阵,县财政局评授予江苏省文明单位。顺利通过省级法治财政标准化建设和省级书香机关示范点检查验收。

【培植财源】 2016年,县财政局梳理各类财政扶持政策,细致排查符合国家扶持政策的重点企业和重点项目,争取上级财政资金支持。向上争取各类财政转移支付资金22.7亿元。在上级财政的有力支持下，县财政先后向县经济开发区、乡镇工业集中区、宁淮产业园、凹土科技园等园区30余家企业拨出扶持企业发展专项资金1.78亿元，会同县有关部门向上争取新能源补贴资金、产业发展扶持资金、外经贸发展专项资金、开发园区载体建设引导资金等968万元，申报金融企业发展资金250万元，企业发展后劲得到不断增强。9月，县财政局设立“科技型中小企业贷款资金池”1000万元，与有关商业银行、担保公司合作，将银行信贷额度比例放大不低于资金池的10倍，为县内科技型中小微企业提供融资。10月，县财政又投入300万元，设立“苏科贷风险补偿专项资金池”，与省资金配套形成6000万元的贷款额度，以风险补偿为手段，引导合作金融机构向企业发放项目贷款，支持科技型中小微企业发展，破解中小微科技企业融资难题。

【非税收入管理】 2016年，县财政局推进非税收入改革，将财政票据管理等同于资金一样管理，严格以票管费，非税收入机开票实现县乡全履盖。全年，组织非税收入13.78亿元。其中，行政事业性收费1.88亿元、政府性基金5.94亿元、国有资源有偿使用收入及国有资本经营收益3.14亿元。

【严控预算支出】 2016年，县财政局安排一般公共预算支出54.6亿元，其中，民生支出达63.2%，比2015年增长0.8%；“三公”经费支出5221万元，较2015年同期5502万元下降5.11%。在全省预算执行月度例行通报中，盱眙县预算执行进度处于全省各县区前列位置。

【社会保障支出】 2016年，县财政局安排社会保障和医疗卫生支出11.51亿元，占全年一般公共预算支出的21.1%。其中，社会保障支出6.02亿元，比2015年增长15.56%；医疗卫生支出5.49亿元，比2015年增长30.37%。社会保险基金收入17.87亿元，比2015年增长13.75%；社会保险基金支出15.63亿元，比2015年增长14.47%。

【惠民政策落实】 2016年，县财政局切实保障村级组织运转，按每标准村12万元，全年安排2765万元。加强村级公共服务运行试点，全年，拨付项目资金1984万元。着力建设财政奖补项目，建设村级公益事业一事一议财政奖补项目107个，项目总投资2595万元，惠及全县28.1万农户。发放惠农补贴，通过“一折通”平台发放涉农补贴31项，惠及33.9万人次，补贴总额3.22亿元。省下达我县农桥建设任务85座，实际建成农桥126座，超额完成农桥建设任务。落实农业保险政策，全年筹集农业保险费4768万元，安排赔付2306万元。推进覆盖拉网式农村环境综合整治，投入近3000万元，用于生态红线保护工作。发放城市公交、农村客运及林业石油价格补贴2302万元。专门安排2000万元用于农民进城购房补贴和春秋两季房展补贴，让购房户享受到政府政策的优惠。

【教、科、文投入】 2016年，县财政共投入科、教、文经费8.58亿元，占公共财政一般预算支出的15.7%。全面落实教育经费保障机制。按照年生均幼儿园200元、小学700元、初中1000元、高中800元的标准，全年安排经费5800万元；实施校舍安全工程建设项目5个，投入698万元；教育装备提升工程10个，投入1070万元。支持科技产业发展。全年安排科技支出1.73亿元，较2015年增长147.14%。支持文化旅游事业发展。安排资金1196万元，继续支持4个免门票景区文化旅游业发展；投入230万元，为盱眙县通过省公共文化服务体系示范区验收提供财力保障。

【财政改革】 2016年，县财政部门多项财政改革取得明显成效。对全县362家行政事业单位资产进行清查和重新登记，建成全县国有资产管理信息系统。加强对县属国企管理，县政府将原本小而散的34家国有企业进行整合，重新组建全县四大国有资产公司，建成“政府投资工程资金池”，融资规模达100亿元，其力度和规模是盱眙历史上前所未有。启动社会资本投资公共服务改革。推广PPP模式。县政府出台《关于在公共服务领域推广政府和社会资本合作模式的实施意见》，成立全县PPP工作协调领导小组，明确规范推进PPP项目实施的基本原则、适用领域和组织实施PPP项目的路径、方法和操作规程等。在此基础上筛选入库项目，并及时申报列入省财政厅PPP项目库。向上申报入库PPP项目7个，其中，盱眙港口、宁淮产业园及道路建设项目列入省PPP试点项目库。推进财政国库管理改革。县财政局对财政社保基金存款代理银行继续进行招标，产生3家代理商业银行。社保基金日均存款资金规模超过5亿元，每年可增加衍生受益1000余万元。创新征地预存款管理。根据《财政专户管理办法》《江苏省征地补偿和被征地农民社会保障办法》等有关政策、法规，在全省率先对日均余额达7.5亿元的农民征地预存款中征地补偿金、拆迁补偿金、失地农民保障金等面向全县商业银行进行公开招标，每年可为县财政增加受益1530万元。硬化预算执行的刚性约束，部门预算报经县政府研究、县人大批准后，在20日内批复下达各预算单位，同时将部门支出预算数据导入A++财政一体化信息平台指标系统，实现部门预算数字化管理和信息数据共享，推进财政预算信息公开，提高预算执行的透明度、时效性和严肃性。

【依法理财】 2016年，县财政局推进依法行政、依法理财。重点加强财政监督执法检查。集中开展全县行政事业单位财务会审，2月~3月，组成7个检查组，集中对全县137个行政事业单位，从会计基础工作和财务、资产、资金、项目管理相关制度落实以及预算执行、预决算公开、资金结余结转、项目资金绩效评价等情况进行全面检查，并将检查结果在全县予以公示。针对检查中发现的问题，明确要求各单位制订整改方案，落实整改措施，保证财政资金安全、高效运行。参与全省会计信息质量联动检查，抽取县委农工部、县人社局、县文广新局、县农村公路建设指挥部、县经济开发区管委会等5家行政事业单位及其下属单位以及县人民医院、县妇幼保健所、盱城沙岗社区卫生室等3家医疗机构分别进行会计信息质量检查和全省联动检查。组织非税收入收缴管理专项检查，开展对县国土部门3家单位2014年至2015年新增建设用地有偿使用收入、矿产资源有偿使用收入、土地出让金收入和县交通部门6家单位2014年至2015年罚没收入、国有房屋出租收入等收入收缴情况进行专项检查，没收违规资金3242万元。定期开展内审和参与纪检、审计部门开展的联合检查，对农业科、综合科、社保科、国库科2013～2015年财政资金的使用管理情况进行全面检查，使内部财务管理得到规范。与纪检、审计联合开展的“小五长”暨百村审计、重大节日机关作风建设财务检查、行政事业单位“三公经费”及津补贴专项检查工作，净化基层单位财务行为。

（供稿：张长斌　王宝瑜　审稿：向正兵）

国家税务

National Tax Administration

【概况】 2016年，盱眙县国税局面对营改增的全面实施、金税三期优化版的上线以及征管体制改革的不断深化，圆满完成各项工作任务。全年，组织国税收入9.71亿元，比2015年增长38.3%；公共预算收入3.45亿元，比2015年增长99.2%，两项指标的增幅在全市六县区中均排名第一。被县委、县政府评为全县“环境创优和效能建设十佳单位”。

【税收风险管理】 2016年，县国税局细化纳税评估绩效指标，按照规定的时间节点有序推进，每季度进行督查通报。全年，应对结案75户次，查补入库税款1186.66万元(不含欠税)。

【优化纳税服务】 2016年，县国税局免费发放宣传资料1000余份，对新办企业第一次办理涉税事项主动提供涉税事项告之书。组织政策解读、业务培训20余场。提前对未申报、未缴款纳税人进行短信友情提醒，提高纳税人的税法遵从度。推行一窗通办，在个体户注销等环节取消后台调查，实现前台受理，现场办结。办税服务厅被市国税局表彰为“优秀办税服务厅”。

【依法行政】 2016年，县国税局落实各项税收政策，小微企业增值税、企业所得税税收优惠政策受惠面均达到100%。按季开展税收业务督察，全年有47人次被经济惩戒2330元。严格程序和要求，根据欠税企业欠税时间、企业规模、生产状况、资产负债率水平等情况，实施欠税企业分级、分类管理，共清理欠税户5091.4万元。充实稽查局的人力，开展“双打”活动，查处24户增值税专用发票虚开案件。

盱眙县2016年国税税收收入情况表

表2

项目	累计入库			
	本期实绩(万元)	2015年同期(万元)	增减额(万元)	增减(%)
1.增值税	70989.77	48916.81	22072.97	45.12
其中:中央75%县区25%	17183.66	47079.02	-29895.37	-63.50
县区100%	1080.04	1837.78	-757.74	-41.23
中央50%县区50%	51787.44	—	51787.44	—
中央50%省50%	938.64	—	938.64	—
其中:出口退税	7696.50	6793.68	902.81	13.29
免抵调库	1100.00	2000.00	-900.00	-45.00
营改增	17398.07	1837.78	15560.29	846.69
2.消费税	7481.92	91.80	7390.13	8050.66
3.企业所得税	12243.17	15482.11	-3238.93	-20.92
其中:中央60%县区40%	8076.35	9283.53	-1207.19	-13.00
中央60%中央20%(待分配)县区20%	6.99	—	—	—
县级收入合计	85616.39	58292.13	27324.25	46.87
4.个人所得税	0.25	0.26	-0.01	-3.20
5.车辆购置税	6368.07	5729.90	638.17	11.14
收入总计	97083.19	70220.87	26862.32	38.25
一般预算收入合计	34501.61	17320.95	17180.66	99.19

(供稿:李哲平　审稿:尹方方)

地方税务

Local Tax Administration

【概况】 2016年,盱眙地税局因“营改增”全面实施影响,组织入库税费收入29.5亿元(从2016年5月1日起,作为地方税主税种的营业税不再征收)。其中,组织入库地方税收211454万元,比2015年同期下降27.8%。另外,全年征收教育费附加5456万元,比2015年增加607万元,增长12.5%;征收社会保险费73813万元,比2015年增加6020万元,增长8.9%;征收其他各项基金费4218万元,比2015年增加434万元,增长11.5%。

【税收征管】 2016年,县地税局稳步推进“营改增”实施5月1日前,顺利移交盱眙县国税局建筑、房地产、金融等行业“营改增”1711户。做好与县国税部门的“营改增”税收业务衔接,加强“营改增”后的国地税合作,以服务融合、执法整合、信息聚合为目标,推进联合办税厅、共驻行政审批中心、窗口互派人员,创新合作形式和合作领域。全力保障金税三期顺利上线。8月,县地税局组织开展房土两税和耕地占用税整治活动,发现房产税潜在税源4798万元,比普查前增长10.96%;城镇土地使用税潜在税源5801万元,比普查前增长7.99%;核实应税土地面积409.31万平方米,入库耕地占用税4400万元。全年,完成26户风险应对案件的税收质量检查工作,应对不恰当户均按质量规程下达《税收质量检查意见书》予以纠正;其中7户经重新应对,查补入库税款及附加、滞纳金、罚款共计29.8万元,应对比例6.8%,位居全市前列。

【地税改革创新】 2016年,盱眙地税局为便捷纳税人办税和提升征管效能,按照“放管服”的要求,探索建立地方税费“四统一”征管模式(税务注销统一集中办理、股权转让税收统一集中审定、土地增值税统一集中清算、税收风险应对统一集中审理)。全年,对297人次股权转让进行核查,补征个人所得税630.15万元,印花税50.86万元。风险管理事项推送、应对总户数、低等风险推送、应对户数均取得突破性进展,实现两个全市第一。省地税局大集中数据仓库及市地税局征管基础专项考评关注的10项重点征管质量监控指标均高于全省平均值,位居淮安市前列。

盱眙县2016年地方税收完成情况表

表3　单位:万元、%

项目	实绩	比上年%	项目	实绩	比上年%
税收收入总计	211454	-27.8	E、车船税	1257	14.2
其中:中央级	11087	-0.8	F、房产税	8829	77.6
省级收入	2850	-60.0	G、资源税	726	-27.0
公共预算	197517	-28.1	H、土地使用税	6560	9.0
县级收入	208604	-27.0	I、印花税	3183	-6.8
按税种划分			J、土地增值税	40757	-50.6
A、营业税	89654	-20.8	K、契税	29362	-46.2
B、企业所得税	6925	-5.4	L、耕地占用税	4400	
C、城市维护建设税	8755	17.2	M、增值税	417	
D、个人所得税	10629	-6.0			

(供稿:马春葆　刘毅　审稿:孙群)

行政审批
Administrative Approval Work

【概况】 2016年,盱眙县行政审批局按照"阳光、便民、简约、高效"的要求,规范审批行为,优化审批流程,推进行政审批制度改革,通过对划转事项的物理整合、化学融合,开展一系列创新创优举措,行政服务效能大幅提升,便利企业和群众办事,激发市场和社会活力。全年,行政审批局受理、办结许可申请23168件,办结率100%,日均办结85件。向监管单位推送信息23168件,反馈率100%。县政务服务中心办件240767件。创新创优工作得到国务院、省、市、县各级领导肯定,得到社会各界高度认可。

【成立乡村两级便民中心】 2016年初,县委县政府决定建立、完善以县行政审批局为主体,以县政务服务中心为辅助,以乡镇便民服务中心为纽带,以社区(村)便民服务室为基础的三级行政服务平台,让创业、建设类行政许可更加集中,将31项便民服务事项下沉至乡、村,打通为民服务的最后一公里,变群众过去"进多个门办一件事"为"进一个门办多件事",并将此事被盱眙县政府列为2016年民生实事项目。6月底,17个乡镇便民服务中心全部建成运行,每个乡镇建成1~2个村级便民服务室。

【完成第三批事项划转】 2016年,县国土局承担的土地出让和划拨等7项行政许可事项划转到行政审批局,由行政审批局依法履行相关行政审批职能,并承担相应的法律责任。建设类审批全流程事项基本划转至行政审批局,为流程优化打下基础。

【审批流程优化】 2016年,县行政审批局实行联合评估、联合踏勘、联合审图和并联审批制度,土地出让后的节能、交通影响、安全评价、地震安全、洪水影响等评估由行政审批局开展联合评估;行政审批局对建设项目各种现场踏勘事项实行统一受理、集中审查、联合踏勘、集中反馈;对施工图设计、人防工程施工图、消防设计、防雷装置设计实行统一受理、并联审查、一次告知、限时办结。通过四联合使办理时限缩减70%以上，其中，施工许可只要42个工作日。对跨科室、跨部门的组合性审批建立12类投资项目全程审批标准。通过对单个事项审批流程优化，对跨科室、跨部门的组合性审批进行充分分析、沟通，对审批流程和顺序制订最合理、最高效的审批标准和路径，在网站和窗口公布，让投资人知道一个项目审批的全部审批环节、材料、时限、收费等各种情况，最大程度地高效审批，方便投资人。试行证照联办。对烟花爆炸销售等16种许可项目实行证照联办，同时受理，统一审查，证照同发，减少审批材料、审查时间和群众审批成本。对内制定行政审批业务手册，实行“全能岗”，打造全能型审批人员，大幅度提高审批效率。通过流程优化，申请材料与行政审批局成立前相比减少40%，审批环节由改革前的7个减至3个；审批层次由改革前的6个减至2个，审批权不出窗口；办结时限由改革前平均10个工作日缩减为2~3个工作日，缩短70%以上。

【盱眙行政审批经验推广】 2016年5月10日至11日，中国行政体制改革研究会副会长汪玉凯率领省改革试点评估组对县审改工作进行评估验收，评估组一致认为:盱眙县相对集中行政许可权改革试点是成功的，经验做法可以在全省推广。6月，省审改办聘请江西省调队进4个试点单位暗访、评估，行政审批局顺利通过评估。行政审批局在审批流程优化方面的创新创优工作得到社会关注和赞扬，人民网、新华网、搜狐网、光明网、江苏新时空、《新华日报》、新华社内参、国务院审改协调小组简报等主流媒体陆续予以报道。11月11日，全省深化行政审批制度改革加快简政放权激发市场活力推进会上，淮安市委书记姚晓东重点介绍了盱眙的审批流程优化经验。行政审批局创新创优经验成为全国的县域审改标杆。省人大、省政协、省法制办到盱调研，肯定盱眙审批创新工作经验。10月，省审改办在盱眙召开审批流程优化经验交流会。

（供稿：王蕴丹　审稿：崔宝鹏）

市场监督管理
Market Supervision and Management

【融资平台搭建】 2016年，县市场监督管理局把为企业牵线搭桥解决融资难作为助推全县经济发展的重点工作来抓，组织召开银企对接座谈会、帮助企业办理动产抵押登记，解决小微企业因资金不足而影响发展后劲的问题。全年为企业办理动产抵押登记35笔，服务企业融资30355万元。

【质量强县】 2016年，县市场监督管理局按照质量强县考核验收要求，细化分解考核任务，召开专题交办会，完善质量强县工作机制。3月，完成质量强县市对县考核工作，成绩突出，位居全市第一，被表彰为质量强市工作先进集体，也是全市唯一一家县级受表彰单位。4月初，在全县媒体、政务网站发布第三届县长质量奖申报公告，工业、农业、建筑安装、服务业等行业具有一定规模和影响的12家企业进行申报。组织申报的江苏宇特光电科技股份有限公司，获得淮安市质量管理奖表彰。

【品牌引领】 2016年，全县共获淮安市名牌产品新认定10个，复评成功9个，省名牌获新认定1个，复评成功2个。推进商标战略，动员新申请注册商标181件，指导帮扶4家企业申报省著名商标、10家企业申报市知名商标。帮助盱眙县龙虾协会做好“盱眙龙虾”的品牌维护工作。

【服务市场准入】 2016年，县市场监督管理局为市场准入提供服务，全县新发展各类企业1159户，新增注册资本(金)91.36亿元；新发展个体工商户4061户，注册资金6.82亿元；新发展农民专业合作社44户，成员出资总额9718万元。新登记注册企业、个体工商户比2015年分别增长61.76%和57.82%。新设外资企业21户，注册资本2.83亿美元，投资总额4.86亿美元，外方认缴2.45亿美元。

【年报工作】 2016年，县市场监督管理局加大年报宣传的广度与深度，提高市场主体年报知晓率，调动各类市场主体参与年报的积极性和主动性。个体户年报率97%，企业年报率74.3 %，总体年报率 88.8%。加强经营异常名录的管理，共移出经营异常名录企业270余家，同时对1200余户未正常年报企业列入经营异常名录，并完成省工商局交办的216户企业年报抽查工作。

【标准计量服务】 2016年,县市场监督管理局制订《盱眙县技术标准战略三年推进计划的实施意见》,成立标准化工作推进领导小组,并通过县政府审批。做好农业标准化示范区创建工作,申报的虾稻共作标准化示范区获省立项,成为江苏省3个农业标准化示范项目之一。玉皇山农业标准化示范区通过省级考核验收。盱眙龙虾地理标志产品品牌价值成功入围(全省共3个)"2016年中国品牌价值评价信息发布会"名单,经过材料初审、专家评审、价值测算和结果核验,"盱眙龙虾"品牌价值评价达169.91亿元,居淡水水产榜榜首。

【食品安全保障】 2016年,县市场监督管理局做好食品安全监管基础性工作,食品安全监管人员定期对食品生产企业、各类商场、超市、农贸市场、社会餐饮等领域开展痕迹化监管;突出重点,加强学校及其周边食品安全专项检查,督促学校食堂提档升级,全县所有学校食堂完成"透明安全餐饮"建设;开展各类食品安全专项整治工作。组织开展农村食品安全"扫雷"专项行动,元旦、春节、中秋国庆等节假日市场食品安全专项检查20余次,开展食品生产企业巡查300余次,检查销售单位1600余次,餐饮服务单位检查1400余次。重大活动食品安全得到有效保障。县市场监督管理局完成小高考、中高考、第十六届中国盱眙国际龙虾节万人龙虾宴、江苏省青少年女子橄榄球锦标赛等14次重大活动的食品安全保障工作。开拓食品监管新领域,把全县敬老院等社会养老机构的食品安全纳入日常监管范围,并对机构负责人进行食品安全知识培训,帮助规范食堂操作流程。

【药械保化品规范监管】 2016年,县市场监督管理局加强药械安全监管,确保辖区不发生重大药品安全突发事件。对浦金药业进行GMP跟踪检查,对其76个药品批准文号再注册进行培训指导;药械科联合基层分局开展药品医疗器械流通领域安全质量大检查织网行动,重点检查基本药物、中药饮片、特殊药品、生物制品、无菌植入医疗器械、定制式义齿、体外诊断试剂等,共检查70余家次,切实维护医药市场秩序;对开发区出口企业蔚百世《医疗器械生产质量管理规范》执行情况进行全项检查,对《医疗器械生产许可证》《医疗器械产品注册证》换证进行现场指导,受理医疗出口销售备案4件,确保企业生产、出口、销售合规。结合全县保化品经营企业摸底调查工作,围绕重点品种开展专项整治,建立健全监管台账和企业经营档案。全县有保健食品经营企业309家,化妆品经营企业144家。

【特种设备安全监管】 2016年,县市场监督管理局在全市率先完成市政府十件民生实事中电梯"96333"应急救援平台建设工作,惠及全县在用955台乘客电梯,平台应急响应运行良好;推动电梯安全责任保险,新装电梯参保率达100%,在用乘客电梯已投保670台,达70%;气瓶二维码工作走在全市前列,全县16万只气瓶将装上"身份证",保障居民用气安全;全年组织参与特种设备应急救援演练11次。开展锅炉、电梯、起重机械、叉车、游乐设施等专项整治行动,保障全县特种设备安全运行,全年未发生一起特种设备安全事故。

【透明共治体系建设】 2016年,县市场监督管理局以创建省级食品安全城市为引领,以食品安全"现代流通网、监管责任网、社会监督网"三网建设为抓手,大力推进"食品安全+互联网"的共治模式。"透明放心菜市场"成功创建。项目列入市对县民生实事考核。全县参创的5个室内农贸市场和2个连锁超市,完成参创目标。市场内全部实行划行归市,分类经营,摊位吊臂、标志牌整齐化一,包括摊主姓名、照片、编号、营业执照和二维码,方便消费者及时扫描查询。市场摊位分布图、监督牌和各项制度全部公示上墙,使用统一的进货台账,"透明安全餐饮体系"建设实施有力。全年完成摄像头安装341户,在透明安全餐饮平台开放餐饮单位379家,其中,60家学校食堂和大中型社会餐饮实现全覆盖。"一系统一平台建设"有序推进,追溯系统建成10家,透明合格生产平台已建成6家。

【服务民生】 2016年,县市场监督管理局集中整治公用企业限制竞争和垄断行为专项执法行动。将以供水、供电、供气、公共交通、殡葬等行业为重点,对辖区内公用企业走访15家,收到企业的自查材料9份,掌握核实涉嫌垄断和限制竞争案源线索6起,上报省、市工商局各2起,立案调查3起。分别是配合省工商局查处的县烟草公司卷烟搭售垄断案、县供电公司预收电费限制竞争案和县盐业公司搭售食盐限制竞争案。"红盾护农"专项执法行动。抓住"四重一大"共检查化肥、种子、农药生产经营主体435户,针对发现问题,下达限期责令改正。抽检农资81个批次,19批次不合格,立案17起。受理涉农投诉18件,为农民挽回经济损失10.8万元。重点食品风险隐患排查及综合治理专项执法行动。以龙虾生产经营企业及中高考餐饮服务提供单位为重点,开展龙虾、龙虾调味品、食品添加剂、乳制品、肉制品、冷冻食品等风险排查与专项整治,完成期间各项食品安全保障工作。

【行政执法工作】 2016年,县市场监督管理局开展打假护农专项整治、格式合同专项整治、非法广告整治、海外形象维护"清风"行动等10余类专项整治,加大查处力度。全年,立案查处案件220起,移交公安4起。成功破获公安部督办假药案件1起,受省食药监局挂牌表彰,2起案件获得中央财政补助。罚没款下文数529.6万元,实际入库数384.34万元(未缴纳罚款201万元)。罚款万元以上案件100起,其中,5万元以上案件29起;10万元以上案件9起,其中20万元以上案件4起。

【消费维权】 2016年,县市场监督管理局围绕商品质量和服务监管,解决消费权益纠纷、惩处消费侵权违法行为。设立"12315"维权联络站和维权服务站13个,受理处置市、县投诉举报工单1559件,其中受理工商"12315"平台工单175件,其中投诉65件,举报27件,咨询83件;受理县"12345"平台工单475件;受理市药监局"12331"平台46件;受理市质监局"12365"平台5件;电话和现场咨询和投诉举报的工单有858件,全部处理结案,满意率达95%以上,挽回消费者经济损失100余万元。

【执法规范化建设】 2016年,县市场监督管理局设立案件管理中心,对案件实时报告、集中登记、统一管理、分级查办、跟踪督查,全年共分流案件81起。加强处罚信息公示和信用管理工作,所有行政处罚案件实行网上流程审批与书式审批相结合,处罚信息通过江苏企业信用信息平台公示,同时录入县信用办"双公示"平台和县检察院"两法"衔接平台。开展诚信示范街区创建活动,定期公布被投诉和被处罚等信用信息,制定守信联合激励和失信联合惩戒制度,加强社会诚信体系建设。

【普法宣传培训】 2016年,县市场监督管理局以"3·15"消费者权益保护日为契机,开展新《中华人民共和国消费者权益保护法》普法宣传和消费教育引导活动。在《盱眙日报》、盱眙电视台、盱眙政府网进行消费维权宣传,营造消费维权浓厚氛围。在城区设2个主会场,7个分局在所在地设分会场,城乡联动开展大型广场宣传咨询活动,举行"3·15"活动启动仪式,组织20余家单位(企业)现场开展消费维权咨询宣传,发放宣传资料10000余份。与盱眙电视台在奥体中心广场联合举办汽车消费维权活动。现场接受消费者投诉与咨询,向市民发放《汽车三包规定》等宣传材料1000余份。加大消费预警,运用大数据,加强消费维权数据分析利用,发布消费警示6期,引导消费者科学、合理、健康、文明消费。并组织执法人员走进盱眙城南小学、盱城小学等学校,向在校学生宣传食品、药品、特种设备科普知识,发放材料1000余份。5月20日上午,在锦绣家园小区开展"5·20世界计量日"咨询服务宣传活动,现场接受老百姓关于水表、电表、血压计(表)、健康秤、眼镜等民生计量器具方面的问题咨询,提供现场称重、免费检测血压、现场校秤等服务,受理计量投诉举报,共计发放宣传资料300余份,咨询30余次,免费测量血压、称重100多人次。组织《中华人民共和国特种设备安全法》《中华人民共和国特种设备现场监督检查规则》等培训3次。协助经济开发区管委会开展特种设备安全培训2次,协助县安委会对全县各乡镇安全员开展小锅炉知识培训1次,参训人员达300多人。开展食品生产经营企业负责人及从业人员和监管人员培训8次,参训人员约500人次;组织开展药械、保化品重点经营企业负责人和监管人员知识培训3期,参训人员220余人。

(供稿:王 闯　审稿:周奇伟)

审　计
Audit

【概况】 2016年,盱眙县审计局展开系列审计活动:全国基本医疗保险基金在盱试审,全市百村专项审计,国企整合,审计整改,四责联审,经济责任交叉审计等,突出对经济和社会中的热点、难点和领导关注、群众关心的问题开展审计监督。全年完成审计项目223个(其中政府交办143个),审计查处违规资金1125万元,管理不规范资金13752万元,节约政府投资支出2.55亿元;向市县纪委移送案件线索20余条。先后获得江苏省文明单位、全市审计系统绩效考核先进单位等荣誉。

【审计报告】 2016年,县审计局贯彻县人大常委会提出加强财政预算执行情况审查监督的各项要求,推进对公共资金、国有资产、国有资源和领导干部履行经济责任情况实行审计全覆盖,发挥审计的监督和建设性作用,为县委县政府提供有理有据的审计报告和有价值的决策参考。为促进国有企业提质增效、保值增值、做大做强做优,根据县委、县政府安排对全县国有企业整合涉及的33家企业进行审计,做到应审尽审、凡审必严。审计报告全面反映国有企业资产损益真实合法效益情况,指出企业在经营管理、提质增效、国有资产流失等方面存在的重大问题和风险隐患。对部分管理乱、效益差的企业,即时建议予以关停并转。向县委、县政府主要领导上报4份综合性报告和7份《审计专报》,得到县领导批示11次。

【审计监督】 2016年,县审计局审计监督坚持问题导向,做到审准审深审透,切实增强审计的威慑力和公信力。对村居财务、政府投资工程等进行跟踪监督,对案件线索及时移送。全年,协助县纪委、县委组织部、县编办联合组织实施8个单位13名乡科级领导干部经济责任审计,县纪委根据审计发现的问题,对8位领导干部进行诫勉谈话,收缴领导干部个人违规领取奖金补贴4.35万元。发挥反腐败"利剑"的作用。3月~7月,根据县纪委和市审计局的统一部署,对全县31个村和淮安区15个村居进行财务专项审计工作,向市县纪委移送审计线索20余条,1人被检察机关立案件调查,7人被开除党籍,26人受到党纪处分,2人被问责。

【审计整改】 2016年,县审计局针对有些单位屡审屡犯,屡犯屡改,整改始终不能到位这一顽疾,探索行之有效的整改方式。在县十六届人大常委会第三十九次会议上,由常务副县长代表县政府向人大常委会报告年度预算执行和其他财政收支审计问题整改落实情况,取得较高的满意率,县人大依法监督和审计监督高度融合,在苏北尚属首次,得到县政府主要领导肯定。

(供稿:代开兵　审稿:叶山狮)

安全生产管理

Safe Production Administration

【概况】 2016年,全县发生安全生产事故103起,死亡28人,受伤21人,未发生较大以上安全生产事故。事故起数、死亡人数与2015年分别下降8.73%、7.42%,实现事故起数和死亡人数"双下降"。非煤矿山、危化品、烟花爆竹、职业安全卫生等直接监管领域未发生安全生产事故,亿元GDP生产安全事故死亡率0.099,创历史新低,比2015年下降7.5%。隐患排查方面,全年累计排查一般安全隐患8538项(在隐患排查治理信息系统中,全县20个乡镇街道和县直部门共录入企业902家,全年累计排查隐患5617条,完成整改5586条,整改率99.4%),整改落实8408项,整改率98%。

【强化安全生产意识】 2016年,盱眙县落实国家、省市安全生产工作部署,先后2次在县委议事日会议中专题研究安全生产工作,在4次政府常务会议中分析安全生产形势、听取安全生产工作汇报。在"一节两会""龙虾节""中秋国庆"及省第十三次党代会等重要节日、活动期间,县委、县政府主要领导带队深入危化、港口、客运、商场、公益场馆等关键部位开展安全生产检查工作,全年有30余批次。面向社会评选安全文化示范企业、青年安全生产示范岗等,提升全民安全生产意识。

【落实安全生产责任】 2016年,县委、县政府逐步健全完善《盱眙县安全生产"党政同责 一岗双责"实施办法》《盱眙县各乡镇人民政府及有关部门和单位安全生产工作职责暂行规定》,按照"三个必须"的要求,明确党(工)委书记对本辖区、本部门的安全生产负责,对本单位招商引资帮办服务的企业承担监管责任。年初,县政府主要领导、分管领导与各乡镇(街道)和有关部门层层签订责任状,将安全监管责任自上而下层层分解,逐级落实,把安全生产的责任落实贯穿到生产、建设、经营和监管的每个环节、每个岗位、每个人员，实现安全责任全覆盖，隐患排查无死角，全面提升安全生产工作水平。加大安全生产执纪问责力度，每月县安委办向县纪委汇报全县安全生产监管责任落实情况，一旦发现失职渎职问题，将对工作不力、措施不实，造成重大损失或引发事故的，严肃追究责任。3月16日，县效能101会同县安监局、住建局、盱眙泵站等单位对省市挂牌督办的旧铺、管镇等8处占压输油管道重大安全隐患整改落实情况进行现场督办，采取当场会诊、当场交办、限期整改、逾期追责等措施，确保隐患整改到位。

【安全生产检查】 2016年，县安监局在全县危化、道路交通、公共消防、烟花爆竹、非煤矿山、建筑施工、特种设备等13个高危行业和重点领域，开展安全生产大检查深化隐患大整治专项行动。各乡镇（街道）、部门共计出动人员1250人（次），检查企业658家（次），查处隐患1749处，当场整改1379处，限期整改369处，经复查整改到位350处，整改率95%。道路交通方面：联合开展“两客一危”专项检查，全面巩固“五整一打”百日专项行动成果，排查200余辆客运车辆和80余辆危化品运输车辆，落实“六必查、两比对”制度，对重点人重点车辆谈话45人次，禁止违章驾驶参运人员2名，纠正违章驾驶员6人次，纠正违章车辆6辆，查获各种危险品12起。危化品方面：开展安全专项整治工作，县主要领导亲自挂帅，全县共排查企业311家，落实排查清单企业、乡镇（街道）、行业部门主要负责人、县政府分管领导“四签字”，按要求将隐患列入“红黄蓝”表，并督促企业按时整改。全县列入蓝表企业95家，隐患298条，10月底完成整改，整改率100%（无列入红黄表的企业）。职业健康方面：狠抓职业病危害专项治理，覆盖全县21个乡镇（街道、场）和12个重点行业，对全县8家船舶修造企业和16家铸造冶炼企业进行重点执法，责令8家企业限期整改，督促22家企业完成检测和体检工作，关闭2家铸造企业，夯实职业病防治工作基础。非煤矿山方面：加强砖瓦窑厂安全隐患排查，重点整治窑体下沉、窑内烧蚀严重、电线私拉乱接等问题，重点惩处非法违法开采行为，无证经营无证上岗等问题，下发整改通知书48份，排查各类安全隐患218条，隐患整改率100%，对整改不到位、隐患较多的4家企业采取行政处罚。烟花爆竹方面：巩固专项整治成果，开展烟花爆竹经营安全隐患治理工作，重点查处变更经营场所、“下店上宅、前店后宅”等违规行为，排查烟花爆竹专卖零售点126个、批发企业1个，排查隐患282条，责令96家网点限期整改，全部整改到位，同时对2个零售网点采取经济处罚，销毁非法烟花爆竹800余件。工矿商贸方面：制作8大行业企业安全状况CAD示意图。根据企业性质、危险类别、危险等级、人员密集情况进行突出分色标注。突出抓好冶金煤气、粉尘防爆、涉氨制冷、有限空间作业“四项重点”工作，对作业场所单班从业人员超过30人的企业，聘请第三方逐一开展核查，排查出各类隐患125条，全部整改到位。消防方面：开展消防安保专项治理，检查单位155个（次），发现火灾隐患或违法行为256处，督促整改火灾隐患或违法行为233处，全年查办违法案件151起，责令“三停”40家，拘留27人，罚款94.5万元，“三停”、拘留、罚款三项数据均位列全市第一，临时查封单位43个。2家存在重大火灾隐患的单位全部完成整改。

【落实企业主体责任】 全年，全县执法检查各类生产经营单位1224户次，其中，非煤矿山53户次，危化品202户次，烟花爆竹163户次，其它企业（包括工矿商贸企业）806户次，发出责令限期整改指令书302份，整改复查意见书177份。秉持“检查千遍，不如处罚一次”理念，加大违法违规企业处罚力度，全年，行政处罚立案22件，罚没款金额共计108.78万元，其中事前处罚8.3万元，事后处罚10起，事故处罚罚没款100.48万元，依法停产整顿和关闭企业6家。通过严厉的处罚，有效震慑违法违规企业，倒逼企业负责人落实安全生产主体责任，推动监管、执法深度融合。对安全生产事故按照“四不放过”要求，坚决处罚到位，下猛药、出重拳，所有事故都无一减免，全县安全生产法治秩序进一步好转。

【重大隐患挂牌督办】 2016年，县安监局对三森食品液氨消防安全隐患、鲁宁输油管线管镇段2处被占压隐患、三河农场东风大桥安全隐患等进行督办。开展县领导干部“挂包”重大隐患挂牌督办活动。根据领导分工把年初排查出来的7处重大隐患分配到具体县领导，由挂包县领导负责总协调牵头,有关乡镇(街道)、部门主要负责人担当督查第一责任人,隐患企业法定代表人担任整改责任人。县安委办通过定期发放重大隐患整改提示函,提示县领导挂包重大隐患整改进度情况,及时牵头督促加快落实隐患整改工作。组织多部门联合督办,推动重大隐患整治取得进展,有4处整改到位,1家关停,1处在消防验收中,1处在整改中。未整改到位重大隐患发放提示函到相关县领导手里,确保按规定时间节点整改到位。

【提升事故防范能力】 2016年,县安监局坚持把企业负责人和安全监管人员作为安全教育培训的重点,并针对乡镇部门负责人、村居干部和一线安全员等不同群体,通过"送课进企业、进乡镇"等方式,举办特种作业、烟花爆竹、矿山、职业危害、登高作业等各种专业培训班28期,累计培训人员2600多名,包含各类职业卫生管理人员800余人、全县所有危化品单位主要负责人和安全管理人员821人、特种作业人员816人,做到持证上岗。通过在县主流媒体宣传先进典型,曝光安全隐患,实行安全隐患举报奖励制,调动更多社会力量参与监督。全年,举办各类宣传教育活动5次,收到各种安全生产监督举报线索14条。

(供稿:李琪琪 审稿:朱志玉)

消 防 安 全

Fire Protection

【概况】 2016年,盱眙县消防大队紧紧围绕"科学决策把方向,发扬民主集广智,团结共事聚心力,务实高效创佳绩"的工作思路,圆满的完成年初以来各项工作任务。全年共接警出动300起,出动车辆403辆,出动警力2408人次,抢救被困人员64人,抢救财产价值1430余万元。

【消防宣传】 2016年,为让广大群众掌握消防常识,编印《社会单位消防安全"四个能力"建设实用操作手册》。对各种"四个能力"建设图表、消防安全标识、常用检查记录表格等进行了统一规范。统一制订培训方案,成立了2个"四个能力"宣讲培训组,制作了专题课件。已举办专题培训班10期,累计培训700余人。选取6种类型12家社会单位开展"四个能力"建设试点。年内,在中央级上稿5篇、省级22篇、市级专版12期。

【执勤岗位练兵】 2016年,大队积极参与地方创建,被市委表彰为"践行周恩来精神模范团队"、被省文明委表彰为"省级文明单位"称号、被省科技厅评为"江苏省科普教育基地"、大(中)队连续两年荣获"全省基层建设先进大(中)队;连续两年被支队评为年度大队级"好班子";中队党支部被总队表彰为"先进党支部",两名同志考入军校就读,创建活动在部队掀起比学赶帮超的良好氛围。

【消防监督】 2016年,大队共检查单位2097个次,发现火灾隐患或违法行为4228处,督促整改火灾隐患或违法行为4211处,查办违法案件151起,责令"三停"39家,拘留25人,罚款91.5万元,"三停"、拘留、罚款三项数据分别位历全市第一。临时查封单位43个;2家存在重大火灾隐患的单位全部整改完。抽查设计备案项目和竣工验收备案抽查63个;办理公众聚集场所开业前检查手续35个;组织火灾调查19起;核处信访案件32起;组织各类宣传培训36次,其中较大规模的广场集中宣传活动4次,发放各类宣传资料逾万份,未发生亡人和有影响火灾,形势平稳。

【规范化教育】 2016年,结合"两学一做"、改革强警教育实践活动,引导班子成员自觉把学习提高作为履职尽责的第一需要。大队党委累计集中学习11次,学习十八大历届全会精神、"两学一做"、社评、领导讲话12篇,发表调研文章12篇。以"战斗力"提升为标准,以"五知一能"为基础,严格按照"863"工作法,修订72份灭火作战演练计划,错时开展实地实装实兵演练,提升了灭火救援能力,发挥了灭火救援主力军作用。

(供稿:卢 团 审稿:唐明生)

招投标管理

Tender and Bid Management

【概况】 2016年5月,县招投标管理中心更名为淮安市公共资源交易中心盱眙分中心(以下简称县资源交易中心)。1~12月份,累计招投标项目1110次,交易额16.45亿元,节约资金3.14亿元,资金节约率19.1%;累计小型项目抽取67个,发包总价2855.77万元。

【服务重大项目】 2016年,县资源交易中心对盱眙县农商行大楼精装修和智能化、县城东水厂一期工程施工、天泉湖酒店式养生社区服务中心土建及安装、宁淮产业园市政道路建设工程、331省道至盱眙新港口疏港公路项目和环朱雀湖绿化景观及环境整治工程等重大民生实事工程项目进行"主动化、常态化"的服务。标前服务"主动化":针对重大项目招标流程长,环节多,采取发放提示卡、提示函、提供电话咨询和上门服务等方式,主动对接、全程服务,实行"零距离"服务,确保工作效率"零延误"。标后服务"常态化":定期深入施工现场,从业主单位与施工单位了解项目情况、按招标文件约定事项,查找存在的问题,并及时帮助协调解决,确保重大项目平稳、快速、顺利实施。

【打击"串标围标"行为】 2016年,县资源交易中心针对串标围标影响建筑市场秩序和建筑行业健康发展的重要威胁,建立惩治串标围标联席会议制度,每月定期召开会议,保障串标围标案源及时探讨交流,对有价值的线索能够迅速锁定目标,达成共识,共同惩治,形成查办串标围标案件的合力,取得突破性的阶段成果,形成强有力的震慑,维护公共资源交易市场秩序。

(供稿:张小飞　审稿:段桂龙)

民政事务管理
Civil Administration

【社区建设】 2016年,盱眙县实施社区服务中心提升改造工程,天泉湖镇古城社区、明祖陵镇沙巷村、铁佛镇召五村等村居综合服务中心全面完工;按照"规范化、制度化、经常化"的要求,每季度公示财务、政务、村务、服务四项内容,接受村民监督;推动城乡和谐社区建设,城市和谐社区建设合格率100%,农村和谐社区建设合格率95%。明晰基层政府与社区组织权责边界,实行权随责走、费随事转,落实"减负增效",促进社区组织回归治理本位;实施"三社联动"试点、培育"六化"社区示范点,"三提三知"工作法获评江苏省基层社会治理十大创新成果。第十一届村委会、第六届居委会换届选举工作顺利完成。

【社会组织培育】 每万人拥有社会组织数达到9个,2家社会组织入驻社会组织孵化基地;委托县心理咨询师协会承办困难群体精神关爱项目,为51名服务对象提供专业心理关爱服务,扶持资金15万元;开展公益创投,为4个项目补助资金20万元;141人报考全国社会工作者职业水平考试并有20人通过;参加全市社工技能大赛,参赛队伍获比赛第一名,盱眙县获优秀组织奖;与县检察院联合出台《盱眙县社会组织管理暂行规定》,加大对社会组织管理力度,预防职务犯罪。

【社会事务服务体系】 2016年,全国第二次地名普查工作有序推进;撤县设市工作进展顺利,方案论证和社会风险评估报告通过市委全委会研究上报;区划调整进一步优化,推进天泉湖镇与铁山寺风景区镇区融合,全面放大铁山寺旅游效应;明确盱城、太和、维桥三方界址,便于三方规划发展,方便群众办事;加强城区地名监管,对城区11条道路进行命名或更名,发放和更换门牌3500多块;建立历史地名录和地名数据查询系统,收录了反映盱眙历史地名文化、人物传说、民间风情方面信息300余条;联合周边地区开展平安边界创建及界线联建活动,完成市界、县界界桩更换工作。实施全民殡葬普惠政策,全年减免殡葬费用420万元;推进殡葬改革,古桑、穆店、明祖陵三个林地葬区投入使用;倡导文明祭扫,革除陋习保护生态,清明、中元、冬至等重要时节严防死守,殡葬新风尚进一步形成;联合物价部门,强力整治殡葬市场不规范行为,回应群众关切。全年办理结婚登记9600余对、离婚登记2300余对,满意率100%,完成了1990年以来婚姻信息录入工作。

(供稿:陈学涛　张松　审稿:王方平)

民族宗教事务管理
Nation & Religion Work

【概况】 2016年,盱眙县民族宗教局(以下简称县民宗局)围绕"民族和睦、宗教和顺、社会和谐"的工作目标,发挥少数民族和信教群众在促进经济社会发展中的作用。做好少数民族群众服务工作,引导发挥宗教界服务社会发展,开展场所综合治理,搞好组织建设,拓展宗教工作思路。做好民族村经济发展帮扶服务,为民族村申报扶持项目修建一座农用桥和一条约1000多米通往公墓的乡村道路,争取资金25万元。做好清真食品补贴工作,对全县200多名符合条件回民等少数民族人口实行清真食品补贴发放。在全县范围内认真摸排,报告全县有关民间信仰的活动状况,制定全县场所区位分布图。专项调研宗教工作作用,撰写各类调研报告10篇,政协提案、人大建议案等反映社情民意3篇,完成县信访联席办人民建议1篇。办理淮安市政协七届五次会议樊维明委员提出的75149号和75151号"关于盱眙县回民饭店产权经营权的再建议"和"关于盱眙县清真寺易地重建的再建议"两份提案。全县创建一星级场所23个,创建二星级场所15个。盱眙基督教堂、宣化寺、穆店龙王山教堂被市评为四星级宗教场所。

【宗教服务社会】 2016年,县民宗局开展宗教骨干人员培训,组织场所班子人员培训国情及政策法规,受训场所骨干人员200人次。教育信众3000人次。组织教职人员撰写《以"规范化"为主题和谐寺观教堂创建工作的心得体会》,培育教职人员核心价值理念。组织信教群众宣传"秸秆禁烧"工作。开展"和谐村居、和睦家庭"的文明创建活动,争当"盱眙好人""江苏好人"。践行宗教信仰的"诚信、友善"理念,共画同心圆。

【场所综合治理】 2016年,县民宗局针对大型宗教活动,拟定预案,下发文件,明确责任,细化落实,确保场所活动安全。做好佛教兴隆寺元宵节传统庙会、农历四月初八甘泉山都梁寺庙会活动。12月25日圣诞节前夕,开展基督教活动场所安全工作大检查,确保节日活动顺利开展。

【组织建设】 2016年,县民宗局做好"一牵三联"宗教工作。重点宗教场所悬挂国旗,强化爱国主义教育。搞好宗教团体组织建设,3月16日召开盱眙县基督教第五次代表会议,换届选举县三自会班子成员,选举出9名常委,张秀文当选新一届主席。在全县佛教界开展道风建设,针对近年社会上反映个别僧人信仰淡薄、戒律松弛、不重修行、疏于管理、脱离信众的现象,利用县佛教协会这一平台,落实省宗教局、省佛协《关于进一步加强道风建设的实施方案》,各重点寺院主持进行"互交流、互走访、互促进"活动。协调处理宗教领域的信访事项,2月下旬,召集佛教协会、兴隆寺及有关居士协调化解佛教兴隆寺山门殿尾欠工程款纠纷,做好铁山禅寺内部管理问题调处工作;对接协调古桑教堂和维桥教堂新建等工作。

(供稿:李业涛　审稿:贾厚余)

统计工作

Statistics Work

【概况】 2016年,盱眙县统计局进一步提升统计数据质量和统计服务水平,夯实统计"双基"建设,加强统计队伍建设,为全县经济社会发展提供有力的数据支撑和优质的统计服务。全面规范建设各项基层基础工作。规范部门统计工作,提升部门统计数据质量,发挥部门统计在全县经济社会发展中的作用。

【联网直报改革】 2016年,县统计局贯彻联网直报改革,加强"一套表"联网直报工作,加大督查巡查指导力度,保障"企业一套表"工作有序实施。指导企业统计人员正确操作网报系统,及时纠正和解决网报中存在的问题。推进落实贸易业限额以下抽样调查改革。为提高限额以下批发和零售业、住宿和餐饮业抽样调查数据质量,县统计局对限额以下的样本单位核定及其数据质量作出明确要求,对辖区60家样本单位按照同行业、同规模、同地段原则进行替换,确保样本单位正常营业、且具有代表性,为限下联网直报的顺利推进奠定基础。

【基本单位名录库建设】 2016年,县统计局规范和加强名录库建设,建立健全名录库核查工作机制,按照"统一标准、一库在线、基层维护、适时更新"的要求,在纵向上督促指导乡镇共同维护,在横向上加强与编办、民政、工商、国税、地税等部门的协调沟通。全县基本单位名录库是以2013年第三次全国经济普查的结果为基础,每季度与相关部门(工商、税务、编办、民政等)数据进行比对修正,为各级党委、政府调整经济结构、优化产业政策、规划城乡建设、加强市场监管提供一个重要的数据平台。

【第三次全国农业普查】 2016年2月,县政府下发《关于做好第三次全国农业普查工作的通知》文件。成立县第三次全国农业普查领导小组及办公室,具体负责全县的农业普查工作。9月初,开展综合试点工作,通过试点一封信等方式,取得良好的效果。9月中旬,组织开展"两员"选调与培训工作。11月初,开展清查摸底培训工作。11月中旬,开始进行摸底工作,完成数据采集、录入和审核全部工作。12月7日,县农普办顺利完成对乡镇(街道)上报数据的验收反馈。

【统计法制建设】 2016年,县统计局加强基层统计法制建设,加大全体统计人员法治教育。开展大型统计法律法规宣传活动2场次,印制发放统计法律法规宣传资料1500余份,组织机关、企事业单位和基层统计员参加集中业务培训6场次,累计参训人员100余人次。开展"数据造假、以数谋私"专项治理工作。根据上级统一部署,全县专项治理工作分四个阶段八个方面内容(编造虚假调查单位;代填代报企业(单位、项目)数据;自行修改企业(单位、项目)等调查对象数据;强令或授意企业、单位、项目等调查对象按指定数据或数值区间报数,县统计局直接查办案件力度不够;违反统计法精神的文件和做法;以数谋私;调查对象数据造假或对地方行政干预抵制不坚决)进行治理。全年,全县对232家统计单位和企业进行执法检查。

【统计分析与统计服务】 2016年,县统计局拓展统计服务领域,提高统计服务水平。全年撰写统计分析报告23篇,编发各类统计信息32篇。加强政务平台信息更新,及时公布掌握统计动态。围绕新型产业和结构调整选准调研课题,做到早谋划、早落实。先后开展各类调研专题,及时为各级党政领导提供服务,成为指导全县经济和社会发展的重要依据,发挥统计服务经济社会发展的职能作用。

(供稿:孙运兵　审稿:胡培中)

本栏目责任编辑:王行政

农　业

Agriculture

综 述

Outline

2016年，全县农作物总播种面积244.11万亩。出台《关于盱眙县现代农业产业结构调整的意见》，结合盱眙实际，推出"水稻+龙虾"模式、"水稻+油菜"模式、"水稻+红麦"模式、"水稻+绿肥"模式、扩大中药材种植面积等五种农业产业结构调整主要模式。全年全县新增设施园艺面积2.16万亩，新增省级园艺标准园2个，推进省级现代农业（稻麦）科技综合示范基地建设，江苏盱眙维桥农产品加工集中区成功通过省级初评，全省水稻细菌性条斑病种子处理现场观摩会在盱召开。盱眙作为淮安市唯一一家申报创建江苏省农产品质量安全县的单位入围首批创建并通过省级验收。全县市级以上农业龙头企业47家，其中省级8家、市级39家，年收入超亿元8家。

粮食作物高产增效创建　在水稻、小麦、玉米等主要粮食作物上开展高产增效创建活动，全县建立水稻万亩示范片14个、玉米万亩示范片2个、小麦万亩片6个。开展专业化服务，实现统一品种、统一机械作业、统一育供秧、统一肥水管理、统一病虫害绿色防控，实现万亩示范片增产增收，带动全县大面积粮食作物平衡增产。

现代农业园区建设　全县已建成县级以上现代农业园区242个，数量居全市最多，其中省级4个、市级4个、县级234个。依托盱马路现代农业示范带，有序推进省级农业科技综合示范基地建设。江苏盱眙维桥农产品加工集中区成功通过省级评审验收。引导维桥农产品加工区等载体产业链融合和延伸，已入驻各类农产品加工企业13家，其中国家级重点农业龙头企业1家、省级重点农业龙头企业4家、市级农业龙头企业5家、县级农业龙头企业3家，集中区总资产3.91亿元、固定资产2.06亿元，形成以畜禽肉制品、蛋制品、水产品、粮油产品加工、果蔬加工及特色农产品为主导产业的农产品加工企业群。

新型职业农民培育　县农委开展农业职业技能培训2386人、引导185名学员参加农业职业技能鉴定、培育生产经营型新型职业农民173人、招收涉农中专新生123人。全县培育农村实用人才34350人，占农业从业人员总数的28.62%，分产业、分区域建立农民田间学校，省级1个、市级2个、县级5个。

农业社会化服务　构建公共性、合作型、市场化服务有机结合的新型农业社会化服务体系，发展集中育秧、动植物防疫、统防统治、肥水管理、粪污处理等农业生产性服务。推广水稻病虫害统防统治专业化航空植保，统筹水稻绿色增产高效创建和绿色防控项目资金，补贴参与的家庭农场、专业合作社、种田大户等每亩10元飞机防治费用，实现飞机防治面积10万亩以上。

重大农业技术推广　组织实施全省农业重大技术推广计划和全市农业主推品种技术（模式）推介，结合当地农业主导产业发展要求和农民实际需求，遴选主导品种19个、集成主推技术19项。县农业技术推广中心获得全国农牧渔业丰收奖二等奖。推进全国农技推广体系改革与示范县建设，新建村级规范化农业科技服务示范站5个、乡镇农技推广综合服务示范中心2个，实现农业科技推广主导产业全覆盖、村村全覆盖、农业新型经营主体全覆盖。发展农业科技服务云平台"智农通"用户300余户。

农业信息技术应用　实施农业信息服务全覆盖工程，做好信息进村入户，推进农业物联网建设，实施省级农业信息化示范基地建设，《盱眙农业网》日访问量平均3000人次左右。全年接12316"三农"热线电话200多个，为农民提供准确、及时、便捷的种养殖技术、惠农政策等信息服务。做好"12316"惠农短信平台服务工作，总用户6911户，全年发送短信100多条。

休闲观光农业　举办"盱眙农业嘉年华"盱眙精品农业年货会，盱眙特色农展馆正式开馆，百家企业入驻运营，近200种产品参展，完成实体店销售和网上销售同步。举办"2016盱眙休闲农业观光季"活动，围绕"盱眙好山水 春光无限美"主题，策划赏春花、踏青、农家乐、体验游4大板块16项子活动，宣传展示全县休闲农业观光的发展成果。完成玉皇山、农本尚品、铁山寺等3个全国休闲农业与乡村旅游精品线路的评选申报与新华村全省休闲观光农业示范村申报工作，完成韵园农庄等8个新培育休闲观光经营主体的市对县目标任务。

种 植 业
Crop Farming

【粮食作物生产】 全县粮食播种面积143.58千公顷,比上年增加0.83千公顷,其中,夏粮种植面积61.95千公顷;秋粮种植面积81.63千公顷。全县粮食总产量97.86万吨,比上年减少0.86万吨,下降0.87%,其中,夏粮33.45万吨,夏粮亩产360公斤,下降4.58%;秋粮64.41万吨,秋粮亩产526公斤,增长0.26%。全县设施农业面积18.89千公顷。

【油料生产】 全县油料包括花生、油菜籽、芝麻、胡麻籽、葵花籽等,全县油料播种面积4480公顷,比上年减少1160公顷。全县油料总产量1.2万吨,比上年减少0.32万吨。

【棉花生产】 全年棉花播种面积93.3公顷,总产量84吨,比2015年增加1吨。

【蔬菜生产】 2016年,盱眙县加大设施蔬菜建设力度,采取政府主导,农民专业合作社和集体自建,社会组织和龙头企业参与建设等模式,在淮河镇、盱城街道和维桥乡三个核心基地的基础上,在穆店、仇集和河桥等乡镇新建连栋温室、厚墙体温室和钢架大棚近万亩,进一步促进蔬菜基地规模化、标准化发展。自2012年菜篮子基地全面开工建设以来,盱眙蔬菜种植面积由原来的28.56万亩(含复种)发展到32.96万亩,设施蔬菜面积2.39万亩(只包括温室、大中棚有覆盖材料的设施),蔬菜总产量51.52万吨。盱眙已形成淮河大白菜、毛豆,维桥大棚茄果类蔬菜、芦蒿,观音寺大棚西瓜、早熟毛豆,仇集日光温室周年生产,穆店的菜薹,官滩、盱城、明祖陵等乡镇连片大棚蔬菜生产基地等诸多的蔬菜生产集中区。

林　　业
Forestry

【概况】 2016年,县农委以改善生态环境、建设绿色家园为重点,以成片造林、村庄绿化示范村、新建及完善农田林网等项目实施为载体,超额完成市下达的造林绿化各项任务,完成成片造林5380.05亩、森林抚育面积28167亩、四旁植树400万株,新建及完善林网2万亩,新建绿色示范村庄13个,新增林下经济示范点1个。3月12日,开展全县义务植树节活动。森林覆盖率29.26%、林木覆盖率30.96%。盱眙县农村造林工作全市第一,全省名列前茅。全县森林资源总量快速增长,森林风景资源得到有效保护和合理利用。盱眙获"全国森林旅游示范县"称号。

【国有林场改革】 2016年,县国有林场是全省人口最多、面积最大、经济基础最差的生态型国有林场。加快国有林场改革步伐,修改制订《盱眙县国有林场改革实施方案》,着力解决国有林场长期以来管理体制不顺、经营机制不活、属性界定不清、职工生活困难等"老大难"问题,促进国有林场健康发展。办理林权证抵押贷款,全年抵押登记林权证7本、13宗地,到期续贷12宗地、新贷1宗地,抵押登记合同贷款额1887万元。

【森林执法】 2016年,县农委在森林执法中,惩治破坏森林和野生动植物资源违法犯罪行为,受理各类涉林案件14起,查处14起,林业行政罚款6.6万元,挽回经济损失3.4万元,其中滥伐林木案6起,擅自改变林地用途4起,移送公安机关刑事案件4起,案件查处率100%。

畜 牧 业
Animal Husbandry

【概况】 2016年,全县生猪饲养量132.75万头,出栏量90.07万头,分别比2015年减少2.3万头、1.96万头;全县家禽饲养量4377.95万羽,出栏量3506.34万羽,分别比2015年增加54.71万羽、69.23万羽;牛饲养量1.9211万头、出栏0.5611万头;羊饲养量40.48万只,出栏20.58万只。2016年,县农委关闭全县40家不合格生猪屠宰企业,生猪屠宰清理整顿工作全市率先完成。

【规模养殖】 2016年,全县生猪规模出栏85.19万头,比2015年减少1.68万头;大中型规模出栏65.94万头,比2015年增加0.42万头。肉禽规模出栏3314.31万羽,比2015年增加43.82万羽。蛋禽规模存栏107.73万羽,比2015年减少0.59万羽。生猪规模养殖比重94.6%比2015年增长0.2%，其中大中型规模比重73.2%（省、市目标大中型规模比重70%）比2015年增长2%。

【病死畜禽无害化处理体系建设】 2016年，县农委建成病死畜禽无害化处理体系，实施“场户送交、站点收集、保险联动、集中处理”的运行机制，实行官方兽医全程监管，建成病死畜禽无害化处理厂1个、18个乡镇病死畜禽无害化收集点运行良好，全年病死猪无害化处理6.9万头，实现零差错、零投诉。8月，全市病死畜禽无害化处理体系推进会在盱眙县召开，总结和推广盱眙县病死畜禽无害化处理体系建设和运行经验。

【“五有”乡镇站建设】 2016年，县农委开展“五有”乡镇站建设，全县第一批申报实施10个“五有”乡镇兽医站建设。经淮安市验收通过5家。第二批批准9家“五有”乡镇兽医站改扩建项目，省级投资180万元，自筹25万元，正在实施中。

渔 业

Fishery

【概况】 2016年，全年全县新增设施渔业面积0.6万亩，经省级业务主管部门认定的高效渔业总面积近4万亩，占全县水产养殖总面积17.71万亩的22%。新认证水产品无公害产地面积1520亩，全县小龙虾、河蟹、鱼类等水产品无公害产地获得认证总面积10.207万亩，占全县水产养殖总面积的57.63%。水产品认证总数44个。全省2016年长江、淮河渔政执法工作交流座谈会在盱召开。全省渔业科技入户工程项目验收获优秀等次。

【虾稻共生】 2016年，维桥乡永华村“虾稻共作”水产三新工程试点成功后，年初，县农委、龙虾产业局联合兴隆乡引进常州诺亚方舟公司与本地水产养殖企业联合在兴隆乡西陡湖建立“虾稻共作”渔业示范园区5000亩，7月，被认定为江苏省现代渔业精品园。3月7日，全省稻渔综合种养现场会在盱召开，盱眙“虾稻共作”新模式全省推广。县委、县政府通过在时集村千亩虾稻养殖区召开全县“虾稻轮作”现场会，号召广大农民学习农业产业结构调整的新模式。全县涌现出盱眙小河农业发展有限公司、盱眙碧绿园稻麦种植家庭农场、盱眙焱龙龙虾产业开发有限公司、盱眙官滩航悦稻虾养殖专业合作社等500亩以上连片虾稻综合种养殖基地10余个。《农民日报》整版篇幅报道盱眙县虾稻综合种养殖及龙虾产业发展情况。

【淮河干流封湖禁渔】 2016年是农业部对盱眙县淮河干流实行禁渔期和禁渔区的第一年，禁渔时间为3月1日—6月30日。3月1日，江苏省渔政监督总队组织淮安市、盱眙县、洪泽县农委、渔政、海事、水警、新闻媒体及相关部门40余人在盱眙县举行淮河干流首次禁渔执法联合巡查仪式。禁渔期间，组织执法检查开展日常巡查53次，出动船艇55艘次，车辆55辆次、参加人员160余人次。开展夜间专项检查20次，出动船艇22艘次，车辆20辆次，参加人员100余人次。开展与公安联合检查4次，出动船艇8艘次、车辆10辆次，参加人员72人次。涉及电鱼被行政立案5起，涉案5人，司法立案调查4起（渔政移交1起），涉案人员8人，查获没收背包式电鱼机1套、电瓶6个、逆变器12台，没收违禁网具13件。

【水产品质量安全追溯体系建设】 2016年，县农委抓水产品质量安全监管工作，水产品质量安全追溯点建设工作稳中有进，在建立8个水产品质量安全追溯点的基础上，又新增质量追溯点2个，总面积1773.33公顷，占全县养殖总面积11806.67公顷的15.02%。追溯品种2个（淡水小龙虾、河蟹），注册品牌商标11个。其中淡水小龙虾主养面积640公顷，河蟹主养面积400公顷，龙虾、河蟹混养面积733.33公顷。追溯养殖塘口306面。试点塘口全部实行标准化生产管理，严格控制投入品使用，全程跟踪记录水产品生产、生长、捕捞、销售等信息。

【渔业科技入户】 2016年，盱眙县渔业科技入户示范工程确定以小龙虾、河蟹为主推品种，选择小龙虾高效健康养殖与大规格河蟹高效生态养殖两项主推技术。选聘26名技术指导员，每名技术指导员跟踪服务指导10~20名渔业科技示范户。新培育科技示范户30%以上，示范总面积1543.27公顷，其中龙虾养殖科技示范户227户、示范面积794公顷，河蟹养殖科技示范户173户、示范面积

749.27公顷。辐射带动养殖户4256户，辐射带动养殖面积12000公顷。整村推进5个。

（供稿：陈沫颖　审稿：高伟森）

农村工作
Rural Work

【农村土地确权颁证】 2016年，盱眙县开展农村土地确权颁证工作，按照执行前期准备、入户调查、地块测量、公示审核、登记颁证、资料归档“六步工作法”，弄清地块面积和地块四界，绘制一户一图，编制一户一档资料，标识统一承包人口、地块编码等信息，完善承包合同，建立登记簿，颁发经营权证书，资料归档，信息录入。解决面积不准，四界不清、空间位置不明、证地不符、资料不齐等问题。同时，要求测绘单位提交的成果必须符合农业部调查规程和验收办法要求，并达到主管部门验收合格标准。利用2014年1:2000国情影像图成果，采取图解+实测的技术方法开展外业测绘，安排监理公司适时检查外业情况和内业制作情况。对符合工作质量、公示审核通过群众签字的资料要求逐项导入皓盘信息管理系统。9月，19个乡镇街道238个村126715户参加确权工作。其中，完成权属调查238个村占100%，完成公示审核、完成合同登记簿、资料打印238个村占100%。全县打印发放证书12.38万余本。

【农业新型经营主体培育】 2016年，全县家庭农场发展到520家，规模经营面积10733.33公顷，从业人员1500余人，长短期雇工近5000人，新增家庭农场170家。家庭农场集聚区初步形成。在观音寺、维桥、旧铺、马坝、明祖陵等乡镇初步形成1~2个集中连片的家庭农场集聚区，维桥、观音寺和马坝拟争取财政资金建设1个家庭农场服务中心。

【农村集体产权交易】 2016年，盱眙县建成农村集体产权交易平台，鼓励农户土地承包经营权流转进入平台交易，产权交易有较大突破。全年，农村产权交易中心及各乡镇街道发布信息400余条，20个乡镇街道成交标段400宗，签订合同353宗，发放鉴证书261本，成交金额5.02亿元(资产成交额位列淮安市各县区第一位)。通过平台，对农村集体产权交易进行宣传引导，在全县初步形成规范统一的产权交易市场。既方便群众，降低土地私自流转风险，同时为新型经营主体发展提供条件；提高村级资源发包收入，增强集体经济实力，为农村发展注入新的活力。

【社区股份制改革试点】 2016年，县委农工部选取马坝镇马坝村、双马村、白鹤村、腊塘居委会，古桑街道古桑居委会、磨涧村，桂五镇水冲港村、星星居委会，盱城街道宣化社区、新湾社区4个乡镇街道10个村进行社区股份制改革试点，试点村采取股权量化到人的方法进行。全年，试点村清核资产总额4.05亿元，经营性资产折股量化资产总额5043.36万元，涉及个人股2269.46万元，集体股2773.9万元。总股数83963.01股，其中集体股46177.8股占55%、个人股37785.21股占45%。通过股份制改革，量化集体组织成员股权，保护农民财产收益，激发成员民主管理和民主监督积极性，促进集体经济发展、集体成员增收。

【农业保险防灾减损】 2016年，县委农工部在巩固主要种植业保险基础上，扩大高效设施农业保险覆盖面，提升服务水平，保险防灾减损作用显现，为农业发展提供有力的保障。农业保险新险种开发投保20个品种，其中新增玉米、生猪价格指数、小龙虾等3个险种。农业保险服务网络建设，全县建成农业保险服务大厅12个。开展保险延伸服务，在全县农村安装“农村气象灾害预警系统”，布设256个气象预警显示屏和自动气象站，为2.23万种植户开通手机气象应急预警短信服务，确保第一时间发布气象预警信息。全年，全县保费总收入5279.9万元，其中高效农业保险品种16个、保费收入2967万元。

【农村“三资”监管】 2016年，县委农工部加强农村集体资金、资产、资源监管，特别是加强到期资源发包监管，杜绝暗箱操作，防止集体资产流失，增加资源发包收入，从源头上减少基层腐败。3月，开展农村集体“三资”处置专项整治活动，取得效果。全县排查出“三资”在使用、分配、承包与租赁中存在的各类问题142个次，其中农村集体资金方面56个次、农村集体资产方面46个次、农村集体资源方面40个次。5—6月份，为自纠阶段，发现问题170个,整改到位108个,未整改到位62个,问责5人,党政纪处分12人,收缴金额267584元,清退金额182568元。

【"一事一议"项目】 2016年,全县民主评议"一事一议"项目总投资2595.3万元,建设项目107个,全部是村组水泥路,道路全长117千米。所有"一事一议"项目以乡镇政府(街道办)为项目实施主体,所有建设单位项目包括代理、监理、检测单位以招投标形式确定,项目监理公司对项目建设进行全过程监控。建设项目按乡镇分为10个标段,中标金额为2250.89万元,比预计节约344.41万元,占13.27%。村级公益事业建设"一事一议"项目采取群众"一事一议"和集体自筹、省财政按比例奖补的形式,建设民生实事项目,改善农业、农村生产生活条件,为农村发展提供基础设施保障。

(供稿:李红松　审稿:王公新)

农业机械
Agricultural Machinery

【概况】 2016年,盱眙县农机局落实农机惠农政策,加强农机推广、监管与服务,全县农业机械总动力120万千瓦,综合机械化水平85.57%。拥有农机合作社173个,农机维修厂及维修点60个,大中型拖拉机5873台,联合收割机5025台,插秧机3931台,秸秆还田机3590台,配套农机具8850台。

【秸秆机械化还田和利用】 2016年,县农机局争取省级秸秆机械化还田资金2322万元,改进秸秆机械化还田补贴方式,执行第三方核查制度。全年未发生一起秸秆焚烧案件,秸秆机械化还田工作初步走上良性发展轨道。夏季投入秸秆还田机械1199台套,秸秆机械化全量还田52913.33公顷,落实还田资金1990万元,基本实现三麦秸秆机械化还田全覆盖。秋季秸秆机械化还田9000公顷,落实还田资金332万元,全年,还田61920公顷,秸秆机械化还田率54.1%。光大生物能源项目正式并网发电,秸秆收储点、加工点建设有序推进,建设和完善秸秆收储体系,全县秸秆能源化利用得到发展。

【水稻生产机械化】 2016年,县农机局开办县级机插秧技术培训班2期,培训机手142人,各乡镇按每新增1台机具培训2个机手的要求开展培训,举办培训班12期,培训机手630人。全县新增高速插秧机40台、步进式插秧机8台。3.33公顷以上的集中育秧点有8个,集中育秧面积较大的马坝镇6.67公顷和旧铺镇5.33公顷。官滩镇、旧铺镇、维桥乡、马坝镇均建立大棚育秧基地,大棚连片育秧面积均在0.67~2公顷。全县水稻机插秧面积49933.33公顷,机插秧育秧面积53.33公顷,水稻机插率76%,巩固水稻生产机械化成果。

【实施农机购置补贴政策】 2016年,县农机局重点强化机具检查回访和资金拨付工作,实行补贴前检查和补贴后回访相结合,防止机具流失、倒卖机具以及套取补贴资金等违法违规行为。协调乡镇和财政部门,力保补贴资金及时打卡到户。全年推广补贴各类农机具2572台套,其中轮式拖拉机671台、联合收割机770台、秸秆还田机35台、旋耕机841台、插秧机128标准台、秧盘播种成套设备3台、粮食烘干机72台、喷杆式喷雾机21台、开沟机27台、条播机4台,受益农户2253户,发放中央和省级财政补贴资金3883.57万元。

【农机服务能力建设】 2016年,县农机局利用省级农机服务体系建设资金,扶持农机合作社加快发展。马坝欧家湖农机、旧铺富强合作社创建省级农机合作社示范社。新增和换证农机维修点5个,新增粮食烘干机72台,其中11台30吨、5台25吨、6台20吨、47台15吨、3台12吨,缓解阴雨天气带来的粮食收储难题。

【农机服务】 2016年,县农机局深化农机服务品牌建设。送检、送考、送培训上门到乡村、苏南、合作社、环卫处、公路站、农机大户等42次,检验各类农业机械1150台套,送考62人,送培训3期150余人,签订安全生产责任状350余份。盱眙县"异地送检"深受机手欢迎。农机驾驶员培训与农机职业技能奖补培训有机结合,实现参训人员"一训两证",举办农机职业技能培训班8期,培训各类农机手550人,其中初级工400人,新办驾驶证431本。发放跨区作业证630份。

(供稿:王志伟　审稿:朱志厚)

农业综合开发
Comprehensive Agricultural Development

【国家土地开发治理项目】 2016年,县农业开发局确立的2015年度国家农业综合开发土地治理项目(2015~2016跨年度项目)5个,计划总投资4595.5万元,其中财政投资4550万元、开发任务2333.33公顷,8月通过市级验收。项目区年新增粮食357万公斤,项目区收益群众1.91万人,农民年人均增收400余元。组织实施2016~2017年跨年度项目,争取国家农业综合开发土地治理项目指标2666.67公顷,财政投资6000万元,其中获投资批复1333.33公顷。10月底,项目完成招投标工作,11月,进场实施。

【省丘陵山区项目】 2016年,县农业开发局确立的2015年度丘陵山区农业综合开发项目(2015~2016跨年度项目)6个,项目计划总投资1820万元,其中财政补助资金1430万元,开发面积为593.33公顷,项目完成,通过市级验收。组织实施年度项目(2016~2017年跨年度)省级丘陵山区农业综合开发项目8个,项目计划总投资2250万元,其中财政补助资金2250万元。完成项目建设任务60%。

【国家产业化经营项目】 2016年,县农业开发局申报国家农业综合开发产业化经营财政补助项目1个,计划建设总投资370万元,其中财政补助资金180万元、自筹资金190万元。主要建设1350平方米原料仓库、1套全新粮食加工生产线以及其他附属设施等,年新增营业收入5400余万元,新增利润117.9万元,年新增加直接带动农户400户、间接带动700户,年新增带动基地种植面积313.33公顷,基地农民人均年增加收入1500元,全年安排9名农村剩余劳动力就业,人均年度工资额4万多元。

(供稿:韩业帅 审稿:陈 浩)

本栏目责任编辑:李 婧

工　业

Industry

综 述

Outline

2016年，全县地区生产总值突破300亿元，工业经济在全市范围内呈平稳较快发展的良好态势。实现开票销售329.67亿元，增长32.1%，入库税收6.52亿元，增长11.3%；固定资产进项税1.86亿元，增长13.6%；工业用电量10.26亿千瓦时，增长4.7%。从工业经济主要指标总量占全市比重看，盱眙县开票销售占全市的14.2%，固定资产进项税占14.8%，工业用电量占9.6%；工业产值、工业增加值分别占13.9%、12.2%。

“两新一高”产业发展　随着产业结构的调整，以新能源、新材料、高端装备制造为发展方向的“两新一高”产业，集聚效应凸显。群跃新材料引领光学（电子）新材料产业链式集聚；高传风电、龙源风电力促新能源产业成为工业经济新增长点；宇洋轴承助力提升高端装备制造业工业占比。“两新一高”产业新落户市对县重点项目11个，规模以上企业实现开票销售156.17亿元，占规模企业开票的47.4%。

技改项目　列入全市“百项技改”重点项目共14个，分别是盱眙穆店低风速风电场项目（50兆瓦）、董氏汽车电池生产项目、年产10亿支一次性使用输液器项目、年产6000万只肉鸭精细加工及3000万只鸭苗孵化项目、9.8兆瓦光伏电站二期项目、9.8兆瓦光伏电站二期项目、年产21600吨包覆纱项目、年产950万只玻璃灯具生产项目、年产680吨清洁剂等产品项目、热电机组项目、年产110万吨矿粉技术改造项目、年产4.8亿只半导体产品技术改造项目、废矿物油处理项目、年产5000吨VCI气相防锈成品项目、年产1000吨合金粉末技改项目。

两化融合　按照“以点带面、稳步推进”的原则，筛选一部分优秀企业申报淮安市“两化融合”项目（信息化与工业化），加快培育示范试点企业，逐步引导和推进大中企业信息化建设与应用，为企业的进步与发展打下坚实基础。全年，为威盛电源有限公司、江苏虹天电器有限公司等8家成功申报市级两化融合示范试点企业，其中，江苏於家湖米业有限公司被认定为省级两化融合试点企业。

企业贯标　先后组织县内25家信息化重点企业，参加淮安市信用管理贯标及信用报告应用试点培训会，组织上报16家企业为市级信用管理贯标企业。其中，江苏特威希电气有限公司荣获江苏省信用管理贯标企业。

特色园区建设　推动6+1特色园区建设。设立6+1特色园区，集聚园区特色度。7个特色园区已实现开票额98.56亿元，比2015年增长11%。全县19个乡镇工业集中区工业企业实现年开票销售154.8亿元，比2015年增长20.6%，盱城园区虹天电器、群跃新材料、华耀电子3户开票销售就达3.52亿元，电子电器特色明显。明祖陵天源服装、古桑华源矿业、中材凹凸棒石粘土、官滩狼山水泥、华石建材、天和建材和河桥的宇通建材、欧亚新型建材等一批特色龙头企业正在形成，盱城街道、马坝镇园区获批首批市级特色园区。

中小企业服务体系建设　以完善中小企业服务体系建设为目标，搭建中小企业需求与服务机构服务对接平台，以全方位服务企业为重点，完善“盱眙县中小企业公共服务平台网络窗口平台”。组织中弘轴承（江苏）股份有限公司、江苏健力钢管有限公司、江苏联众机械有限公司参加第十六届中国金属冶金展览会；组织江苏虹天电器有限公司参加第九届APEC技展会、第十三届中博会；组织淮安金穗服饰、江苏中雅纺织参加第十八届国际服装节。协调县内国有经发担保公司为83户企业提供担保融资担保贷款2.13亿元。盱眙金盱投资有限公司全年为中小微企业提供贷款1.96亿元，与市统贷平台合作为县中小微企业提供低息贷款2200万元。金盱投资公司和盱眙经发投资公司为319余户中小微企业提供应急过桥资金13.5亿元。

节能降耗　围绕节能降耗工作主线和工业用电量考核主题，开展节能改造工作，各项目标取得新的进展。实现工业电量10.26亿千瓦时，比2015年增长4.7%。圆满完成“十二五”能耗下降目标，全年单位GDP能耗下降为4.5%，超额完成市下达目标任务。注重把握政策信息，向上争取财政补助资金，引导企业积极、主动开展节能改造工作。全年，为企业争取补助资金749万元。其中，国家650万元、市级99万元。加强对重点耗能企业及耗能行业的监控。启动对昌盛电气等7户重点耗能企业的用能监控,通过政策引导,全新服务、规范运作,在确保企业发展的前提下,实施企业节能改造和降耗工作。健力钢管通过能源管理体系评价,淮河化工、健力钢管通过省市节能目标考核,完成“万家企业”节能目标。

盱眙经济开发区

Xuyi Economic Developmet Zone

【概况】 2016年,盱眙县经济开发区克服经济“新常态”下不利因素,紧扣全年目标,抢抓机遇、开拓创新,各项事业取得全面发展。“市对县”目标完成情况:全年完成规模以上工业企业开票销售(全区251户,其中2016年新增17户、退25户、净减8户)160.27亿元,比2015年增长5.22%;实际利用外资6189万美元,比2015年增长3.2%;实现进出口总额1.91亿美元,比2015年下降9.48%,完成入库税收5.72亿元,比2015年增长47.04%,其中工业企业入库税收4.61亿元,比2015年增长45.43%,昌盛电气、葛洲坝资源两家企业支撑作用明显,分别完成12267.9万元、6706万元,有1000万元以上企业4家(力赛柯环保1596万元、威盛电源1166万元、健力钢管1116万元、新海电子1022万元);新获批省级以上高新技术企业11家(华洪新材料、力赛柯环保、佳力起重、宇特光电、亿美电器、群跃新材料、联益生物、华源矿业、新远光学、澳特邦矿业、远鸿新材料),全年,区内有省级以上高新技术企业38家,其中国家级36家;新获批列统企业3家(集美科、宇洋轴承、永保新材料)。全年,自引项目列统企业6家。“县对区”目标完成情况(50户重点企业):全年,完成规模以上工业开票销售107.27亿元,比2015年增长18.6%,完成目标任务的107.3%;完成工业企业入库税收2.71亿元,比2015年增长61.3%,完成目标任务的135.5%;完成固定资产进项税4234万元,完成目标任务的211.7%;完成工业用电量3.1亿千瓦时,比2015年增长5.5%。

【园区基础实施建设】 2016年,完成龙山路西延、合欢大道、梅花大道雨污水管道建设,混凝土路面基层修复工作;完成人行道、路灯照明工程等建设;完成盱眙海关、国检装修工程、开发区食堂装修工程;完成南苑新城储藏室规划方案施工图设计及东苑新城幼儿园装修图纸设计招标工作;完成民生工程南苑新城储藏室工程施工及监理招标工作。开发区累计完成黑色化路面摊铺约61.2万平方米、安砌路沿石约190公里、埋设雨污水管道149.5公里、新建雨污检查井3800座。开发区提升景观绿化档次。完成苏郢水库景观绿化工程和宝山路、甘泉路、铁山路道路景观绿化工程。完成企业服务大厦景观绿化工程。

【园区创建】 县经济开发区全省排名比2015年度进24位;在83家省级开发区中排名第38位,比2015年度进12位;在淮安地区排名第3位,比2015年度进1位。管理水平单项指标得分950分,居全省第一位(含国家级开发区)。盱眙经济开发区数据库被作为亮点在全市统计系统(含全市开发区)推广,被市商务局表彰为先进集体。盱眙县出口宠物食品示范区通过省考核组验收。开发区管委会通过环境体系和质量体系认证。

【项目管理】 2016年,县经济开发区新签约60个项目,其中,新用地项目15个,置换项目18个、租赁项目27个,盘活闲置用地1000余亩,合同总引资额42.8亿元,其中5亿元以上项目3个(计划总投资5.05亿元的坤德环保项目、计划总投资5亿元的得胜产业园项目、计划总投资5亿元的年生产加工5万吨油脂项目),有亿元以上项目13个,5000万元以上项目4个。按照新的开发区项目准入条件的要求,及项目准入流程,合理安排好项目落户工作。全县有203名帮办,负责613个项目帮办服务工作。

【国检、海关工作】 2016年,国检、海关检验检疫出入境货物1061批,货值2852.85万美元。新办产地证612份,总值1831.67万美元。为企业节约人民币约50万元。推进企业诚信建设,改善检验检疫环境。建立盱眙县“进出口企业诚信管理系统”,对达到B级的企业实行无纸化报检。全年新办、变更海关证书23次;新办和延期电子口岸IC卡27次;办理通关报关业务100余次,解决企业业务咨询600余次。

(供稿:刘纪报　审稿:张劲涛)

宁淮新兴产业科技园
Ninghuai Emerging Industrial Science Park

【概况】 2016年,盱眙和南京雨花台区合作共建的雨花盱眙工业园更名为宁淮新兴产业科技园,宁淮园区正式成为南北共建园区。5月,《旧铺镇新镇区规划环评》通过专家论证,并获得审批,为各类项目落地提供前提。在建项目进展顺利。环朱雀湖绿化景观及启动区景观大道项目总投资约1.26亿元,项目面积约1600亩,包括环朱雀湖周边、铁山大道旧铺大街接口至天泉大街段、旧铺大街收费站至南山大道进行绿化造景,7月底完工。旧铺大街改造及一期市政道路项目总投资约4400万元,道路全长7千米,包括朱雀湖东路、朱雀湖西路、都泉路、云山北路、朱雀湖南堤、旧铺大街部分路段,基本完成建设。园区道路亮化项目投资412万元,主要对铁山大道部分路段、天泉大街、南山大道进行路灯及管线安装,实现道路亮化,投入使用。产业园招商服务中心项目总投资300万元,建筑面积1380平方米,主体完工并通过验收。

【投融资合作】 2016年,宁淮园公司与县水投公司进行资源整合、公司合并,宁淮园公司负责园区建设,县水投公司负责融资,保证园区建设资金。同时,宁淮园区与淮安市水利资产投资公司开展PPP模式合作,计划总投资30亿元,宁淮园区负责规划设计,市水投公司负责投资建设,为园区建设快速推进奠定基础。

【园区招商引资】 2016年,宁淮产业园区主动与江北新区和南京鼓楼国家大学科技园对接,进行招商推介和学习交流,计划与南京鼓楼国家大学科技园共同建设科创园。举办招商先锋论坛,专人对接县招商先锋和产业招商小组。加大园区宣传力度,主动邀请各地企业家到园区考察,全年,各地企业家到园区考察、调研60批次。

（供稿:马国鹏　审稿:刘建功）

重点工业行业
Key industrial industry

【新能源、新材料产业】 2016年,新能源、新材料制造业是全县重点推进的“两新一高”新兴产业。随着30亿龙源风电、10.6亿元中再生苏北环保科技产业园、江苏科普斯磁业、江苏悦诚磁材等重特大项目相继落户,全县新能源行业得到快速发展。全年,行业规模企业56家,实现开票销售70.64亿元,比2015年增幅5.9%,占全县工业总量的21.4%。

【电子电器工业】 2016年,电子电器工业是全县支柱产业之一,随着产业的转型升级,形成以家用电器、电子元件、电缆、电器配件为主导的产业格局。全年,全县规模企业增至51家,拥有江苏新海电子制造有限公司、江苏虹天电器有限公司、江苏宇特光电科技有限公司等一批重点企业,有投资5亿元的淮安华耀电子项目的建成投产,全县电子电器产业链将逐步延伸。江苏九易电子投资1亿元的2000万件液晶电视电子元件技改项目;江苏金长兴电源的年产500万套蓄电池技改项目和江苏浙长电源工装备系统节能改造项目的成功实施,增强市场的竞争力。全年全行业实现开票销售收入31.73亿元,占全县工业总量的9.6%。

【医药化工产业】 2016年,全县医药化学工受经济下行压力的影响,效益有所下滑,但以加大技术改造和多元化产品的优势,仍保持行业的平稳发展。全县医药化工规模企业13家,实现开票销售11.4亿元。列入全县100个重点技改项目一个,拥有江苏淮河化工有限公司、江苏天明化工有限公司等一批规模企业,主要从事化工中间体以及医药、染料化学品的研制、开发、生产及销售。

【钢管轴承产业】 2016年,盱眙县钢管轴承制造业成为全县的重点工业门类,精密轴承产业园建设初具规模,拥有健力钢管、中弘轴承等一批骨干企业。主产品为各类精密轴承及配件,产品出口量逐年增加,同时,积极开拓国内市场,广泛应用于汽车车桥、变速箱、高精度机床等制造业。全年,江苏旭日轴承有限公司等3个企业进行技术改造,全年投入1.5亿元,在行业原有规模的基础上增加5亿套轴承及轴承配件,实现年开票销售31.67亿元,占全县工业比重的9.6%。

【机械制造工业】 机械制造产业是全县传统产业之一，由于实施产业结构调整，加大产品研发能力，随着投资10亿元的江苏红神矿山机械项目成功落户，提升超静定液压支架、输送机液压张紧装置、数控机床等大中型产品生产能力，扩大市场覆盖面。2016年，机械制造规模企业总数达到91家，实现开票销售22.14亿元，占全县规模企业开票销售总量的6.7%。

【粮食食品工业】 2016年，全县粮食食品加工业成为盱眙县传统产业之一，通过转型升级，产品不断更新，从单一的粮食加工发展成食品、家禽养殖、饲料系列配套产业。全年，行业列统企业增至67家，实现开票销售97.9亿元，占全县规模企业开票销售总量的29.7%。

（供稿：刘纪报　审稿：张劲涛）

本栏目责任编辑：李　婧

服 务 业

Service industry

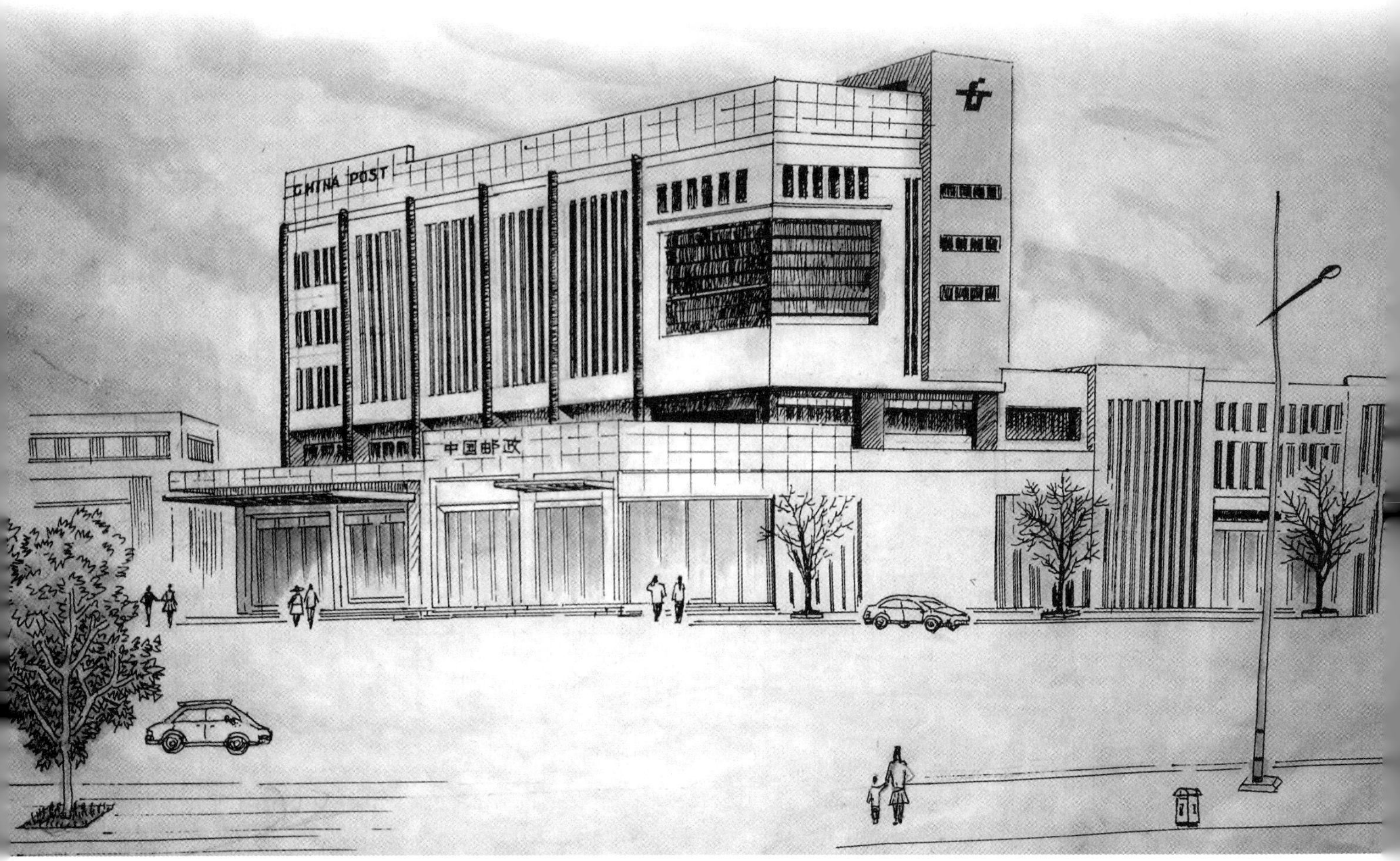

综　述

Outline

2016年，县发改委推进服务业发展。全年31个全市“4+3”服务业特色产业项目实现投资68.87亿元，占全年投资计划的100.2%。第三产业占GDP比重达到44.6%，比2015年提升1个百分点。

生产性服务业发展　生产性服务业提质增效。盱眙港口产业园启动建设，马坝货运枢纽物流中心建设速度加快，物流供应链不断完善。全县挂牌上市企业总量达到13户，江苏澳吉尔生态农业科技股份有限公司在美国纽交所OTC·QB板块挂牌，成为盱眙县首个在境外市场挂牌的企业，华洪新材料在“新三板”挂牌。

商贸服务业发展　中心城区金融商贸服务业集聚发展，苏宁生活广场运行良好，九龙广场一期竣工，中安家天下主体封顶。盱眙率先成为首批江苏省乡村旅游创新发展示范县（区）创建单位、中澳乐博园成为首批江苏省五星级乡村旅游区创建单位。省重大项目天泉湖养生社区快速推进，投入超10亿元，成为健康养老领域的行业标杆，辐射周边地区。印象盱眙电子商务产业园建设步伐加快。国家级电子商务示范县启动创建。香兰大厦竣工。

市场监测　2016年，县商务局坚持市场监测周报、月报、重点节假日报告制度，25家样本企业报表上报率100%。开展全县消费品市场分析，加强元旦、春节、五一、国庆等销售旺季流通市场的监管。做好全县54家加油站的年审换证工作，确保成品油市场经营安全有序。加强酒类流通市场监督管理，全年完成酒类流通备案登记经营户432家，包含县内所有酒类批发企业和95%以上的酒类零售经营户。完善再生资源回收体系建设，规范市场运营。按照淮安市再生资源“七统一、一规范”要求，对县内9家再生资源回收企业和91个回收站点进行标准化改造。通过O2O（线上预约、线下服务）模式实现电子商务和再生资源回收的结合，推出可随时上传信息、联系交易的“易回收”移动终端软件。

（供稿人：夏梦影　审稿人：盖庆兵）

粮食流通

Food circulation

2016年，县商务局面对高库存、高进口、高成本“三高”叠加影响，采取多渠道腾仓扩容，夏粮收购前腾仓10万吨以上，保证粮食收购有序进行。执行国家粮食收购政策，为种粮大户提供预约收购、烘干整理等个性化服务。围绕市场需求，借助省、市产销合作平台，宣传推介“两优688”等优质品种，扩大盱眙籼稻影响力，通过订单收购、基地建设等方式，引导农民优化种植结构。县政府制定出台粮食安全责任制落实意见和考核办法，建立县粮食安全责任制联席会议制度。推进保安工程。完成危仓老库改造的基础上，规划启动管镇中心粮库2.5万吨、黄花塘中心粮库1.5万吨以及旧铺粮库1.1万吨扩容项目。加快智慧粮库建设，官滩粮库创建的粮食管理信息化系统达到“数字粮库”基本标准。加强粮食市场管理，建立盱眙县粮食流通市场监管联席会议制度。组织开展夏秋粮收购联合检查，持续开展粮食流通监督检查工作，创成全国粮食流通监督检查示范单位。组织创建“放心粮油店”，全县评选20家市、县级放心粮油店，其中被评为全市“十佳放心粮油店”2家。

供销合作

Supply and marketing cooperation

【概况】　2016年，盱眙县供销合作总社（以下简称县供销总社）实现商品销售额12.44亿元，比2015年减少3.5%；农资销售额3.25亿元，比上年减少11%，农副产品购进额6.06亿元，比上年增加2.2%；市场交易额8.14亿元，比上年增加1.2%。

【基层服务社建设】　2016年，县供销总社为农村综合服务社提档升级，盱眙县省定经济薄弱村10家，市社下达盱眙经济薄弱村综合服务社提档升级任务2家，县供销总社分别在桂五镇水冲村、河桥镇淮峰村、鲍集镇新迁村、鲍集镇沈集村实际创建4家，超额完成上级下达任务，11月，4家综合服务社通过省市验收投入运营。市社下达盱眙薄弱基层社改造任务6家，县社完成薄弱基层社实际改造6家，分别是桂五社、古桑社、旧铺社、管滩社、仁集社、鲍集社。县供销总社实际领办农民专业合作社10家，联合社1家。10家农民专业合作社分别是盱眙县鲍集王勇水产养殖专业合作社、明祖陵董氏龙虾养殖专业合作社、曲直水产养殖专业合作社、马坝牛得草水产养殖专业合作社、红富贵水产养殖专业合作社、穆店乡范楼农机综合服务专业合作社、穆店乡富农农机专业合作社、穆店乡韩建明养猪专业合作社、穆店乡红明养猪专业合作、穆店乡鸿兴农机专业合作社；1家联合社是青草牧歌畜禽专业合作联社。

（供稿：姚铜　审稿：谢克思）

卷烟购销

Tobacco Purchase & Sale

【概况】 2016年，盱眙县烟草专卖局（分公司）销售卷烟1.9万箱，实现税利1.46亿元，实现利润1.21亿元。年底，盱眙分公司中转站被江苏省质量管理协会表彰为江苏省现场管理星级评价四星级现场；盱眙县烟草局被江苏省文明委授予2013~2015年度江苏省文明单位称号；盱眙分公司获市政府颁发的淮安市五一劳动奖状；盱眙分公司工会图书室被中华全国总工会授予全国职工书屋称号。

【行政执法】 2016年，县烟草专卖局（分公司）出动市场检查及打假打私人员2800余人次，车辆550台次，收集市场有效举报信息近50余条，查获违法违规案件172起，查获违法违规卷烟16163.1条，判刑5人，拘留9人，取保候审1人。办理行政许可160份，其中新办证139份、不予21份，延续证165户、恢复供货12户、停业219户、注销206户。

（供稿人：李宁　审稿人：王彬）

盐业购销

Salt Business

【概况】 2016年，盱眙县盐务局（分公司）销售5053吨，占年计划100%。其中，小包装销售3002吨，占年计划的100%，比2015年增加1.5吨；非盐商品销售收入880万元，完成年计划的80%；主营业务收入2350万元，完成年计划102%；利润260万元，占年计划的107.7%。

【食盐市场管理】 2016年，县盐务局在5~6月对全县市场的零售店、饭店、食堂、卤菜摊点、腌制户进行定期不定期拉网式检查。5月，开展一次和安徽滁州地区来安、明光、天长县边界地区的的联合执法行动。全年走访客户7757户，查处私盐案件34起，没收盐产品1.51吨，罚没款0.84万元，比2015年同期大幅度增加。

【食盐质量管理】 2016年，县盐务局对每批调进食盐及时抽样化验和上报，做到碘含量不合格的盐品坚决不销售，全年，检测食盐58批次，碘含量合格率为100%，杜绝不合格盐品流入市场，保证盐品质量安全。

（供稿：马君睿　审稿：季宏宁）

电子商务

E - commerce

【概况】 2016年，县商务局配齐建强“五个一”（一组织、一中心、一协会、一队伍、一体系）运转机制，统筹协调推进电子商务进农村进程，在2015年实现“六个第一”的基础上，又创建成省级电子商务示范镇、示范村各2家，市级电子商务示范镇1家、示范村3家，全县年电商交易额突破10亿元。印象盱眙电商产业园入驻企业有40余家，获批省级电商示范园区、省级电子商务创业孵化基地和省级巾帼示范基地。阿里巴巴—达通跨境电商平台在盱眙县运行，帮助全县外贸企业开展跨境电商业务。全县有30多家企业应用一达通平台开展外贸业务。以“互联网+商贸流通”为载体，开展网络零售业务，实现线上线下融合发展。国贸、商贸、五洲商圈介入第三方平台和自建APP移动终端，商贸领域O2O覆盖率80%以上。

【电商人才培训】 电商人才培训计划纳入县政府民生实事项目，开展电商普及班、电商大讲堂、农产品上行大讲堂、电商创业班、互联网+创业峰会等16期人才培训，培训3100多人次，培训带动300余人开展电商创业活动。其中，10多人入驻产业园创业。

（供稿：杨晖　审稿：宋正永）

金　融

Finance

【概况】 2016年末，全县金融机构本外币存款余额262.48亿元，比年初增加43.06亿元，增幅19.63%，余额比2015年增长21.16%；在全市四县中各项存款余额排第二位，年初增加量排第三位。全县金融机构本外币贷款余额229.68亿元，比年初增加15.57亿元，增幅7.27%；在全市四县中各项贷款余额排第一、增幅排第三。

【货币政策落实】 组织实施2015年度涉农贷款评估、新增存款用于当地评估、专项票据考核，在对9家相关机构的涉农贷款评估中，有6家获得优秀和良好；2家地方法人机构在新增存款用于当地考核中均达标。开展信贷政策导向评估，结合中央信贷政策导向和宏观政策调整，挖掘产业升级有效信贷需求，培育稳定可持续的信贷增长点，合理配置信贷资产，重点加大对“三农”、小微企业、扶贫开发等重点领域和薄弱环节的金融支持。

【社会融资】 推进农村金融服务创新，推广开办林权、土地、养殖水面、宅基地等质押贷款业务。发展互联网金融，推广“淮安融资网”建设，促进银行完善网上融资方式，拓宽融资渠道。江阴农商行注册7家，金额1670万元，融资700万元；珠江银行1户，融资500万元。推进收账款融资平台建设，召开专门会议督办应收账款平台推进工作。年末，全县注册平台用户109户，超额完成上级行下达的80户注册任务数。14家银行机构与184家融资企业对接项目资金52.3亿元。推进应收账款融资。推进信贷资产质押再贷款试点工作，引导和组织盱眙农商行参加央行内部评级；梳理100户企业抵贷资产及录入企业相关信息；指导拟定信贷资产质押再贷款试点工作实施方案。扩大市场直接融资渠道，县政府拟将在银行间发债5亿元，县水投公司在上交所成功发行中小企业私募债3亿元，盱眙县申报的获批12亿元规模的企业债资金全部到位。建立上市挂牌企业后备资源库，鼓励更多企业赴新三板、中小板、创业板挂牌上市。

【金融风险防范】 县人行密切关注全县银行业机构不良贷款情况，对全县不良贷款情况进行分析汇总，及时上报县委、县政府。县政府召开全县不良贷款处置专题会议，防范和化解不良贷产风险。县人行密切关注鹏胜集团贷款事件，协调人民法院实施资产保全等一系列措施，涉贷银行主要采取协调落实、资产保全、起诉等方式进行处置。年末，鹏胜集团32笔贷款成功收回或处置18笔，金额1.9亿元。

【金融精准扶贫】 县人行和盱眙农商行签订2.9亿元扶贫再贷款融资协议，5家银行与管镇、鲍集镇签订金融扶贫战略协议，融资总金额9.25亿元，6家银行和37户金融扶贫对象签订6.57亿元融资协议。编制《盱眙县精准扶贫金融产品服务指南》手册，从当地扶贫对象实际出发，创新推出扶贫信贷产品和扶贫保险产品，从融资造血和防病防灾等方面为贫困人口提供全方位的金融服务。盱眙农商行成功开启“绿色环保扶贫贷”扶贫新模式，向县天泉湖镇西湖村集体企业发放首笔光伏扶贫项目贷款261万元，有效推动光伏扶贫项目实施。

【山寨银行事件处置】 6月7日，县人行接到举报称盱眙县盱城淮河北路水月山庄2幢门面新设一家晋城银行，行为活动异常，疑为假银行。接到举报后，县人行立即向县委、县政府、人行淮安市中心支行及银监部门进行报告。人行淮安市中心支行及时向分行金融稳定处汇报，并会同市银监局、县金融办、经侦大队、工商局等部门组成联合调查组赶赴现场进行侦查处置。经联合调查组合议，经营者立即拆除“晋城银行”牌匾标识，停止一切经营活动。由经侦大队对该经营者进行有效控制，防止外逃。由金融部门对其经营帐户进行清理，查明其帐户资金流向及数额，有无吸收社会公众存款等非法行，取缔山寨银行，消除山寨银行不良影响。

【支付结算管理】 做好账户管理系统的运行工作，上半年向全县行政企事业单位及个体工商户发放开户许可证996户，备案账户544户，撤销账户494户。推广农村地区粮食收购非现金支付工具的使用，提升粮食收购非现金支付服务水平。

【反假币工作】 开展“人民币流通满意工程”和

反假货币活动，加大假币收缴力度。全年全县金融机构和公安机关收缴假币909张，总金额81460元。

【普惠金融服务】 规范农村金融综合服务站的业务操作和日常管理，建设“分布合理、模式新颖、服务多样”的精品、特色农村金融综合服务站。在旧铺镇张洪社区设立“社区自助服务区+移动支付”特色农村金融综合服务站。在农村金融服务站设立离行式自助服务区，自助设备7×24小时不间断服务，可以随时办理查询、存款、转账、缴费、存折流水打印等业务，既能满足农民的较大额度的提现及转账需求，又能满足村民使用网上银行以及手机银行的需求。推进金融IC卡在县公交支付上的使用。

(供稿：朱淮兴　审稿：徐正友)

银　行

Bank

【中国工商银行股份有限公司盱眙支行】 2016年末，中国工商银行股份有限公司盱眙支行下辖营业室、盱眙新华支行(二级支行)、盱眙城中支行(二级支行)3个营业网点，各项存款余额13.46亿元，比年初增加2.68亿元。其中，对公存款余额2.57亿元，比年初增加1.52亿元，储蓄存款余额7.02亿元，比年初增加0.70亿元，保证金存款余额0.63亿元，比年初下降0.24亿元。各项贷款余额19.06亿元，较年初增加2.19亿元。其中，公司贷款余额8.54亿元，比年初增加1.7亿元，个人贷款余额10.43亿元，比年初下降0.7亿元，票据贴现余额0.67元亿元，签发银行汇票0.53亿元。全年实现中间业务收入0.31亿元.

(供稿：杨　军　审稿：胡常胜)

【中国农业银行股份有限公司盱眙县支行】 2016年末，中国农业银行股份有限公司盱眙县支行(以下简称县农行)各项存款27.19亿元，比年初增加3.58亿元。其中，个人存款19.53亿元，比年初新增1.83亿元；对公存款余额7.67亿元，比年初增加1.75亿元。年末全行贷款余额17.02亿元，比年初增加2.75亿元。法人贷款6.98亿元，比年初增加1.5亿元；个人贷款10.05亿元，比年初增加1.27亿元。实现拨备后利润3824万元。全年没有发生重大风险事件和责任性事故，实现平安运行。县农行主动服务地方经济，向龙源盱眙风力发电有限公司仇集低风速示范项目授信5.4亿元，当年放款8500万元；为盱眙当地首个采用政府购买服务模式实施的棚户区改造项目——盱眙县中医院西侧等地块棚户区改造项目授信1.5亿元，当年投放4200万元；新增小企业贷款3500万元；当年新增个人贷款1.27亿元。县农行加大服务“三农”力度，创新推出“金农贷”“安家贷”“E商管家”等产品，以支持畜禽、水产、粮食加工等产业化特色农业为新的切入点，支持现代农业经营主体快速发展。成功探索出“公司+农行+农户”“合作社+农行+农户”“农行+联络员+农户”等服务“三农”新模式，改善全县农村基础金融服务体系。全年，累计发放农业产业化龙头企业贷款3000多万元；择优支持专业大户、家庭农场等农业新型经营主体，发放贷款5000万元。全行电子机具布放总量1400台。其中，POS机230台，ATM等自助设备50台，上线12台“超级柜台”，建设金融便利店3家，设立“惠农通”服务点207个，行政村覆盖率92%，基本消除金融服务空白乡镇。

(供稿：朱继平　审稿：马恒山)

【中国银行股份有限公司盱眙支行】 2016年末，中国银行股份有限公司盱眙支行(以下简称县中行)总存款16.05亿元。其中储蓄存款8.68亿元，公司存款7.37亿元；储蓄存款比年初增长1.37亿元；公司存款因县内财政性资金的大幅波动比年初下降2.6亿元。各项贷款余额17.54亿元，比年初下降0.71亿元，主要是公司贷款下降1.41亿元，零售贷款增长0.7亿元。实现中间业务收入873万元、净利润2699万元，业务发展平稳。国贸支行因经营管理业绩突出，被市分行评为中银优秀集体。年末，县中行有中小企业贷款客户26户，余额9600万元。投放政府平台项目，年末，发放3.3亿元。支持实体经济发展，为光大生物质发电项目提供2.8亿元资金支持，为城东水厂核定5500万元授信额度。年末零售贷款14.3亿元，支持房地产、个体工商业等行业的发展。2016年，县中行不良贷款总余额3207万元，不良贷款占比1.83%。县中行支持发展特色金融服务，发放龙虾养殖贷，即由自然人提供担保，为龙虾养殖户提供流动资金贷款，期限一年，单笔金额300万元以下，发放近800万元；发放福农贷，由上游核心企业提供担保，为下游经销商和养殖户提供流动资金贷款，期限一年，单笔金额200万元以下，发放近300万元。为个体经营者推出卡分期、大额分期、中银消费等新型产品。在涉农贷款发放的同时，为小企业推出微金融等授信方式，对年销售收入低于2000万的经营户开办微金融贷款业务，贷款金额不超过350万。对于销售在1个亿以内的推出新产品，再保贷、粮贷通、融货达、融信达、抵押或担保等贷款方式，支持地方经济发展。

（供稿：朱晓岭　审稿：周 军）

【中国建设银行股份有限公司盱眙支行】 2016年末，中国建设银行股份有限公司盱眙支行（以下简称县建行）各项存款余额25亿元，比年初增长7.94亿元。其中，储蓄存款余额10.21亿元，比年初增长1.27亿元；对公存款余额14.79亿元，比年初增长6.67亿元。各项贷款余额16.8亿元，比年初下降1.5亿元，其中对公贷款在不良处置1.72亿元及政府一类债提前偿还0.77亿元的前提下，比年初下降1.5亿元，剔除上述特殊因素，则对公贷款比年初新增近1亿元；全年，实现中间业务收入2306万元。2016年，县建行实现一般性存款日均新增四大行第二，对公存款日均新增四大行第一等排名靠前的好成绩。一般性存款日均余额19.5亿元，日均新增2.2亿元。县建行全年处置不良信贷1.75亿元。年内给予棚户区改造项目2.6亿元授信，发放1.65亿元。

（供稿：卓家联　审稿：潘致中）

【中国农业发展银行盱眙县支行】 2016年末，中国农业发展银行盱眙县支行贷款余额60966万元，比年初减少2038万元。累计发放贷款50184万元，比2015年减少11224万元；累计收回贷款52222万元，比2015年减少17297万元。企事业单位存款余额55392万元，比年初增加21747万元。存款日均50327万元，比2015年（32287万元）增加18040万元。同业定期存款日均余额3199万元。中间业务收入21.97万元。其中，投资顾问收入10万元，代理保险手续费7.51万元，结算手续费3.11万元，债券置换手续费收入1.35万元。实现账面利润1218万元，比市行下达目标任务（1380万元）少162万元。已批专项基金5个，总额3.43亿元，比年初增加2.03亿元。存款任务：企事业单位存款日均比2015年新增1.4亿元（达4.63亿元）；低成本同业定期存款日均余额6000万元。完成情况：企事业单位日均余额比任务多0.4亿元；同业定期日均比任务少2710万元。贷款任务：贷款余额比2015年新增6亿元（达12.3亿元），其中：中长期余额比上年新增5亿元（达7.1亿元）；全年累放数11.5亿元。获批15亿元棚改项目、创新项目各1个。PSL贷款净投放3亿元。完成情况：各项贷款余额比任务少6.2亿元，其中中长期余额比任务少3.63亿元；累计投放贷款比任务少6.48亿元。获批土地流转创新项目一个，金额5亿元。棚改及PSL贷款无批获。国际业务结算量700万美元，国际业务结算量完成239万美元，比任务少461万美元。投资基金任务新增1亿元，完成基金余额3.43亿元，其中2016年新增2.03亿元，超额完成任务。资产质量任务收回不良贷款3000万元，实现双降，收回龙虾公司不良贷款3000万元及欠息。

（供稿：董兆海　审稿：袁 军）

【中国邮政储蓄银行股份有限公司盱眙县支行】 2016年，中国邮政储蓄银行股份有限公司盱眙县支行有20个邮储网点，其中自营网点4个，利用网络连接城乡的优势服务“三农”。形成以本外币储蓄存款为主体的负债业务，以国内国际汇兑、转账业务、银行卡、代理保险及证券、代收代付等多种形式的中间业务，以及银行间债券市场业务、大额协议存款、银团贷款、小额信贷、消费贷款和小企业贷款等为主渠道的资产业务。自营网点完成业务收入4971.85万元，比2015年增长0.74%。年末，完成个金业务指标，实现储蓄时点余额51088.95万元，比年初增加11577万元。实现公司业务存款余额50515万元，比年初净增27486万元。实现信贷余额94480万元，比年初净增17134万元。全年发放小企业贷款5560万元，实现对公存款50515万元。全年实现小额贷款82120万元。实现商务贷款17012万元、非房消费贷款7519万元。全年提供房贷30523万元。

（供稿：周迎春　审稿：闵强军）

【江苏盱眙农村商业银行】 2016年末，江苏盱眙农村商业银行股份有限公司(以下简称盱眙农商行)存、贷款双双突破百亿元大关,各项存款余额119.68亿元,比年初增加18.64亿元,增幅18.45%;各项贷款余额105.02亿元,比年初增加13.55亿元,增长14.82%;存、贷款市场份额43.9%、47.3%,持续位居全县第一位。全年实现各项收入7.34亿元,不良贷款拨备覆盖率和贷款拨备率220.96%、6.59%,均超过150%和2.5%的监管要求,风险抵补能力提高。电子银行客户覆盖率33.8%,离柜业务量占比82.4%,电子银行业务发展水平提升。6月16日,正式发行圆鼎贷记卡,全年,发卡1121张,激活率87.24%。2016年,盱眙农商行授信总额24.98亿元,用信金额17.15亿元,有信贷需求客户1269户,需求金额2.46亿元,走访存款客户2945户,存款金额8.55亿元。探索创新全套金融服务产品。制定"成长助学贷""婚嫁贷"。试点电商贷款,至年末,发放电商贷款7户570万元。全年,投放家庭农场贷款6655万元,农民专业合作社贷款7812.70万元,专业大户贷款4.79亿元,农业龙头企业贷款4.97亿元。盱眙农商行扶持工业发展,加大信贷投放。全年,发放小微企业贷款66.61亿元,余额63.21亿元,较年初新增1752户。探索应收账款质押贷款、库存商品抵押贷款等新品种。修订和完善转续贷管理办法,对经营正常、符合转型升级方向、具有较好市场前景、有转续贷需求的小微企业建立转续贷名单库,还本比例由原来的30%—60%改为零还本转贷,减轻企业融资成本。年末,建立名单库企业266户19.81亿元,全年办理转续贷537笔、14.64亿元。2016年,盱眙农商行利用扶贫再贷款政策,降低融资成本,向人民银行争取扶贫再贷款资金2.9亿元,突出支持建档立卡贫困户和带动贫困户就业发展的新型农业经营主体、农业龙头企业。全年运用扶贫再贷款资金发放农业龙头企业贷款1.55亿元,家庭农场贷款0.12亿元,种养殖大户贷款0.82亿元,农民合作社贷款0.17亿元,建档立卡农户贷款0.24亿元,以点带面,助力产业脱贫。全年累计发放扶贫贷款8353户、金额1.37亿元,比2015年增加1210户、0.47亿元。

(供稿:徐方玉　孙晓芸　审稿:陈雷)

【江苏银行盱眙支行】 2016年末,江苏银行盱眙支行各项存款余额10.49亿元,较年初增长4.84亿元;各项贷款余额9.15亿元,较年初增长1.29亿元,其中公司贷款5.66亿元,个人贷款3.49亿元。年末,江苏银行盱眙支行通过清收、盘活、打包压降不良贷款5739万元。

(供稿:徐雷　审稿:张丽娟)

【江苏江阴农村商业银行股份有限公司盱眙支行】 2016年,江苏江阴农村商业银行股份有限公司盱眙支行总存款2.8亿元,贷款5.3亿元,新开卡1974张,开立对公账户64户,开立网银95户,手机银行175户。推进不良清降,调整信贷投向。全年清降不良贷款9679万元,保障信贷资金安全;压降"两高一低"产业贷款,减少大额授信的审批,优先选择小微企业授信。全年开立面向小微企业、个体工商户的"金贷通"等信贷金融产品51户,授信总额916万元。

(供稿:王炳炎　审稿:林慧慧)

【江苏盱眙珠江村镇银行股份有限公司】 2016年,江苏盱眙珠江村镇银行股份有限公司(以下简称盱眙珠江村镇银行)有营业网点6个,年末各项存款余额11.89亿元,比年初增长4.26亿元,其中储蓄存款3.06亿元,对公存款8.84亿元;各项贷款余额7.04亿元,比年初增加9629.54万元,其中公司贷款3.73亿元。个人贷款3.31亿元。其中,涉农贷款余额6.75亿元,占比95.88%。年末资产总额12.71亿元,较年初增幅38.3%;负债总额12.09亿元,比年初增幅42.24%。10月,盱眙珠江村镇银行第一家离行式自助服务区在马坝镇成立,满足当地金融服务需求。在官滩等镇设点,网点数量增至8—9家。年末,新增开卡8500余张,银行卡开卡数量3万余张。2016年,盱眙珠江村镇银行各项贷款7.04亿元,其中不良贷款1659.05万元,不良率2.36%。

(供稿:易小艳　审稿:丁彬)

【江苏海安农村商业银行股份有限公司盱眙支行】 2016年末,江苏海安农村商业银行股份有限公司盱眙支行(以下简称海安农商行)存款余额33234.89万元,比年初增加190.60万元。其中,储蓄存款6690.85万元比年初下降487.92万元;单位存款25287.13万元,比年初增长881.11万元,保证金存款1256.91万元比年初下降202.59万元。下降主要是因为建筑行业代发工资提取较多以及理财产品增多，较多的储蓄存款选择收益更高的理财，造成储蓄存款下降。单位存款较年增多主要是财政资金账户占比较大，社保资金账户原来由盱眙农商行、建行及海安农商行3家银行开立账户共同收支，现建行不再收支，海安农商行社保存款账户资金有所上升。贷款余额27430.57万元，比年初下降6893.02万元。贷款客户567户。其中，企业客户46户，贷款余额16539.50万元；个人客户521户，贷款余额10891.06万元。在新增贷款方面主要以消费贷款为主，本年新开发的车易贷产品，获得较好的成效，年末累计发放373户，发生额3426.49万元余额2988.29万元。不良贷款743.06万元，比年初减少1432.53万元。逾期贷款中企业2户，比上月减少10户，本年核销贷款5户1492.66万元。其中制造业572.43万元、批发零售业131.76万元、农林牧渔21.27万元、居民服务业17.6万元。无单户或单笔1000万元以上的不良贷款，年末净利润为-1582.95万元。年度核销1493万元，导致利润为负。

（供稿：姚群　审稿：姚群）

【中国民生银行股份有限公司盱眙支行】 2016年末，中国民生银行股份有限公司盱眙支行（以下简称县民生银行）存款余额9.89亿元，其中，储蓄存款1.83亿元、对公存款8.06亿元；贷款余额8.93亿元，其中，零售贷款3.23亿元、对公贷款5.7亿元。2016年，县民生银行金融资产余额3.01亿元，非储金融资产余额1.41亿元；常规理财销量2.2亿元，保本理财销2.38亿元，保险（非借意险）销量1022.4万元，基金销售580万元，贵金属销售7.22万元，大额存单销售1348万元。网络金融全年代发工资新增约500户，每月代发金额约260万元。

（供稿：武艺　审稿：谢长山）

保　险
Insurance

【中国人民财产保险股份有限公司盱眙支公司】 2016年，中国人民财产保险股份有限公司盱眙支公司实现总保费1.03亿元，其中，车险8605.42万元、农险68.57万元、非车险1626.4万元。全年，医疗责任险参保26家，收取保费185.6万元；学幼险实收保费210多万元；综治险实收保费480万元。全年理赔9959起，理赔金额4878万元。

（供稿：高素标　审稿：程敬）

【中国人寿保险股份有限公司盱眙支公司】 2016年，中国人寿保险股份有限公司盱眙支公司（以下简称县人寿保险公司）期交保费777.4万元，比2015年增长59.40%，完成率全市第一；十年期保费211.86万元，比2015年增长119.70%，完成率全市第一；标保保费189.60万元，比2015年增长62.10%，完成率全市第二；短险保费43.3万元，比2015年增长278.70%，完成率全市第一；保险规划师队伍139人，完成目标的101%。

（供稿：赵火华　审稿：刘辉）

【太平洋财产保险股份有限公司盱眙支公司】 2016年，太平洋财产保险股份有限公司盱眙支公司（以下简称太平洋财保盱眙支公司）保费规模突破4790万元（含税），比2015年增加620万元，增长14.86%，市场份额19.6%。车险总规模3170万元（含税），比2015年增加418万元，增长15.19%。其中，车商渠道950万元，增加350万元，增长58%，交叉销售463万元，增加360万元，增长350%，电销突破1050万元，增长250万元，综合车险949万元。2016年，太平洋财保盱眙支公司农业保险累计保费1176万元，比2015年增加159万元，增长15.6%，全年累计赔付率不到30%，市场规模超50%，成为当地农险市场最大的经营主体。拓展新险种，全年农业保险增添葡萄种植保险和蛋鸡养殖保险2个险种。新增险种保费规模28.6万元。2016年，太平洋财保盱眙支公司常规非车险累计保费443.7万元，比2015年增加44.5万元，增长11%。

（供稿：黄红军　审稿：郁锋）

【太平洋人寿保险股份有限公司盱眙支公司】 2016年，太平洋人寿保险股份有限公司盱眙支公司传统营销实现标准保费收入14661万元，比2015年增长67%；服务营销新保保费收入2349万元，占年度计划的117%，比2015年增长45%；团险完成期缴195万，占年计划的86%。理赔客户数453位，累计赔付客户276.03万元，全年业务总量稳居全省前十。

(供稿:张苗苗)

【紫金财产保险股份有限公司盱眙支公司】 2016年,紫金财产保险股份有限公司盱眙支公司实现保费641余万元,提升各项指标。加强社会治安综合保险,开拓便民的理赔服务渠道。在理赔方面,对于小额单方事故,无人受伤案件,客户在出险现场可利用手机微信进行自助查勘,自助结案,节约出险后的理赔时间。

(供稿:顾新苗)

证 券

Securities

【南京证券股份有限公司盱眙淮河北路证券营业部】 2016年,南京证券股份有限公司盱眙淮河北路证券营业部有员工6名,注册资本金500万元,营业面积近300平方米。主要经营证券经纪业务,证券投资咨询,与证券交易、证券投资有关的财务顾问,证券承销与保荐,融资融券,证券投资基金代销,代销金融产品,为期货公司提供中间业务(依法须经批准的项目,经相关部门批准后方可开展经营活动),全年开户近600户,证券交易额15亿元,发展股民200人。

(供稿:万 鹏 审稿:张耀中)

担 保 公 司

Guarantee

【盱眙经济开发担保有限公司】 2016年,盱眙经济开发担保有限公司完成担保费收入1038.62万元(2015年237.1万元);全年利息收入10.58万元,累计提取准备金1278.28万元,其中担保赔偿准备金822.65万元、未到期责任准备455.63万元,上交税收13.47万元,实现利润38.73万元。应收款项余额2786.5万元(不含代偿应收),其中江苏章氏企业管理有限公司1470.00万元、淮安市盱眙经济开发有限公司1000万元、盱眙经发资产投资有限公司309万元、开发区管委会7.5万元;应付款项余额1000.00万元(县财政借款),存出保证金余额4021.98万元。业务经营指标完成担保金额101397万元287笔,在保余额26268万元,67户100笔,全年新增担保1180万元,7户7笔。业务主要涵盖汽车配件、轴承、高端装备制造、新能源、宠物食品等特色产业体系。风险担保及追偿指标完成在保不良贷款10699万元(逾期、欠息、停产),不良担保余额15429万元。公司累计代偿本息7251.75万元,其中本金6396.3万元、利息855.45万元;代偿本息余额5479.9万元,其中本金4730.3万元、利息749.6万元。追偿处置本息1771.85万元,其中本金1666万元、利息105.85万元;压缩5337万元,盘活1090万元。

信息服务业

Information services

邮 政 服 务

Postal service

【概况】 2016年,中国邮政集团公司江苏省盱眙县分公司(以下简称县邮政分公司)邮政营业总收入5215.30万元,比2015年增长12.02%,完成省公司下达计划的102.3%,完成市公司计划的100.01%。其中,邮务类业务收入1278.85万元,比2015年增长12.33%;代理金融类业务总收入3748.17万元,比2015年增长10.43%。超额完成收支差额预算。员工收入稳步增长,实现企业与员工的双赢局面。全年快递包裹业务量比2015年增长56%。收入比2015年增长60%。

【邮政管理】 2016年,县邮政分公司开展服务专项整治与综合业务大检查活动,组织开展邮政业务常规检查156支局/次,填报邮政视察报告书168份.根据企业管理现状,组织开展“作业现场管理”“窗口服务规范”和“投递质量”等各类专项整治活动19次,进行13次的不预告检查。开展邮政“服务到‘佳’”活动,全局妥善处理客户信息214起。

【邮政服务“三农”】 2016年,县邮政分公司以创新机制作驱动,在完成210个便民服务站的基础上,新增邮乐购加盟店109个安装邮掌柜及邮乐购系统,运营交易质态达标98%以上。完善分销产品的营销渠道建设,通过设立片区专员落实支局、加盟店、便民服务站的日常交易达标常态化管控，实现“政府肯定、群众满意”目标。

（供稿：陈 洁　审稿：丁 政）

电信服务

Telecommunications services

【概况】 2016年，盱眙电信分公司加大电信基础实施投入，推进网络转型，打造“智慧城市”。全年业务收入9790.85万元，获得江苏省电信公司颁发的“全省市场经营先进县”称号，保持省级文明单位称号。

【“智慧乡镇”】 2016年2月29日，盱眙电信分公司20万门程控交换机正式关电退网，是盱眙通信发展史上一个重要的里程碑，标志着盱眙正式迈入全光网时代。盱眙电信牵头实施的“智慧乡镇”项目被盱眙县政府列为全年民生实事项目之一。持续加大光纤改造力度，提升光纤宽带在全县的覆盖率，年底，全光缆乡镇达到9个。发挥互联网在经济发展的作用，围绕光纤宽带网络覆盖率提升，重点实施四项建设工程（智慧农业应用工程、互联网+基层党建引领工程、互联网+社会管理创新工程、智慧旅游升级工程）。

【双光网建设】 2016年，县电信分公司建设开通4G站点272处，累计开通4G站点630余个，覆盖区域面积覆盖率达到98%；在有线网络方面全年完成全县252个村的FTTH光网建设，投资约1700万，累计覆盖用户达到22万户，宽带H占比达到96%，宽带平均速率达到30M。

（供稿：柏 敏　审稿：朱少成）

【中国移动通信集团江苏有限公司盱眙分公司】 2016年，中国移动通信集团江苏有限公司盱眙分公司运营收入2.48亿元，比2015年增幅6.8%；中高端份额78.43%；流量收入比2015年增幅51.5%。集团后向流量收入342万，年度指标完成率110%；集团信息化收入2573万，比2015年增幅33.6%；工作手机用户6.4万户，年度指标完成率101%；专线收入完成821万，完成率86%，人均专线发展条数22条，其中互联网、语音专线人均发展条数14条；和教育收入100%保有，用户保有完成率94.6%。全年，建设开通4G宏站223座，城区小基站21座，农村微站71座，新建集团4G室分30处，WLAN 6处，弱覆盖解决23处。新建杆路50公里、管道13公里、光缆1200公里，新增OLT设备5台，扩容板卡84块。新增建设224个小区、覆盖39408户，新增光改73个小区、覆盖21246户（累计新建小区834个，覆盖190504户）。新建语音、互联网、数据专线180家共计480余条。

（供稿：路效明　审稿：周海涛）

【中国联通盱眙分公司】 2016年1~11月，中国联通盱眙分公司累计发展新增用户35753户，比2015年增长6.04%。完成出账收入2101.69万元，其中公众条线完成1767.64万元、集团条线291.93万元、校园条线42.12万元。1—10月份通服收入累计完成1880.5万元。

（供稿：王 爽　审稿：谢国明）

本栏目责任编辑：李 婧

旅　　游

Tourism

综 述
Outline

2016年，盱眙县继续实施乡村旅游年，推动旅游产业快速发展。国庆黄金周期间，铁山寺、明祖陵等四大景区共接待游客18.4万人次，比2015年增长4.5%，星级饭店以及快捷酒店客房平均出租率达87%以上。盱眙成为全国第二批“国家全域旅游示范区”创建单位，率先成为首批江苏省乡村旅游创新发展示范县（区）创建单位、中澳乐博园成为首批江苏省五星级乡村旅游区创建单位，是淮安市唯一入选创建名单的县（区）和乡村旅游区。启动创建天泉湖国家级旅游度假区工作。

旅游促销　以南京为核心，主攻长三角，全方位、多角度开展旅游宣传促销。在央视《朝闻天下》栏目围绕“有滋有味的盱眙”，开展强势宣传；在南京南站、新街口投放灯箱、LED大屏宣传，巩固扩大长三角客源市场。编制全县旅游导览系统规划，强化旅游景区宣传效应。宣传拍摄《盱眙之恋》旅游微电影，并通过腾讯、爱奇艺等网络进行推广。编印《盱眙旅游投资指南》，强化旅游资源宣传。组织旅游企业参加南京、上海休闲度假产品博览会等旅游展销会，宣传盱眙旅游资源，扩大知名度。举办“中国移动4G杯”首届天泉湖国际手机摄影大赛，凡是拍摄反映天泉湖旅游度假区、铁山寺国家森林公园、天泉湖镇区域内的自然风光、生态环境、人文风情、乡村旅游等元素摄影作品均可参赛。

旅游项目　引进投资20亿元的八仙台·万仙宫、投资5亿元的新四军文化园、投资1.5亿元的玉泉湖、投资1亿元的铁山寺滑雪漂流等项目，推进翡翠谷养生养老社区、圣海·天鹅湖畔、玉皇山欢乐大世界、大云山西汉王陵博物馆等一批重点项目。铁山寺滑雪漂流项目滑索试营业，漂流项目组织验收。圣海·天鹅湖畔项目水上游乐城、水上公园、小小动物园、森林公园、音乐喷泉、夜景灯光、森林餐厅等项目对外开放，具备接待能力。翡翠谷养生养老项目一期26万平米的养老社区竣工，完善装修、道路等配套基础设施；配套的医院、教堂、养老院、综合楼主体竣工。

（供稿：朱志霞　审稿：杨 军）

开通科普旅游线路　2016年，县科协联合县科技馆、科普教育基地、青年旅行社打造盱眙科普旅游线路。开通一条科普旅游线路（为地质科技馆—蜜蜂科技馆—黄花塘军部—铁山寺天文科技馆），由都梁旅行社和青年旅行社组织。在“五一”及龙虾节期间，接待省内外游客及科普爱好者4万余人次。由青年旅行社组织老年科技工作者80余人，走科普旅游线路，开展科普旅游活动。由县二中、都梁中学等学校组织学生，到铁山寺天文科技馆，开展天文课外实践活动。县科协为调动旅行社的积极性，更好地组织科普一日游，对涉及的车费及生活费向旅行社补贴10000余元。开放科普旅游场馆。“五一”前，天文馆、地质馆、蜜蜂馆、龙虾馆4个科技分馆免费对外开放。同时，3个科技分馆凹土馆、国防馆、水利馆对外开放。为调动蜜蜂馆、地质馆、龙虾馆参与科普旅游的积极性，分别给予5000元资金奖补。争取中央引导地方资金280万元，对铁山寺天文科技馆进行全新改造。

（供稿：赵 鹏　审稿：王世元）

铁山寺森林公园
Tieshantemple Forest Park

【概况】　2016年，铁山寺国家森林公园（以下简称铁山寺公园）接待游客5万余人次，通过省旅游局省级旅游度假区考核组考核。入选第一批全国森林体验基地试点建设单位名单。

【金陵天泉湖养老社区】　2016年，金陵天泉湖养生养老项目首批获得专项建设基金1.4亿元。项目包括养老公寓及医院、护理院、餐饮、超市、健身、老年俱乐部等配套设施。5月，省政协调研组到盱眙县调研养老服务业发展情况，对天泉湖养老服务区的发展给予肯定。

【建设江苏第一漂】　2016年，铁山寺公园漂流基地动工建设，该项目总长5.3公里，投资约2000万元，为江苏第一漂，起点是古城小牛场，终点是玫瑰园码头，中间穿越峡谷、山溪瀑布、桃花涧等景点。项目的实施将填补铁山寺夏季旅游活动的不足，让游客在体验惊险刺激的同时，欣赏铁山寺原生态的自然景观。铁山寺公园在对部分河道进行疏浚,以及起点、终点集散场地的施工。

【天文科普园改造】 2016年,铁山寺公园对景区内天文科普园进行提档升级改造。天文科普园由紫金山天文台提供技术支持,铁山寺国家森林公园管理委员会投资850万元,于2000年7月1日正式建成。获批"江苏省爱国主义教育基地"后,按照上级有关要求实行免票开放,现设备设施已老化、陈旧。通过设备设施的更新和改造,提高科普园科普教育能力,满足青少年、天文爱好者及游客对天文科普知识普及的需求。

【滑索项目运行】 2016年,铁山寺公园滑索项目完工,跨度为400米,高差95米,滑索上站为百岁亭南、下站为火山石赤足区东,配套建设景观游步道、休憩观景亭等设施。

从上站到下站时间为45秒。游客乘坐滑索可俯瞰铁山禅寺,尽览林海风光。该项目集挑战性、参与性、娱乐性于一体,具有惊、奇、险的特点,适合青年人和喜欢户外的人群。

【推出"六道"国庆游园活动】 2016年,迎接"十一"黄金周,铁山寺公园精心策划,推出"六道"游园活动菜单:骑行山水间、攀岩展豪情、旷野篝火夜、赤足火山石、田园采摘季、乐享慢生活。随着低碳环保理念的深入人心,骑行成为低碳而又健康的旅游新方式。落叶缤纷路慢慢,随我骑行拾秋色。租骑公园里的自行车,在慢行道上会有惊喜与发现。在铁山寺心林其境,参加攀岩、体能挑战等拓展活动,还可以和家人、好友在湖边烧烤,亲手调制美食,参与篝火晚会。在穰满家花样年华农场和陡山村采摘到天然种植的各类瓜果蔬菜。晚上住山间别墅、水岸洋房、森林公寓,快乐度假,感受慢生活。金陵山庄游泳池、健身房、影院对入住客人免费开放。

【陡山滑雪场开工建设】 2016年,铁山寺山地滑雪场在铁山寺公园陡山村开工建设。项目占地4万平方米,拥有大型进口造雪机10余台,滑雪板2000余副,滑雪圈500个,大型魔毯两条以及20余辆雪地摩托。铁山寺山地滑雪定位于初、中级滑雪爱好者,是家庭参与的集健身、娱乐、浪漫为一体的冬季运动。滑雪场除主雪区滑雪道还有滑雪圈区域以及儿童滑雪区、多彩嬉雪区等,满足各年龄段旅游爱好者需求。滑雪场聘请专业教练为初学者做辅导,让游客在国家级森林公园滑雪场畅享安全、刺激的滑雪体验,让毗邻地区游客在家门口就能享受北国冰雪风光。

【同程百旅会铁山寺养生之旅】 2016年12月24日上午,"活到一百岁,游遍全世界"全国中老年旅游服务品牌同程百旅会VIP会员淮安欢迎仪式在盱眙县铁山寺公园举行。百旅会淮安首发团的近300多名中老年游客,在圣诞期间齐聚铁山寺,感受山水养生之旅。此次活动由同程旅游、淮安市旅游局、盱眙县旅游局、铁山寺公园共同主办,在游园的过程中推出针对老年人的广场舞、对歌、寻宝等活动。"百旅会"是同程旅游匠心打造的中老年旅游服务品牌,以创新多样化服务为理念,致力于满足中老年会员旅游、休闲、社交等方面的需求。

(供稿:颜世铭　审核:周从峰　董清)

明祖陵

Mausoleum of Ming Emperor´s Ancestry

【景区建设与管理】 2016年,明祖陵接待游客140万人次,总体运营安全无事故。明祖陵文管处做好文物保护工作,完成明祖陵神道绿化提档升级改造工程,核心景点观赏品质得到质的提升;完成假日和龙虾节各项旅游接待工作;完成地宫前石五供和陈列馆屋顶维修工作;与农委对接,完成景区内部树木"美国白蛾"防控工作;完成景区各项安全消防工作,保证汛期安全。

【景区整改】 明祖陵因旅游产品退化和旅游厕所改进推进不力因素,2016年9月26日被省旅资委降级。景区针对省旅资委两次暗访指出的旅游交通、游览、旅游安全、卫生等8大类问题、7条整改建议,进行全面整改,坚决做到全方位无死角梳理,以更严的标准,更高的规格开展全面整改。

(供稿:李尚兵　审稿:胡仁生)

第一山公园

First Hill Park

【概况】 2016年,第一山国家森林公园(以下简称第一山公园)以“全覆盖、零容忍、严执法、重实效”为工作目标,开展平安景区建设专项行动,消除重大隐患,杜绝重特大事故,为游客创造安全良好、便捷舒适的景区环境。全年接待游客70余万人。

【景区文物保护】 编制《第一山文物保护规划》。完成初稿,待评审通过后即制定文物保护方案并具体实施。在对赵孟頫碑实施重点保护的同时,还对碑刻陈列馆等加装监控,保护文物安全。5月,对景区碑廊、杏花园、瑞岩庵、后门等古建筑饰面的油漆进行翻新,使景区焕然一新,完善景区的浏览环境。侵华日军盱城大屠杀遇难同胞纪念碑记下1938年的屠城血案。为铭记历史,6月,盱眙县委、县政府在原址上重修侵华日军盱城大屠杀遇难同胞纪念碑。项目基本完工。

【景区整改】 2016年9月,第一山公园景区被省旅游局责令限期整改。第一山公园景区落实整改。采取更新升级监控系统,增加各类高清探头13个,基本实现主游览区监控全覆盖;实现手机远程监控;实现景区无线网全覆盖;更换破旧垃圾桶40个;增加语音播报系统;完善游客中心基础设施,同时对部分游道设施进行加固。11月,顺利通过江苏省旅资委对景区的暗访复核。

(供稿:丁倩倩 审稿:吕荣弟)

黄花塘新四军军部纪念馆
Huanghuatang New Fourth Army Headquarters Memorial Museum

【概况】 2016年,黄花塘新四军军部纪念馆(以下简称黄花塘纪念馆)以打造江苏省红色旅游高地为目标、以党员群众开展“两学一做”活动为契机,全面开展以“革命传统教育”和“爱国主义教育”为主题的各项活动,优化和提升景区的结构,推进全县红色旅游大发展。向上争取资金30万元,在原有基础提升对景区的环境。全年接待游客60余万人。9月,“新四军黄花塘党性教育基地”开工建设,新四军礼堂、游客服务中心等在建设当中。建成后的教育基地包括教室、军部大礼堂、铁军广场、铁军训练营等。

【宣传红色文化】 2016年,市县相关领导到纪念馆调研“两学一做”活动课程,5月,确定黄花塘纪念馆为“恩来干部学院黄花塘新四军军部旧址教育中心”。10月,黄花塘纪念馆开辟“两学一做”活动课程,主要包括新四军历史文化讲解、实境课堂、特色党课以及互动体验等内容。全年接待开展“两学一做”的团队69批次。为更好宣传新四军历史文化,纪念馆先后建设网站、申请微信公众号等,依托平台加强宣传。

【文物征集和管理】 2016年,黄花塘纪念馆共征集各类图书200余册;文物近30件。黄花塘新四军军部旧址保护规划项目文本在2014年基本完成,一直没有通过省文物局组织的专家评审。年初,经过多方协商,根据专家组的意见进行部分的修改,通过省专家组评审。根据国家文物局的要求,纪念馆上报《馆藏物品保管、保护修复方案》,向国家文物局申请可移动文物保管、保护经费130余万元。

(供稿:蔡卫东 审稿:卞 龙)

本栏目责任编辑:李 婧

基 础 设 施

Infrastructure

交　通
Traffic

【交通基础设施建设】 2016年，宿扬高速盱眙段项目项目有序推进。235国道盱眙北段明蛤段工程溜子河特大桥主体工程完工，接线部分在进行水稳碎石基层摊铺，完成投资近4亿元。331省道绕城段和235国道盱眙北段其余路段改造与港口产业园项目进入省财政厅PPP项目试点库，正挂网招标，征地拆迁工作提前开展。投资1.2亿元的331省道至盱眙新港口疏港公路进行路基土方、结构物、雨污水管道施工。龙泉湖至235国道、331省道连接线项目完成施工招标，老路病害处理在实施，待气温回升后将进行路面施工。投资5000万元的121省道16.41千米大修工程顺利建成通车。农路农桥项目列入省厅农路建设计划的86.34千米农路提档升级、4.18千米县道改造、6座农桥改建项目主体完工，完成投资近8000万元。扶贫道路项目。投资6500万元的黄花塘革命老区扶贫道路黄高线项目，施工单位进场清表施工；投资1.3亿元的西南岗片区扶贫项目沿洪泽湖道路已挂网进行施工招标。配合做好淮河航道整治项目协调保障工作。建成盱眙港政执法基地和航政执法艇停泊区；投资近2000万元的城市公交总站投入使用。淮河大桥改造、235国道盱眙南段、601省道等项目前期工作有序推进。

【交通运输服务】 加快发展运输经济，组织开展物流产业招商，投资45亿元的集物流、仓储、先进装备制造等为一体的盱眙港口产业园启动建设，成功签约远化物流和顺达驾培项目；杰祥物流项目开工建设；超越物流和名品汇贸易项目竣工；帮助、鼓励、引导货运企业做大做强物流产业，全县物流企业71家，4家货运企业成功创建“江苏快货”品牌，配载市场初具规模；完成内河船型标准化目标任务。服务公众出行，完成桂五、天泉湖、兴隆等3个乡镇镇村公交线路升级改造，开通31条镇村公交线路，覆盖11个乡镇(街道)，直接惠民40余万人；启用2个公交首末站，完成“江苏交通一卡通”试运行工作，新增公交10路线，城市公共交通分担率达17.5%。推进节能减排。

【绿色交通建设】 推广应用新能源车船，2016年，购进24辆油电混合公交车，安装充电桩27根，511辆出租车更新双燃料车型，鼓励运输企业购置、更新节能环保车辆，有效推进节约型、低碳型运输产业加快发展。完成港口码头岸电改造9家13套，更换LED灯23盏，实现了盱眙港区岸电全覆盖；在121省道大修工程中采用沥青热再生技术，节能效果明显。推广新技术、新产品，在干线公路养护大中修工程中采用热再生沥青下面层工艺，在沥青面层施工中使用质量信息实时监控系统；在235国道明蛤段溜子河特大桥施工中，使用智能张拉设备2套、智能压浆设备1套，提升施工效率，节约施工成本，实现精细化管理。

【交通管理】 组织开展干线公路集镇段、路肩边坡、桥涵、绿化和附属设施“五项整治”活动。路警联动开展治超行动，全年，检查处理超限运输车辆155辆，卸驳载货物3781吨，辖区公路超限率控制在2.7%以下。完成235国道安全生命防护工程，32公里县道安保工程和244公里乡村公路安全生命防护工程，全县道路路况质量稳定。航道(港口)部门完成淮河干线航道30公里GPG定位测量和淮河、清水坝河、官滩河等航道扫床工作；检查并维护航标960座次，保证航标正常使用率达99.9%，做好枯水期航道、码头的监管和船舶安全引航工作，淮河航道连续37年畅通无阻。按工程质量报监程序加强项目质量监管，建立健全质量管理体系。重点工程竣工质量优良率100%，盱眙淮河三桥被评为年度省级交通建设优质工程项目。

【交通安全】 在推进交通行政审批制度改革的同时，率先在全市交通运输系统探索实施交通综合执法体制改革，组建交通运输综合执法大队。通过执法人员轮训，开展系列宣传活动和执法评议规范执法行为。全面落实安全生产责任制，通过开展创新工作方法，突出重点领域、重点时段安全监管，全面创建平安路、平安车、平安船、平安站和平安工地。全年开展3次应急演练，排查整改安全隐患217起，全系统未发生一起交通安全责任事故。121省道大修工程被评为市级“平安工地”，235国道明蛤段项目参与省级平安工地创建。

(供稿：戚轶红)

航道管理
Waterway Control

【概况】 2016年,盱眙县航道管理站(以下简称县航道站)管理的航道位于江苏省西部,淮安市南端,素有"苏北门户"之称,淮河与洪泽湖在城边交汇,水运优势十分明显,航道总里程241.21千米。其中,三级航道54.12千米,四级航道19.84千米,五级航道3.62千米,六级航道29.46千米,七级航道78.49千米,等外级航道55.6千米。县内建有航标24座,共有各类大小港口码头约150个,其中盱眙新港口建于2006年,2008年试运营,年设计通过能力506万吨,岸线总长773米,泊位15个。其中500T级泊位13个,300T级泊位2个,码头总延长2890米。

【航道港口部门水上巡查】 2016年,县航道站组织航道扫床120千米,巡查维护航道航标里程超5000千米,淮河主航道全年保持畅通。盱眙港全年完成货物吞吐量1250万吨,占全年计划货物吞吐量的104%。加强对港口许可经营的管理,全年完成变更许可证1家,到期许可证年审3家,及时注销许可证1家。重点强化港口危化品作业审批,全年审批32批次48条船舶,危货码头持证率达100%。加强港口码头节能减排工作,完成9家码头企业船舶岸电改造和LED灯更换工作,新建岸电箱13套,更换LED灯23盏。

【航政艇停泊区建设】 2016年,盱眙航道站开工建设航政艇停泊区工程。该工程位于盱眙淮河风光带航道右岸,经费70万,使用岸线长度25.8米,采用趸船浮码头型式,设计顶高程15.6米。趸船通过钢制浮趸与新建接岸引桥连接,桥长20.64米,宽1.5/4米,由活动钢引桥及固定引桥组成。工程于2016年9月开工,12月完工,提升盱眙维护航道、航标和航道行政执法的快速反应能力,为辖区航道的安全畅通提供支撑。

(供稿:刘德训　审稿:吴 波)

海事管理
Maritime Control

【概况】 2016年,盱眙县地方海事处出动执法人员6304人次,出动执法车辆125车次,海巡艇2409艘次,巡航里程18020千米,"12395"值勤中心共接、出警44次,救助脱险船舶26艘次,救助或帮助船员28人,配合农委、乡镇、公安水警等部门对辖区内从事非法采砂作业的"三无"船舶予以取缔。全年开展联合执法行动11次,查处违法采砂船舶259艘次,全部现场摧毁采砂动力装置。2016年,县地方海事处分别在肖嘴渡口和淮河风光带附近水域开展渡船和旅游客船人员落水救助、机舱火灾等突发事件演习。水上辖区内未发生一起水上交通责任事故和因管理不善而造成的8小时以上的航道堵塞,水上安全形势稳定。

【辖区乡镇渡口渡船监管】 2016年,县地方海事处把渡运安全作为水上交通安全监管重点,全年,检查渡口60道次、渡船61艘次,消除渡运安全隐患10起,发布预警信息17件,整改率100%。渡运安全形势持续稳定。全县4道渡口能认真执行渡口月查和重大节假日专项相结合安全检查制度,建立健全渡船船员每天进出港报告制,及时掌握渡船载客人员数量动态管理,维护正常渡运秩序,渡运安全隐患一律实行跟踪督办整改,保障渡运和群众出行安全。遇重大节假日或特殊时段,联合安监和涉渡乡镇共同开展渡运检查,在雨雪突发天气下,安排人员向重点渡口发放草垫,敦促渡船船员做好防冻防滑事宜,预防乘客摔倒。坚持渡运安全形势分析制度,每季度召开一次渡口渡运安全形势分析会,通报各涉渡乡镇渡口渡运情况,相互学习,推行好的监管与管理方式,达到共同消除渡运安全隐患目的。

【危化品码头、船舶管理】 2016年,县地方海事处以"海事执法推进年"活动为抓手,对淮化危险品运输船舶装卸作业安全监管,到企业、码头开展现场监督检查,重点检查危险品船舶消防、救生、船员配备等状况,对危险品码头的消防、防污染、管道、管阀的安全状况进行严格检查,严格按卸载流程操作,与企业分管安全领导、安全员、车间班组成员在安全管理方面探讨,落实日常安全共管机制,提升危化品运输船舶航行、作业及停泊的安全系数,全年,7次到淮化危化品装卸码头开展专项巡查,督促整改各类隐患6起,并规范船舶安全作业申报流程;巡查水上加油船44艘次,规范船舶船员证件手续和安全作业条件，并对辖区内3艘无证加油船进行整治，取缔2艘。

【涉水旅游景区监管】 2016年，县地方海事处根据景区水域分布实际，结合"海事船检执法推进年"活动，通过明查暗访、收集船户反馈等形式，全面排查整改涉水旅游景区安全隐患，保障游客生命财产安全。重点落实公司责任制、码头设施、游船及船员证书证件有效性、消防救生设施设备是否齐全有效、应急预案的可操作性等方面的检查，并对游船运行状况实行24小时动态监管，全年检查辖区内景区22次，发现安全隐患8起，整改8起。

【开展船舶污染防治专项行动】 2016年8月15日-10月31日，县地方海事处对进入盱眙辖区的船舶开展船舶污染防治专项检查行动，利用巡航检查、船舶安全检查、危险货物运输船舶申报、宣传条幅、LED电子显示大屏等方式，向广大船员宣传本次专项行动的内容和要求，督促进出辖区的船舶和船员遵守国家关于船舶污染防治相关规定。要求检查人员在现场检查中一船一表，并签字留存备查，活动期间，发放宣传资料100余份，检查船舶1474艘次，其中存在缺陷或问题的船舶277艘次，发现未持有有效的防污染检验证书、未按规定持有相应的防污染文书等缺陷203项。

【内河水上交通安全知识进校园】 2016年，"安全月"期间，县地方海事处与县交通运输局、鲍集镇镇政府等相关部门走进鲍集中心小学，组织开展"水上交通安全知识进校园"活动。现场为师生们讲解水上交通安全知识，传授水上应急基本技能和急救小常识。发放《小学生水上交通安全教育读本》及各类学习用品100多套。

（供稿：王正光　审稿：林光勇）

公路管理

Highway Administration

【概况】 2016年，盱眙县完成121省道K143+960—K146+360、K147+360—K148+360、K149+360—K152+360段和盱马一级路K98+990—K103+000、K107+400—K113+400段16.41千米大修工程，累计完成建安费约5000万元。加强公路日常管养，辖区干线公路机械化养护率达92%。处置道路病害，完成坑槽修补3万平方米，维修、更换中分带缘石130米，更换扶手、防撞护栏维修500处，修复桥头跳车3处。组织对3条干线绿化工程缺陷责任期内的枯死缺株苗木进行补植，共补植苗木近5千余株。做好里程碑（牌）、百米桩（贴）、警示桩等附属设施的擦洗、扶正和补缺工作，更换里程碑（牌）9块，保证沿线设施整齐完好。开展新一轮国、省、县道网规划工作。

【农路管养】 2016年3月初，县公路管理站开展农路管养、路政等相关业务培训，督促各乡镇制定乡村公路养护计划，落实养护资金。制定出台农村公路小修保养工程新的补助标准，促进各乡镇通过小修及大中修工程，提高镇村公路好路率。根据管理权限，及时对县道盱马线K25—K29、黄仇线K9—K10、旧仇线K6—K12段等部分路面病害和黄仇线三道破损涵洞进行维修和治理。实施县道黄仇线4.2千米的大中修工程，投入资金约2000万元。乡村公路养护实现全覆盖。

【路域环境专项整治】 2016年，县公路管理站开展干线公路环境专项整治活动，对3条省道沿线的堆积物、非标、摆摊设点等进行集中整治，全年，清除非标232块，堆积物4015立方，摊点6处。县政府下发《关于禁止在公路上打谷晒场的通知》。执行路政巡查制度。加强巡查工作的有效性，全力维护公路和公路附属设施完好。处理各类损坏公路路产案件26起，收取路产赔（补）偿费42.55万元。

【路桥管理】 2016年，县公路管理站强化桥梁养护监管，落实桥梁工程师制度和桥梁动态监管制度，确保四、五类桥梁及时发现，及时维修改造。加大对大中桥梁、建成时间较长和重载交通较集中桥梁的监管检查监控频率。配合桥梁检测机构完成干线公路桥梁定期检测工作。开展干线公路桥梁安全运行专项检查，利用春季枯水期水位较低的有利条件，对辖区内25座干线公路桥梁进行专项检查，掌握桥梁技术状况。对病害严重的环陡湖线沿河二桥进行拆除重建。投资50余万元通过实施钢板加固横隔板，更换伸缩缝等方式对溜子河大桥进行维修加固。

【超限治理】 2016年,盱眙县集中打击公路超限运输行为,加大惩处超限比例30%以上和车货总重55吨以上等严重恶意超限车辆行驶公路违法行为。全年,查处超限运输车辆155辆,收取罚没款17.48万元,卸驳载货物3780.68吨,辖区超限率控制在2.7%以下。

【公路安保设施完善】 2016年,县公路管理站组织实施244公里农村公路安全生命防护工程,投资800余万元,加强安保设施管护;不定期对辖区干线公路的安保设施进行巡查,对缺损的安保设施及时增设和维修;对县道部分路段缺失的标志牌进行补缺,在X101维桥段、X305水冲港段等路段增设防撞护栏230米。

【安全应急演练】 2016年11月11日,市县公路部门联动开展大件运输安全应急实战演练,路政交警安全护送3纵18轴线液压平板车行驶33千米,积累二级公路大件运输的技术要点和安全应急保障措施经验。

(供稿:吕红花 审稿:高永斌)

运输市场管理

Transportation Market Control

【概况】 2016年,全县办理新增普通货物运输车辆道路运输证1098件,道路运输证换证2160件,道路普通货物运输证年审5226件,道路运输许可证年审3160户,货运车辆转户280辆,出租车更新换证22辆(其中变更9辆),出租车道路运输证年审480件。完成税收保障平台数据报送280条,船舶注销5条、新增4条,按时发放老旧船舶拆解补贴资金34万元,完成各项服务保障工作。

【运输市场监管】 2016年,县运管所依法依托现代科技设备加强行业监管和督促执法行为规范,提高违章案件网上处理率,坚持定期运输市场管理情况分析、每月执法例会和文书会审,按照有关要求将查处案件及时录入"诚信盱眙"网站向社会公示。交通、公安等部门在县城车站、国贸商区、龙泉转盘等区域及马坝等重点乡镇开展残疾人私家车和电动三(四)轮车非法营运及打非治违综合整治专项行动。对乡镇校车安全状况督查,开展"黑校车"专项整治。在元旦、春节、"五一"、龙虾节、G20峰会、中秋节等重大节日前和重要活动期间,开展运输市场整治。落实源头治超执法人员派驻和外籍车辆违章查处抄告制度,加强运输市场长效管理,建立完善维修管理、客货运管理、法规稽查等多部门协作等机制,推进行业诚信建设,打造良好的运输环境。全年,检查车辆共16400余辆次,查处违章1582起,其中客运车辆194起(含旅游车11起)、危货车辆1起、教练车2起、出租车112起、未经许可擅自从事道路运输经营136起、其他运输车辆违章1137起,查处违规从事机动车维修经营38起,拆除驾校私设培训点3处,录入运政在线系统案件数732件,结案646件。

【客运工作】 2016年3月30日,城市公交总站开工建设;优化调整城市公交线路4条,新辟开通城市公交10路线;开通黄花塘镇、旧铺镇、穆店乡、桂五镇4个乡镇镇村公交,完成市下达盱眙县城市居民公共交通出行分担率17.5%和镇村公共交通开通率55%的指标。3月,完成电动三(四)轮车从业人员调查摸底登记500余辆。探索完善客运管理机制,推进农公班车、出租车经营体制改革。拟定完善开通盱眙至马坝快速公交方案。城市公交改革平稳平顺,11位个体车主办理车辆运营到期退市手续;新增及更新24辆城市公交车,充电桩安装3个、24个在安装施工;更新出租车22辆,总数达到512辆,配合物价部门完成出租车运价调整工作。"江苏交通一卡通"投入试用。定期对全县已开通的镇村公交和农公班车运营情况进行"回头查"。启动城乡客运一体化站亭建设。组织实施《盱眙县关于深化出租汽车行业改革的实施意见》。开通盱城雨露村至十里营定制公交班线,调整镇村公交部分线路,解决学生乘车难问题。

【"绿色汽修"】 2016年,县运管所坚持"绿色汽修"维修行业发展主方向,开展"绿色汽修""江苏快修""淮安汽车百事通"等品牌创建活动,有6家4S店维修企业加入"淮安汽车百事通门诊"实体网点。强化行业信誉管理和行风体系建设,引导企业开展技术创新,推广应用先进技术、设备和工艺,促进行业绿色发展,打造盱眙澳美等辖区内连锁品牌典型示范企业,发展有专业技术特长和服务特色的专项修理，有57家三类维修企业进驻汽车保姆城，实行统一供气排污。开展大气污染防治专项行动。督促运输企业完成车辆技术管理体系建设，建立完善营运车辆技术管理制度和车辆技术档案。加强维修行业人才培养和企业“互联网+”维修模式推广应用，推进机动车综合性能检测信息化监管网络建设，为跨区域信息共享和数据互认提供技术保障。加强维修企业的资质条件、服务质量、经营行为、维修质量、安全生产、节能减排等监管，规范操作流程，对投诉反映多、信誉度差的维修企业，实施重点监管并做好信息公开工作。全年，核查新增维修许可3家、维修延续许可18家，车辆技术等级评定3768辆次，燃油消耗量核查643辆次。

【规范驾培行业】 2016年，全县培养驾驶学员10365人次，道路运输从业人员资格证培训1170人次，驾驶从业人员继续教育培训1985人次，新增教练车82辆、教练员37人。新增盱眙顺达驾驶员培训有限公司、盱眙荣盛驾驶员培训有限公司两所三类驾校。对十里营驾校、都梁驾校经营许可证到期延续许可及其他9所驾校资质核查，重新核定培训能力，对县驾培行业发展供过于求的现状，发出驾培行业预警告知。开展驾培市场专项整治活动，惩处非法驾培行为。探索实施先培后付、预约培训方式，推进诚信建设。8月17日，召开全县驾培管理工作座谈会，11所驾校负责人统一意见，并递交承诺书，依据共识，进行跟踪督查，责令问题驾校3所教练员4人限期整改，并在行业内通报，实施长效管理。

【安全工作】 2016年，县运管所开展“平安运管”创建、“平安春运”“冬安赛”、安全月等活动，细化安全责任主体，突出道路客运、危货运输、维修企业及驾培行业为安全工作重点，集中开展行业安全生产和夏季消防安全大检查，指导督促运输企业排查整改隐患6起，下达整改通知单7份。春节、元旦、“五一”、龙虾节等重大节日期间，开展道路客运、公交、危险货物运输、机动车维修、水运、驾校单位及车辆、船只安全生产大检查。对客运总站和群达公司车辆“在线率”不符合要求被淮安市运输管理处三次抽查通报问题，责令督促教育整改，并给予其行政处罚和在全县运输行业通报，定期抽查落实情况，坚持杜绝再次发生，确保在线率达到100%。落实值班制度，建立完善安全台账资料，并按要求报送。对危货运输企业的资质条件和安全管理情况、从业人员的从业资格证和专用运输车辆的技术状况进行核查，加强危险货物运输标志管理，严格操作规程，严把营运车辆二级维护及检测关。加强运输违章治理，巩固打非治违成果，协调解决农公班车经营者与非法营运残疾人矛盾。全年实施行业安全检查39次，参加检查170余人次，印发安全生产检查文件100余份，排查各类安全隐患121起，整改到位121起，实现全年县运输行业安全无事故的目标。

（供稿：王国玉　审稿：马佃彬）

水　利
Water Conservancy

【概况】 2016年，盱眙县完善水利基础设施建设，强化工程管理，推进水利改革，全年实施水利基础设施项目18个，总投资4.1亿元。桂五、旧铺两乡镇的“美丽库区、幸福家园”建设项目得到市县领导肯定，红旗水库、三八水库除险加固和皮湾闸拆迁工程被市水利局评为水利工程建设优质工程，杜湖、大连、燕窝等11座小型水库被评为江苏省小型水库规范化管理单位，全省抗旱应急水源工程现场会在盱眙县召开，“2016年农村河道长效管护”“重点县2015年度项目”“2015年度小型农田水利工程管理”在省水利厅、省财政厅联合考评中，分别获得“一类”“良好”和“优秀”等次。在全省水资源管理考核中，盱眙县作为淮安唯一县区接受省考核专家组验收，各项工作得到专家组认可。

【水利工程建设】 2016年，县水务局实施红旗、山洪、化农等3座中型水库增补项目、入江水道整治增做工程、农水重点县、千亿斤粮食产能规划、农村河道疏浚整治、小型水库库区扶持、农桥、2015年第二批中央大中型水库移民后期扶持结余资金项目、农村饮水提前实施工程、农村学校饮水安全结余资金项目、桥口灌区节水改造、团结河治理工程、洪泽湖搬迁群众扶持等18个水利项目。其中红旗、化农、山洪三座中型水库增补、农桥、农水重点县等16个工程完工。2015年底，桥口灌区节水改造工程、团结河治理工程开工建设。全年疏浚县乡河道35条146.82千米,整治塘坝99面,完成土方310万立方米,改善排涝面积6080公顷,改善灌溉面积6.85万亩,增加蓄水能力12.69万立方米。

【防汛抗旱】 2016年6月初,县水务局举行抗洪抢险实兵演练,全县20个乡镇(街道)行政主要负责人参加观摩。汛期,全县经历5次强降雨,123座水库有49座溢洪,及时掌握水情、雨情、工情变化情况,配合做好水情调度,做好预测、预报、预警和排涝降渍工作,无一处险情发生。2015年8月中旬,受持续性高温少雨天气影响,淮河洪泽湖水位持续走低,抗旱形势严峻。按照“一保人畜饮水,二保生态供水,三保工农业生产用水”原则,采取库塘自流灌溉、泵站全力抢灌、及时实施补水等各种抗旱措施,科学调度水源,全县提放水18627.5万立方米,基本上满足人畜饮水需求,保证大部分农作物灌溉。

【打击非法采砂】 2016年,县水务局针对洪泽湖、淮河水域非法采砂严峻形势,将打击非法采砂作为水利管理的重中之重,联合公安、交通等部门实施“利剑”行动,组织实施联合打击41次,抓获非法采砂犯罪嫌疑人66名,立案查处7件,结案率100%。

【推进水利改革】 2016年,河湖和水利工程确权划定。盱眙县河湖和水利工程管理范围确权划定项目主要内容为1座湖泊(包括陡湖)、122座水库,项目于年底基本完工。全县成立农民用水户协会44个,涉及7个灌区18个乡镇38个村,控制灌溉面积32466.67公顷,占有效灌溉面积27.1%。参与农户数1.87万户。通过农民用水户协会的运行管理,合理调配全县灌溉用水,满足农作物生产需要,节约灌溉用水量,取得效果。

(供稿:何大伟　审稿:谷文书)

供　　电

Power Supply

【概况】 2016年,盱眙县供电公司完成资本类投资2.69亿元、成本类投资2.40亿元。投产10~110千伏线路733.474千米,新增变电容量29.166万千伏安;盱眙全社会用电量17.5086亿千瓦时,比2015年增长9.47%;售电量16.1881亿千瓦时,比2015年增长7.35%;线损率5.37%,电费回收率100%;调度最高用电负荷42.6万千瓦,比2015年增长32.06%。盱眙县供电公司获“江苏省文明单位”“江苏省五一劳动奖状”江苏省电力公司“安康杯竞赛优胜企业”、江苏省电力公司集体企业管理“先进集体”、淮安市“先进基层党组织”“淮安市五一劳动奖状”等荣誉称号,职工受国网公司表彰2人,受省电力公司表彰13人。

【1000千伏特高压工程竣工】 2016年3月31日,淮南—南京—上海1000千伏交流特高压输变电工程“淮南—江苏长江北岸段”启动投运。这是国家大气污染防治行动计划12条重点输电通道中首批获得核准、率先开工建设,也是首个投运的特高压工程。该工程在盱眙县境内有线路61.3千米、124基铁塔,涉及118户房屋拆迁,在天泉湖镇范墩村建特高压盱眙变电站1座。

【配电网建设】 2016年,县供电公司打造符合县情、融入环境、发挥效能的一流配电网。对接“美丽乡村”,建设精品示范工程,一期在特高压所在天泉湖镇,打造“美丽乡村、美丽电力”精品台区示范工程。示范区配电设施坚持“融入环境、融入文化、融入创新”,针对山区高电阻率土质,研发“预埋式新型接地桩”;针对偏僻地区配变设备检修难,研发“台架固定式操作绝缘梯”;台变、杆线遵循村容村貌走向,电杆、配电附件等设施采用青灰色防腐喷涂,融入徽派山水环境风格和色彩,兼顾山区恶劣气候侵蚀需求。优化能源供给方式,以“政电企”战略合作为引领,围绕金陵集团大型高端养老社区建设,推动“智洁能源”智能用电示范社区建设,打造纯电力能源社区,推广电能替代,提供充电桩、电锅炉、智能家居等智洁能源业务配套服务,统筹考虑“三表合一”,实现智能采集、数据分析、一体化运维,助力养老产业大数据分析需求。

(供稿:钱成刚　审稿:孙文武)

本栏目责任编辑:李　婧

城 乡 发 展

Urban and rural development

城乡建设
Urban and rural construction

【概况】 2016年，盱眙县住房和城乡建设规划局(以下简称县住建局)以城乡统筹战略为指引，抢抓推进新型城镇化发展机遇，谋发展，抓落实，城乡空间布局进一步拓展，城乡功能配套进一步完善，人居环境进一步优化。县住建局荣获省住建厅授予的“建筑节能与绿色建筑工作先进集体”称号；县白蚁防治中心被省白蚁防治协会评为先进单位。

【城乡规划】 2016年，县中心城区规划编制稳步推进。县总体规划修编通过淮安市规划局组织的专家评审，完成信息化报备，上报市政府待批。以城市总体规划修编为指导，推进完善各类专项规划和特色规划，县域绿道系统规划、市政综合管线和地下管廊规划形成中期成果，相继开展绿地系统、燃气以及停车场设施等专项规划，启动盱眙县历史文化街区保护规划和城市重点片区控制性详细规划编制工作。乡镇规划体系不断完善。新一轮优化镇村布局规划编制工作全面完成，并进入省住建厅数据库。18个乡镇总体规划修编和控制性详细规划编制工作稳步推进，完成马坝、旧铺等8个乡镇规划编制，桂五、管镇等4个乡镇形成汇报成果，盱城、穆店等7个乡镇编制有序开展，乡镇规划编制基本实现全覆盖。

【改善城乡环境】 2016年，盱眙县坚持城乡统筹，以新型城镇化重点项目和民生实事项目为支撑，提速项目实施进度。新改建斩龙涧等城市道路4条，完成13个老旧小区天然气管网改造和15个老旧居民区自来水管网改造工程，城市桃源、龙虾城南侧游园、奥体中心与山水广场应急避难场所等功能提升类项目建成使用。新建天然气中压管网26千米，新增城区绿地63.84公顷，建成区绿化覆盖率44.23%，城市污水集中达标处理率90.3%，燃气普及率98.6%。完成马坝、旧铺重点中心镇“十个一”项目建设和城区至老子山区域供水，城乡配套功能进一步完善。城市桃源项目跻身15个全省海绵城市建设示范项目之列，获得引导资金补贴500万元。健全村庄环境长效管理机制，实行“五位一体”管护，盱城新华等4个村创成“康居乡村”，兴隆、管镇、官滩、盱城、明祖陵5个乡镇获评村庄环境长效管护“五星级乡镇”，全县村庄环境整治长效管护工作走在全市前列。美丽乡村建设成效显著，穆店龙王山和桂五天台山两个美丽乡村规划建设全面完成。官滩甘泉、兴隆黄庄被确定为2016年度省美丽乡村示范项目，核定省级奖补资金430万元，完成项目规划设计工作。

【建筑业发展】 2016年，全县完成建筑业总产值103.8亿元、外出施工产值59.9亿元、创建省市标准化示范项目28个、创省市优工程20个、获QC成果奖19个、组建建筑业产业园1个，开拓外埠市场1个。强化安全生产责任，全面落实大气污染防治措施，在建工地扬尘整治效果明显。完善农民工薪资实名制管理，出台制定工资支付管理办法，从根本上减少拖欠农民工工资和恶意讨薪等行为。以绿色建筑示范县创建为契机，深化建筑节能和绿色建筑各项工作，绿色建筑5个专项规划通过省专家评审，并获县政府批准。全年新墙材总量3.56亿块折标砖，新建节能建筑52.28万平方米，发展预拌砂浆7万吨，预拌混凝土100万立方米，完成太和街道“禁粘”乡镇和“发散”示范乡镇验收。获得绿色建筑二星级标识项目3个，总面积48.78万平方米。深入开展工程质量治理两年行动，积极创新现有监督模式，工程质量监督内控机制逐步完善，全县辖区工程监督覆盖率达98%以上，市优主体结构申报率100%，申报成功率100%。

【房地产开发】 2016年，全县在建房地产项目78家，全县商品房施工面积361.02万平方米，新开工面积66.24万平方米，竣工面积71.68万平方米。全县累计销售商品房10142套，销售面积105.36万平方米，销售收入47亿元，完成商品房去库存49.53万平方米。房屋登记职能顺利划转，房产档案、房产测绘全部实现标准化、规范化管理。举办秋季房交会，成交1238套，销售金额58080万元。加强房地产开发项目日常监管，对项目实施动态管理。做好25个问题楼盘矛盾化解工作，有效解决业主合理诉求。

（供稿：刘青云　审稿：汪 海）

城市管理
Urban Management

【概况】 2016年,盱眙县城管局清转运生活垃圾12.2万吨,城市管理综合执法大队清除小广告及橱窗广告11160余处,处理各类违法建设87起,拆除违法建筑总面积2022.5平方米;交警城区中队共查处各类交通违法行为35000余起,查处酒后驾驶违法行为32起(其中醉酒驾驶15起),查获一起无证驾驶且毒驾案件,处理简易交通事故6000余起;市政处拆除愈期未整改各类不规范(破损)广告牌500余块和乱挂破损条幅、布幔290余条,拆除破损围挡广告2300余米,安装、维修城区护栏约6301米,更换护栏墩子1016余次,更换花筒50余个,发现不安全窨井盖60余个;公益场馆管理所室内馆接待各级党政代表团、学生团体等约260批次左右,接待参观游客累计近16万人次;路灯所维修路灯、景观灯4612盏,更换损毁电缆线3318米,处置各类突发故障112起。山城市场全面升级改造。

【"931"城市环境综合整治项目】 2016年,县城管局"931"城市环境综合整治项目85个。九整治项目13个,包括城郊结合部4个,城中村1个,老旧小区4个,背街小巷2个,建筑工地1个,农贸市场2个。完成12个,完成率92.3%。嘉喜转盘生态湿地景观工程在施工。三规范项目72个,其中经营疏导点1处、公共停车设施1处、户外广告70个、全部完成。拓展项目中,完成新建改造公共厕所11座,新增城市信息广告发布栏318处,增设200只分类果壳箱,采购40部电动三轮保洁车,强化卫生基础设施建设和保洁管理。

【开展电动三、四轮车载客整治行动】 2016年,县城管局与县公安局联合在城区主要路口路段加大对城区电动三、四轮车和马自达违法行驶的查处力度,查处电动三、四轮车交通违法行为450余辆,受教育群众2.8万余人。

【市容环境整治】 2016年,县城管局开展系列市容环境专项整治行动。先后开展迎新春城区综合整治活动,城区校园周边食品流动摊点集中整治行动,以及市容与治安综合整治行动,户外广告和楼顶大型广告牌集中整治行动。在路灯亮化管控上,坚持昼夜巡查,做到及时发现故障及时抢修。在加大违建巡查力度的基础上,对违建实行零容忍,做到发现一起,查处一起,拆除一起。组织100余人次对东方市场内部环境展开综合整治,清除棚亭、乱搭乱挂100余处,规范店外店、占道经营108处,施画标线300余米。2016年,县城管局完成停车泊位增设、非机动车停放架安装、分类果壳箱添置、环卫保洁车采购、交通信号灯安装和电子警察系统的改造升级、11座公厕建设与46个老旧小区改造等8项任务。金源南路、都梁南路两侧形象提升工程改造按序时完成。

【城区保洁和城乡垃圾清运】 2016年,县城管局实现垃圾清运全覆盖。对人行道以外的绿化带以及商铺店铺门前公共区域的保洁力度,并专设保洁人员,对上述区域进行常规长效保洁管理;抓好生活垃圾的日产日清工作。加大城乡垃圾压缩密闭转运,压缩率达100%,密闭化转运率达100%,城乡生活垃圾无害化处理率达100%以上。加大渣土管理管控力度,实行渣土审批全覆盖。制定"五定四早三把关"("五定":定人员、定配置、定管理目标、定工作计划、定任务进度、定结案时间;"四早":早发现、早安排、早测量、早审批;"三把关":严把源头申报关、现场测量监督关、行政处罚程序关)工作法。推进垃圾焚烧发电二期项目,在原先基础上,增添两台发电机组,新增垃圾处理能力每日800吨,总投资3.4亿元。

【小区管理】 加强和规范全县住宅小区安全防范和依法管理工作,健全物业服务企业信用体系,出台前期物业招投标管理办法和一费制收费管理办法等物业收费相关指导文件。开展示范小区创建,打造一批示范小区,获得市优小区10个,省优小区1个。

【智慧城管】 2016年,县城管局为提高城镇长效管理水平,将长效办、网格化管理指挥中心和数字城管相兼容、延伸,先后开辟"我的城管我的城"系列、"店铺门前脏乱差"系列、"交通车辆曝光"系列、交通不文明行为曝光系列等。同时,在年度城镇长效管理考核中,新增网格化管理考核内容。网格化管理模式成为江苏省931行动创新实践案例，云南、新疆、金湖等省区县到盱眙参观交流，网格化管理专题片在全省引起强烈反响。城区56条主次干道的交通拥堵得到有效缓解，解决市场混乱无序、乱堆乱放、非法马路市场、占道经营等难点、热点问题10000余件，拆除违规橱窗广告1600余处、墙体广告8000余处。

（供稿：崔巧羽　审稿：杨正军）

扶贫工作

Work of Poverty Alleviation

【概况】 2016年起，盱眙县根据省委、省政府新一轮扶贫开发部署，按照“减少相对贫困、缩小收入差距、促进共同富裕”的目标和“标准再提高、重点再聚焦、内涵再丰富、底线再织牢”的工作要求，组织实施脱贫致富奔小康工程。全年，全县有年人均纯收入低于6000元的农村低收入人口23230户、74635人，其中扶贫户15495户、59287人，低保户5705户、13221人，五保户2030户、2127人；官滩镇侍涧村、霍山村、金圩村，桂五镇藕塘村、水冲港村、山洪村，河桥镇龙泉村、淮峰村，鲍集镇新迁村、沈集村10个省定经济薄弱村；铁佛镇河洪村、邹黄村，明祖陵镇明祖陵村，马坝镇欧湖村，天泉湖镇凡岗村，仇集镇明山村，穆店乡越李村，兴隆乡黄庄村8个市定经济薄弱村和西南岗片区管镇、鲍集2个乡镇以及黄花塘革命老区，纳入全省“十三五”时期脱贫致富奔小康目标任务。县委、县政府排定淮河镇大洲村、管镇镇芮圩村、马坝镇卧龙村、旧铺镇新铺村、观音寺镇朱楼村、黄花塘镇绿化村、维桥乡车棚村、古桑街道关帝村作为8个县定经济薄弱村，在年内实施“整村推进”重点帮扶。在新一轮扶贫开发中，县扶贫办围绕低收入农户、经济薄弱村、西南岗片区和黄花塘革命老区四大帮扶重点，完善帮扶机制，加大帮扶投入，各项工作取得较快进展。全年落实帮扶资金12969万元（省级财政精准扶贫帮扶资金2042万元；西南岗关键工程项目资金3000万元，其中2016年到位资金851万元；黄花塘革命老区黄高路项目资金1600万元；省级财政扶持发展村集体经济增收项目资金600万元；市级财政扶持发展村集体经济增收资项目资金190万元；市委驻盱帮扶工作队扶持资金4707万元；县级财政专项扶贫资金830万元。），实施帮扶项目92个。带动农村低收入人口脱贫2.15万人，桂五镇水冲港村、官滩镇金圩村、明祖陵镇明祖陵村、铁佛镇邹黄村4个经济薄弱村率先通过省市考核验收。县扶贫办被江苏省扶贫工作领导小组办公室表彰为先进集体。

【精准识别帮扶对象】 2016年，县扶贫办按照“责任明确、程序规范、数据可靠、群众认可”的要求，组织20个乡镇、街道分村组成调查组，落实组对村、村对镇、镇对县三级书面承诺制度，通过公告宣传、农户申请、县乡村组四级评审与公示，完成对7.46万农村低收入人口建档立卡调查登记和动态调整工作。

【分类帮扶到户到人】 2016年，市县乡120个党政机关的7652名党员干部，对1.55万户扶贫户实施结对挂包帮扶，突出春节、龙虾节和扶贫日，集中组织到户开展活动，重点帮助低收入户劳动力转移就业、解决生产资金和现实困难。全年落实结对帮扶资金754.6万元、投放扶贫小额贷款1.54亿元、帮助转移就业劳动力5742人。对7677户、1.54万低保、“五保”人口，全部纳入保障范围，做到应保尽保。对1034户低收入农户子女给予了学费减免。

【经济薄弱村帮扶投入】 2016年，县扶贫办按照“654”建设标准（10个省定经济薄弱村每村不低于60万元、8个市定经济薄弱村每村不低于50万元、8个县定经济薄弱村每村不低于40万元），通过省市县三级财政共同安排1620万元，其中，省财政600万元、市财政190万元、县财政830万元，全县26个经济薄弱村在年内全部新建1个以上产业增收项目。市委驻盱帮扶工作队及20个后方单位对18个省、市定经济薄弱村实施定点挂钩帮扶，全年，协调落实帮扶投入4707万元（其中后方单位自有资金投入494万元），实施帮扶项目72个。

【重点片区向上争取】 2016年，县扶贫办抓住西南岗片区整体帮扶和黄花塘革命老区“点穴式”帮扶政策机遇，立足长远规划与年度计划相结合，聘请省农科院等专业团队帮助指导，做好顶层设计。西南岗片区突出夯实基础、发展产业和民生改善,重点建设环湖大道片区关键工程项目和管镇渔港以及龙虾、螃蟹和设施蔬菜种养等项目。黄花塘革命老区依托现有的项目、产业、文化等方面基础,重点打造苏宁现代农业、汉世伟循环农业等重点项目,开发建设食品加工区,打造省级食品产业园,争创“铁军文化”特色小镇和创建“美丽乡村”示范村。全年,片区关键工程沿洪泽湖大道项目和黄花塘革命老区黄高路、黄花塘镇土地整理等重点项目启动建设。

(供稿:柳建军　审稿人:陈渐垒)

【项目扶贫】 2016年,“双扶”(扶持示范载体、扶持贫困户)工作是淮安市创造的扶贫模式,做到两个精准。选择扶贫载体力求精准,选择扶贫对象力求精准。全年扶持贫困户165户,户均年收入1.9万元。省老促会等扶持的盱眙县观音寺镇永林虾笼编织合作社10万元,该社把编织的材料送到编织户家中,使年老体弱者、在家带孩子的妇女都能坐在家中搞虾笼编织,熟练工每天可以挣50—70元的加工费。有180多户农民为永林虾笼编织合作社加工虾笼,累计每年为农民增加收入260余万元。

【智力扶贫】 2016年,县老区开发促进会、扶贫开发协会从争取省、市扶贫资金中拿出50万元支持楚东职业技术学校,推动该校的教育事业发展。楚东职校扶贫助学为462名农村青年免费培训,为428名留守儿童免费辅导服务,为150名创业中专班学员免去部分费用,为推进“农村儿童享受城市幼儿园教育”大型公益活动免费,四种类型的教育培训共免去39.9万元。在提高农民综合素质工作中,穆店乡兴办农技培训班3期,200余名青年参加培训,增强创业能力。全县举办各类培训班76期,参加培训者达15300人次。

【助学扶贫】 2016年,县老区开发促进会、扶贫开发协会做好国华纪念中学招生、扶贫助学工作。家庭贫困的初中毕业生被国华纪念中学录取26名,占全市录取数的60%。县老区开发促进会、扶贫开发协会直接募捐或争取的助学资金83.2万元。其中,省属6家企业资助30人6万元,每生每学年0.2万元。苏商集团赞助50名在校品学兼优的高中生,每学年10万元,市“慈善淮安、扶贫助学”工程支助211名特困生,每年42.2万元。11个示范扶贫载体资助26名高中生,每年5.2万元。江苏金康达集团资助130名初高中生20万元。国华纪念中学资助4名落榜生,每年0.8万元。全年,资助451名在校初高中生。

(供稿:赵福敏　审稿:王 斌)

本栏目责任编辑:李 婧

环 境 保 护

Environment Protection

污染防治
Pollution Prevention

【概况】 2016年，全县环境质量总体稳定，生态文明建设水平稳步提升，环境保护各项工作成效显著。集中式饮用水源水质达标率100%，民众对环境状况满意率和基本满意率99.8%，环境综合指数99.2。2016年10月，通过国家级生态县考核验收。

【大气污染防治】 2016年，县环保局对照市级环保部门督查盱眙县大气状况提出的整改意见，和县大气办牵头各相关部门召开大气污染防治任务推进会和协调会，与各部门联动执法，齐抓共管，做好大气污染防治工作。城乡一体、联合管控秸杆焚烧，全县境内做到“零火点”“零通报”。G20金融峰会期间环境空气质量得到有效保障，省下达的燃煤锅炉整治任务有序推进，挥发性有机物得到有效管控，建筑工地、重点企业物料堆场扬尘得到控制。全年，全县空气优良天数304天，比2015年增加18天；空气优良率83.06%；PM2.5年平均浓度29.7微克/立方米，比2015年下降27.7%。重污染天数为0。PM2.5浓度年均下降率和空气质量优良率这两项约束性指标均达到相关考核要求，是淮安市唯一一家空气质量持续达标的县区。

【改善维桥河水质】 2016年，县环保局协调相关责任部门对照《维桥河水环境整治方案》，细化任务分解，突出重点问题，逐一对症施策，对化工、重金属、钢管、宠物食品等行业开展专项整治行动，重点针对环境管理制度执行、污染防治措施落实和厂区环境等方面进行全面排查。维桥河水质得到有效改善，特别是重金属含量显著下降，其中六价铬未测出，总铅、总镉、镍、锌含量均低于地表水Ⅲ类水质标准。

【农村环境综合整治】 2016年，县环保局坚持村庄环境综合整治和覆盖拉网式农村环境综合整治有机结合，推进“六整治六提升”，完成盱城等7个乡镇（街道）35个行政村的整治任务，受益人口3.26万人，覆盖拉网式农村环境综合整治苏北领先，成为苏北地区第一家通过省级验收的县区。

【环保执法】 2016年7月15日，中央环保督察组进驻江苏，县环保局贯彻落实“即知即改、立行立改”的要求，采取“事实不查清不放过、整改措施不落实不放过、交办问题不根治不放过、长效机制不建立不放过”的工作机制，对中央环保督察组交办的9批共10件，涉及11家企业的信访件，所有交办问题均整改到位。2016年9~11月，县环保局开展环境执法大练兵活动，保障县域环境质量。大练兵期间，结合日常监管、违法违规建设项目清理、“双随机”等工作的开展，增加现场监察频次，以废水排放、重金属、危险废物、环境信访、大气污防和饮用水源地保护等方面进行分组，全方位对全县重点污染源、重点行业、重点区域进行执法检查。出动执法人员500余人次，对200余家企业进行现场检查，对其中存在环境违法行为的企业下达《责令改正违法行为决定书》40余份，下达《行政处罚决定书》11份，合计罚款74.6588万元，其中对2家违法环境影响评价制度和大气污染防治管理制度的企业实施查封，对1家超标排放的企业实施限制生产。加大违法案件曝光力度，定期公布查处结果，起到查处一个、教育一片、震慑一方的效果。

（供稿：洪仁安　审稿：陈俊彪）

土地资源保护
Land resources protection

【耕地保护】 2016年，县政府出台《关于进一步加强耕地保护工作的实施意见》，建立健全耕地保护监管机制。开展全县城市（镇）周边永久基本农田划定工作和全域基本农田划定工作，城市（镇）周边划入永久基本农田400.6公顷，全域划定永久基本农田96484.5公顷。耕地占补平衡高效实施。在观音寺镇、旧铺镇、黄花塘镇、铁佛镇、鲍集镇、兴隆乡等乡镇实施耕地占补平衡项目198.5公顷，新增耕地192.7公顷。通过省市交易补充耕地指标119.5公顷，获取交易资金3.85亿元，占补平衡仍有库存410公顷。

【土地整治】 完成2016~2018年土地整治和耕地后备资源更新调查的各项招标工作。完成铁佛镇召六村土地整治项目验收工作，明祖陵镇伏湖等村省投土地整治项目已完成工程量的70%，天泉湖镇省投土地整治项目已完成工程量的50%,维桥乡车棚等村省投土地整治项目已完成招标准备工作,黄花塘镇2个省投土地整治项目和兴隆乡刘岗等村市投土地整治项目正进行施工图设计。黄花塘镇2个省投入土地整治扶贫项目总投资7019万;在规划调整完善中安排黄花塘镇规划指标66.7公顷,核销基本农田356.1公顷。

【土地改革试点】 2016年,县国土局对宁淮新兴产业科技园功能片区的编制和实施取得新进展。9月,该方案通过省国土资源厅审查。同一乡镇范围内村庄建设用地布局调整试点实现新突破。维桥乡拆迁复垦工作已搬迁农户345户,复垦面积52.2公顷,安置区完成土地审批、规划设计、土地挂牌等相关工作。8月15日,经市政府批准,马坝镇同一乡镇进行试点,11月9日,通过省国土资源厅备案,总拆旧规模26.9公顷,全部完成搬迁复垦任务。工矿废弃地复垦利用试点成为新亮点。2015年河桥镇和桂五镇工矿废弃地复垦工作已经通过省国土资源厅验收。当年,再次争取工矿废弃地复垦利用计划指标47.7公顷,主要涉及马坝镇、鲍集镇、铁佛镇、桂五镇、穆店乡、观音寺镇等6个乡镇,新增耕地39.9公顷,通过省级验收。农村土地改革鼓励明祖陵镇开展"三集中"试点工作,加快土地流转,提升土地产出效益和集镇建设品位,带动三产发展。建成3个集中居住点,有28家企业向园区集中,1333.3公顷土地向大户集中。

【土地利用】 2016年,县国土局推进土地利用总体规划调整完善。合理调整完善各项规划目标和控制指标,其中,耕地保有量下达111732.5公顷(核减1629公顷),基本农田保护面积下达96482.4公顷(核减4413.4公顷),规划指标下达1573.1公顷(其中规划流量指标1200公顷)。完成各类规划编制。县矿产资源总体规划(2016~2020年)通过省国土资源厅审查;盱眙县"十三五"时期国土资源保护和利用规划通过市国土资源局评审;"十三五"土地整治规划完成招标工作;完成年度各类增减挂钩实施规划方案,其中,淮河镇黄岗居委会复垦项目获全省科技创新三等奖。科学配置建设用地资源。根据"1+8特色园区"建设,严格限定条件,计划指标主要用于保障重大项目、优势特色产业、特色服务业以及民生工程。全年全县有可支配各类用地计划391.1公顷(含2015年度结余国家计划4.1公顷),为历史新高。安排使用计划324.4公顷,剩余挂钩指标70.7公顷。加强土地出让管理。全年共成交建设用地81宗,面积202.1公顷,成交价16.0554亿元。其中,工业用地41宗,面积65.3公顷,成交价6269.52万元;经营性用地40宗,面积136.8公顷,成交价15.4285亿元。

【节约集约用地】 2016年,县政府召开提高供地率专题会议,研究部署供地措施,交办各乡镇(街道)供地任务,全县供地率大幅提升。在市对县年度跨越发展目标考核中,盱眙县节约集约利用考核位列全市第一。出台《盱眙县处置低效闲置企业暂行办法》,盘活存量土地,加快低效闲置土地的认定和处置。通过政府回购等手段,达成收购协议企业3家,洽谈意向收购企业20家,全年盘活存量建设用地约413.3公顷。年度城镇地价动态监测及基准地价工作成果通过省国土资源厅验收。"百日行动"中排查出的4宗土地出让合同问题全部整改到位。建设用地全程监管,制定《盱眙县国土资源局国有建设用地批后监管实施方案(试行)》,按照"一企一策"催缴土地出让金8.3594亿元,无偿收回珠江银行、浙江中企等闲置土地使用权,没收出让金4180万元,取消天天建材等7宗欠缴土地出让金企业的国有建设用地使用权,没收定金227万元。推进"慧眼守土"综合执法监控平台建设,与公安共享平台,部分监控点投入使用。开展节约集约模范县(区)达标创建活动。盱眙县被省国土资源厅表彰为"2015年度江苏省国土资源节约集约利用进步奖"。

【土地执法】 2016年,实施卫片核查,全县土地卫片图斑新增违法用地图斑30个,合并违法用地21宗,面积8.87公顷,其中耕地3.61公顷,所有违法用地均结案。2个矿山卫片图斑均通过省国土资源厅检查。开展动态巡查,对违法行为多发区重点巡查,对非法采矿点突击检查。开展惩处非法盗采矿产资源专项行动,在桂五镇、古桑街道等地查扣非法采矿设备5台,查处非法运输车辆10台,遏制非法盗采苗头。在执法监察中,各乡镇规范用地意识有所增强,违法用地逐步减少。全年立案20宗(土地类14宗、矿山类6宗),移交清浦法院强制执行案件18宗,移交财政局案件44件,移送公安机关2宗。

【不动产统一登记颁证】 6月1日，全县提前颁发房地合一的不动产权证书。12月6日，在全市率先颁发林权类不动产登记证书，水面滩涂养殖登记具备登记颁证条件。按照“四全”服务模式要求，在各分局设立不动产登记服务窗口（马坝分局设在马坝镇服务中心）。

【规范土地征收】 印发《盱眙县征地补偿和被征地农民社会保障实施细则》，在独立选址电力工程项目和宿扬高速等项目全面执行《江苏省征地补偿和被征地农民社会保障办法》，安置到位65人。全年上报批次15件，总规模354.7公顷，全部批回。实施土地出让前并联审批，完成可行性研究报告7宗、环境评价5宗、地质灾害危险性评估55宗。地籍测绘管理。

【地籍调查和地理测绘】 完成年度变更调查和村庄地籍调查工作，并将村庄地籍调查成果应用于不动产登记数据整合。开展地理信息系统建设，启动应用2000国家大地坐标系，推进地理国情普查和城市规划区1:1000地形图测绘工作。

（供稿：李海波　审稿：郭　茂）

地质矿产资源保护

Protection of Geology and Mineral Resources

【矿产资源管理】 2016年，县国土局对全县持证矿山2015年度开发利用情况进行检查，实检矿山7个，实检率100%，合格率100%。全年组织开展3次露采矿山监理测量工作，督促矿山企业严格执行开发利用方案和矿山环境治理恢复方案。限期追缴欠缴矿山环境治理保证金100万元。做好凹土产业服务工作，完成河桥镇裂山凹土矿野外钻探工作。主动协助凹土矿山办理采矿权延续和变更工作，先后完成江苏澳特邦矿业有限公司猪咀山西、江苏省淮源矿业有限公司仇集牛头山和江苏省淮源矿业有限公司仇集龙头山3个凹土矿采矿权延续。完成年度矿山储量年报编制审查工作，掌握矿山企业年度动用资源储量，规范矿产资源补偿费征收，1—2季度，征收矿产资源补偿费38.8万元。7月1日起，省全面实施资源税改革，矿产资源补偿费费率降为零。三季度，不再征收矿产资源补偿费。

【地质环境管理】 2016年，县国土局完成盱眙县露采矿山地质环境调查工作，查清全县矿山地质环境现状，全县矿山地质环境破坏面积1680.74万平方米。编制完成《盱眙县矿山地质环境保护与治理规划（2016~2020）》和《盱眙县沿淮流域矿山地质环境治理规划》，并由县政府批准发布实施。原盱眙县第三中学和斩龙涧37号楼两个地质灾害治理项目通过市级初验。完成铁山寺滑坡地质灾害治理项目申报，争取省财政资金168万元。盱城魁星广场西侧山体崩塌地质灾害应急消除工程通过验收。开展桂五镇林业村、淮河输油管线改造工程和怡康老年关爱之家3个应急除险工程。初步实现地质灾害隐患“以防为主”向“防治结合”转变。

【地质灾害防治】 2016年，县国土局组织开展汛前排查，全县确定地质灾害隐患点36个。县国土局会同有关乡镇进行全县受地质灾害威胁群众调查，建议县政府将受地质灾害威胁的97户居民住房纳入棚户区改造工程，为加强地质灾害防治工作，全县完成36个地质灾害隐患点的汛前排查工作，严格落实汛期值班、险情巡查和灾情速报等制度，全年未发生因地质灾害造成人员伤亡和财产损失事件。

（供稿：钱　峰　审稿：郭　茂）

本栏目责任编辑：李　婧

科 教 人 才

Science and education talent

科学技术
Science & Technology

【概况】 2016年，全县高新技术产业产值达270亿元，高新技术产业产值占规模以上工业总产值的比重达到26%，占工业总产值的四分之一。“凹凸棒石高值利用关键技术创新及其产业化应用”获江苏省科学技术一等奖，实现盱眙县该奖项零的突破。全县科技进步贡献率53%。

【企业技术进步】 2016年，全县组织推荐申报市级以上科技计划项目29项，获批立项12项，争取扶持资金1300万元，比2015年增长251%。江苏神力特生物科技股份有限公司“凹凸棒石黏土玉米赤霉烯酮吸附剂研发及产业化”项目获省重大科技成果转化项目支持，江苏清陶能源有限公司“锂离子动力电池凹凸棒粘土纳米陶瓷纤维隔膜研发及产业化”项目获市重大成果转化项目支持，两项目成功获批将有助于推动凹土高附加值产品产业化进程，加快凹土产业实现爆发式增长。发挥创新券撬动作用，组织兑现企业24家32个项目，兑现金额96.47万元。各类项目、各级财政资金小投入带动全社会创新投入的大增长，引导带动企业及社会资本创新投入7亿多元，全社会研发投入占比2.4%。

【高新技术企业培育】 2016年，县科技局按照科技型企业、高新技术企业、创新型领军企业的培育模式，突出创新主体的培育，根据《高新技术企业认定管理办法》新的要求，围绕县“两新一高”等的特色支柱产业做文章，实施创新型企业培育计划，全年组织申报国家高新技术企业12家，获批11家；申报省民营科技企业11家，全部获批；申报省高新技术产品13个，获批9个；高新技术产业快速发展，产业结构进一步优化。

【产学研合作】 2016年，盱眙县探索校地校企合作的有效途径。发挥科技部门桥梁纽带作用，借助科技镇长团后方单位的资源优势，组织“两新一高”重点企业开展富有成效的产学研合作活动。组织神力特生物、玖川科技等企业参加中科院兰化所新材料、清洁合成与资源化学产学研对接会；组织宇特光电参加2016年“中国·江苏第五届国际产学研合作论坛暨跨国技术转移大会”；组织牛津大学科技转化中心到盱考察调研神力特生物科技、宇特光电科技、清陶能源科技等重点科技型企业，参观光纤接续子、锂电池陶瓷隔膜等新产品生产车间；组织淮阴工学院机械与材料工程学院副院长曹苏群带领专家走访儒豪机械、佳力起重企业，将在产品开发、工艺改进，人才培养等方面与工学院展开发合作；累计组织企业与高校院所开展政产学研对接17次，26家企业与15家高校院所签署43个合作项目。

【科技载体建设】 2016年，县科技局推进以新型磁性材料、凹土为代表的盱眙科创园、凹土科创园建设，凹土都梁香兰大厦正式投入使用，成为凹土产品质量监督检测、研发、科技孵化、专家公寓、中试车间、成果展示、科技银行、产业服务于一体的创新创业平台。南京信息工程大学国家千人计划饶伟峰团队正式入驻中科院盱眙凹土研发中心，将致力于凹土应用于气象信息、环境监控材料中研究。发挥市场配置资源的决定性作用，为创新主体提高自主创新能力搭建平台载体。昌盛电气、虹天电器获批省级工程技术研究中心，全市仅6家企业获批，桂柳牧业获批省级研究生工作站，吉欣生物科技与南京工业大学联合共建助剂研发中心。

【知识产权战略】 2016年，县科技局强化企业知识产权工作，加大专利行政执法力度，严厉惩治专利侵权行为。深入开展企业贯标，新贯标备案企业5家，消灭零专利企业近20家。组织全县100余家企业参加各类知识产权培训，全面提升全县园区企业科技创新意识。联合市知识产权局开展知识产权执法维权“护航”专项行动，以全县大型商场超市等商贸流通企业为重点检查对象，开展假冒专利商品执法检查。全年，查处假冒专利案件25起，结案25起。

【科技惠民工程】 2016年，县科技局针对全县畜禽业发展现状，向省科技厅申报畜禽养殖及综合加工特色产业。江苏三森食品有限公司的“调理鸡肉品质控制技术研究与示范”等得到6个项目省科技厅苏北科技专项项目扶持，争取无偿资金230万元。为贯彻落实省扶贫开发重点片区(西南岗片区)帮扶工作,帮助片区申报省级苏北科技专项项目4项,其中盱眙桂柳家禽有限公司等3个项目获立项支持,争取无偿资金110万元。帮助企业开发新产品12项、开发新技术6项、申请专利10个,培养企业科研骨干人员15人,培训企业技术人员120人左右。通过科技项目的实施,促成南京农业大学、南京农业大学淮安研究院、南京肉制品加工产业创新中心、扬州大学、江苏省农科院等科研单位签订产学研合作协议,引进多栅栏减菌技术、气调包装技术、胴体减菌技术等6项技术成果进行示范推广,推动农业产业的发展。全县农业企业研发机构中建成省级工程技术研究中心3个,其中畜禽产业2个;市级工程技术研究中心9个,其中畜禽产业4个;市级院士工作站1个;省级企业研究生工作站4个,累计建设各类涉农科技公共服务平台7个。

【科技金融】 2016年,县科技局强化科技金融服务,完善科技金融服务平台,出台《盱眙县科技型中小企业信贷风险补偿资金池管理办法》,建立300万元规模的风险补偿专项资金池,与省资金配套后,可形成6000万元的贷款额度。

(供稿:薛岩飞　审稿:李翠竹)

【科普宣传】 2016年5月,盱眙县开展第二十八届科普宣传周活动。科普周活动在华厦万润发广场拉开帷幕。32家科普周成员单位组织100名科普志愿者,现场发放宣传资料3万余份,为居民义诊3000名,接受咨询500条。科普大篷车开进黄花塘镇、天泉湖镇开展科普宣传活动。展出科普展牌,电视机滚动播放农业种植实用技术。5月,县科技馆国防馆(新四军军部纪念馆)、铁山寺科普教育基地首批旅游线路开通,邀请青年旅行社组织100多人次,参加首批科普旅游线路体验。科普周期间科普场馆接待参观游客4万多人次。

【科协服务】 2016年,县科协、县农委组织农业专家到仇集镇、鲍集镇农技协开展为种植、养殖大户送技术上门服务活动,在田间地头现场讲解高效农业实用技术,为种植、养殖大户答疑解难。县科协将企业产学研对接、创建科技服务站作为服务企业、助推创新发展的重要抓手,与省学会、高校科协沟通,争取专家到盱实地考察。

【科协基层组织建设】 2016年,县科协将服务企业科技工作者、服务企业技术创新,推动企业(园区)科协组织建设,作为推进基层科协组织建设的重要抓手,强化对企业科协工作的联系和指。全年,成立博图凹土、铁山寺茶场、满江红龙虾、华洪矿业、万红家庭农场、赛麒新材料、小河农业等7家企业科协和凹土科技产业园园区科协。县科协将农村专业技术协会作为推动新农村建设的有效载体,全年新增3家:盱眙县龙虾美食文化研究会、铁山寺生态茶叶专业技术协会、满江红龙虾养殖专业技术协会。

【科技论文评选】 2016年,为促进学术交流,推动科技与经济的结合,县科协开展县第十六届自然科学优秀学术论文评选,收到60篇参评论文,其中,县卫生系统26名科技工作者计48篇论文,县教育系统3名科技工作者计4篇论文,县农业系统3名科技工作者计8篇论文。经县第十六届自然科学优秀学术论文专家评审会评审,产生4篇一等奖论文、8篇二等奖论文、20篇三等奖论文入选者。

(供稿:赵　鹏　审稿:王士元)

【地震监测】 2016年,县地震局保证数据传输连续稳定,做好震情监测工作。盱眙县有五项地震监测手段,受省市地震部门重视。县地震局重新修订震情值班制度和震情监视短临跟踪方案。坚持数据日报和月报制度,将测震观测日志及核旋观测数据按时向省、市地震局报送。地震信息网络数据传输连续月均超99。开展"淮安市地震烈度速报分析系统"建设,在仇集镇、铁佛镇、桂五镇、旧铺镇、明祖陵镇、马坝镇等乡镇政府办公地一楼空出房间按照要求安装烈度速报仪。日常维护管理所在乡镇指定专人负责。县地震局在全省市县地震监测预报工作效能考核中获先进单位;全省强震动观测工作评比中获强震动观测运行维护三等奖;全省观测资料评比中获地方测震台第一名。

(供稿:张永忠　审稿:乐　峰)

教　育

Education

【教育规模】 2016年,全县有中小学校68所(含办学点，不含职业中学），其中小学在校生56292人、初中19687人、普通高中10641人。盱眙县创成全市首个、全省首批“江苏省中小学校责任督学挂牌督导创新县”，县教育局被表彰为“2016年江苏省青少年科技调查体验活动优秀组织单位”“淮安市女童保护工作先进集体”。盱眙中学与县第二中学、县第三中学组建盱眙中学教育集团，马坝中学与马坝初级中学、仇集中学组建马坝中学教育集团，采取派出管理团队、选派骨干教师、接受跟岗学习、参与共同教研、实行资源共享等措施，扩大优质学校的影响辐射作用，提升薄弱学校办学质量。

【农村学校“改薄”工程】 聚焦农村薄弱学校，突出薄弱环节，落实责任主体，建章立制，推进“改薄”工作。按照“补短板、标准化、破难题、上水平”的总要求，优先解决突出问题，科学编制改薄项目规划。坚持“摸清底数、一校一案”的原则，对规划保留的学校（含教学点），以校为单位，摸清底数，按照“缺什么补什么”的要求，列出现状和需求清单并编制每校的建设计划书。全县累计投入校园校舍建设的中央“改薄”专款589.62万元，累计投入设施设备购置的市级资金780万元、县级资金968万元、其他资金546万元。全县“改薄”项目实施覆盖学校18所，覆盖在校学生18547人。校园校舍建设开工项目4个，校舍建筑面积6648平方米，竣工项目3个，校舍建设面积5548平方米，竣工项目数占开工项目的75%；设施设备购置完成项目学校数35所，投入93.57万元购置生活设施312件（台、套），投入52.5万元购置图书11.3万册，投入1989.93万元配置计算机及教学仪器设备等3948台（件、套），设施设备购置项目完成率100%。全年实施薄弱学校改造基建项目47个，竣工21个。

【教育资源合理配置】 全县义务教育办学条件校际均衡综合差异系数小学为0.373、初中为0.414。2016年春季，投资1.4亿元，建筑面积4.32万平方米的实验小学新校区建成使用，并将原实小三分校保留，有效缓解城区小学生源压力大，教育资源不足问题。盱眙县政府引进山东科文投资控股有限公司和山东省昌乐二中，在原盱眙中学旧址，创办淮安市第一山中学。9月，学校完成改造正式开学，现有14个教学班，在校生653人，在职教师66人。

【教育督学】 构建督学责任区网络。全县划分为7个督学责任区，每个责任区选派3～5名督学，负责对责任区学校进行监督、指导和服务，实现教育监管的重心下移和关口前移。采取专兼结合的方式，认真遴选30名业务熟练、热爱教育、责任心强的责任督学，实现全县中小学责任督学挂牌督导全覆盖。10月下旬，盱眙县成为全市首家通过江苏省中小学校责任督学挂牌督导创新县省级验收的县区。

【留守儿童关爱】 建立“留守儿童之家”，组织课余文化学习和课外活动，党员教师现场指导；发动爱心人士、志愿者与留守儿童结对关爱，提供捐助；发动党员教师做留守儿童的“党员爸爸”“党员妈妈”，倾情陪伴；开展“爱心妈妈、亲情大使、优秀留守儿童”等评选表彰活动；加强法制教育，增强留守儿童自我保护能力；建立考评机制，出台《我为学子润心田关爱留守儿童工作考核办法》，对活动开展情况督查通报。全县建成54所“留守儿童之家”，300余名教师参加义务辅导；建成小学生亲情聊天室12个；建成示范性“爱心超市”3个，其中马坝小学爱心超市被评为全省“明星关爱超市”（全省普教系统共2家）；资助困难中小学生3000余人经费1700多万元，发放困难大学生助学贷款1800万元；建成心理咨询室5个，组织由52人组成的心理咨询师考证进修团队；全县在校生违法犯罪率为0，实现“在校生零犯罪”的目标。

【平安校园建设】 2016年，县教育局以“三防”建设、食品和消防安全为抓手，落实安全管理，强化综合治理，全县学校安全、和谐、稳定。开展“食用碘盐、聪明健康”、防灾减灾日、综治宣传月等系列活动；印发《消防安全知识读本》10000册；组织参加市“消防安全示范课”征集活动，维桥幼儿园、盱城小学2节课获一等奖；开展消防征文与绘画竞赛活动，106篇作文和177件绘画作品获奖，优秀作品推荐到省市参评。投入150万元对河桥中学、黄花塘二小、洪山幼儿园、仇集龙山幼儿园等5所学校食堂实施改造。全县创建A级食堂50个（占86%），就餐300人以上食堂全部达A级。所有学校食堂均建成透明厨房,全面完成透明安全餐饮体系建设。定期组织开展安全大检查,加大对校舍、设施设备、接送学生车辆等隐患排查力度,学校安全隐患排查、治理常态化。全年排查出校园安全隐患192项,县教育局安全检查组现场督查发现安全隐患67项,开具整改通知书59份,全部整改到位。完成"三防"达标建设,投入197.68万元完成32所学校达标建设(70%的学校已达标)。添置物防设施,加强保安队伍建设,更新、优化视频监控系统,确保校园重点区域全覆盖无死角,全面提升校园警务室建设标准和安防水平。

【创建成绩】 县教育局、盱眙中学、马坝中心小学等12个单位获省教育厅"第十届中小学诗歌竞赛优秀组织奖"称号,在第二十八届全国中小学(江苏地区)金钥匙科技竞赛中,县教育局被省教育厅、科技厅等4单位评为省青少年科技教育先进单位,县实验小学、黄花塘中学创成"江苏省绿色校园",明祖陵小学创成"省文明校园",县教育局被评为"淮安市女童保护公益行动先进集体",县教育局关工委连续8年获省关工委主题教育优秀组织奖,官滩中学创成"江苏省语言文字规范校",穆店乡创成"淮安市语言文字规范化达标乡镇",马坝初中、古桑小学等18所学校创成"淮安市依法治校示范校"。县实验小学创成"江苏省体育传统项目学校",官滩中学、官滩小学、铁佛小学创成"淮安市体育传统项目学校",桂五中学创成"江苏省健康促进学校(金奖)",新马高级中学、第一中学、兴隆中学、实验初中附属小学创成"淮安市足球特色学校",盱城小学、黄花塘中心小学创成"淮安市艺术教育特色学校"。承办江苏省青少年女子橄榄球锦标赛,县女子橄榄球队代表淮安市在比赛中获得乙组冠军,甲组亚军的好成绩,县体育运动中心创成省级国民体育测定与运动健身指导站。

【教育科研】 2016年新立项审批省"十三五"规划课题4项,市"十三五"规划课题37项。县教育局被表彰为省教科研优秀单位、淮安市教科研先进单位、"淮安市普通高中教研工作先进单位",王书识、林新农等被表彰为省教科研先进个人。赵道夫、洪涛2个特级教师工作室,洪涛、黄小2个乡村教师培育站在骨干教师、青年教师培训培养方面充分发挥了示范引领作用。

【"育才兴教"工程】 2016年,全县学生资助覆盖学前教育、义务教育、高中教育、中职教育及高等教育,县内各级学校家庭经济困难的在校生得到资助;全县义务教育阶段学杂费全免,并免费提供教科书、新华字典;全县高中教育阶段建档立卡等家庭经济困难的学生从2016年秋季起免收学杂费;全年下拨中职免学费资金1108.8万元,涉及中职学生5040人。全年资助学前教育阶段学生4860人次,总额243万元;资助义务教育阶段贫困学生11964人次,总额685.2125万元;资助高中教育阶段学生3855人次,总额374.28万元;资助中职学生795人次,总额79.5万元;资助新入学贫困大学生207名,总额101万元。

学前教育
Pre-school education

【学前教育规模】 2016年,实验小学新区幼儿园和东苑新城幼儿园建成,累计投入近4000万元,增加全县优质学前资源总量。全县有幼儿园52所,其中公办园24所、机关幼儿园1所、民办园27所。2016年,全县创建省、市优质园6所,其中观音寺马庄幼儿园、天都幼儿园和河桥洪山幼儿园创成省优质园,星海幼儿园、金苹果幼儿园和天泉湖新星幼儿园创成市优质园。全县累计有省优质园33所,市优质园15所,全县现有幼儿22013人,其中在省市优质园中就读幼儿数18393人,占幼儿总数的88.1%。全县幼儿入园率达98.5%。

【省市学前教育课程改革】 2016年,县教育局自省教育厅开展学前教育课程改革,深化课程项目建设工作以来,有2个幼儿园项目获批省级课程游戏化建设项目,2个获批市级课程项目,位于全市幼儿园课程项目建设工作前列。

【幼儿园师资队伍建设】 2016年,全县招录30名在编幼儿教师,加大幼儿园各级各类师资培训工作力度,通过开展跟岗支教、课堂观摩、业务技能、来园挂职、跟班学习等多项活动,促进幼儿教师专业成长,提高保教水平。

义务教育
compulsory education

【义务教育规模】 2016年，全县有义务教育阶段初中22所，城区及中心小学26所，村级完小11所，教学点2个，特殊教育学校1所，义务教育阶段在校生73723人。小学、初中专任教师达标率100%，小学入学率100%，升学率100%，毕业率100%，巩固率100%。初中入学率100%，升学率98.5%，毕业率100%，巩固率100%。

【人文生态引导工程】 2016年，县教育局开展"国学启蒙"进校园、"盱眙简史"进课堂、"经典诵读"伴我成长、"舞动城乡"全民健身、网络名师工作室等活动。把"书香校园""书香家庭" "美德少年""校园之星"评选活动推向深入。

高中教育
High school education

2016年，全县有5所高中，其中四星级2所、三星级2所。专任教师837人，其中省特级教师5名。全县中学抢抓课改机遇，实施"质量立校"工程，全力推动全县四所高中差别竞争、错位发展，基本实现校校有特色、有专长。盱眙中学的有效课堂教学全市有地位，新马中学的联合办学模式全省走前列，马坝中学的艺术教育全国有影响。高中教育实现教育思想先进、管理水平较高、办学质量优良的良好格局。全县有在校生10614人，参加高考3989人，录取3412人。一本录取率6.69%，二本录取率24.69%，三本录取率19.58 %，专科录取率34.44%。

职业教育
Vocational education

2016年，全县有中等职业学校1所即盱眙县职业教育集团，盱眙县职业教育集团内有江苏省盱眙中等职业学校、盱眙技师学院、盱眙开放大学、盱眙教师进修学校、盱眙社区培训学院。集团投资3.6亿元，校舍面积16万平方米。中职、中技在校学生5622人，大专、高技在校生1384人，电大和进修学校成人学历高等教育在籍生2306人。社区培训学院年培训8000余人。全校教职工数402人，其中专任教师348人，研究生学历60人，专任教师学历达标率99%。学校开设机械、机电、汽车维修、旅游、幼师、护理、会计、烹饪、计算机等16个专业，完成职教招生2328人，其中普通中专1006人，中级技工866人，高级技工456人，已建成江苏省高水平现代化职业学校，成为江苏省机械专业技能高考考点，参加世界职业教育大会，成功与法国达索公司和德国客尼职业培训中心签约并实施合作项目。

社会教育
Social education

【社会教育规模】 创建省级社区教育中心2个（旧铺中学、仇集中学），市级社区教育中心2个（管镇中学、黄花塘中学），全县95%的居民学校创建成市级居民学校。全县19个乡镇全部按标准建有社区教育中心，乡镇社区教育中心拥有标准教室62个、活动室32个、图书10万多册、计算机500多台，并且建立自己的社区教育网站或网页。

【社区教育策应需求】 开展送科技下乡培训322人次，龙虾制作、养老护理员等22个工种对外联合培训1386人次，举行特种作业培训和安全生产管理员培训1672人次，开设创业培训10期，培训422人，培训人员技能鉴定2626人（次），中级技能鉴定1984人，通过率达到86%，高级技能鉴定642人，通过率71%。开展农村实用技术培训10.8万人次；农村劳动力转移培训3000人；农村妇女"网上行"基础技能培训428人。

教师队伍建设
Teacher team building

【教师交流培训】 组织在职教师参加省市县三级培训。全县有近7000名教师达到县级以上培训50学时。在暑假期间，先后组织义务教育阶段公办中小学校校长、市级以上优质幼儿园园长到北师大、华师大进行为期一周的培训。全年教师招聘计划179人，实际招录152人，1800余名考生报名参加笔试，近600人参加面试。暑期，组织251名教干教师参加支教交流，交流工作整体平稳有序。根据省教育厅文件精神,开展乡村教师定向培养工作。全县有59名考生被淮阴师范学院等相关院校录取为乡村定向师范生。

【教师资格认定及职称评定】 全县有223人通过教师资格认定。5018名教师网上申请教师资格注册,其中,注册合格4971人,注册暂缓19人,注册不合格28人。组织完成中小学、幼儿园高级教师职称推荐工作。采取异地评审、外聘专家,全县342人申报,最终经过量化考核,推荐59人参加市评审,通过55人。完成中级职称评审工作,全县124人申报,通过115人。完成初级职称初定及评审工作,全县通过85人。

【师德师风建设】 2016年6月,全县开展"师德之星"评选活动,历经宣传发动、学校民主推荐、县级审核初评、相关部门复核、学校问卷测评、一线教师网络投票等环节,产生10名"师德之星"。通过组织开展"师德之星""盱眙好人"推荐等活动树立教师典型,涌现出"江苏最美乡村教师"提名奖获得者朱政、"淮安市道德模范"谢怀超、"感动淮安十大人物"於宣凤等多位模范典型,产生良好的社会影响。仇集中学女教师狄艳是继明祖陵希望小学教师接兴国之后,又一位入围"中国好人榜"的乡村教师。纪巧、吴凯等获省市"最美教师"荣誉称号,师德类省市表彰数量全市领先。全县获得"盱眙好人"称号者中有五分之一是教师。

(供稿:夏 安 审稿:李波涛)

人力资源

Human Resources

【就业创业体系建设】 2016年,县人社局促进就业增收,建成功能齐全、苏北一流的县级人力资源市场。作为县政府民生实事项目,市场投资1140万元,约4000平方米。开展线上线下招聘就业活动。线下招聘主要是利用县乡两级人力资源市场,线上招聘主要是借助"网站、微信、人力资源QQ群、自助求职机等载体为用人单位和求职者搭建对接平台。春节期间,举办春风送岗促就业系列招聘活动12场,提供岗位2860个,达成就业意向1433人。开展用工调查,半年组织一次,并实时更新,及时掌握企业缺工动态,提供用工和培训服务。全年新增就业8091人,城镇失业人员再就业3403人,帮扶困难人员就业369人,新增农村劳动力转移2450人,城镇登记失业率2.13%。印象盱眙电商创业孵化基地创成省级创业示范基地,盱眙县五洲国际创业孵化基地被认定为淮安市创业孵化基地。

【推进全民创业】 2016年,县人社局巩固并提升省级创业型城市和创业型示范城市创建成果,落实创业扶持政策。符合条件的个人可享受税收减免,创业培训补贴等,最高可办理10万元的创业担保贷款,并按规定给予利息补贴,全年为下岗失业人员、大学生、退役军人、返乡农民等创业人员提供创业贷款1832万元。为满江红等33家入驻企业提供创业指导、人才招聘、贴息贷款、商务培训等扶持,为创业人员提供线上线下的一站式创业服务。强化创业项目跟踪扶持,龙诚田园葡萄生态农庄、新马家居生活、虾稻共作小河农业发展有限公司等5家大学生创业项目被评为省级优秀创业项目。开展免费就业创业培训,全年实现城乡劳动者职业技能培训3660人,创业培训2703人,支持成功自主创业2938人,扶持农村劳动力自主创业850人,引领大学生创业152人。

【劳动关系和谐】 2016年,县人社局劳动监察大队开展书面审查、日常巡查、专项检查,及时受理查处案件,主动超前化解劳资纠纷,分别开展农民工工资支付、清理整顿人力资源市场、规范劳动用工、劳务派遣行为及禁止使用童工专项执法检查5次。春节期间,县人社局牵头组成县联席办第二工作组,在开发区单独办公,专项接待欠薪农民工,累计接待农民工1376人,责令单位补发拖欠工资1311.1万元,补签劳动合同428人,督促用人单位为126人办理社会保险参保手续。劳动监察大队全年受理投诉举报512件,责令单位补发拖欠工资3022万元,涉及农民工5406人;补签劳动合同503人,督促用人单位为591人办理社会保险参保手续。完善劳动人事争议仲裁院"一体化"调处机制,全年处理案件545件,其中不予受理109件,调解结案284件,撤诉40件,裁决结案112件。

【人才人事队伍建设】 2016年,县委组织部先后吸引和集聚“千人计划”专家饶伟锋团队等高层次创新人才(团队)3个。县人社局在公务员管理上,侧重加强队伍建设、完善考录机制、强化日常考核及结果运用。在事业单位人员管理上,坚持岗位管理、人员聘用和公开招聘三项基本制度同步入轨,规范运行。实施公务员职务与职级并行制度;对1583名公务员和参照管理人员、9769名事业单位工作人员进行年度考核。全年引进本科以上人才464名,其中硕士毕业生26名、博士2名。举办全市首家“虾稻综合养殖技术”高级研修班,安徽省、山东省及省内近110名龙虾养殖及农业专业技术人员参加研修。组织计算机操作员的职业资格培训班,全县医院、诊所、药房从业人员380人参加培训和鉴定。开展十大工匠评选,弘扬“工匠精神”。强化技能人才培养,全年职业技能鉴定取证3081人,新增高技能人才929人,新增专业技术人才1220人。

(供稿:黄 勇　审稿:蒋学文)

本栏目责任编辑:李 婧

文　化

Culture

综 述
Outline

加强广播、电视监管，把握正确舆论导向，壮大主流舆论，持续传播盱眙好声音、正能量，为全县经济社会发展营造良好氛围。以各行各业的盱眙好人、道德模范和最美人物为原型，加大文艺作品创作力度。公共文化服务体系建设再上新台阶。顺利通过第三批省级公共文化服务示范区验收工作。群众文化惠民活动有滋有味。实施文化惠民工程，开展丰富多样的群众文化活动。加大对乡村群众文化活动的引导与扶持，开展“三送一展”文化下乡活动，加强群众业余文艺骨干培养，支持群众自办文化团体。打造元宵节民俗汇演、非遗系列展演展示、都梁文化大舞台进社区等为特点的民俗文化，盱眙花船、渔鼓、十三翻锣鼓等一乡一特、一镇一品的地域文化形成特色。“书香盱眙”创建卓有成效，县领导荐书、捐书，机关干部“走进图书馆”带头阅读，引领全民阅读。文化遗产保护利用取得新进展。大云山西汉江都王陵、泗州城遗址开发，第一山题刻保护等项目列入国家和省“十三五”时期文物事业发展项目库。文保单位监管、馆藏文物修复、文物普查等工作扎实推进。《黄梅戏》《朱元璋传说》获批第六批省级非物质文化遗产项目。黄梅戏剧团挂牌市级非遗传承基地，新挖掘、梳理、公布116项县级非遗产保护项目。启动实施“都梁文华奖”激励机制。县文广新局获江苏省文化系统先进集体、江苏省文化科技卫生“三下乡”先进集体、江苏省第一次全国可移动文物普查先进集体称号。

县财政落实230余万元创建经费，乡村投入1000多万元提升基础设施。建成官滩非遗广场、河桥文化广场、古桑文化中心、维桥大桥居委会文体广场等一大批公共文化设施。服务体系日臻完善。图书馆建成总分馆，基本实现通借通还。博物馆建成青少年活动体验区。文化馆建有室内功能室、室外活动场地，成为全县文化艺术活动中心。管镇、桂五、马坝启动建设新站房，盱城、太和、明祖陵、天泉湖、鲍集调优站房。乡镇（街道）文化中心设有图书室、电子阅览室、文化活动室、共享工程室、多功能室、培训室、室外文体活动场所。257个村居、社区有文化室、农家书屋、文化共享工程点、室外文化活动阵地等，76个村居、社区综合文化服务中心围绕“八个一”标准推进提升，管镇崔岗村、马坝石桥村、明祖陵项魏村、桂五星星居委会等一批村居率先达标。全县万人拥有公共文化设施面积1989平方米，县乡村三级文化场所常年免费对外开放。11月17日，专家在南京集中评审，11月26日，省验收组到盱现场抽查，顺利通过验收。

2016年，县作协作家韩开春的散文集《雀之灵》和《水精灵》，由云南晨光出版社公开出版。韩开春散文集《虫虫》，为国家新闻出版广电总局向全国青少年推荐的2016年度百种优秀出版物之一。陈绍龙长篇系列散文《稻里稻外》，由安徽师范大学出版社出版。张佐香散文集《鲜花照亮了我的房间》，由21世纪出版社出版。赵海洋散文集《独旅行疆》，由上海文汇出版社出版。孙新民散文集《觉悟人生》，由上海文汇出版社出版。宋晓玉散文集《因为我爱》，由上海文汇出版社出版。张小鹿《燃烧的蔬菜》儿童绘本故事书，一套4本，由江苏少儿出版社出版，包括《我是大英雄》《首领猛犸象》《与伙伴同行》《馋嘴小胖豆》。该书是央视热播动画片《燃烧的蔬菜》官方绘本图书。杨绵发长篇非虚构散文《淮上洪流》，由上海文汇出版社出版。成兆友总编《盱眙历史文化丛书》（第二辑），由北京图书出版社出版。马培文《风远泥香》，由北京图书出版社出版。胡仁生的《泗州城探秘》，由北京图书出版社出版。马培荣主编《穆店史话》，由北京图书出版社出版。

2016年，县文广新局在全省率先组建文体旅游综合执法大队。“扫黄打非”进基层，实现县乡村全覆盖，开展“清源”“净网”行动，规范出版发行，净化网络环境。开展“护苗”“绿书签2016”行动，重点整治学校周边文化环境。惩治非法安装地面卫星接收设施行为，净化荧屏声频，做好春节、国庆、全国“两会”及G 20峰会、互联网大会期间安全播出，全年安全播出无事故。查处各类案件41起，比2015年增长78.26%，居全省第一，案卷考核数超出标准13.3%，居全省前三。全国有影响、群众关注度高的“601”案件涉案人员受到法律制裁。

（供稿：段平相　张慧　审稿：葛云）

文学艺术
Literature and Art

文　　学
Literature

【概况】 2016年,盱眙县作家协会(以下简称县作协)有15人加入,有3人加入市作协(杨木兰、郑谊、方孝国),有1人加入省作家协会(张小鹿),有1人加入中国作家协会(张佐香)。全县作协共有会员65人,市作协会员30余人,省作协会员19人,中国作协会员3人。张佐香《老子:为所有的生命造心》,获"中华文学奖"(湖北省委宣传部、湖北省文联主办)、散文集《亲亲麦子》获得叶圣陶教师文学奖图书著作奖(全国共5本书获奖,三年一届,中国当代文学研究会主办)、散文集《鲜花照亮了我的房间》,获得第八届"祖国好"华语文学图书金奖(中国萧军研究会主办)、《岁寒四友》(组文)入围第一届全国"浩然文学奖"(中共三河市委、三河市人民政府主办);刘超获得"2014~2015江苏省微型小说创作双年奖"(江苏省微型小说研究会、江苏微型小说评选委员会主办);杨绵发的纪实散文《中国保尔——吴运铎》,获得"登沙河"杯全国文学作品征文二等奖(大连市作协,东北作家网主办);缪虹晴的诗歌《一根飘带红遍天》,获得"纪念长征80年暨建党90年征文三等奖"(中国电力作家协会主办);郑杰的词《水调歌头 纪念红军长征胜利八十周年》,获得《纪念红军长征胜利八十周年》诗书画大赛银奖(中华全国总工会主办);高玉飞的纪实文学《金项链》获得中华散文网主办第三届"相约北京"全国文学艺术大赛一等奖。

【文学活动】 县作协与县总工会、县中医院联合组织开展"'五月放歌'全县散文创作大赛"和"盱眙县中医院建院三十周年'恒康杯'全国散文创作大赛"活动,两次大赛活动分别结集编印《五月放歌》《三十而立》散文集,在全县赢得非常好的反响。并参与《台商在盱眙》宣传画册的策划和文稿撰写工作,撰写"盱眙抗日战争史话"电视解说词(10000余字)。深入生活、创作报告文学、纪实散文、情景剧本、诗朗诵等30余篇。其中,杨绵发坚持利用业余时间走读淮河5年,完成30多万字的系列淮河历史文化散文随笔及20多万字的淮河人物传记。2016年,县作协办好《都梁文学》和"都梁文学网",发表会员的文学作品,实时通报文学和盱眙作协的相关信息,为盱眙广大文学爱好者提供文学交流平台,并做好"盱眙作协QQ群"和"盱眙作协微信群",及时进行广泛的文学信息交流与发布。

【文学作品发表】 2016年,县作协 韩开春、陈绍龙、杨绵发、张佐香、陈建正、张小鹿、缪虹琴、刘超、郑立、孙燕超、郑杰等会员在《儿童文学》《少年文艺》《雨花》《散文》《草原》《文苑精典美文》《诗潮》《厦门文学》《凤凰动漫杂志》《散文中国》《中外文艺》《中国诗歌》《诗歌月刊》《上海诗人》《脊梁》《中华辞赋》《沈阳晚报》美国《侨报》《时代报》《阳光导报》等中外报刊发表散文、诗歌、小说、报告文学300余篇。其中,陈绍龙的12000多字的散文《老腔》、杨绵发的16000多字的散文《烟花三月下扬州》,分别在《雨花》杂志第6期和第7期发表;韩开春的《鹊兄鸦弟》分别在《儿童文学》连载2期;陈绍龙的《老腔》在《羊城晚报》连载6期;张小鹿的儿童长篇童话故事《叽里咕噜空灵岛》1月开始在《凤凰动漫》杂志连载1年,还未载完。诗人陈建正在《中国诗歌》《诗歌月刊》《上海诗人》《绿风》《散文诗》等国家和省级诗歌杂志上发表的许多组诗,引起诗歌界好评。

【创作签约】 2016年,县作协杨绵发的长篇散文《淮河洪流》被列为江苏省作协第十一批"重点扶持文学创作与评论工程" 项目,韩开春的长篇散文《与兽为邻》入选首批"托起梦想的翅膀"儿童文学项目;陈绍龙的长篇散文《淮扬三味》,高玉飞的报告文学《盱眙龙虾上市背后的故事》,分别被列为淮安市文联第六届重点题材签约作品。

(供稿:杜　鹃　审稿:杨绵发)

【诗词】 2016年,盱眙县诗词学会有分会6个,会员3000余人,其中中华诗词会10余人,省诗词会员50余人,市诗词会员300余人。全年出版《都梁诗讯》4期,诗词作品2500余首。选送3名青年诗人参加市组织的"青年诗人诗词大赛"。其中韩新(女)、陈岭被评为"十杰青年诗人",郑杰被评为"十佳青年诗人"。全年,县诗词学会在《中华诗词》《江海诗词》《淮海诗苑》《都梁诗讯》等各级诗刊上发表诗作5400余首。《淮山诗苑》《分金亭诗词》《穆店诗草》等基层诗社期刊的编辑水平不断提高。林文彬、王志曾、邬家宽、刘文亚4人出个人诗词专集。丁德涵、林文彬、李厚仁、朱洪滔等多人在中华诗词学会和省市诗词协会举办的诗歌大赛中获奖。诗词云平台是诗人活跃创作的又一平台，林文彬、李厚仁、沈曙明、朱洪滔、谭昌奎、陈德志、丁德涵等位居前列方阵。朱洪滔等9人被吸收为"中华诗词学会"会员。

（供稿：王兆浚　审稿：徐传琛）

艺　术

Art

【美术】　2016年，盱眙县有中国美协会员3人、省级美协会员13人、市级美协会员20人、县级美协会员80人。全年，县美术家协会先后推送近60幅作品参加市级以上展览、比赛。有36幅作品入选国家、省市级展览。其中，王坤国画《昨夜春雨入乡梦》，朱兴留《春之畅想》入展中国美协主办的年度国家级"建党95周年全国美术作品展"。华文、朱兴留、骈建、陈华、王坤等作品入选"江苏省首届美术奖"展览。骈建、王坤、华文、朱兴留、陈华、许亚平、刘天明、鲁亚定、张宝安、宋德发10位会员作品入选"淮安市首届美术奖"展览。骈建、王坤作品荣获2个优秀奖。

（供稿：谭　勇）

【书法】　2016年，盱眙县书法家协会张永钢正式加入中国书协，胡世海加入省书协。胡世海在江苏省第十届书法篆刻新人展中入展，张爱萍、吴显华、胡世海入展第四届林散之·江苏书法作品双年展，其中张爱萍获优秀作品奖。2016年元旦，县书协等举办"长淮墨韵新年书画展"，展出书画作品120幅。1月17日，县书协邀请省书协副主席、著名书法家李啸在盱眙李啸工作室为盱眙15名书法创作骨干授课，提高书法创作基本技能，并对创作的作品进行点评。2月5日上午，县书协组织举办"红色华中、翰墨传情——盱眙—射阳书法联展"，展出两地作者书法作品100幅，现场发放《作品集》200余册。9月27日—10月7日，县书协为盱眙籍书法家卢玉龙在大剧院举办老黑戏墨—卢玉龙墨迹展"。

（供稿：朱秀承　审稿：韩 旭）

【摄影】　2016年，盱眙县摄影家协会有国家级会员6人，省会员48人，市会员42人，县会员新增3人。2016年，县摄影家协会为县文广新局提供龙虾节400余张图片，制作《盱眙文化》龙虾节特刊。围绕"精彩淮安"双年展组织送稿评选活动20余幅作品市级入选获奖，围绕省级比赛入选获奖15幅以上；围绕国家级赛事，入选获奖10余幅。县委宣传部副部长周海军获华东地区新闻摄影最高奖。制作完成《2016盱眙休闲农业观光季》《台商在盱眙》等画册。

（供稿：朱少成）

盱眙历史文化研究

Xuyi historical and Cultural Research Association

【研究队伍】　2016年，县历史文化研究会拥有120余人参与的历史文化研究队伍。离退休老教师、老干部为会刑投稿。穆店、管镇等乡镇成立"历史文化研究会"，并组织培训。县历史文化研究会派员到乡镇和学校进行历史文化知识辅导。形成近百人的专兼结合历史文化研究撰稿队伍。

【研究成果】　2016年，盱眙县历史文化研究会编辑出版《盱眙历史文化丛书》（第二辑）共四本：分别是《盱眙金石》《盱眙书志》《盱眙古文》《盱眙古诗》，填补盱眙历史文化研究的空白。点校和抢救性重印盱眙旧县志。组织力量，对清康熙《泗州志》进行点校；对清康熙《盱眙县志》进行补正影印。办好会刊《盱眙历史文化研究》，全年出四期。在坚持质量的基础上，突出原创性、趣味性。刊发盱眙重大历史题材文章。全年刊发文章80余篇。其中钟海平的《对楚怀王的再认识》系列研究文章、罗志的《第一山书院与题刻》、马培荣的《盱眙古城墙的勘踏与考证》、姚百良的《从岗村走出去的老同志杨布》等文章都具有相当学术价值与可读性。支持乡镇特色文化打造，穆店乡编辑出版《穆店史话》。成兆友主编的《盱眙龙虾品牌之路》与吴坤主编的《老盱眙》获淮安市第十三届哲学社会科学优秀成果三等奖。

（供稿：张承东　审稿：成兆友）

【新四军历史研究】 2016年,盱眙县新四军历史研究会为纪念黄花塘新四军部纪念馆建馆35周年,搜集、筛选、讨论新四军老首长、老战士本人和后代,以及各级领导、各界人士到馆活动的各类图片及文字资料。为纪念罗炳辉诞辰120周年、方毅诞辰100周年,县新四军历史研究会出版发行二期会刊,选载相关的文献资料,反映他们在淮南抗日根据地的建立和发展作出杰出贡献和光辉业绩。为原王店中学恢复抗战时期"淮南中学"寻找相关资料,提供《战火中的淮南中学》一书。

(供稿:汤如成　审稿:李汉戒)

文化遗产保护

Cultural heritage protection

【物质文化遗产保护】 2016年,县文广新局突出文物固态保护利用和非物质文化遗产活态传承,多措并举,文化遗产保护利用水平明显提升。完成第一次可移动文物普查,登录6300件。新公布县级文物保护单位5处,申报市级文物保护单位7处。将文物保护纳入城乡建设规划,在城北棚户区改造、特色小镇、光伏电站建设等项目过程中文保先行。第一山题刻完成保护规划编制。黄花塘军部纪念馆编制《管藏物品保管、保护修复方案》和《旧址修缮及环境整治方案》。大云山博物馆主体建筑封顶。县博物馆编制《库房文物预防性保护方案》和《青铜器修复方案》,策划推出《钟鸣玉馔——古代贵族用品展》《盱眙馆藏陶瓷器精品展》两个专题展,开展送展览进校园、进社区、进工厂活动。盱眙出土玉器参展"江苏·博物馆玉器精品联展",大云山出土文物和埃及古代文物联袂《法老·王》主题展览。

【非物质文化遗产保护】 "非遗"保护传承成效明显。新增朱元璋传奇、黄梅戏省级项目2个,申报盱眙面塑、盱眙根雕等市级项目27个,公布十三番锣鼓、盱眙花船等县级项目116个。黄梅剧团被授予省级"非遗"传承基地。"非遗"丛书一期四本出版发行,二期组稿完成。仇集钱杆舞在全省非遗打莲湘邀请赛中荣获三等奖,面塑、根雕、黄梅戏等项目参加全市非遗日活动展演,十三番锣鼓、盱眙花船等一批项目在元宵节、龙虾节展演。盱眙面塑传承人韩玉梅、盱眙根雕传承人桂学明获评盱眙十大工匠。

(供稿:段平相　张慧　审稿:葛云)

群众文化

Mass Culture

【艺术创作】 策划大型群众广场文化活动《都梁放歌》;剧团新创《林娘》,复排《花好月圆》等舞台剧,编排《楚风汉韵》《都梁春雪》等优秀节目;文化馆小戏《王小二赶脚》获淮安市群文新作调演一等奖。韩开春、张佐香、杨绵发等文学作品获省级以上奖项;王坤、朱兴留、张爱萍等多项书画作品获市级以上奖项;《盱眙之恋》等微电影广泛传播;《我想去盱眙》等首原创好歌,城乡传唱;县老年大学艺术团、戏剧票友协会等民间文艺团队编排出一大批群众喜闻乐见的作品。县黄梅戏剧团赴浙江、上海巡演黄梅戏100多场次,以好人李银江为原型·国际爵士音乐节走进盱眙。著名书法家、省书法院院长李啸在盱举办公益性工作室,著名画家、南大教授聂危谷在盱举办《丹青盱眙》师生画展等。

【群众文化活动】 2016年,盱眙实施文化惠民工程,围绕一季度唱欢歌、二季度唱龙歌、三季度唱赞歌、四季度唱丰歌,精心策划品味提升。新年音乐会、山地音乐节,龙虾节"都梁放歌"大型文体表演,"登高望远"大型综艺晚会,"盱眙之恋"大型龙虾宴晚会,"元宵节民俗汇演","我要上春晚"大型选秀活动,"农民自己的春晚"全年举办各类大型群众文化活动100余场次,受众超50万人次。

【书香建设】 县图书馆新增图书10万册,农家书屋更新图书3万余册,共享工程点添置电脑等一批电子设备。开展周恩来读书节、世界读书日、机关干部读书月等系列活动,县领导荐书、机关干部带头走进图书馆,机关干部捐书3.2万册。县财政局被命名为全省首批书香机关,第二中学被命名为市级书香校园,盱城被命名为市级书香街道,古桑磨涧居委会被命名为书香村居。

(供稿:段平相　张慧　审稿:葛云)

广播电视

Broadcasting Television

【概况】 2016年,盱眙县广播电视台创新宣传方式，把握宣传主动权，围绕中心抓宣传，唱响主旋律。新闻节目外宣方面，市广播电视台用稿212条、省广播电视台用稿322条、央视用稿16条，省台用稿量居全省县级台前十名，省市台用稿积分全市第一。周琳的《盱眙人民广播电台2015冬季台宣》作品，获2016年度江苏省广播节目技术质量奖片花类三等奖。县广播电视台获"江苏省五一巾帼标兵岗""江苏省五四红旗团支部""江苏省社会科学普及示范基地""江苏省文明单位"等称号；王盱明被中共淮安市委表彰为"优秀党务工作者"。

【民生监督】 2016年，县广播电视台记者围绕"深入生活，扎根人民"主题报道活动的要求，进车间、到工地、下田头、走社区，拍摄与生活贴得更紧、与群众交得更深、与实际靠得更近的新闻稿件。打造亲民服务品牌《民生12345》电视栏目和广播栏目《直通962》，专注报道消费维权、邻里纠纷、办事遇阻、不文明现象、不规范执法等以及热点难点焦点问题，倾听百姓心声，服务百姓生活，激发正能量，为构建和谐盱眙提供舆论监督。

（供稿：宋胜军　审稿：王盱明）

盱眙日报

Xuyi Daily

【概况】 2016年，盱眙县现代信息中心按照"期期有重点，月月有专题，全年有主线"的宣传报道工作要求，强化新闻策划，提升办报质量。全年，共编辑《盱眙日报》261期报纸，计1044个版面。

【主题报道】 2016年，县现代信息中心采访部围绕县委、县政府中心工作，主动做好新闻宣传工作，紧贴优化经济发展环境、招商引资、龙虾节、喜迎党代会、民生实事、寻访抗战老兵等宣传重点，突出策划、加强组织，采取集中宣传报道与长期策划相结合的方式，通过动态消息、深度报道、典型宣传、新闻评论等多种形式加强组织报道，营造浓烈的舆论氛围，重点工作宣传先声夺人。全年，采访部采写消息类稿件1003篇，通讯类稿件169篇，拍摄图片新闻261幅。记者们践行"走基层、转作风、改文风"活动，深入基层一线，采写刊登稿件63篇。其中，《毛海青的"水果玉米"之路》《共建民生工程 共享发展成果》《百姓眼中的盱眙交通》《盱眙"凹土人"的创新发展之路》《韩冠军：身残志坚的好村医》《刘家宽：流动党员显风采》《柔弱双肩挑重担 风雨路上现彩虹》《西瓜说：我变方了》《浓浓桑梓情 温暖学子心》等，一系列民众喜闻乐见的稿件见诸报端。

【栏目设置】 2016年，县现代信息中心先后开设"新春走基层" "第一书记""劳动者之歌""学党章党规、学系列讲话、做合格党员""两为整治在路上、敢为善为在身边""聚焦百日竞赛""盱眙好人""言论""特写""社会治理创新工程""城镇长效管理""加强军民团结 共建和谐社会""举案说防范""民生动态""市情速递""走近抗战老兵 共筑双拥长城""深入学习贯彻第十四次党代会精神"等栏目，深受读者喜爱。每周与教育局合作推出教育周刊专版、每月与纪委合作推出都梁清韵专版、每季度与人大合作推出人大工作专版等。并在每周增加一期"民生新闻"专版，增加两期"视觉新闻"专版，更加直观的展现发展中的盱眙。

【全媒体融合】 2016年，除《盱眙日报》传统报纸外，现代信息中心又依托《盱眙手机播报》早晚报、《盱眙日报》微信公众号、路特新媒体平台等载体，发布盱眙县内更多资讯。上半年，开通"盱眙发布"微信公众号。盱眙发布每周一至周五晚间推出，涉及政治、文化、艺术、传记、摄影、生活各个方面。其中《新闻连连看》专门推出各单位和各部门投稿的新闻稿件。其余内容比较灵活，推出内容有：健康、实用、创意、美文、美食、各种提醒、视频、公告等，有许多转载于别处点击量比较大的文章。盱眙发布微信公众号，4个月内订阅用户1493人，推出186期共930篇各类新闻报道。盱眙手机播报，《盱眙播报》全方位报道民生资讯和本地新闻。早报包含今日视点、微博热语、民生通道、国际、国内新闻、普法园地、开心驿站、停电信息、便民服务等多个栏目；晚报在第一时间发布县委、县政府的政策以及党建工作、招商引资、经济发展等重要新闻。全年编辑刊发手机播报415期。

（供稿：陶　丽　审稿：韩开春）

档案工作

Archives Work

【档案创星达标工作】 2016年，县档案局指导县国土局档案工作创建省五星级单位,并于12月通过省专家组的测评。抽调2名骨干指导水利系统的盱眙县红旗水库管理所、山洪水库管理所、化农水库管理所等单位档案工作达省三星级标准,并组织测评,3个单位档案工作成功创建省三星级。指导督促盱眙县基督教三河同心堂、龙王山教堂、马坝信德堂3个单位档案工作成功创建成二星级单位。县供电公司和电信公司档案工作通过档案工作省五星级和四星级单位复检。

【档案资源】 2016年,县档案馆接收进馆档案2222卷、1763件。年底累计馆藏全宗99个,档案150041卷、21699件,资料10145册。县档案馆开展网络询查、电话询问、邮件回复和登门查档等,提升档案利用服务水平,接待机关、团体、企事业单位集体和个人查档4850人次,翻阅档案6376卷(件)次,复印6514页,利用资料150人次,复印2180页。跟踪指导农村土地确权档案整理和数字化加工工作。组织《盱眙大事记》的编研工作,真实记录发生在盱眙县域上的大事要事。《盱眙大事记》,每月1期,图文并茂,内容翔实,有存史和工作查考作用。

【档案数字化】 2016年,县政府安排预算100万元用于馆藏档案数字化工作。9月,县档案局馆藏数字化项目成功招标,中标价86万元,按合同约定,从10月份开始,150天内完成298万页的数字化任务。截至年底,县档案局馆藏档案数字化率累计达到60%,超额完成市档案局下达任务。涉及民生的婚姻档案、退伍军人档案、县卫生局、教育局等单位进馆的档案和县委县政府文书档案完成全文数字化。

【档案研究】 2016年,县档案局围绕"家庭农场档案规范化管理模式""档案社会宣传的路径"课题,开展调查研究,形成研究论文。其中,县档案局申报的《盱眙县家庭农场档案管理模式研究》被省档案局列入《2016年江苏省档案局科技项目计划》20个名录之一,填补盱眙县档案科技研究空白,项目荣获全市2016年度档案工作调研报告评选二等奖。

(供稿:叶科选　审稿:汪玉奎)

地方志工作
Work of Local Chronicles

【概况】 2016年,盱眙县地方志工作以"创精品年鉴、修名志佳志"为目的,召开《盱眙县志(1986~2008)》县志终审会。《盱眙年鉴》(2016)成书。地情书《盱眙本草》出版成书。

【《盱眙县志》(1986~2008)县志终审会召开】 2016年3月10日~11日,《盱眙县志》(1986~2008)终审会在盱眙召开。终审中,专家认为该志书可读性强、创新性好、存史价值高,语言生动流畅,并就《盱眙县志》中涉及的篇章布局、行文规范、篇下序的运用等方面提出修改意见。《盱眙县志》(1986~2008)编纂工作从2007年11月23日启动,历时九年,最终形成250万字的终审稿。此部志书全面客观、系统地记述盱眙县自然、政治、经济、文化、社会的历史和现状,充分反映改革开放和现代化建设进程,其中增加的"龙虾节"篇,彰显盱眙特色,达到存史、资政、育人的目的。

【《盱眙年鉴(2016)成书》】 2016年,县志办编纂完成《盱眙年鉴(2016)》。该书采用分类法编辑,从现代社会分工和科学分类实际出发,横排门类。全书设盱眙概貌、大事记、人物、党政、组织纪检等32个部分、18.5个印张,彩色封面封底。全书反映2015年1月1日—12月31日盱眙县各行、各业及社会各界发展情况,取得新成就,发生的大事、要事、新事,部分单位在图片中介绍了2015年的最新概貌。

【《盱眙本草》出版成书】 2016年,县志办编纂完成《盱眙本草》出版工作。全书记载盱眙本土地植被物共692种,以图文合一的形式,生动、直观地描述了植物的外观、分布、生物学特性、药理作用等。为开发地域文化特色,发掘植物的经济价值提供了参考。

(供稿:县志办)

本栏目责任编辑:李 静

卫生　体育

Hygiene & Sports

医疗卫生机构
Medical and health institutions

【医疗机构规模】 全县有县直卫生计生单位6个，乡镇卫生院、计生站各19个，精神病院1个，民营医院5个，省属三河农垦医院1个，村卫生室246个。全县医疗机构有床位3598张，执业(助理)医师1616人，注册护士1928人。每千人拥有床位5.51张、执业(助理)医师2.48人，注册护士2.95人。

【公立医院改革】 自2013年3月县级公立医院取消药品加成后，盱眙县先后补助资金4965万元，向上争取补助资金2120万元，用于公立医院基本建设、大型设备购置、重点学科发展等6项投入。投入1.2亿元，实现卫生信息系统全覆盖。投资8亿元，新建三级现代化标准的县人民医院。探索公立医院内部运行机制改革。实施人事制度改革。打破身份界限，实行全员聘用；优化岗位设置，引入竞争机制，公开竞聘中层干部。建立现代医院管理制度，探索法人治理结构模式。深化绩效分配制度改革。保障医务人员合理待遇，建立以岗位工作数量、安全质量、费用控制、患者满意度、成本控制为主的综合绩效考核制度。共建共享"五大中心"。利用县级公立医院人才、技术、设备等优势，建立盱眙县影像、检验、病理、消毒供应和教育培训"五大中心"，解决乡镇卫生院人才缺乏、技术力量薄弱等问题。2016年，盱眙县推进公立医院改革，成立公立医院管理委员会，出台《盱眙县人民医院法人治理结构建设试点工作实施方案》，完善公立医院法人治理机制建设。盱眙县代表淮安市接受省公立医院改革复核考评组验收。通过"四优化"模式，不断缓解群众看病贵问题。一是优化医院收入模式。公立医院由服务收费、政府补助、以药补医三条收入渠道变为服务收费和政府补助两条渠道。药占比由改革前的43.19%下降到34.85%，初步实现"公立医院回归公益性质、医生回归看病角色"目标。优化医保运行模式。全县城乡医保人均财政补助标准由2012年的240元/人提高到470元/人，人均筹资水平由2012年的300元/人提高至650元/人，县级财政负担40%，较改革前增加投入近6000万元。优化家庭医生签约服务模式。家庭医生签约服务包费用，医保或新农合基金按照40%补偿，基本公共卫生服务经费承担30%，签约居民仅需承担30%。优化低收入人群"先诊疗，后付费"健康扶贫模式。开辟低收入人群就医"先诊疗，后付费"绿色通道。2015年以来共为8000余例贫困患者实行"先诊疗，后付费"，其中门诊患者5000人、住院患者3000人，垫付资金2000余万元。

【医疗联合体建设】 出台县域医联体实施方案及医联体章程，打造紧密型医联体。县人民医院托管管镇中心卫生院和黄花塘卫生院，并与其他卫生院签订合作协议。县中医院与洪山医院结成医联体。通过专家坐诊、开通转诊绿色通道、免费接受人员进修培训等多种形式，帮助基层医疗机构提升服务能力。提高新农合基金运行质量，全年筹集基金30764.42万元，参合率100%，基金运行平稳。深化支付方式改革，出台总额预付下的按床日付费和按病种付费相结合的付费方式，遏制医疗机构逐利行为。

卫 生 服 务
Health services

【基本公共卫生服务】 完成免费婚检8877对，农村孕产妇住院分娩补助4550人，农村妇女增补叶酸3195人，农村妇女两癌检查29433人。65周岁以上老年人体检47051人。建立电子健康档案586088份。加强疾病预防工作。开展传染病防控知识培训，规范预防接种工作，实施上消化道癌早诊早治项目，各类指标均达上级要求。开展创新试点。启动世界糖尿病基金会省级创新试点项目——特定人群健康水平测量与评价工作，盱眙是淮安市唯一试点县，成立天泉湖镇、铁佛镇、盱城街道3个项目实施点，筛检1333人。开展爱国卫生工作，结合村庄环境整治，全年完成改厕3001座，占全年任务100%。完成枯水期生活饮用水监测工作，覆盖率100%。

【医疗服务】 县精神康复医院及县医院新区一期工程竣工投入使用，县妇幼保健计划生育服务中心改建项目在施工。穆店卫生院创成国家"群众满意的乡镇卫生院"，官滩卫生院创成省示范乡镇卫生院，改造提升太和漫岗、桂五六桥等6个村卫生室,达到省示范村卫生室标准。加强继续教育,在南师大举办两期“卫计系统素质提升”培训班,110人参加。先后组织1000多人次村医参加初级救护、急救知识、实用技能进修、合理用药等各类培训。培育基层特色科室。马坝中心卫生院骨科、铁佛卫生院中医科被评为市级特色科室,县二院骨科争创省特色科室。

【中医药特色服务】 改制后的县中医院坚持中医特色,扩大中医综合治疗区,开展中医临床路径试点和“治未病”服务,开设“膏方节”,提升中医药服务能力,得到群众的认可。全县所有乡镇卫生院提供10项以上中医药技术服务,90%的村卫生室提供5项以上中医药技术服务,扩大中医影响力。县二院与“互联网+中医”网络平台合作,实现淮安市首家互联网全国名中医专家远程会诊。加强基层中医馆建设。提升基层中医医疗服务能力,有5个中医馆服务能力建设通过省绩效考核。新建穆店中医馆,规划建设官滩、淮河两个中医馆。观音寺卫生院邀请省中医院专家在中医馆定期坐诊,中医收入占比25%左右。同时在村级运用中医药适宜技术,深受群众的欢迎。

【人口健康信息化建设】 加快区域健康信息平台升级改造,按照省定四级标准升级健康信息平台,实现与辖区内医疗、公卫和基层机构联通,并实现与省、市平台对接,增加家庭医生签约管理系统,实现对签约人群的管理与统计。完成全县基层医疗机构系统升级,全县20家基层卫生院与妇幼保健院使用统一的基层医疗机构信息系统,利用平台双向转诊功能实现分级诊疗,规范推动“互联网+”健康医疗。县人民医院与中医院均实现与挂号网的对接,中医院开通网上预约公众号并实施网上支付功能,天泉湖镇卫生院试点使用移动随访系统。推进县二院HIS、PACS系统建设工作。建设互通共享“五大中心”。发挥县医院在人才、技术、设备等优势,建立盱眙县影像、检验、病理、消毒供应和教育培训五大中心,形成分工明确、信息互通、资源共享、协作互动的新型服务模式,减轻居民就医费用负担,县医院与19家基层卫生院建立远程医疗会诊系统,实现对基层医院即时远程会诊、技术指导、手术示教,及时帮助基层医院解决业务难题。

【家庭医生签约服务启动】 实行全县居民家庭医生签约服务,促进分级诊疗制度的落实。针对慢病等重点人群制订个性化的服务套餐,实行预约转诊制度,家庭医生根据患者病情,负责联系医院相关科室,患者凭家庭医生转诊单直接到医院进行门诊或住院治疗。全县组建健康管理团队81个,累计签约130160户391520人,个性化签约23020人。

(供稿:胡松柏　审稿:王晓力)

人口和计划生育工作

Population and family planning work

【概况】 2016年,全县出生人口总人数8215,一孩4154,政策符合率99.25%。坚持计划生育一票否决制,在干部提拔、代表资格审核、评先评优各类活动中一票否决105人。创新行政执法模式,将拒不缴纳社会抚养费的违法生育对象信息录入征信系统,接受社会各界监督。加大出生人口性别比综合治理及两非整治工作力度,全年出生性别比104.96:100。

【人口计生服务】 整合县乡村计生卫生服务资源,提升服务效率。落实两孩政策,执行生育登记服务制,开展“生育登记散快优”行动,全年发放生育服务证明7605份。开展免费孕前优生健康检查3637对。将流动人口均等化服务纳入公共卫生服务范畴。推进健康·幸福家庭创建活动,全县38户幸福家庭受到市表彰。计划生育各类政策兑现率100%,全年,兑付农村计划生育家庭奖励扶助资金1010.1万元;对新增的487名改制企业退休职工和72名年满60周岁的城镇居民非从业人员,按一次性奖励2400元标准兑付奖励金134.16万元;拨付财政资金264万元,落实兑现1~14周岁独生子女父母奖励金标准,按“20元保单+40元现金”方式进行奖励扶助,惠及独生子女家庭2.2万户4.4万人。为计划生育特殊家庭开辟就医“绿色通道”,费用给予部分减免。盱眙县再次被省政府命名为“十二五”江苏省人口协调发展先进县。

(供稿:胡松柏　审稿:王晓力)

疾病预防与控制

Prophylaxis and Control of the Disease

【概况】 2016年，盱眙县疾病预防控制中心(以下简称县疾控中心)网络报告全县无甲类传染病，乙类传染病12种787例，报告发病率117.77/10万，比2015年降低14.46%，病种增长肝炎335例，增长3.72%；淋病10例，增长11.11%；梅毒76例，增长16.92%；疟疾7例，增长40%。降低肺结核325例，下降21.49%；麻疹20例，下降80%。其他传染病，出血热1例，狂犬病1例，乙脑1例，登革热1例，猩红热6例，艾滋病4例(HIV感染者10例)。丙类传染病5种943例，报告发病率141.12/10万，比2015年降低0.89%。

【疾病预防控制】 2016年，县疾控中心加强不明原因肺炎监测与防制工作，主动监测139578例。其中，发热呼吸道病例723例，发热肺炎病例36例，无初步诊断SARS预警病例，无高致病性禽流感病例。做好夏季以霍乱为重点的肠道传染病防制工作。做好手足口病防控工作，逐级开展手足口病防制业务培训，与教育部门协同配合，落实在校生晨检、消毒、缺课登记等防控措施。加强结核病病人的发现、报告、转诊、追踪、督导、宣教等工作，新登记结核病人284例，其中，痰涂阳病人94例，痰涂阴病人173例，结核性胸膜炎17例，全程督导发现并确诊的涂阳病人，涂阴病人实行强化期督导，并建议病人规范化治疗，按期复查，涂阳病人治愈率97.29%(108/111)、涂阴病人完成疗程率99.62%(260/261)；结核病网络追踪登记病人到位率97.52%(157/161)；转诊率99.41%(169/170)。全年发现10例HIV感染者和4例艾滋病病人，对发现的感染者及病人，按照国家规定时限上报，履行告知、流调、随访、治疗、CD4检测、关怀、救助等具体管理任务；建立医疗机构检测网络，规范术前、产前、输血前艾滋病抗体检测工作，检测71467人次；建立健全自愿咨询检测点，检测831人；加强被羁押人员检测，检测593人；开展感染者和病人CD4采血送检，检测114人次；落实高危行为干预工作，干预4682人次，发放宣传资料4682份，安全套9364个。做好重点人群慢性非传染性疾病防治工作，开展65周岁以上老年人健康体检，体检率77.99%(49 576/63571)；高血压患者建档72 737人，管理率55.29%、规范管理率91.08%、控制率67.43%；糖尿病患者建档20669人，管理率40.82%、规范管理率91.53%、控制率58.46%。以淮河流域癌症综合防治项目工作为抓手，开展居民死因监测、肿瘤随访登记报告，全年报告死亡病例4779例，死亡率732.41/10万；恶性肿瘤报告发病1747例，死亡病例1238例。

【计划免疫】 2016年，县疾控中心规范全县21家预防接种门诊(建成15家数字化门诊)，门诊开诊率100%，预防接种工作较高水平。卡介苗接种7995人、接种率100%，脊灰疫苗服苗26058人、服苗率100%，接种百白破疫苗26601人、接种率100%，接种麻风疫苗6395人，接种率100%，乙肝疫苗接种22667人，接种率100%，接种A群流脑疫苗12193例，接种率100%，接种A+C群流脑疫苗10380，接种率100%，接种乙脑疫苗12867例，接种率100%，接种麻风腮疫苗6911例，接种率100%，接种甲肝疫13554例，苗接种率100%，接种白破疫苗5162例，接种率100%。提供第二类疫苗供货服务及开展专项督导，7种第二类苗供货服务，分别为乙肝、Hib、水痘、轮状病毒、流感、23价肺炎和狂犬疫苗，完成28599人次服务。

【寄生虫病、地方病防治】 2016年，县疾控中心上报6例疟疾病人，均为境外输入病例，其中4例卵形疟、2例恶性疟，经正规治疗后均已康复。5月对观音寺引水河、省属三河农场维桥河口开展钉螺调查，落框304个调查26 600平方米面积，未发现钉螺；6~9月，开展水体打捞监测，未发现钉螺。监测5个乡镇300户居民碘盐含量，碘盐覆盖率100%，有碘率100%，合格率99.67%(299/300)，合格碘盐食用率99.67%；碘营养监测200名8～10岁儿童，尿碘中位数每升133.8微克，甲状腺肿大率0；检测100名孕妇，尿碘中位数每升111.45微克。完成14个潜在地方性砷中毒病区村和7个降砷改水工程档案更新工作；在淮河镇沿河村开展砷中毒病情监测，调查121名暴露人群，未发现砷中毒新发病例；监测14个农村小型集中式供水工程，水砷含量均符合饮用水国家标准。完成对原2个乡5个氟中毒病区村的档案数据更新，3个农村小型集中式供水改水工程，采集末梢、出厂水样10份，检测结果均未超标。

【卫生监测与检验】 2016年,县疾控中心做好"五大卫生"监测监护工作,监测全县环境卫生。采样监测全县农村集中式供水单位63个、分散式供水监测点10个、二次供水监测点3个,采集水样404份,总覆盖率100%;完成115家公共场所的检测。职业卫生监测监护,开展工作场所职业病危害因素检测12家,对园区39家企业职工开展职业卫生健康体检,完成体检1798人次;完成与江苏省疾控中心从业人员职业健康体检数据接口的对接工作。放射卫生监测监护,对全县24家医疗单位172名放射工作人员进行个人剂量监测,监测13家医疗单位的24台放射设备。监测食品卫生从业人员,健康体检9000人,受理食品样品436份、碘盐59份、餐具15份。学校卫生监测,在全县54所中小学校开展学生因病缺课监测,综合防治督导常见病,对12所学校环境卫生监测。做好消毒与媒介生物防治工作,对县医疗机构消毒质量采样检测2次、乡医疗单位消毒质量检测1次,完成24家医疗机构消毒质量监测;采集各类样品845份,合格率89.47%(756/845),其中县级医疗机构合格率88.15%(506/574),乡镇医疗机构合格率92.25%(250/271)。完成"蚊、蝇、鼠、蟑螂"四害监测工作。参加国家、省、市能力验证和室间比对及内部质控工作,参加外部质控12次,17个项目检测。根据《检验检测机构资质认定管理办法》的要求,重新编制质量手册和程序文件,8月6~7日,接受江苏省质量技术监督局检验检测机构资质认定评审专家组的检查并顺利取得检验检测机构资质认定证书。

【健康促进】 2016年,县疾控中心开展健康教育宣传工作,全县征订发放入户资料《我行动,我健康,我快乐》健康知识宣传台历197060份、《健康之窗》宣传栏276套、《祝您健康》29份、《江苏卫生保健》29份、《健康教育处方》29种71 000张、《健康教育处方集》532本、自制《国家基本公共卫生服务项目》宣传折页13种,247000张,发放至全县19个乡镇卫生院;利用防病宣传日、科普宣传周开展系列卫生宣传活动,累计230余场次,发放宣传资料46800余份,为广大市民提供健康咨询26900余人次。开展健康教育与健康促进创建任务,申报创建省级健康促进学校12所,其中获金牌学校1所、银牌6所、铜牌5所。推进无烟医疗卫生系统控烟工作,迎接国家卫生县城省、市级验收。

【早诊早治上消化道癌】 2015~2016年度,县疾控中心完成胃镜筛查923例,检出患者10例,其中早期病例8例,早诊率80%,9例得到有效及时治疗,1人拒绝治疗;对历年80例患者进行随访,随访率90.43%(80/94)。启动2016~2017年度上消化道癌早诊早治项目工作,胃镜筛查226例,检出患者2例,其中早期病例1例,及时治疗。

【糖尿病筛查】 2016年3月,县疾控中心承接世界糖尿病基金会与江苏省卫计委合作的基本公共卫生服务省级创新试点项目——特定人群健康水平测量与评价工作任务,是淮安市唯一的项目县,完成普通人群筛检1320人,发现71例患者,检出率5.38%。

【淮河流域癌症综合防治】 2016年,县疾近代中心在枯水期和丰水期,采样检测全县的农村饮用水,采集集中式供水水样289份,采集分散式供水10份,检测结果均合格;在癌症干预地区旧铺、官滩镇和对照地区铁佛、桂五镇开展食管癌高危人群基线调查,完成问卷调查880人。

(供稿:赵洪君　审稿:袁守国)

妇幼保健
Maternal and Child Hygiene

【概况】 2016年,全县孕产妇建卡率99.44 %、孕早期检查率98.82%,产后访视率99.21 %,孕产妇系统管理率98.82%,住院分娩率为100%,孕产妇艾滋病、梅毒检测率100 %,孕产妇产前筛查率87.95 %,无孕产妇死亡,妇女病普查率96.30%,出生缺陷发生率2.66‰,5岁以下儿童死亡率2.2‰,婴儿死亡率1.39‰。

【开展"两癌"检查】 2016年,县妇幼保健所在仇集、观音寺、河桥、黄花塘、穆店、铁佛、马坝、桂五、旧铺、兴隆等10个乡镇开展"两癌"检查,对全县29433名农村妇女免费"两癌"普查,任务完成率103.27%。查出乳腺癌5例,宫颈癌3例,乳腺良性疾病5503例,宫颈癌前病变32例,妇科疾病25

例，予以相应的治疗和随访，超额完成年度“两癌”检查目标任务。

【孕产妇保健】 2016年，县妇幼保健所为全县4550名农村孕产妇提供住院分娩补助，任务完成率176.36%，补助资金493.4万元；有3127名孕前和孕早期农村妇女补服叶酸，任务完成率98.33%；孕妇艾滋病、梅毒和乙肝检测人数均6640人，其中，梅毒阳性8人，乙肝表抗阳性74人；产妇艾滋病、梅毒和乙肝检测人数均6979人，任务完成率100%。

（供稿：刘晓庆　审稿：陈大卫）

红十字会工作

Work of Red Cross

【概况】 2016年，县红十字会完成社会募捐任务34.30万元；发放各类困难群体救助资金及物资折算金额53.35万元（不含上级下拨）；招募造血干细胞自愿者115人；公益性应急救护培训救护员913人，普及培训7866人；创建红十字示范学校2所。

【送医下乡】 2016年，县红十字会组织各红十字冠名医院专家志愿者在全县范围内开展义诊活动，每周1～2次在全县社区、乡村、园区开展义诊、免费测量血压、血糖、建立健康档案，邀请资深医疗专家现场诊疗，接受健康咨询，开展造血干细胞捐献知识宣传，发放健康教育资料、举办职业病防治、“三高”防治等健康知识讲座。对老年人、残疾人以及行动不便的病患，根据需求和诊疗规范志愿者提供上门诊疗服务。在学雷锋日、“5·8”红十字日等纪念日期间举行医疗志愿服务，看望敬老院孤寡老人与困难群众家庭，为他们送医送药，提供医疗保健服务。

【救护培训】 2016年，县红十字会开展直接面对百姓的乡村医生救护员培训，培训913名乡村医生救护员。普及培训任务落实到全县中小学校，由各学校负责组织人员，提供场地，县红十字会派出培训师资进行培训。全年普及培训7866人。

（供稿：杨志远　审稿人：梁祥）

卫生监督

Supervision of Hygiene

【医疗服务监管】 2016年，县卫生监督所建立完善全县医疗机构信息档案331户。其中，二级医院2户，民营医院6户，疾控中心1户，妇幼保健所1户，乡镇卫生院21户，村级卫生室231户，个体诊所54户，其他类别门诊医务室15户；建立无证行医档案176户273户次。对全县医疗机构监督覆盖率100%。检查美容机构66家，出动执法人员148人（次）、执法车辆66台（次）。监督检查全县22家第二类疫苗接种单位，其中1家疾病预防控制机构、21家乡镇卫生院，下达监督意见书22份；出动卫生监督员60余人次，车辆10台次。检查有口腔门诊的医院13户，口腔诊所2户，查处无证口腔诊所10户，立案处罚无证行医9户。与各乡镇分所联合执法，完成对176户非法行医户的回查，发现非法行医线索28条，取缔涉嫌非法行医16户，立案查处非法行医案件13件，没收药品、器械28（箱）件，没收违法所得500元，罚款4.2万元。涉嫌非法行医罪移送公安机关案件1件。接到涉嫌非法行医投诉举报12件，受理查处12件，查处率100%，反馈率100%。

【公共卫生监督】 2016年，县卫生监督所开展春季全县学校卫生专项检查工作，检查全县学校107所，其中高校1所，县级中学8所，县级小学9所，城区幼儿园9家，乡镇中学18所，乡镇小学26所，幼儿园36所，成立传染病领导小组的学校107所，有专或兼职卫生管理人员并掌握传染病防控相关知识的学校102所，制定传染病防控工作预案和传染病事故应急预案的学校102所，落实学生晨检记录，缺课追踪登记、报告工作制度的学校107所，建立消毒制度并定期对相关物品进行消毒处理的学校93所，使用二次供水或自备水源有水质定期检测报告的学校1所，对教职员工进行传染病防控知识宣传培训的学校89所，监测全县城内9所中小学校，其中城区5所中学、4所小学；乡镇5所中小学校，其中中学3所、小学2。开展全县集中式供水单位基本情况摸底调查工作，其中市政供水单位1家；乡镇集中式供水单位13家，并建立一户一档。开展全县集中式供水单位专项检查工作。其中，城市集中式供水水厂1家，农村日供水千吨以上的集中式供水单位8家,农村日供水百吨以上千吨以下集中式供水水厂3家,制作现场检查笔录12份,下达卫生监督意见书12份。全年,监督检查餐饮具集中消毒单位10家,抽检210份,对存在问题的餐饮具集中消毒单位现场下达整改意见书。全县公共场所经营单位有473家,建档率100%;城区公共场所经营单位有372家,除商场外的公共场所量化分级经营单位有353家,量化分级实施率100%。其中B级经营单位有61家,C级经营单位有292家。全县使用集中空调通风系统的单位有8家,建档率100%有监督检查记录。

(供稿:刘 畅　审稿:范建华)

体　育

Sports

【概况】 2016年,县政府出台盱眙县《全民健身实施计划(2016～2020年)》。全年全县开展全民健身活动68次,其中乡镇开展40次,社会团体开展20次,机关单位开展8次,1000人以上的活动5次。有特色的活动有健身健美公益大赛、户外群众趣味运动大会、"舞动江苏"2016年江苏省广场舞大赛、全民健身日系列活动及机关工委运动健身四季赛等活动,做到大型活动有影响,小型活动有亮点。年底,盱眙县成功创建成"江苏省橄榄球高水平体育后备人才基地"。

【群众体育】 2016年,盱眙县体育运动中心扎实推进为民办实事项目"乡镇全民健身工程"建设,在6个乡镇建成多功能运动场。为21个乡镇社区配发体育健身器材,为20个健身点配发音响设备。盱眙县创建成省级体质测定与运动健身指导站,并完成监测样本数3000人。

【竞技体育】 2016年,盱眙县田径队在江苏省县组田径比赛中成绩喜人,继续保甲成功,并有20余人输送到省、市训练队。7月30日盱眙县承办"江苏省青少年女子橄榄球锦标赛",全省有8支队伍参加比赛,盱眙县橄榄球队在比赛中取得乙组冠军和甲组亚军的好成绩。8月,盱眙县诞生第一位国际跳棋全国冠军——朱明旭,为江苏队夺得团体冠军立下战功。10月3日,县体育局承办淮安市首届智力运动会国际跳棋比赛,全市有9个代表队和特邀北京代表队共332人参加比赛。

(供稿:夏 安　审稿:李波涛)

【老年体育】 4月,在盱眙龙虾节广场举行老年人体育节开幕式,到12月中旬举行老年人体育节闭幕式。5月,庆"五一"广场舞专场演出;"中安家天下"广场舞大赛以及市老少乐象棋赛获季军;6月,参加省老年人体育节掼蛋展示交流。10月9日,举行盱眙赛区老年人掼蛋联赛,全县近800名离退休人员参加活动。10月,参加市八运会健身气功、太极拳剑、气排球、乒乓球、"福彩杯"老年人门球、广场舞等比赛。12月,参加市掼蛋总决赛和三项联赛。县老年体协组织人员走进敬老院为老人送温暖、送快乐。县老年体协先后3次对全县健身站点负责人进行培训,从社会体育指导员中选拔工作热情高、组织能力强的指导老师深入到乡镇指导工作,帮助解决一些技术上的难题。40多人先后到省市参加柔力球、健身球、柔乐球、门球、秧歌、广场舞、健身气功、太极拳剑、气排球等培训。县级培训人员320人,在体育项目创新和创新形式上又有新的突破,柔力球、气排球、健身气功等项目也在城乡得到推广,各种竞赛取得较好的成绩。

(供稿:魏加林　柳 春　审稿:吴良桂)

本栏目责任编辑:李 静

社 会 保 障

Social　Security

社会保险
Social insurance

【社会保险规模】 2016年，县政府办下发《盱眙县全民参保登记工作方案的通知》。完成24.8万人的参保调查和登记工作，完成率98.4%。实施“同舟计划”专项扩面行动。推进建筑企业等高风险行业从业人员参加工伤保险，基本实现参保无死角。各险种参保人数和保费征收增长，全县参加基本养老保险23.53万人，比2015年增长2.2%；参加基本医疗险18.19万人，比2015年分别增长4.6%；参加失业保险7.2万人，比2015年增长1.4%；参加工伤保险5.1万人，比2015年增长39.3%，参加生育保险5.1万人，比2015年增长65.6%；五项社会保险基金总收入为10.35亿元，比2015年增长9.18%。

【社会保险保障力度】 根据省统一要求，将11万名城乡居民基础养老金从每人每月105元提高到115元。为20328名企业退休职工提高养老金，人均月增加养老金153.4元，调整后的县内企业退休人员人均月养老金1797.6元。城镇职工医保和居民医保政策范围内住院医疗费用报销比例分别为85%和75%。完善大病保险政策，提高重特大疾病保障水平，对大病保险结算年度内超过起付标准的合规医疗费用6万元、10万元以上部分，报销比例分别提高10个百分点。落实养老保险关系转移接续办法，及时为跨地区流动就业人员接续养老保险关系。社会保障卡制卡34.3万张。为退休人员免费开通养老金到帐短信告知业务。全县在按规定将工伤保险平均费率从1.2%下调至0.9%，生育保险平均费率从0.8%下调至0.5%的基础上，全年失业保险费率降低0.5%，全县企业预计降低社会保险费用2000余万元。

（供稿：黄勇　审稿：蒋学文）

盱眙县2016年度社会保险情况表

表4

险　种	参保人数（人）	待遇享受人数、人次（人）	社会保险基金总收入（万元）	社会保险基金总支出（万元）
企业职工基本养老保险	93879	22930	44576	49263
失业保险	71755	879	2100	743
城镇职工基本医疗保险	85859	319120	24265	22041
工伤保险	50847	439	1272	1612
生育保险	50632	1279	991	995
城镇居民医疗保险	96059	83642	1261	4496
城乡居民养老保险	193638	112009	8943	17783
机关事业单位养老保险	10753	4698	17140	24194

社会救助
Social assistance

【民政救助】 2016年，盱眙县民政局启用全市联网的大救助系统，在全县每个村（居、社区）聘用1名村级民政信息员并颁发聘书，打通服务困难群众的最后一公里。结合开展“小五长”暨民政资金专项整治活动和“双挂行动”，严格执行低保动态管理和公示制度，全年核减低保3396户、7092人，核减资金2000余万元，全年为4080户、9236名低保对象发放低保金3610.75万元；开展社会救助家庭信息比对工作，全年比对信息12504条，核出不符合低保标准信息35条；推进农村低保与扶贫开发工作相衔接，发挥社会救助政策的兜底扶贫作用。建立由临时救助到医疗救助的摆渡机制，全年发放救助资金2298万元，7767名住院患者得到救助；根据居民消费价格上涨幅度，为五类城乡困难群众发放物价补贴60.55万元。社会散居孤儿和集中养育孤儿养育标准分别提高到1180元、1930元，287名孤儿受益，发放资金379.9万元。牵头组织实施家庭监护缺失儿童社会干预试点工作，监护人监护缺失儿童、监护人无力监护儿童生活费标准分别提高到945元和590元。受到省民政厅和省妇联领导好评，留守儿童全部录入江苏省未成年信息保护系统。开展防灾减灾救灾工作,宣化社区通过市级综合减灾示范社区验收,新华社区通过国家级综合减灾示范社区验收。首个中华慈善日期间,发放慈善手册200余份,并开展现场捐赠活动。福彩销售总额稳步提升,全年销售5321万元,募集公益金530余万元;福彩市场占比42%,比2015年增长3%。

社会福利
Social Welfare

【养老服务体系】 2016年,全县60岁以上老年人有13.207万人,各类养老机构床位6937张,每千名老人拥有养老床位达到52.53张。养老机构分四类:公办养老机构3个,床位658张;民办养老机构27个,床位3028张;五保供养服务机构19个,床位2249张;社区居家养老服务中心(关爱驿站)231个,床位1002张。投入200万元对敬老院消防设施进行改造,20个乡镇敬老院全部达到省星级标准;所有敬老院增挂养老服务中心牌子,并面向社会老人开放。2016年,盱眙新建老年人日间照料中心(智慧养老服务中心)1所,建设面积1500平方米;建设10个社区老年人助餐点。县政府为600名困难老年人购买服务。全县有662名困难老年人享受政府购买服务。低保家庭中60周岁以上失能老人每人每月100元;低保家庭和分散供养的特困对象中80周岁以上老年人每人每月60元;低保和低收入家庭中60周岁以上的失独老人每人每月60元,发放资金61.788万元。建成4个关爱驿站,分别为管镇镇关爱驿站、河桥镇关爱驿站、黄花塘镇关爱驿站、太和街道漫岗社区关爱驿站。

【居家养老服务设施建设】 2016年,全县居家养老服务城市社区全覆盖,70%的农村社区能开展居家养老服务。到2020年,城乡社区居家养老服务实现全覆盖,标准化社区居家养老服务中心建成率分别达到80%和40%。全县255个社区,连续七年,建成居家养老服务中心(站)231个,覆盖率达91%。其中,城市社区居家养老服务中心29个,覆盖率达100%;农村居家养老服务中心202个,覆盖率达89%。城乡标准化社区居家养老服务中心建成率分别达55%和14%。其中城市社区29个,标准化社区居家养老服务中心16个;农村社区226个,标准化社区居家养老服务中心32个,居家养老服务中心床位1002张。

【老年福利】 全年,由县财政打卡发放“尊老金”1318.755万元,有18935位高龄老年人受益。其中,80~89岁以上有16820人,90~99岁以上有2060人,百岁以上老年人有55人。特困老年人家庭全部纳入城乡低保,住院期间可直接办理大病救助;全县老年人凭老年IC卡可享受免费乘坐公交车,凭江苏省老年优待证可免费参观县内旅游景点。为60岁以上老年人免费办理江苏省《老年优待证》1000余份。为城区65岁以上老年人免费办理公交车IC卡14050份,县财政补助金140.4985万元。优厚五保老人生活待遇。集中供养、分散供养五保标准分别提高到7448元、6648元,全年发放五保经费1662.6万元,2488名五保老人受益。全面落实政府购买服务,为662名困难老人购买助医、助洁、助浴等服务;有效开展“安康关爱行动”,全县43716名老人参保,保费124.7万元,参保率40%。

(供稿:王立红　审稿人:郭永余)

【残疾人福利】 2016年,全县落实残疾人护理补贴11161人次,398.196万元,补贴低保家庭中重残4280人次,76.26万元,重残生活救助5000多人,2439.447万元,补贴一户多残、依老养残1216人次,135.6372万元,全年发放经费3049.5402万元。

住房保障
House insurance

【概况】 2016年市政府下达给盱眙的29个老旧小区综合整治任务提前完成,项目数全市最多,进度全市最快。全面落实住房保障工作,健全住房保障制度,完善保障体系,全年新开工建设保障房80套,建成保障性住房300套,发放廉租住房租赁补贴50户,改造农村危房260户,提前完成省市年度目标任务。

【棚户区改造】 制定出台《盱眙县棚户区改造工作三年计划》全面启动实施城北片区棚户区改造

工作。全年完成城市桃源、港口产业园、维桥乡村庄建设用地布局调整等3个棚户区改造项目，涉及居民390户。渔民上岸工程全面完成。

【渔民上岸安居工程】 做好中央下达的168户以船为家渔民上岸安居工程，通过信息录入、资料审核等程序，在全市率先完成168户渔民上岸安置工作，发放中央和省级奖补资金489万元，渔民一户一档全部整理建立，无一信访事件发生。

优抚安置

Special care placement

2016年，县民政局下发《关于做好重点优抚对象精神慰藉工作的通知》，拓展慰问形式，注重精神慰问，提高优抚对象的社会荣誉感和获得感，先后安排重点优抚对象短期疗养21人次、上门巡诊62人次；设立“关爱国防”基金，为经济特别困难的退役战士提供帮助，收到捐款2万元，救助2人次；开展烈士公祭活动，社会各界300多人参加。接收退役士兵193人，发放自谋职业金、补助金1391.7万元；按照“积分选岗、阳光安置”的原则，妥善安置4名符合条件的转业士官；落实军休干部“两个待遇”，保持政治本色，丰富业余生活。

（供稿：陈学涛　张 松　审稿：王方平）

本栏目责任编辑：李 静

军　事

Military

人民武装
People´s Armed Force

【概况】 2016年，盱眙县人武部抓实思想政治教育，抓牢意识形态工作，开展"学理论、读经典、话传统、辨是非"活动，确保绝对忠诚、绝对纯洁、绝对可靠。推进民兵基层党组织建设。1月，县人武部、县委组织部制定下发《盱眙县加强民兵基层党组织建设实施意见》，4月，在太和街道毛营社区召开民兵基层党组织建设观摩推进会。投入4万多元，统一规范制作民兵基层党组织建设软件资料。全县各村(居、社区)建立健全民兵连党支部。顺利完成全年征兵任务。

【民兵组织建设】 6月底，组织民兵应急分队开展防洪演练。盱眙县民兵整组任务为应急队伍、支援队伍和储备队伍3大类。应急队伍编组按照县建连、乡镇建排原则，组建1个应急连和23个乡镇应急排，根据县域实际编组为抗洪抢险、森林防火、供水和电力设施抢修、燃气设施抢修5类分队。编组工程抢修、交通运输、安全警戒、医疗救护和各类装备维修支援类队伍。编组地炮分队、步兵分队、后勤保障、装备维修及军兵种部队岗位预编人员储备类队伍。组织抽检点验，突出核准编组任务、核实民兵身份、核对专业信息，根据编组名册现场查、依托居民身份证系统网上查、随机抽点电话远程查，优化民兵队伍结构。抓民兵骨干集训等。二季度，组织16名民兵骨干分别参加抗震救灾、抗洪抢险集训。5月，组织县民兵应急连进行轻武器分解结合、风力灭火机操作、警棍盾牌操等训练，提升应急应战能力。

【征兵工作】 针对"征兵难"的现象，县人武部坚持早筹划、早宣传、早部署，4月底，在太和街道召开全县征兵登记工作推进会；5月，设计印制征兵宣传册17000份，发放给每一名适龄学生；依托盱眙365论坛和"微盱眙"微信公众号开展征兵宣传，每周公布各个乡镇(街道)适龄青年网上登记报名人数。全县顺利完成新兵征集任务，无一责任退兵。

【双拥共建】 1月，人武部联合驻军开展"军营助残、牵手同行"活动，为盱眙县儿童福利院捐助3000元慰问金和慰问品；3月，组织驻军单位和民兵预备役人员义务植树3000棵；6月，组织干部职工义务献血3600毫升和民兵200人协助龙虾节安保维稳；与军分区干休所开展部所挂钩帮建活动，捐助干休所建设资金3万元；开展"双百双建"活动，为兴隆乡中心小学捐赠足球、篮球、乒乓球等体育用品价值3000元，指导兴隆乡祖窑村建立健全民兵党组织，"七一"前夕，到兴隆乡走访慰问建国前老党员和困难党员，送去慰问金12000元；10月，响应"全国扶贫日"活动，为6户贫困户送去慰问金3000元，为盱眙中学3名贫困学生送去助学金4500元。

（供稿：杜邦耀　审稿：孟永军）

人民防空
Civil Air Defense

【概况】 2016年，盱眙县人民防空办公室(以下简称人防办)出台《关于深入推进全县人民防空改革发展的实施意见》，制定《盱眙县"十三五"人民防空发展规划》。全年筹集人防建设资金538万元，完成目标任务106%。县人防办受到省、市表彰，获"十二五"全省人民防空先进单位称号；王树森获"全国人民防空先进工作者"称号；盱眙人防工作经验在11月2日省政府省军区召开的全省人民防空工作会议上进行交流。

【人防工程建设】 2016年，县人防办建立规范化、制度化的民防工程使用与维护管理长效机制。全县人防工程完好率保持96%以上，平战结合开发利用率70%，为社会提供地下停车泊位4000多个。全年立项防空地下室3个2.2万平方米；开工防空地下室5个2.39万平方米；竣工防空地下室4个2.03万平方米，完成目标任务的102%。加强人防工程安全生产工作，7月、12月开展两次"夏季防汛、冬季防火"安全检查。完成人防应急疏散场所建设2468平方米官滩镇民防园、开发区民防园通过验收。

【民防融合应急管理】 2016年，县人防办重点做好融入应急指挥体系。建设融应急、人防、公安、数字城管等为一体的盱眙县防空防灾应急指挥中心，投资金额近1500万元。项目建设分4部分，即人防应急指挥子系统、110指挥信息子系统、应急监控子系统和数字城管子系统建设。项目除应急监控子系统等待市统一标准外，其余进入正常运行状态。基本指挥所建设已完成方案设计。完善防空警报建设规划，优化警报布局，突出抓好重点目标附近、高危区、人口密集区等重点区域的警报器建设。加大警报维护管理力度，做到“周维护、月检查”。投入25万元在山水广场建设多媒体警报屏一块。完成“9·18”全省防空警报试鸣工作。主城区实现防空警报音响覆盖率100%，警报无线集中控制率100%，电声警报占比率100%。重新整组190人7种专业队伍。加强人防应急志愿者队伍建设。

【民防工作进社区】 2016年，县人防办针对社区灾害应急救援、灾害疏散避难的实际需求，抓好民防应急标识进社区、警报信息进社区、应急防护器材进社区。拓展宣传平台，全县“5·12”防灾减灾日、民防应急知识宣传教育周、“9·18”防空警报试鸣、“12·4”法制宣传日等重大活动期间，组织开展民防知识图展、应急疏散演练、民防知识讲座、应急知识竞赛、电影放送等活动，利用县内报纸、杂志、电视台等新闻媒体，制作社区民防知识教育专题专栏4期，编印2万册《市民防灾必读手册》发放到城区每个家庭。强化培训演练，提升基层组织整体防空防灾应急管理能力，联合县应急办、人武部、民政局、卫生局、地震局、气象局、消防大队等单位共同参与社区民防建设，组织开展社区民防工作站站长、志愿者等培训3期，组织居民家庭应急知识讲座、应急疏散综合演练等活动，实现整合资源，共享共进。营造社区民防建设氛围，搭建社区平安建设的平台，完善民防联动机制，形成政府各职能部门“齐抓共管，共同发展”局面。5月12日，联合县民政局、气象局、地震局、卫生局、消防大队等单位在盱城镇五墩、新华社区开展防灾减灾知识宣传活动，组织各社区群众进行疏散演练，参加演练800余人。9月18日，全县20余个社区和县供电公司、电信公司、广播电视台组织防空防灾应急疏散演练，提升自救互救的能力。注重示范创建，加强社区民防工作常态化管理，制定《盱眙县社区民防工作常态化管理办法》，完善工作考核机制。投入6余万元，统一维护社区民防宣传橱窗26组，购置家庭应急包80个和相应应急装备器材。为12余个社区订阅《中国人民防空》杂志等刊物。

【指挥建设】 2016年，县人防办以军事斗争应急准备和平时应急需求为牵引，按照《人民防空训练考核大纲》标准，抓好组织指挥建设。开展机关训练，提升各级人员专业素质。结合人防专业队训练，开展为期一周的训练活动；赴驻军县武警部队、空军雷达部队开展“军事训练周”活动；5月25～27日，组织机关全体人员、部分专业队骨干赴江苏省民防训练基地进行野外拓展训练。坚持每周一下午个人自学，每月末周五下午集中辅导等活动，培养政策法规通、信息化知识通、建设管理通、战场情况通、组织指挥通、教育训练通人防领导干部，会读、会说、会算、会写、会画、会传型人防机关人员，能掌握人防基础理论、能了解信息技术、通熟悉战技性能、能使用装备器材、能维护设备设施、能排除常规故障技术骨干。突出应急演练，提高公众应对突发事件能力。组织不同形式的演练，培养公众的应急疏散能力，增强国防和人防观念，提高自救互救和逃生避险能力。龙虾节期间，县供电公司、电信公司、广播电视台分别组织应急保障演练。9月18日，组织消防、通信、医疗救护、燃气抢修4支人防专业队参加西气东输盱眙门站燃气泄露应急实战演练，将演练现场画面实时传输到市指挥中心，受到肯定。结合“9·18”防空警报试鸣，调整并召开县战时人防指挥所成员单位联络员会议，组织全县城区机关干部、企业职工、中小学和社区群众2万余人进行紧急疏散演练。按照市民防局统一部署，修订《盱眙县城市防空袭方案》。按照要求建设完成战备值班室、人防指挥室、战备资料库、战备器材库建设，制度上墙，添加必要的设备和文书。

【信息平台建设】 2016年，县人防办完成通信干线升级及非涉密网数据网建设。完善地面指挥中心、机动指挥所、防空防灾应急指挥中心功能建设，实现全县重要经济目标监控全覆盖。定期请厂家维护设备，建立维护管理台账。地面指挥中心制度上墙，每周四上午和市民防局进行视频会议系统调试。机动指挥所每周组织1次车场日，每月与县公安局进行1～2次带科目训练，提升应急保障能力；9月28日，完成市民防局组织的与南通市民防机动指挥系统“两市一县”联合拉动训练。

【宣传教育】 2016年，县人防办宣传工作实现多方位、多层次、多渠道，有声势、有内容、有亮点，提高群众知晓率。开展县政府网站、教育网、气象应急信息发布平台、防空防灾应急指挥中心信息网络、盱眙应急广播台和《盱眙播报》手机信息发布平台“六网”联动宣传教育模式，普及群众防空防灾知识。开展民防“进机关、进党校、进企业、进网络”等活动，在全县中小学校普及人防知识教育，马坝初级中学民防示范学校创建工作，待市民防局验收。组织开展“5·12”防灾减灾日、“5·20”法制宣传日、“9·18”警报试鸣日和民防法制宣传周、“12·4”防灾宣传日、人防工程安全整治月等专项宣传活动。在县内外报刊、杂志、网站等媒体刊登稿件21篇(条)。

(供稿:邓玉柱 审稿:王树森)

双拥工作
Two Supports

【概况】 2016年，全县组织开展20余次军地共建活动，安置转业干部、随军家属、高质量协助完成年度征兵等工作，建立关爱国防基金，加大对困难涉军群体的救助。

县主要领导在“八一”、春节慰问驻军和优抚对象100余万元，为驻军提供伙食补助每人每天3元，为部队进行免费体检和发放医疗卡，日常为部队办实事近30万元，“八一”常委议军会为部队解决困难问题提供资金200多万元，各成员单位与驻军不间断的组织共建活动，发放优抚对象的各类抚恤优待津贴，对困难群体进行医疗、生活等救助，协调解决再就业等问题，发放退役士兵的优待金和退役金，组织进行技能培训、再就业扶持等，做好退役士兵安置工作。

【军地融合发展】 2016年，盱眙县开展军地融合发展，组织开展送科技进军营、送文化进军营、送医疗进军营等活动，为部队的全面发展提供服务保障。全县军工企业投入大量的人力、物力和科技为部队提供先进的军工产品，为部队的战斗力提升做出贡献。县委县政府和相关的单位为军工企业的发展在土地、环保、安全、待遇和减负上提供帮助，为军工企业的生存发展提供保障。县域各部队开展军民融合活动，开展少年军校，共育少年英才，加强共建单位人员军事训练，提高纪律奉献意识。县消防大队开展消防安全进企业、进学校、进福利机构等活动，培训消防人才，为盱眙县的经济发展和社会安全稳定做出贡献。

【双拥活动】 2016年，全县各成员单位和部队主动结队进行共建活动。开展办实事活动，成员单位主动联系部队，保证年度实事工作全面完成。开展慰问活动，在“八一”、中秋和春节等重大节日期间，县双拥成员单位和社会团体主动到驻队开展慰问活动，和部队一起过节团圆，营造良好节日氛围。开展联谊活动，部队和成员单位开展各种球类、书画展览等活动，丰富官兵的业余生活，提高官兵的文化生活。部队为地方的发展组织一些公益活动，如看望养老机构、义务植树、义务献血、扶贫助学等，组织学校、机关工作人员参观军营等，增强军地的了解，密切军民的信任与团结。

(供稿:侯彦 审稿:杨加忠)

本栏目责任编辑:李静

龙 虾 节

Crayfish Festival

第十六届中国·盱眙国际龙虾节

The 16th China· Xuyi International Crayfish Festival

【概况】 2016年，第十六届中国·盱眙国际龙虾节，于6月12日开幕，6月28日闭幕，历时17天。3月，面向全社会公开征集龙虾节“好点子”，召开龙虾产业链、文化旅游业、餐饮行业协会等社会各界人士策划会，共收到北京、上海、广东等10多个省市的近千条建议，经过集思广益、去粗存精，确立“有滋有味龙虾节、共创共享好生活”的办节主题，形成“龙虾产业板块——舌尖上的盱眙、群众文体板块——文化里的盱眙、休闲旅游板块——山水间的盱眙、商务合作板块——发展中的盱眙”四大板块28项活动。延续成熟的“以虾为媒、文化搭台、经济唱戏”的办节思路，打造龙虾开捕仪式、群众广场文化活动暨开幕式、登高望远大型文艺晚会、万人龙虾宴、龙虾烹饪大赛等传统活动，龙虾节庆在保持原真性、特色性、延续性中，绽放着经典光彩。首次举办龙虾产业博览会、全省虾稻综合种养现场会，体现龙虾产业从节庆品牌向实体化产业化发展，从传统农业和美食业向新经济新业态发展的趋势；首次走进香港、新疆、大连等地开展产业招商、联谊、合作等活动；首次与央视连线，现场直播龙虾开捕仪式；首次与今世缘集团深度合作，市场运作探索新路，保障有力；首次制作《小盱小眙说龙虾节》动画片、换装手机彩铃萌语音提示；首次采用龙虾“红色文化”为基调对外发布宣传菜单等。

【文化节庆】 2016年，此届龙虾节充分释放以节化民、以文化人的活力，以文化力量促进文明进步。龙虾节活动中，喜庆卖萌10场小盱小眙真人秀，充满青春活力的20多场文体节目，400多幅作品的旅游农业摄影大赛，500多篇稿件的职工散文竞赛，2815人次的志愿者服务，以及2000多名国内外爱好者参与的徒步、骑行、微马等户外运动大会和华国队健身文化节，从不同方面弘扬精神文明主旋律，展现向上向善的纯朴民风，讴歌敬业奉献的劳动人民，弘扬创新创优的精神风貌，营造健康快乐的生活方式。从时尚动感的登高望远大型文艺晚会、山地音乐节、民歌音乐会，到民风劲吹的十三番锣鼓、兴隆秧歌、花车表演，以及盱眙馆藏陶瓷器精品展、钱币邮品邀请展、九人中国画展，突出先进文化原创力、当代价值观念传播力，带给人们艺术享受，展现多元文化的不同魅力，文化凝聚力引起人们情感的共鸣。群众文化广场上演的“虾都战鼓、虾舞都梁、虾行天下”三个篇章，展现盱眙人承前启后、“十三五”开创“一高双强”新境界的壮志豪情。龙虾宝宝16秀，展现他们健康成长、快乐成长的形象，反映出16年来盱眙发展蒸蒸日上、人民生活水平逐年提高的过程，龙虾烹饪暨创新菜大赛，展示源自民间、创新的龙虾文化精神。《盱眙之恋》旅游微电影开拍，把盱眙的好山好水、美食美景淋漓尽致地呈现给全国游客，吸引更多的人向往盱眙、留恋盱眙。

【群众节庆】 2016年，本届龙虾节遵循“为群众办节，办群众的节”宗旨。激发大众创业、万众创新的双创热潮，全县有10万人从事龙虾产业，龙虾生态养殖面积21万亩，年产龙虾7万吨，年交易量10万吨、交易额突破60亿元、网上销售2亿元。盱眙龙虾“席卷”全国，会员店有2000余家，拉动消费近千亿元。盱眙借助龙虾品牌效应，全县餐饮业营业额由办节之年的不足2000万元猛涨至20亿元。“西帝东王、南湖北泉、城中山、水下城”和戚大山槐花风景区倍受游客青睐，龙虾节期间来盱旅游人数49万人次，旅游收入4.9亿元，比2015年增长13.6%。在“淮安感恩行”活动中，虾迷们通过无线淮安、淮安民声、淮水安澜、百度糯米等新媒体平台，分享1100份奖品。在北京开展吃虾秘诀大接龙、剥虾高手大比拼、美味龙虾大派送等活动；“万人龙虾宴”“龙虾美食周”，大小饭店、夜市排档和各地龙虾会员店比肩接踵，宾客如云。苏宁、天猫、京东等电商平台的网上龙虾节异常火爆，借助顺风、EMS等快递，提升盱眙龙虾网络营销水平与外销数量，花椒平台网红直播龙虾博览会以120万人次的收视率创平台记录，掀起百城万店齐欢庆、亿万虾迷享滋味的美食狂欢热潮。开展红心暖阳—文化惠民活动，向14081名低保对象发放140余万元的慰问金，组织机关干部走进868户困难家庭，送上25.6万元慰问金和价值5.37万元慰问品，让他们感受祥和的节日氛围。6月12日，在全县各助产机构出生的38名“龙虾宝宝”，收到节日慰问与祝福。龙虾节为老百姓带来看得见、摸得着的实惠，加深全县人民的认同感、获得感。

【经济节庆】 2016年,龙虾节期间开工项目37个,总投资99.73亿元并5000万美元,包括投资60亿元的港口产业园项目、7亿元并4500万美元的中广核盱眙100兆瓦光伏项目、5亿元的汉世伟循环农业产业园项目、5亿元的坤德环保科技项目。签约项目67个,合同引资额149.7368亿元人民币并2.585亿美元、1.5亿港元。其中,10亿元以上项目7个,5亿元以上项目3个,亿元以上项目24个,外资项目9个;集中竣工集美科热能科技等24个项目,总投资15.18亿元并380万欧元570万美元。其中,亿元以上项目9个,外资项目2个。既有带动力强、贡献度大的龙头项目,又有科技含量高、经济效益好的高端项目。在6月12日开工、竣工和签约的128个项目中,“两新一高”项目82个,新兴服务业类项目32个,高效农业类项目14个。特别是先进环保装备制造产业园、苏宁现代农业产业园、互联网小镇等项目高端切入,实现技术创新、业态创新和模式创新。凹土产品创新设计大赛设计出产品48件,为凹土产业发展注入新活力。省级西陡湖虾稻共作示范园,在稻虾渔综合种养模式下亩均增收2000元以上,对农民人均收入贡献度近20%,加快农业转型升级步伐。

【节庆效应】 2016年,第十六届龙虾节在以往六地联办基础上,扩大到全国十二地,与美国印第安纳州温森斯市签为友好城市,新西兰、加拿大和美国等友城官员到盱,扩大教育文化交流。龙虾产业博览会邀请龙虾产业10个主产地城市的龙虾产业协会,到盱眙共谋产业发展大计,共创合作共赢之业。

(供稿:李 伟　审稿:叶 霆)

本栏目责任编辑:李 静

乡 镇 场

Town · Township · Farm

马坝镇
Maba Town

马坝镇位于苏皖两省洪泽、金湖、盱眙、天长四县交界处，在盱眙县城东部，背倚洪泽湖，怀抱大云山，山水资源十分丰富，两千多年前的秦汉时期就在马坝镇东阳城设郡，东阳郡成为当时地方最高行政中心之一，东阳城遗址在1982年被列为江苏省重点文物保护单位。在东阳城北侧两千米的大云山上，发现世人瞩目的汉王陵墓群。宁连、宁宿徐一级公路、宁淮高速公路和徐扬公路横贯境内，是苏北重要的水陆交通枢纽。2000年，由原马坝镇、东阳乡、高桥乡合并为新的马坝镇，全镇总面积197.5平方千米，辖19个行政村、2个居委会、4个社区，383个村民小组，总人口约10万。马坝镇党委政府以建设新型特色“小城市”为目标，秉持“产业发展、城镇建设、改革创新”三大发展举措，在改革中探索，在创新中实干，在发展中赶超，全镇经济和各项社会事业得到又好又快又稳的发展。城镇综合实力明显增强，超额完成了各项目标任务。先后通过“全国文明镇”和“江苏省文明镇”复检，被住建部等7个部委授予全国重点中心镇称号，是全省经济发达镇，行政体制改革试点镇，是国家级新型城镇化综合改革试点镇，江苏省扩权强镇试点镇，为副处级建置，连续14年跻身全市农村经济发展“十强乡镇”行列。全县年度目标考核工作中，保持在全县第一方阵，多年蝉联突出贡献奖。全年完成地区生产总值48.866亿元，财政收入67273万元，其中一般性财政收入56012万元；城乡居民年人均纯收入2.4万元。

农业　全年全镇粮食面积14133.3公顷，粮食产量11.66万吨。全镇加大对农业农村的投入，累计整理河塘61面，整治渠道18条，除险加固完成6座水库，土地流转新增1200公顷，新增农民专业合作社46个，其中受省级表彰的农民专业合作社5个。马坝镇农业技术服务站被农业部农技推广中心命名为全国五星级乡镇农技推广中心。马坝农技站获得国家农技推广总站颁发的全国百强农技推广机构，同时获得国家林业工作站颁发的国家标准林业站的称号，农业种植保险参保面积8万亩，参保率93%。秸秆禁烧工作取得实效，全年没有发生一起秸秆焚烧现象，秸秆还田率95%以上。推进虾稻共生综合种养扩面工作，落实虾稻共生扩面户42户，全镇落实虾稻共生总面积9146亩。其中，卧龙村1户发展虾稻轮作综合种养面积1400亩。建立镇示范点1个，村级示范点10个。推广粮食种植全程机械化，实现农业机械化水平达96.7%。农机合作社机库建设项目2个，其中盱眙马坝宝国粮食耕作专业合作社获省级农机合作社机库建设项目，盱眙马坝俊丰农机服务合作社获市级农机库建设项目，盱眙县马坝镇欧家湖农机服务合作社获得省级2016年示范社。完成欧湖村农田林网工程1000亩，完成高速公路出入口景观提升工程50亩，庄台林栽植树木12万株，完成植树任务17.5万株。东阳村被评为省级绿化示范村。提高畜禽规模化养殖，建设畜禽舍20幢，年出栏生猪9万头，家禽300万羽。

工业　2016年，全镇新引进项目7个，其中亿元以上项目1个。新引进符合“521”条件项目6个。新开工亿元项目1个露泰交通，新开工“521”项目耐芯电子，金海文化，道为户外用品，百世新能源汽车，鑫华强建材。新竣工通过市对县验收项目2个华强玻璃光源，振兴食品，通过市对县质效考核项目2个，五洲国际二期，天马商贸城，通过发改委对县重大项目年度验收项目1个，汇鑫电子。2015年新批列统企业3个，博尔凯特金属，三福塑料，一品香米业。列统企业累计31个。

第三产业　引进楚东大市场、万润发超市、华润苏果超市、马坝商贸城、苏宁电器等一批服务业项目，完善镇区商业业态，带动中心商贸区的繁荣。第三产业总值达17.7亿元。

城镇建设　启动新一轮总规修编工作，镇区控制性详细规划编制同步推进，开展镇区沿街立面提升、雨水、污水等专项规划的编制工作，明确镇区西移的发展方向，“多规合一”体系初步形成。年底，全镇总投入近6000万元，完成镇南路、文明路、镇西路、世纪大道等黑色化；完成了镇区7条主道路的提档升级；对园区发展大道、工业大道等道路也进行改造升级。利用村庄环境全域整治和创建全国卫生镇为契机，整治环境“脏、乱、差”问题，拆除镇区违规设置的广告牌，开展交通秩序整治活动，改造老旧旱厕等，改善镇区环境、提升居民生活品质。文明东路、文明西路、镇南路、涧边路、人民路、新盱马路至马坝西段、发展大道、世纪大道等交通节点地段实施绿化、亮化工程，提升城市品位与档次。

社会事业　完成镇区自来水管网改造,并新建一座日供水能力3万吨的水厂,解决马坝镇区居民吃水困难的问题。村居之间主要道路全部实现硬质化,镇村公交已全面建成运营,农村3万多人出行难问题得到有效破解。全镇拥有四星级江苏省重点高中1所,江苏省示范初中1所,合格小学3所,在校学生8900名,幼儿园八所,在校幼儿3200名。中心小学被省教育厅命名为江苏省文明校园 和 江苏省红十字示范校。投入500余万元的金海群众文化中心投入使用,健身瑜伽馆,凤凰影视城,金海游泳馆全面对群众开放,马坝敬老院被省民政厅批准为省三星级敬老院。医疗保障体系更加健全,县二院被评为江苏省免疫规划(预防接种)工作先进集体,东阳村卫生室被授予江苏省示范村卫生室称号,农村新型合作医疗参保率95%。

马坝镇2016年村级概况一览表

表5

村名	村民小组(个)	户数	人口(人)	耕地(公顷)	集体经济纯收入(万元)	农民人均纯收入(万元)	村支部书记	村委会主任
楚东	12	5300	20500	122.53	683.66	26282	王泽山	王泽山
腊塘	16	1158	4029	187.93	484.40	26362	钱忠勇	李长军
马坝	10	1080	5280	80.67	820.00	26412	胡江明	胡江明
双马	23	722	2704	426.86	70.56	24525	贺忠勇	李训保
蔡庄	25	537	2062	336.67	180.75	24430	韩伏余	陈建兵
石桥	21	555	2300	418.30	292.40	24373	张能高	朱红志
卧龙	23	506	1850	522.60	25.28	24745	陈大连	许玉宁
黄阳	15	341	1300	430.80	115.52	24250	王祖香	陈家怀
同兴	12	265	1021	307.86	55.07	24180	戴承松	潘红波
沙坝	21	645	2783	452.25	130.90	23995	时　群	张正生
大众	21	610	2400	413.13	216.14	24340	马玉光	李恒龙
南阳	19	517	2015	301.33	40.71	24352	张志高	杨礼华
东阳	13	658	2557	199.47	180.30	24988	戚学忠	王贻凯
云山	17	568	2060	390.46	70.40	25083	王吉华	陶兆青
梁桥	8	245	1046	294.80	45.92	24990	费香超	费香超
兴隆	16	526	2128	387.46	75.85	24507	袁文刚	缪登科
山北	16	355	1400	360.06	45.09	24962	周成凤	兰小乐
高桥	20	871	3210	222.47	128.06	25430	陈伏龙	张同芬
欧湖	14	387	1503	385.40	50.32	23653	李　欣	李　欣
塘坝	8	284	1250	201.40	45.10	23068	李　明	李　明
白鹤	7	206	833	276.13	40.10	22800	陈炳权	张孝山
永兴	18	487	2410	513.00	45.10	22888	王永虎	王永虎
旧街	18	552	2466	533.47	50.12	23842	谢国平	周玉明
黑泥	5	196	813	165.73	53.60	23400	吕成友	孙华友
万斛	12	445	1683	469.87	100.09	23438	汪玉发	董建国

(供稿:陈志和　审稿:张　霞　李长春)

官 滩 镇

Guantan Town

官滩镇，原名渔沟乡，1982年更名为官滩乡，1986年撤乡建镇。该镇位于盱眙县城东北部，距盱眙县城12千米，距宁宿徐高速10千米，淮河主航道穿境而过。镇域东临洪泽湖，西滨淮河，北毗连老子山，山水相依，圩滩相连，物产丰富，美丽富饶。全镇总面积145平方千米，辖16个行政村，2个场，1个居委会，总人口4.8万。

2016年，围绕"勇当五个先锋"工作中心，坚持进位争先，攻坚克难，经济发展呈现平稳提升，各项工作取得明显成效。目标考核中获县突出贡献奖；市"十强乡镇"。实现地区生产总值221.87亿元，财政收入2.68亿元，其中一般性预算收入1.62亿元，城乡居民人均纯收入2.25万元。

农业　实施农田水利、通村公路、农网改造、沼气池、人畜饮水、通信网络覆盖等基础设施建设，改善农村生产生活条件。全年粮食种植10333.3公顷，粮食总产80000吨。畜禽生产实现养猪46400头，养羊2000只，养鸡550万羽，养鹅0.5万羽，养鸭0.04万羽；水产养殖1666.7公顷。其中，龙虾养殖面积1000公顷，年产鱼200万公斤、虾150万公斤。农村专合作社102个，年农产品销售30115万元。

工业　立足于重大项目招商、技术招商，改善投资软硬环境，抓好项目的引进和建设。全镇新引进投资3000万元宝盛服饰项目、投资1亿元的亿申新材料科技有限公司项目、投资1亿元的新能源汽车电池配件项目、投资1亿元的湿地公园项目、投资5亿元的得胜循环经济产业园项目、投资3000万元的凯菲奴针纺织品项目、投资1204万元江苏江淮磁业有限公司技改项目7个；在建项目有江苏亿申新材料科技有限公司项目和新能源汽车电池配件项目2个。江淮磁业、瀚华硅产业参加竣工亿元项目考核验收。围绕46家列统企业，提升服务企业能力，拓展帮办业务十个"一口清"，升级"四方五办"工作机制，帮助老企业技术改造、产能升级。全年完成工业开票销售收入77.15亿元，工业税收1.45亿元，工业用电量2.95亿千万时，固定资产进项税2151万元，全县工业经济考核第一名。

基础设施建设　城镇建设工作，累计投入2000多万元，先后建成民防公园、镇区十字路口提档升级、镇区主干道约3千米道路黑色化及管网路灯等配套工程，在古河建成一站式便民服务中心。建成卫生院病房楼、启动建设敬老院综合楼等。农业农村工作，向上争取资金182万元，完成一事一议道路8条6千米，农桥5座，涉及6个村居，1.8万人受益。金圩、霍山、侍涧3个省定经济薄弱村主动对接帮扶市级单位，实施精准帮扶，争取项目3个、资金180万元，接通戚洼、王桥、金圩、侍涧最后4个村，确保管网全覆盖。投资1800万元新建自来水加压泵，铺设自来水管道，实现与城区并网，全镇自来水管网改造180千米，解决农村饮水安全问题；投资1180万元完成老子山线路、原狼山水泥厂专线、镇区高压线路改造，解决镇区居民用电问题；投资600万元，对甘泉、霍山、新桥、渔沟等4个村6个点污水管网8.5千米修建，新上污水处理设施，受益2500人；投资257万元建成民防园项目，成为一个战时应急避难，平时群众休闲健身的重要民生工程；投资近千万元建成古河槽风光带工程。

社会事业　社会保障工作养老保险扩面500人，养老保险基金征缴330万元，城镇基本医疗保险基金征缴200万元，新农合征缴600万元。全年发放救灾救济款10.5万元，发放优抚金116万元，发放低保金36万元。梳理全镇留守儿童、空巢老人、残疾人等弱势群体，通过对接上级民政部门、动员社会力量，拓展救助渠道。针对出现"部分土地抛荒"现象，探索土地托管模式，探索一条"党建+合作社=共创共富"致富路。洪湖村2016年通过土地托管增加粮食产量约20万公斤，增加土地收益50余万元，村集体增收10万余元，实现了村集体、合作社、村民三方共赢。实施非公企业"红色风暴"工程，即打造"红色家园""红色引擎"和"红色爱心"三个平台。依托昌盛电气，联合江淮磁业、威盛电源等6家企业成立"徐克成书记工作室"，定期开展活动，让工作室成为党员的"红色家园"。组织企业党员干部开展结对帮扶、捐资助学等献爱心活动，全年，帮扶资金50余万元，受益100多人。

官滩镇2016年村级概况一览表

表6

村名	村民小组(个)	户数	人口(人)	耕地(公顷)	集体经济纯收入(万元)	农民人均纯收入(万元)	村支部书记	村委会主任
古河村	9	736	3760	140	163.17	24057	沈启文	—
新桥村	6	430	1768	167	107.68	21000	孙建军	王新武
陈庄村	10	619	2510	380	1.40	19800	孙永贵	—
霍山村	11	731	3231	400	110.00	19500	王维武	毛学海
侍涧村	9	420	1760	135	105.00	21500	杜国宝	王　迅
李庄村	6	450	2130	465	31.50	22000	贾后德	马泽权
渔沟村	8	426	1737	256	99.20	22200	吴士来	朱学东
许嘴村	11	736	3066	417	182.33	23000	祖金昌	徐秀波
都管村	6	390	1610	280	1.45	21000	李国武	李国顺
洪湖村	7	386	1701	368	120.70	22000	罗来波	刘建兵
杨岗村	8	610	2510	460	95.00	19100	冯海兵	杨树华
王桥村	5	330	1430	234	108.26	20500	武绍明	钱忠义
金圩村	6	330	1643	348	154.79	21500	刘庆洲	—
戚洼村	8	600	2421	433	120.72	20800	韩伟松	韩先群
甘泉村	6	425	1760	373	114.45	21000	徐乃祥	徐乃祥
三墩村	6	510	1922	307	15.97	21300	赵　杰	徐后同
圣山居委会	1	1140	4300	11	5.00	21000	沈玉超	高云军

(供稿:王祥敏　审稿:张春林　吴春燕)

旧　铺　镇

Jiupu　Town

旧铺镇古为平原铺,后因附近设新平原铺,此处成为旧平原铺,简称旧铺。位于县城东南,地处苏皖交界,距县城26千米。1986年7月撤乡建镇。镇域东与安徽省天长市接壤,南与安徽省来安县交界,西与天泉湖镇为邻,北与穆店乡相连。

全镇辖13个行政村,2个场圃,136个村民小组,总人口4.1万。镇域面积157.77平方千米,其中耕地3906.7公顷,水域4300公顷。

2016年,镇党委、政府按照"园镇合一"的工作思路,锁定"向南向前"的定位,抢抓省级重点中心镇和宁淮产业园两大发展机遇,全镇实现财政总收入6635万元,公共财政预算收入5950万元,农民人均纯收入1.61万元。在全县年度目标考核中获突出贡献奖,被评为省级农村电子商务示范镇。

农业　着力打造茶叶品牌,雨山茶场拥有基地面积1400亩,可年生产茶叶15吨,年产值200余万元。主要品种有雨山白茶、雨山早茶、雨山香茗、龙虾情、明祖贡春等。曾获"市民消费者信得过产品"、"陆羽"杯特等奖、"中茶"杯一等奖、国际博览会金奖等。推广稻虾种养结合技术,时集村形成千亩虾稻共(连)作示范基地,总面积4000亩;发展优质稻米生产,总面积3333.3公顷;培育农业现代产业园,推动生态农业、设施农业、高效农业、观光农业快速发展,市级、县级农产业产业园区15家;全镇年出栏生猪7.12万头、出栏肉禽9.3万羽、蛋鸭存栏量1.6万羽,蛋鸡存栏量1.5万羽;扶持、培育农民合作组织和家庭农场,新增家庭农场14家;高产创建工程实施1.02万亩,高效农业5.6万亩,高效设施农业0.97万亩,其中新增0.13万亩;开展农民专业技术培训四轮60场次,受训农民3800人次。农村电商快速发展,发挥农村电子商务服务中心功能,借助"互联网+"销售本地雨山茶叶、紫罗兰山芋、虾稻米、8424西瓜等特色农产品。全镇新增造林和绿化面积2260亩，植树32万余株。

工业　围绕“项目为王、效益优先”的工作导向，加大产业招商步伐。全年，全镇新引进项目10个，开工项目10个，竣工项目9个。其中，投资1.5亿元的江苏金玉祥展示工程有限公司三季度顺利通过市对县项目竣工验收，投资5亿元的龙源风电四期、投资3000万元的丰山米业四季度通过市对县项目竣工验收。镇工业集中区进区企业21家，总投资7.7亿元，建筑面积85650平方米，用工近千人。实现规模企业开票销售13.1亿元，固定资产进项税150万元，工业用电量1812万度，新增工业列统企业2个，服务业列统企业1个。

第三产业　新增私营企业33户，新增注册资本金94268万元。个体户100户。全年服务企业用工410人，开展岗前技能培训440人次。

基础设施建设　以省重点中心镇和宁淮产业园建设为契机，平原路商业街立面改造、镇区南北桥节点绿化工程、化农干渠清淤、生态修复工程均完成；“桃源小镇”作为全县农民集中居住区建设样板，启动建设163户，基础设施配套工程在施工；雨山茶场美丽乡村项目完成建设，新铺美丽乡村项目在施工。宁淮产业园环朱雀湖2300亩绿化景观及启动区景观大道、朱雀湖东路等6条市政道路、天泉大街等3条道路亮化工程先后开工；启动区同创新城、游客服务中心(加油站)、高新技术创业园等项目正在按计划实施中。

社会事业　旧铺镇现有中学1所，教师105人，学生450人；中心小学1所，教师63人，学生856人；村小1所，教师45人，学生603人；幼儿园教师26人，幼儿431人。镇卫生院1所，医护人员46人；村级卫生室12个，卫技人员46人。新型农村养老保险收缴保费近457.34万元，参保人数8901人，有121户275人享受农村最低生活保障，有五保对象207人。其中，集中供养61人，年供养经费达154.17万元。全年发放灾民生活救助款13万元；全镇6085户30634人参加新型农村合作医疗保险，参保率100%；完成333名重残人员及949名80岁以上高龄老人生活补贴的报批和资金发放工作。完成区域性养老服务中心建设，新增床位70张；现役军人优待金实现了统筹统发，全年发优待金近19万元。全镇开展计生服务1386人次，免费孕前优生检查258对，计划生育率99.3%，人口出生率12.47‰。群众文化活动全年组织开展“农民的春晚”“雨山情·党恩深文化惠民演出”“党员风采”职工摄影大赛、“红心接力”“我为爷爷唱党歌”等11场群众文化活动。送图书下村2000册，送电影下村156场，送戏下村4场次；全镇15个村场都设立文化宣传栏，雨山茶、九女墩、月亮山、早茶、确定为县级非物质文化遗产项目。

旧铺镇2016年村级概况一览表

表7

村名	村民小组(个)	户数	人口(人)	耕地(公顷)	集体经济纯收入(万元)	农民人均纯收入(万元)	村支部书记	村委会主任
大字	11	697	2981	555	91.69	18350.2	苏井卫	宦长荣
焦山	10	569	2305	536	78.79	19042.5	卢宏生	张　绘
马桥	9	415	1620	505	67.98	19806.7	刘国俊	蒋生华
旧铺	16	1766	6770	710	110.58	19068.7	王继东	张　兵
民田	12	658	2935	877	69.23	18689.2	付业林	吴玉宝
新铺	12	639	2896	733	58.74	18586.9	伍光清	杨德胜
雨山	7	380	1532	477	47.66	18345.8	邱金友	邱金友
张洪	12	1032	4155	721	85.24	19819.9	闵　智	陈可忠
郑盘	6	382	1660	434	46.14	16960.3	吴　乙	俞永昌
人民	5	258	1066	338	61.95	17568.6	曹文祥	陈昌宝

续表

村名	村民小组(个)	户数	人口(人)	耕地(公顷)	集体经济纯收入(万元)	农民人均纯收入(万元)	村支部书记	村委会主任
时集	11	619	2557	563	62.48	17532.7	刘建宝	王树龙
好汉	10	564	2351	444	67.82	19313.5	王学田	董巨山
千柳	9	424	1764	444	64.02	17706.1	刘卫东	刘卫东
茶场	4	389	1609	339	—	—	司传峰	—
种畜场	2	218	845	79	—	—	徐明忠	—

(供稿:栾必成　审稿:陈劲松　李传中)

桂　五　镇
Guiwu　Town

桂五镇,原名西高庙乡,为纪念革命烈士李桂五于1956年更名,1986年7月撤乡建镇,是盱眙县山区片中心镇。桂五镇位于县城南部,距县城17千米。镇域东与穆店乡接壤,南与天泉湖镇相连,西与仇集镇相邻,北与古桑乡毗连。总面积147.8平方千米,属丘陵低山地区。248省道穿境而过,桂仇、桂莲公路横亘其间,交通便捷。全镇辖11个行政村(2015年因区划调整,宝塔村划入天泉湖镇),2个居委会,3个场圃,193个村民小组,总人口3.56万。

2016年,围绕"党建创优为引领、产业招商为重点、村镇建设为抓手、集镇管理为亮点、财税增收为保障、民生投入为根本"6个方面开展工作。实现地区生产总值9.4亿元,财政收入7587.09万元,其中公共财政预算收入6817.57万元,城乡居民人均纯收入15000元。荣获国家级表彰2次,省级表彰7次,市级表彰7次,县级表彰38次。

农业　全镇有耕地6733.3公顷,粮食总产量约6.5万吨,其中水稻产量4.8万吨,玉米产量1.7万吨。全年新造林1050亩,新培育农机专业合作社1个,实施水稻机插秧1000余亩,创建万亩高产示范片1个,实施重点县项目1个。新注册家庭农场30个。全年养殖生猪7万头、牛1200头、羊12000只、家禽300万羽。以248省道和235县道(桂仇线)为轴线,发展高效生态农业,在方港、六桥、星星、高庙、四桥5个村居沿道路两侧通过土流转等方式新发展高档景观苗木约5000亩,大棚蔬菜100亩。

工业　编印招商指南,将四个重点招商产业在网上推介发布,安排1名班子成员专职招商。全年新引进的盛能太阳能、光大通讯设备、联益生物科技二期等项目有序推进。引进项目7个,竣工项目4个,在建项目3个,实现开票销售6亿元,工业总产值26亿元。

第三产业　全镇新增个体工商户60户,私营企业21户,新增注册资金1.2亿元。镇区现有饭店12家、旅社7家、浴室9家、理发店11家、超市商场3家,其他服务业125家。

民生实事　星星美丽家园、敖岗美丽家园、天台山美丽乡村等项目全面竣工;全面开展农村公共服务运行维护及村庄环境整治,通过淮安市级"五星级"乡镇验收;实施河塘整治工程,促进农业生产发展;水库移民后扶项目年底全部竣工;农村安全饮用水工程全部竣工,新增受益人口1万余人;新建农村公路11.5千米,拓宽农路28.89千米,农村交通条件得到改善;危房改造26户,农村形象和农户居住条件不断改观;新建220千伏变电所1座,对农村电网进行升级改造,群众用电条件等得到改善。

基础设施建设　新建"青年小区",总入住户数200户;248省道镇区段路肩硬质化、黑色化3000米,修建下水道3000米,修建工业大道、镇西路、兴府路总计2600米;新建准三星级丽都大酒店、便民服务大厅、桂五法庭、文化广场综合楼各一处;镇村公交工程已全部竣工;镇区基础完善配套工程已全面竣工。配齐配强保洁队伍,做到垃圾日产日清;购置扫路、垃圾运输等各类车辆13台,自动化作业程度极大增强;加强街道居民户门前整治,实行长效化管理;加强镇区绿化进行定期修剪,四季达到美化美观的效果。

社会事业　征集、启用桂五形象标识,对外宣传有新形象；全面落实两孩政策，人口计生工作富有成效；推进家庭医生签约活动，医疗卫生工作成绩斐然；优化校园环境，教育教学水平不断提高；开展精准扶贫工作，居民收入差距逐步减小；开展农村“三补”合一、大病医疗救助28万元、五保户供养71人，惠农强农政策全面落实并兑现到位；建立和落实矛盾纠纷排查调处和包案制度，加大刑事案件执法惩治力度，基层矛盾逐步减少，社会局面和谐稳定。

桂五镇2016年村级概况一览表

表8

村名	村民小组（个）	户数	人口（人）	耕地（公顷）	集体经济纯收入（万元）	农民人均纯收入（万元）	村支部书记	村委会主任
方港	16	436	1876	206	77.9	1.49	刘伯龙	张秀明
六桥	17	501	2221	400	52.07	1.51	邵其仕	刘亚忠
藕塘	13	405	1595	416	25.87	1.46	吴国奇	陈兆会
东园	18	605	2581	480	54.71	1.48	朱锦虎	李维兵
林山	16	751	3078	410	61.42	1.56	李中林	江建洲
四桥	16	580	2483	274	66.71	1.54	肖海兵	汤兆祥
合星	20	641	2931	362	72.32	1.51	王大付	陈金堂
高庙	22	837	3849	268	91.19	1.52	陈礼军	任永兵
星星	14	850	3400	185	68.94	1.53	秦风刚	万海敏
高平	9	355	1583	148	62.93	1.48	林元宏	袁维勤
水冲港	12	412	2232	142	34.07	1.41	张跃华	施少学
桂五	10	440	2046	243	87.06	1.52	林光田	毛旭青
山洪	10	346	1460	180	26.02	1.44	刁延春	李少忠

（供稿：卢庆丰　审稿：陈 健）

管　镇　镇
Guanzhen　Town

管镇，原名管公店，后改为管镇，相传为纪念春秋时期齐国上卿管仲而得名。1994年6月，撤乡建镇。位于盱眙西北部，距县城18千米，北临洪泽湖，东交明祖陵镇，南连兴隆乡，西邻鲍集镇，总面积67.5平方千米。境内中部丘陵起伏，北部圩田洼地。管镇镇为江苏省重点中心镇之一，是盱眙县河西片乡镇商贸流通中心，宁徐一级公路和宁宿徐高速公路穿境而过。全镇辖10个行政村，3个居委会，72个村民小组，总人口3.36万。

2016年，全镇公共财政预算收入8667.5万元，实现可用财力3371.25万元；服务业入库税收5640.4万元，其中商业税收789.4万元；规模以上工业开票销售收入100310万元，其中工业入库税收5507万元。全年居民人均收入16185元，主要依靠粮食种植、渔牧业以及外出务工收入等。利用外资150万美元，新增列企业3家，开票销售16.12亿元，全社会固定资产投入15.2亿元，实现国民生产总值8.57亿元，农民人均纯收入16185元。

农业　全年发放种粮、良种、农机购置、秸秆机械化还田、生猪补贴资金544.77万元，完成大官塘、张西水库除险加固工程，对镇区10千米排水沟和分金亭、双黄、姬庄、宗岗四个村九面水塘清淤整治，对芮圩村排灌站实施改建，解决6000余亩农田灌溉用水问题。加大农业产业结构调整力度，流转土地1.2万亩，推进虾稻共生扩面0.56万亩，培育农业科技示范户120多户，带动更多农民共同致富；帮扶助困全镇近千户低收入农户，提高农民家庭收入。做好现代农业推广，在梁巷、双黄等村多次召开水稻机插秧现场会，大力推广秸秆机械化还田和秸秆综合利用工作。全镇可耕地

1333.3公顷,水面2733.3公顷,其中水稻种植2600公顷,小麦种植2533.3公顷,经济作物种植0.2万亩;全年粮食总产量3.76万吨,其中水稻总产量2.17万吨,小麦总产量1.54万吨,玉米总产量0.05万吨;年出栏生猪4万头、家禽20万羽;农民培训1200人,新建农业示范基地5个,新培植科技示范户80户,设施农业面积1210多亩。疏浚清淤土方18万方,全镇完成植树造林9.8万棵,完成成片造林420亩。

第三产业　全镇新增个体工商户和私营企业105户,新增注册资金0.4亿元。管镇镇有饭店29家、旅社2家、浴室4家、理发店4家、超市商场2家,其他服务业99家,三产年销售收入7000万元。

工业　把招商引资作为发展经济的第一抓手。想方设法抓招商,投资10亿元的葛洲坝再生资源项目,投资2亿元力赛柯二期,投资1亿元金轮机械项目纷纷落地,力赛柯二期、振扬粮油顺利通过市对县重点项目验收。依托葛洲坝(环嘉)产业园项目,在开票和税收两项指标上实现率先突破,葛洲坝(环嘉)项目当年实现开票10亿元以上,入库税收7000多万元。项目考核在第一、第二、第四季度获二等奖,第三季度获一等奖。

基础设施建设　推进在建的金色家园小区与姬庄小区建设,金色家园小区二期竣工,销售110套,入住53户;姬庄小区沿121省道处,完成D、E组团内部的60户房屋建设。在兴隆路两侧划出流动摊贩固定摆摊点,以疏化堵,维护集镇街道的交通安全秩序。做好村庄环境管护工作,创成第一批市村庄环境长效管护"五星级乡镇"。洪泽湖渔港完成核心区港池征收工作,进入工程可行性研究阶段。脱贫攻坚已实现265个低收入户家庭1335人脱贫。2016年,投入资金近300万元,用于道路硬化、自来水管网延伸、污水管网、路灯改造和十字路口红绿灯建设等基础性设施的建设。建成管镇便民服务中心和关爱驿站。铺设新自来水管道25千米,改水入户近1200户,自来水普及率98%。

社会事业　全镇有中学1所,教师74人,学生400余人;中心小学1所,教师96人,学生1560人;村小1所,学生60余人,教师8人;幼儿入学280人,教师18人。有镇卫生院1所,医护人员92人;村级卫生室12个,卫技人员79人;26663人参加农村合作医疗保险。落实五保户供养、低保户、军烈属、救灾救济、80岁以上老人优抚金及补贴的发放工作,全镇共有273户五保老人,分散供养166人,集中供养107人。全镇有农村低保827人,共发放医疗救助6.74万元,发放临时救助2.35万元。全镇80岁以上老人944人,按季度足额及时社会化发放"尊老金"并及时公示。"安康关爱行动"参保人数为412人。2016年,管镇文化活动中心开工建设,建成文化长廊,《分金亭诗词》出版发行,"一乡一特"文化品牌初步形成。民俗汇演实现常态化,管镇文广站创作的《千古流芳分金亭》节目在2016年元宵节民俗汇演中获二等奖。优秀典型选树成果显著,全年选送各类典型12人(其中,优秀党员5人,盱眙好人1人,巾帼标兵1人,巾帼示范岗1人,优秀团干、优秀团员、新长征突击手各1人,盱眙十大法治人物1人),为向上向善管镇建设增添正能量。做好计生随访服务工作,每月按照随访表的名单,定期上门随访各类育龄妇女,为已婚育龄妇女解决四项手术经费5万元,共完成免费孕前优生健康检查314人次。开展安全生产大检查12次,发整改通知96份,整改率100%。全年为65岁以上老年人免费健康体检2126人,规范管理糖尿病人498人,规范管理高血压病人2329人,孕产妇规范管理246人,组织儿童保健人员到小学和幼儿园开展查验接种证工作,接种证查验406人次,补种疫苗143人次。成立社会管理服务中心,集综治、司法、信访、矛调于一体集中办公,落实信息收集、动态研判和及时响应机制,加大矛盾调处化解力度。利用宣传月活动,到中小学校上法治教育、交通安全课,发放各类宣传材料1000余份,开展法律咨询服务10次。

管镇镇2016年村级概况一览表

表9

村名	村民小组（个）	户数	人口（人）	耕地（公顷）	集体经济纯收入（万元）	农民人均纯收入（万元）	村支部书记	村委会主任
管仲	7	909	2854	37.2	82	19689	程福新	汤东海
分金亭	5	886	3342	10.7	18	16090	秦　伟	—
姬庄	5	623	2880	250.5	56	17794	芮　俊	杨言标
耿赵	4	361	1681	185.8	16	15297	曹志全	田加标
双黄	9	800	3687	291.9	62	17340	王宏晔	王永慧
崔岗	4	367	1738	148.3	89	15138	张　勇	杨　松
叶岗	6	470	2249	167.4	26	14666	杨秀波	—
梁巷	4	320	1321	138.8	16	15670	王宜勇	李永志
大杨庄	8	860	4396	430.9	40	16543	孙洪飞	—
芮圩	4	489	2300	211.3	15	15338	傅忠贵	—
王嘴	7	486	2279	301.2	14	18367	芮善标	高　飞
宗岗	4	410	1946	245.2	14	15239	徐国栋	王加国
北周	5	445	2092	218.5	16	12608	周德良	姬进良

（供稿：孙杰　审稿：陈孝明）

河　桥　镇

Heqiao　Town

河桥镇，原名河梢桥，地处淮河南岸，苏皖交界，面积177.07平方千米，331省道穿境而过，拥有淮河水运码头，自然条件优越，区位优势明显。河桥镇“山、水、生态”资源丰富，境内猫耳湖、七里湖适宜水产养殖。全镇辖12个行政村、1个居委会、2个场，110个村民小组，总人口3.88万。

2016年，全镇可用财力实绩1506.18万元；居民人均可支配收入16690元；商业经营性税收完成246万元；工业入库税金完成717.8万元。

农业　全镇有耕地5580公顷、水产养殖1420公顷、林业总面积3733.3公顷。截至2016年发展农业合作社101个、家庭农场39个。在大莲湖村、洪山村等村建设5个“虾稻共生”示范基地，总面积达5160亩。在大莲湖村、洪山村两个村建设3650亩“虾藕共生”示范基地。紧跟市场走向，发展特色项目，在幸福村、三元村已建成全县独具特色的群山红大蒜种植成片基地，逐步形成大蒜育种、种植、深加工、出口完整的产业链，带动周边农户从事大蒜产业，发挥规模效益，达到企业增效、农民增收。全镇农村土地承包经营权确权登记颁证工作，完成106个小组的“两表一图”入户调查、外业测绘、内业制图等工作。

工业　镇沿淮岸线建设的新型特色建材产业园，是全县“1+8”重点扶持发展的特色产业园之一。园区现有欧亚水泥、利泰建材、宇通建材、聚源建材等13家企业，其中列统企业8家，促进建材产业园的提档升级。

第三产业　新增个体工商户和私营企业160户，比2015年增长30.1%；新增注册资金1.65亿元，比2015年增长64.4%，三产年收入1.8亿元。

特色旅游　坚持规划引领，高标准发展生态旅游业。重点围绕玉皇山及周边丘陵生态资源优势，强化对“山、水、生态”资源的整合与挖掘，完善旅游配套设施。围绕“三山三湖”特色，整合“食、住、行、游、购、娱”等旅游要素，完善游客接待功能，建设以休闲度假、观光游览、农家体验为主导的旅游目的地。全年，重点推进玉泉湖、龙庙湖、凤凰山等“农业+旅游”项目与玉皇山省级乡村旅游点业态互补，依托玉泉湖景观长城等旅游资源，打造以生态农业为主的玉皇山生态园、龙庙湖生态园，接待游客3万余人。以游乐为主的水上漂流和以休闲观光为主的凤凰山、玉泉湖。集休闲、观光、采摘为一体的玉皇山生态旅游园区和苏北重要生态旅游基地的大框架初步拉开。

基础设施建设　立体综合改造南街主街道，对河桥战斗纪念碑及游园廊道进行提档升级改造，修建公共停车场1处。对原破损道路进行硬化、亮化，建设市民健身文化广场，连接河桥战斗纪念碑及河桥战斗陈列馆，为镇区居民提供休闲、学习的新场所。建设法治文化广场，为居民提供法律知识学习园地。按照“五有”标准完成集办公、动物免疫、检测、诊断、检疫为一体的畜牧兽医站综合用房并投入使用。对蒋郢小区绿化及南湖湾小区基础设施进行提档升级。对331省道沿线及新型建材产业园区，完成绿化、硬化、亮化、美化提升工程。实施镇区居民小区亮化补盲工程，安装路灯153盏；新修水泥路10千米；疏浚沟渠8.5千米、整治塘口30亩；新建农桥24座，新建机电站3座；铺设自来水主支管道160多千米，新增自来水用户3900户，新增受益人口1.4万人。实施河桥水厂扩建工程，清水池已经建成、设备基础完工。

社会事业　全镇有中学1所，教师53人，学生212人；中心小学1所，教师76人，学生1054人；村小1所，学生342人，教师36人；幼儿园教师39人，在园幼儿481人，洪山幼儿园成功创建省级优质园。有镇卫生院1所，医护人员43人；村级卫生室11个，卫技人员36人。2016年，全镇有31463人参加新型农村合作医疗，参合率100%。为65岁以上老人免费体检2690人次。新型农村养老保险参保8480人，征缴费用341.9万元，新增参保300余人，发放养老保险金71.3万元；发放14周岁以下独生子女父母奖励金79200元，保障了计生优抚政策及时兑现到位；计生连年达标，计划生育率99%。大病救助46人，发放救助金194470元。2016年初核定低收入农户1167户3564人，其中有劳动力的贫困户886户3015人、低保户196户461人、五保户92人。省定经济薄弱村2个，分别为龙泉村和淮峰村。年底，有310户1056人脱贫。13个村居农家书屋全覆盖，藏书1万册以上。

河桥镇2016年村级概况一览表

表10

村名	村民小组（个）	户数	人口（人）	耕地（公顷）	集体经济纯收入（万元）	农民人均纯收入（万元）	村支部书记	村委会主任
河桥居委会	6	1672	4894	240	22.26	15964	高习前	李雪峰
石港村委会	5	651	2712	327	25.84	16765	杨士明	朱德亮
黄龙村委会	8	780	3024	433	162.51	17225	刘步德	刘　宝
龙泉村委会	13	1059	3724	650	15.40	15854	杨颂权	周永浪
大莲湖村委会	7	654	2589	458	28.37	16739	吴玉发	张学银
三元村委会	10	811	2936	453	211.34	17442	范青龙	林海勇
蒋郢村委会	7	447	1613	216	31.17	17113	孟庆山	汤青泉
大港村委会	5	318	1142	177	57.09	17229	曹传宝	杨木生
洪山村委会	10	960	3845	670	52.98	17117	李瑞军	季发银
幸福村委会	6	651	2429	634	135.90	17281	秦　云	秦学干
茅湖村委会	10	761	3540	552	32.58	16646	李玉忠	丁伦杰
临湖村委会	10	707	2853	344	28.90	16804	李　明	洪　源
淮峰村委会	8	697	2659	425	15.50	15925	丁加武	刘善跃

（供稿：朱晓曼　审稿：姚苏丹）

鲍　集　镇
Baoji　Town

鲍集镇原名鲍家集，相传为纪念春秋时期齐国大夫鲍叔牙而得名，位于县城西北部，距城25千米。镇域东与管镇镇相连，南与铁佛镇交界，西与安徽省明光市为邻，西北隔下草湾引河与泗洪县相望，北临洪泽湖，区域总面积132平方千米.境域东高西低，三分之一岗地，余肖湖洼，宁宿一级公路、宁宿徐高速公路贯穿境内。全镇辖17个行政村，2个居委会，165个村民小组，总人口5.5万，其中非农业人口1.6万，耕地6400公顷。

2016年，全镇财政总收入达8137万元、公共财政收入7406万元、规模工业企业开票销售收入5.02亿元、工业入库税收6961万元、规模固定资产投入9.2亿元、农民人均纯收入1.673万元，规模以上工业企业开票销售4.22亿元，固定资产购置进项税129万元，工业用电量1745万度，外资到账220万美元，服务业入库税收5124万元。

农业　小麦种植6000公顷，产量34200吨；水稻种植2666.7公顷，产量20820吨；经济作物种植2133.3公顷，产量12800吨；水产养殖2533.3公顷，其中：螃蟹2333.3公顷，产量1750吨；农业林网2000公顷；养殖生猪3.85万头，羊0.22万只，鸡153.22万羽。高效农业以发展无公害生态农业和绿色有机食品为农业生态建设的主攻方向，在区域安排上，选择新迁、岗洼、引河等片作为生态农业的支柱产业，产品结构围绕无公害、绿色、有机食品的基地建设，以无籽西瓜为龙头。高效渔业以邵墩、洪新、谢庄、大嘴等片区特种淡水养殖为发展基地，整合水产资源，实施规模养殖示范工程。邵墩鲍贡蟹养殖合作社，实现规模化经营，“鲍贡”牌大闸蟹因品质优良，畅销南京、上海、苏、锡、常等经济发达城市，并走出国门出口销售，新华网、人民网、新浪网、腾讯网、微信平台等媒体相继对鲍贡蟹进行宣传报道。

工业　围绕“既特又强”招商引资，重点突破重大项目和“两新一高”主导项目招引。全年引进项目8个。其中，亿元项目2个，3000万元以上项目3个，521项目4个。投资11亿元的翼体产业园开工建设，市对县验收项目华腾金属和路达铜业进度达序时。目标考核获得“首季开门红”一等奖，三季度三等奖。

第三产业　新增个体工商户37户、私营企业4户。目前，有百货零售店53家，饭店22家，旅社10家，理发店8家，其它服务业9家，三产年收入6105.2万元。

基础设施建设　围绕“文明鲍集，生态鲍集，卫生鲍集”的目标，拓展管理区域，推进城乡环境综合整治，在全镇19个村居建造636个垃圾池，2000余个垃圾桶，各村居配齐保洁人员和保洁车，全域整治。提升公共配套设施，投入500万元实施饮水安全工程提升居民饮水质量，投入167万元铺设2万平方米水泥路。投入670万元，对全镇进行拉网式全覆盖村庄环境整治。

社会事业　推进农村文化建设，全镇所有村(居)配齐“农家书屋”；计划生育服务有序开展，服务率稳步上升，计生工作落后的态势得到控制；享受最低生活保障994人，做好80岁以上1194个老人的补贴和冬春生活救济金发放，入住敬老院106人，新型农村养老保险参保8046人，征缴费用376万元，新增参保420余人。加大社会矛盾调处力度，调处矛盾60余件，调处成功率100%，各类信访案件下降，无进京非访。

鲍集镇2016年村级概况一览表

表11

村名	村民小组（个）	户数	人口（人）	耕地（公顷）	集体经济纯收入（万元）	农民人均纯收入（万元）	村支部书记	村委会主任
鲍居	9	725	6645	236.17	8.0	1.6	孙国富	黄　仲
肖居	17	866	5232	498.02	5.0	1.5	刘淮光	—
唐刘	8	513	2481	334.16	10.7	1.3	丁加伟	张亚昌
观淮	10	603	3153	370.30	10.0	1.5	孙成良	吴学农
引河	10	704	3335	238.50	1.5	1.5	王成平	侯　联
新迁	7	410	2359	177.42	1.1	0.8	丁长召	谢德辉
何岗	8	556	3003	429.70	0.4	1.2	何国华	胡永刚
岗洼	9	700	3730	462.25	2.0	1.2	朱德波	王成东

续表

村名	村民小组（个）	户数	人口(人)	耕地（公顷）	集体经济纯收入（万元）	农民人均纯收入（万元）	村支部书记	村委会主任
沈集	11	718	3857	446.18	0.0	0.9	沈定启	沈　静
梁集	6	398	1979	238.75	2.5	1.2	赵道云	俞学奇
朱巷	15	748	3903	409.99	0.7	1.3	黄　猛	张克江
观音	5	382	2032	270.94	3.0	1.3	户加永	杨　杰
邵墩	6	486	2573	317.07	5.2	1.5	孙　闯	杨　杰
洪新	6	505	2671	296.71	8.0	1.5	吴　涛	—
谢庄	9	569	3117	394.14	6.0	1.6	谢怀沙	王中亚
徐岗	5	460	2649	380.06	9.0	1.3	王国洲	张开国
大嘴	7	440	2251	302.77	12.0	1.5	马选光	张　涛
铁营	11	526	2486	340.80	7.0	1.2	黄德政	冯传祥
淮西	8	494	2321	190.86	1.0	1.4	化月海	孙远军

（供稿：陈家鸣　审稿：邵洪斌　高以东）

黄花塘镇
Huanghuatang　Town

黄花塘位于盱眙县东南部，距县城39千米，镇域东部及东南部与安徽省天长市接壤，南部与旧铺镇相连，西部与穆店乡为邻，北部与马坝镇相接。宁连一级公路、宁淮高速公路、宁宿徐高速公路穿境而过，到达南京、淮安仅需1个小时车程。黄花塘新四军军部纪念馆位于该镇黄花塘村境内.镇域内矿产资源丰富，其中优质矿泉水极具开采价值.全境总面积128.8平方千米，辖14个行政村，2个居委会，248个村民小组，总人口3.4万。

2016年，完成公共财政预算收入5800万元；招引项目9个，投资总额14.7亿元，完成外资420万元、外贸100万元。工业列统企业开票销售101652亿元；入库税收493万元；工业用电量984万度；固定资产进项税361万元。

工业　开工项目9个，已竣工5个，扬州大桥旅游用品有限公司盱眙分公司已经实现开票销售100万元；盱眙凯文家居生活用品有限公司已经实现开票销售800万元；淮安飞越电子有限公司已经实现开票销售1800万元；在坚持招引大项目的同时不放弃小项目，推进项目建设，扶持现有企业提档升级、做大做强。

农业　全年水稻种植5933.3公顷、小麦种植4800公顷，粮食总产量约8.5万吨。重点涉农项目太粮米食品、汉世伟生态循环农业园，温氏种鸭场等项目开工建设，其中虾稻共生8300亩、虾藕共作2000亩已经实施并开始收益；全市农业项目观摩团到镇小河农业、汉世伟生态循环农业园、温氏种鸭场现场观摩。全镇有17座小型水库、622面水塘近1333.3公顷水面，水产养殖约800公顷(其中：池塘养殖面积约6000亩)，水产品总产量约4000吨。

基础设施建设　集镇建设全面推进，走新型城镇化道路，完善镇区总体规划和土地利用规划。农民建房不断规范，重视防违治违工作，严厉惩治乱搭乱建、未批先建等行为，有效整治岗村街道。按照“六整治、六提升”的要求，开展村庄环境全域整治，建立健全长效管理机制，实现环境整治和长效管理的有机衔接，并顺利通过各级验收；新建病死畜禽无害化处理收集点1个、垃圾房38座、新增垃圾桶280个。启动幸福家园美丽库区新街项目外立面出新工程。加大农田基础设施建设，新建农桥3座，新铺水泥路18.2千米。疏通红旗干渠20.5千米。

社会事业　坚持统筹兼顾，推进各项事业全面进步。社会保障不断完善。现有民政定补对象170人。其中，三属4人，伤残军人13人，复退军人18人，两参人员20人，老烈士子女9人，已故复员军人配偶21人,60周岁退伍老兵77人,50年代小乡干3人,60年代退职老职工3人,宽释人员1人,城市"三无"人员1人;享受"五保"对象85人。其中,敬老院集体供养45人,分散供养40人;城乡居民低保164户263人;残疾人616人,其中重度残疾人269人;80岁以上人员享受尊老金751人,其中百岁以上老人1人。新农合、新农保参保率均达到95%以上,养老金、尊老金发放率100%。投资20万元兴建关爱驿站,供接送孩子家长及周边群众休闲娱乐。全面落实社会管理综合治理各项措施,深入推进"法治黄花塘""平安黄花塘"建设;落实领导干部接访下访制度、矛盾纠纷排查化解机制和重点信访问题磋商会办制度;建立健全安全生产规章制度,开展专项检查和突击检查9批次,检查各类安全隐患24起,并逐一交办整改到位。人武、文化、广电、计生、青年、妇联、劳动保障、关心下一代等各项事业实现协调共进。

黄花塘镇2016年村级概况一览表

表12

村名	村民小组(个)	户数	人口(人)	耕地(公顷)	集体经济纯收入(万元)	农民人均纯收入(万元)	村支部书记	村委会主任
新街	25	1455	6128	591	42.0	1.96	夏德忠	刘德洋
岗村	21	845	3682	8105	10.0	0.85	高云龙	程洪兵
泥沛	21	824	3533	8407	3.0	1.05	嵇玉军	陈丰祥
瓦屋	21	523	1988	627	2.4	1.35	屈玉祥	朱成标
绿化	14	330	1348	6020	3.0	0.96	涂贵坤	王广义
张庵	21	424	1612	398	10.0	0.98	赵保祥	赵保祥
耿公	22	476	1845	643	15.0	1.33	刘永春	赵寿华
杨庄	14	426	1726	455	7.0	1.33	徐大兵	赵长贵
五星	12	386	1860	380	15.5	1.63	邵传江	孙开林
倜傥	11	395	1680	470	12.0	1.15	姜亚国	孙建兵
芦沟	14	420	1779	385	—	0.95	王天华	张日才
枣园	12	374	1683	378	4.5	1.20	谷奎付	朱孝国
何圩	9	328	1300	279	13.9	1.20	叶来勤	罗学成
五里	8	318	1322	251	8.0	1.20	孙达洋	沈德群
常庄	12	415	1820	416	8.2	1.20	申太洲	周宏友
黄花塘村	14	425	1620	375	2.6	1.20	耿加和	韩明良

(供稿:陈永千　审稿:陈永千)

明祖陵镇

Mingzuling　Town

明祖陵镇位于县城西北10千米处,东、南与淮河相依、西与管镇镇和兴隆乡接壤、北临洪泽湖。区域面积135平方千米,辖9个行政村,1个居委会,100个村民小组,农户8186户。总人口约3.8万,宁宿徐高速穿境而过。国家重点文物保护单位明祖陵风景区坐落镇区,交通便利,物产丰富。

2016年,全镇农村居民人均可支配收入16500元;公共财政预算收入9300万元;服务业税收完成8000万元。规模企业开票销售完成52000万元;工业列统企业入库税收完成2250万元;工业用电量完成1400万千瓦时;固定资产购置进项税完成350万元。

农业　全镇高起点规划农业产业发展,抓现代农业招商。按照"政府主导、外资主体、依托景区"的发展模式,绿博园建设实现扩量增效。引进养殖、种植项目30多个,注册合作社72个、家庭农场24家,流转土地2000公顷。形成沿洪泽湖一线的高效水产养殖示范区和龙飞大道两侧的高效观光农业特色示范区。其中,万胜达水产养殖基地、红富贵龙虾养殖基地、天发观赏鱼养殖基地及洪泽湖万亩龙虾种质资源保护基地等,在规模效益带动就业方面发挥显著的作用。推动农业发展由"统向现代、行业向产业、产品向品牌"的转型。澳吉尔项目,第二、三栋钢架大棚内部装修进一步完善,生产规模进一步扩大。企业致力于现代农业科技的研究、培训与推广,带动更多本土人士创业致富。今年,与中国农业大学烟台研究院、盱眙技师学院、盱眙农广校等科研院所和教学机构建立合作关系,成为他们的校外研究基地、教学基地和农民培训基地。在资本运作方面,4月,与淮安东吴证券公司签约合作。同时,智耕园二期项目已经启动建设;草花项目已经投产并产生效益。完成万顷良田项目工程,覆盖费庄、仁集、仁和、伏湖、沿淮5个行政村(居),总规模1341.8公顷,涉及搬迁群众751户、3056人。全面完成搬迁复垦任务,实现新增耕地2087.4亩,其中城乡挂钩新增建设用地944.8亩,建成连片高标准农田1333.3公顷。通过争取项目、引进外来资本等形式对全镇农业生产基础设施进行改造和修复,各项配套设施进一步完善。其中高标准农田项目投入2000多万元,项魏村农业开发工程总投入1500万元,修建电站5座,新建防渗渠68千米,建农桥6座,铺设砂石路和水泥路共计70千米,疏浚渠道土方11.71万方。推广水稻机插秧示范工程,引进高速插秧机10台,推广连片示范种植面积1333.3公顷。农业机械化水平不断提高,全年全镇已拥有大型拖拉机157台,收割机172台,农机化率达到86.6%。耕地总面积3596公顷,粮食生产继续获得丰收,总产量达到7400万公斤。全镇享受农业支持保护补贴群众7101户,面积3783.1公顷,补贴资金680.96万元。完成三麦投保面积2846公顷、水稻投保1133公顷,报灾、核查、及时准确。开展以水产、农技、蔬菜为主导的农业科技入户工程,开展持证职业农民培训150人,使用技术培训2200人次。全镇土地确权颁证工作基本结束,全年完成确权颁证6565户,颁证率达到96.2%。农村土地流转进一步推进。主要原则是向大户集中和推广连片耕种,从而实现土地节约集约化利用和高产高效利用的目的。秋季,渡口、项魏、明祖陵等村又有部分地块规模化流转。村级经济管理实现制度化、规范化,村集体资源发包实行程序管理,招标程序严格依法实施,确保公开、公平、公正。财务支出实行过程监督,定期审核、定期公示。

工业 围绕服装特色产业加快园区提档升级。强化特色发展优势,借助产业园龙头企业江苏天源的发展优势,积极放大品牌效应,创造更多更实在的发展条件吸引服装类产业项目落户。天生服装以品牌价值高、智能化程度高、管理水平高的优势全面投产达效,成为产业园建设的新"地标"。全年新引进8个项目。投资5000万元的盱眙远辰太阳能科技有限公司、投资3000万元的江苏科暖热能科技有限公司、投资1000万元的江苏翅之天环保科技有限公司和投资10200万元的江苏华塑交通设施有限公司4家落户盱眙经济开发区;投资1000万元的江苏顺吉玻璃有限公司落户盱城工业集中区,竣工投产,开票142.38万元;盱眙天耀新能源开发有限公司投资75万元,落户镇工业集中区;投资100万美元的盱眙瑞蒙科技有限公司和投资500万元的江苏复宝水产有限公司分别在明祖陵村和项魏村竣工投产。

第三产业 2016年,全镇个体工商户600多户,从业人数超千人,日均营业额可达50万元以上,全镇第三产业总产值达到22000万元。新增金融网点1个、宾馆旅社2家、家电维修点3个、餐饮服务网点5家,其他服务项目20多个。

基础建设 村镇建设坚持源头管控、打防并举。按照县政府的统一要求,实行"两个规划"建设审批的刚性政策管理。对于少数乱搭乱建现象,坚决拆除到位。严格对照"六整治""六提升"标准实行无缝隙、无死角清理整治,开展"五星级"乡镇创建工作。集镇环境综合整治以整治集镇车辆乱停乱放、广告乱贴乱挂、杂物乱摊乱放、商户店外经营等现象为重点,搞好集镇美化、亮化、秩序化,保持集镇道路畅通、环境整洁卫生。对镇内河道进行拉网式排查,摸清垃圾死角,全面打捞河道水面漂浮物、清运堤岸垃圾,对河道进行绿化美化。村居以路边庄台大清扫、大清理、大清运作为连片整治的突破口,带动周边群众开展卫生整治。明祖陵镇顺利通过市级验收,成为全市首批村庄环境长效管理"五星级"乡镇。集镇形象提升工程基本完成。完成地下管网、道路、绿化、亮化及沿街立面的建设改造,总投入1400万元。地下管网建设包括新建提升泵房一座，洪武东路新建雨水和污水管网及一条污水压力管道计2255米，洪武西路、洪湖南路、洪湖北路分别新建雨污分流管网2445米、1000米、1700米。道路改造，规划洪武路机动车道宽14米，两侧绿化带宽各1.5米，两侧非机动车道宽各4米，人行道宽各2米。规划洪湖路机动车道宽14米，绿化带宽度两侧各1.5米，非机动车道宽度两侧各3米，人行道宽度两侧各2米。机动车道铺设沥青路面。绿化改造规划主街道花池宽度1.5米。绿化品种有紫薇、红叶石楠、金边黄杨、麦冬草、朴树等。重新对集镇路灯进行改造，规划60盏。立面改造按照明清元素的设计理念规划改造198户，其中洪武路112户、洪湖路86户。

社会事业　基础教育特色明显，医疗卫生条件明显改善，农村新型合作医疗参保率100%。对60岁以上5860名老年人进行排查登记、输入老年人信息平台。计划生育实行管理与服务并重，共服务育龄妇女3197例，完成孕前优生健康检查156对，办理一、二、三孩服务证404本，为独生子女特困家庭购买意外综合保险2100元2户3人。发放1～14周岁独生子女父母奖励金提标工程797户1594人，每人40元。新办符合省、市奖扶17人，独生子女父母光荣证48本，流动人员婚育证明77份。同时，全员数据整合平台整合6068条，流动人员数据整合6668条。扶贫济困关注民生，根据低保工作动态管理的要求，为208户符合条件的困难家庭办理了低保手续；上报确认困境儿童9人；发放孤儿补助31人；重残补助261人；发放临时救助款项1.4万元、医疗救助5.3万元。做好伤残、复员、“三属”等民政对象服务工作，按时发放定补资金，宣传落实各项优待政策。

明祖陵镇2016年村级概况一览表

表13

村名	村民小组（个）	户数	人口（人）	耕地（公顷）	集体经济纯收入（万元）	农民人均纯收入（万元）	村支部书记	村委会主任
沿淮村	8	680	3350	487	95.4	1.68	于　辉	杨秀环
伏湖村	13	1412	5100	757	93.2	1.62	杨六兵	周　勇
仁和村	6	447	2516	237	6.5	1.58	王　猛	朱孝军
仁集居委会	10	710	3202	307	5.1	1.82	龚爱民	—
费庄村	9	647	3260	300	22.5	1.68	费成金	费孝华
龚庄村	9	920	2830	280	2.5	1.80	龚　剑	龚显虎
沙巷村	7	485	2145	141	6.5	1.75	俞家志	—
明祖陵村	13	950	5674	427	62.3	1.65	朱二跃	孙　亮
项魏村	13	1058	5603	313	15.6	1.80	郑　俊	付欧忠
渡口村	12	877	4300	347	18.9	1.72	胡从林	胡从兵

（供稿：韩 闯　审稿：陈国栋）

铁　佛　镇

Tiefo　Town

铁佛镇因铁佛寺而得名。2001年2月撤乡设镇。位于盱眙县城西北部，地势北高南低，南部为低洼圩区、北部为丘陵岗地，土质为沙淤土、局部粘土。全镇总面积108平方千米，辖14个行政村，116个村民小组，总人口3.73万。

2016年，完成公共财政预算收入1.06亿元，基本实现收支平衡；城乡居民人均纯收入16752元。

农业　围绕农业增效、农民增收、农村稳定这条主线，落实“三农”政策，关心关注弱势群体，及时兑现惠农资金。深化农村综合改革，推动农村多元化经营，壮实农村集体经济，村级集体经济纯收入由160万元增长到490万元，农民人均纯收入由2011年的9611元增长到17140元。完成投资1100万元的召四片、邹黄片农业综合开发和召六高效设施农业项目,新增高标准农田666.7公顷,高效设施农业面积达到0.76万亩。投资50余万元的河洪村等6.5千米河道和河塘疏浚工程竣工。投资1500万元的铁佛片、赵圩片水利重点县项目有序推进,累计新建农桥涵闸15座,改造排灌站10座,农田水利设施建设进一步完善。扶持和培育家庭农场7个,星级农村合作社组织10个,农业组织化、现代化程度有新提高。全年养殖生猪3.29万头,羊9300余只,鸡14.7万羽,渔业养殖1160公顷,产量1601吨。粮食种植总面积5886.7公顷,粮食总产量9.23万吨。

工业 2016年,实现规模以上工业开票销售由"十二五"时期的2011年3.22亿元增长到15.5亿元,工业入库税收由640万元增长到1120万元。累计引进项目12个,投资额达6.5亿元。其中3000万元以上项目9个,亿元以上重大项目是小太湖实验学校、立普新材料和天源鞋业二期等3个,天源鞋业项目通过市对县重大项目考核验收。重点培植税源企业,不断增强财力,稳固税源,其中嵘成电器税收达500万元、汇商电子税收达100万元,宁力紧固件税收首超200万元。江苏嵘成电器有限公司,由常州客商周元琴投资6000万元,置换原淮安森源精密机械有限公司;位于盱眙经济开发区新海大道10号,占地50亩,建筑面积6300平方米,其中厂房4500平方米、宿舍及附属用房1800平方米,主要从事空调、水箱等各类电器压缩机保护器的生产,项目购置安装四条生产线并全部投入运行。江苏立普集成材料有限公司,位于县经济开发区圣山路与国槐大道交汇处。引进苏州香武士公司孙华投资兴建,固定资产投资1.2亿元,注册资本金5000万元;一幢1.5万平方米厂房建成投产。佛铸机械(淮安)有限公司,位于镇工业集中区,占地面积15亩,总投资3000万元,注册资本500万元,总建筑面积9600平方米;公司主要生产高品质、高精密度机械零部件、汽车零部件、通用设备零部件等产品,为"两新一高"项目。8月,一期3000平方米厂房建成;9月8日,一期硅溶胶精密铸造项目设备安装调试完成投入生产。

第三产业 新增个体工商户和私营企业11户,比2015年增长4.1%,新增注册资金588万元,比2015年增长5.4%。有百货零售店62家,饭店18家,旅社5家,理发店10家,其他服务业23家,三产年收入0.84亿元。

基础设施建设 编制《铁佛镇总体规划》《铁佛镇镇村体系规划》《铁佛镇镇区控制性详细规划》,对镇村建设进行科学规划,明确重点建设发展区,引导农村人口向镇区集聚,按照美丽乡村发展要求,确定镇域发展空间,规划发展重点村庄17个,重点特色村1个。规范民房建设审批程序,严厉打击乱搭乱建等违章建设行为。强化镇村环境卫生的专项整治力度,每年投入村庄环境整治费用270余万元,推进14个村142个村庄的环境整治工作。投入1000余万元,进行污水处理厂搬迁和污水管网改造,铺设农村饮水安全干线水管20千米,日供水能力3万吨。实施镇区电力主线路入地工程,改造高压输电线路4条,输配线路总长度达99.9千米。完善镇村交通网络,对全镇48千米道路增设道路警示桩、标志牌。新建中心小学宿舍楼、食堂以及幼儿园综合楼,增设家乐公园、健身广场及文化长廊,集镇功能配套设施不断完善。

社会事业 增加民生投入,提高民生保障水平,各项社会事业持续发展。实施社会管理创新工程,全镇信访案件数、刑事案件发案率明显下降。矛盾纠纷调解成功率、涉法涉诉信访案件化解率均达100%。增加监控系统科技装备投入,全力保障全镇经济社会和谐安定,全镇居民对社会治安的满意度不断提高。全镇的"说法评事"活动入选全县"十大法治事件",成为全县的典型予以推广,人民网、新华网等主流媒体都纷纷转载。文教卫生健康发展。适龄儿童入学率、小升初入学率、九年义务教育覆盖率均达100%。全镇新型农村合作医疗参保率100%,医疗卫生药品实行零差价销售,有效缓解群众看病难、看病贵的问题,赵圩村卫生室成功创建成江苏省村级示范卫生室。新型农村养老保险参保率超98%,农村安全饮用水普及率、农村卫生厕所普及率达95%以上。社会保障体系建设,纳入最低生活保障220户600多人,累计发放保障金200余万元,农村五保供养155人,累计提供供养经费500多万元。全面落实惠民政策,累计发放粮食补贴、良种补贴、粮食保险等综合补贴资金3500余万元。

铁佛镇2016年村级概况一览表

表14

村名	村民小组（个）	户数	人口（人）	耕地（公顷）	集体经济纯收入（万元）	农民人均纯收入（万元）	村支部书记	村委会主任
铁佛村	10	711	3715	763	8.0	1.60	于　杰	王尚华
新圩村	9	660	3006	490	15.5	1.12	孙士成	单成选
邓圩村	9	407	2320	385	5.9	1.00	王学同	林启明
花园嘴村	3	203	738	82	1.7	1.41	曹茉莉	苏七洋
杨滩村	9	612	2870	517	5.9	1.15	徐维新	吴　冲
召四村	8	503	2675	582	19.4	1.10	杨木堂	周仁公
李圩村	9	432	2283	455	12.0	1.17	李修康	李　顺
召五村	9	428	2480	370	13.0	1.58	孙华中	祁　峰
召六村	9	565	3110	475	7.0	1.41	杨木标	岳　磊
河洪村	9	668	3148	479	18.5	1.31	秦九军	万　飞
赵圩村	10	526	2456	450	28.4	1.54	赵国大	丁业红
仙灯村	9	688	3456	532	4.0	1.51	俞兴华	张在冲
西巷村	11	689	3342	575	6.2	1.25	李千荣	邓　志
邹黄村	4	412	1759	233	12.1	1.14	章　勇	赵建军

（供稿：田甜　审稿：杨金昌）

淮　河　镇

Huaihe　Town

淮河镇位于县城西郊，东与洪泽湖连接，西与安徽省明光市隔河相望，北拥明祖陵，因滨临淮河而得名，121省道、宁宿徐高速公路和淮河黄金水道等穿境而过，镇政府所在集镇列入县新型城镇体系格局，誉为“东方庞贝城”的古泗洲城遗址位于境内。全镇辖10个村，1个渔场，1个运输公司，79个村民小组.总人口2.995万，区域总面积97.1平方千米，耕地面积4213.3公顷，水网面积3333.3公顷，镇域地处淮河岸边，滩多水多，自然资源丰富，盛产品位较高的鱼、虾、蟹及莲藕等水生动、植物30余种，是远近闻名的“白菜之乡”“水产之乡”

2016年，全镇实现国内生产总值61950万元；公共财政预算收入13475.1万元；注册外资实际到账实现1930万美元；全社会固投22.32亿元，年均增长19.7%；居民可支配收入13956元。

农业　全年引进、试验、示范、推广蔬菜新品种2个，完成蔬菜种植面积3.5万亩，其中毛豆10000亩、马铃薯6000亩、西瓜8000亩、钢架大棚面积6000亩。全年完成水产养殖面积28000亩，新增龙虾面积3000亩。开展农业技术服务，技术咨询、指导全镇农业生产，完善2015年度科技入户的后期物化补贴的发放工作。共计发放物化补贴33吨，惠及全镇科技示范户180户。全镇示范户220户，其中蔬菜示范户120户、稻麦示范户70户、水产示范户30户。在小麦抽穗扬花期，发放4.8万亩小麦赤霉病用药，开展小麦综防和统防统治工作。推进“虾稻共（连）作”面积3000亩，完成目标任务。水务工作全镇完成饮水安全人口20505人，完成花园、腰滩、前进、黄岗、杨嘴5个村及1个鱼种厂自来水管道和桥口水厂并网，提升该区域15235人居民生活饮用水质量。解决蛤滩、沿河村自来水管道和街道水厂并网，提升该区域5270人居民生活饮用水质量。完善淮河镇小型水利工程管理体制改革工作，使其融入“五位一体”日常管护工作中去。成立杨嘴村用水者协会1个。完成农业支持保护补贴（耕地地力保护补贴）“三项补贴”工作，全镇总面积3547.7公顷，发放资金638万元，其中集体土地面积402.5公顷、农户土地面积3145.2公顷（2015年度综合补贴面积为3163.5公顷,相比2016年度支持保护补贴面积,农户面积减少274.33亩)。全年发放秸秆还田资金123万元,其中小麦面积2866.7公顷,水稻面积0.6万亩。做好渔业柴油补贴和渔船的更换的审验工作,涉及各村渔民436户。做好农机购置补贴工作,全年受益农户65户,购置农机94台,补贴资金达141.4万元。继续扩大测土配方施肥项目覆盖范围,全年共推广商品有机肥260吨。完成小麦和水稻高产创建项目工作;小麦高产创建1个,核心片982亩,水稻高产创建的核心面积为640亩。全年农业生产继续保持良好发展态势。招引建设的丰禾食品、沿河食品、情淮米业、小镇食品等农业龙头加工企业以及蛤滩智能温室、前进龙虾主题公园、江苏大境界等现代农业项目,带动新农村建设和农业专业化发展。沿河村被省商务厅批准为江苏省级电子商务示范村,电子商务企业保持良好的发展势头,为村民农副产品的销售起到促进的作用。

工业　2016年,规模以上工业开票销售收入完成98.8亿元,占全年任务的102%。工业企业入库税金完成1000万元,任完成率133%;固定资产购置进项税完成620万元,完成率100%;外贸进出口完成300万美金,完成率100%;工业用电量预计全年完成380万千瓦时,完成全年任务;注册外资到帐预计完成300万美金,完成率75%。引进投资3060万元淮河小镇食品项目通过市对县验收;引进江苏润明电子项目,全年实现开票销售收入2360万元,实现税收428万元,列入521项目考核,正在申请上报列统企业;引进的江苏挚远电子科技项目,实现开票销售收入408万元,实现税收76万元,全年开票销售收入680万元,税收105万元。

第三产业　新增个私企业389个;新增个私企业注册资本3.96亿元,年增长38.3%。富宇明都商业综合体项目投资1.6亿元兴建,总建筑面积3.5万平方米,集商场超市于一体,计划于2017年6月建成使用。

基础设施建设　城镇化进程不断加快,全年开展10个新型城镇化重点项目。规划批复富淮路明清商业一条街、淮河镇域总体规划、主街道改造规划、镇村布局规划。加强基础设施建设,对黄岗街道、农民集中区规划建设,申报批复康居示范村(淮河新村),完善大洲小区、敬老院小区配套设施建设。根据省级公共文化服务体系示范区创建工作的要求,完善、调整各村级功能室,打造洪建、蛤滩、杨嘴三个重点村的村级综合文化服务中心。加大村庄环境整治力度,按照"全域整治、长效管理、打造特色"的整治要求,实行周考察、月评比、年考核制度,按照市级验收标准,村村过,户户到,不留盲区和死角。2016年半年考核位列全县乡镇第三名,一季度代表盱眙县接受省考核组验收。2016年,重点打造民生实事工程,围绕公共服务、就业创业、社会保障、文化教育、医疗卫生、环境保护等方面进行统一规划实施。实施五个村自来水管道与街道水厂并网工程;立面改造蛤滩三桥拆迁安置小区附属设施,建设安装凤凰花苑小区水电设施、污水管网、绿化等附属设施;淮河派出所综合楼、淮河小学、关爱驿站等项目建设完成施工,荣浩天然气综合站土地挂牌结束,于10月正式开工建设。年初,根据县委农工部关于做好村级公益事业建设一事一议财政奖补工作的通知要求,到村组基层调研、走访群众、政策宣传等工作,确定9条水泥路建设项目,约7890米,项目拟投入资金185.48万元,其中省财政奖补资金141.11万元、一事一议筹资19.03万元、村集体资金23.34万元、社会捐助资金2万元,建成洪建村、城根村2条路。

社会事业　做好农村最低生活保障,加强低保工作的规范化管理,实行低保金按月银行发放。全镇有低保户198户460人,月发放低保金102739元。确保五保老人安享晚年,全镇有五保老人52人,集中入院47人,入院率90%,敬老院现有工作人员7名,按照"四化"(庭院美化、室内净化、服务规范化、管理制度化)的要求做好敬老院各项工作。重残补助和大病救助工作有序开展,全镇重度残疾人员231人,都办理重残补助,月补助金额6.7万元。推进精准扶贫、精准脱贫。按照县扶贫办要求,确保低收入农户(人平均收入低于6000元)"一人不少,一户不落"。通过排查摸底、小组评议与公示,最终确认扶贫农户1062户。其中,有劳力低收入户737户,低保户273户,五保户52户。扶贫人口3590人。其中,有劳力低收入人口2911人,低保人口625人,五保人口54人。完成村两委换届工作,利用村党组换届的契机,对部分村党总支书记进行调整,调整后的村党总支书记平均年龄48岁,比上届村党总书记平均年龄下降1岁,“80后”“90后”比例达到20%。根据省级公共文化服务体系示范区创建工作的要求,对照创建标准,对软硬件材料逐项落实。完善各功能室的各项管理制度,新增书橱6组,图书3000余册。对洪建、蛤滩、杨嘴3个重点村的村级综合文化服务中心进行打造。实行农产品质量安全工作监管制度,全镇聘请12名村协管员,在蔬菜生产大村设有2名农产品质量安全监管工作协管员,其它每村1名协管员。农产品质量安全监管站设有专门检测室,有检测仪器2套,配有工作台,电脑、查询台、巡查仪、空调、冰箱、水池等设施。建立农业企业、种植大户、专业合作社等农业生产主体档案,完善日常巡查制度,每月完成1~2次对监管对象的巡查工作,巡查工作由监管员和协管员共同完成。每月检测50~60个样品,全年完成438个样品检测,全部合格。举办特色项目“日行一善、月除一弊”活动,涌现出一批镇道德模范,人手一本笔记本记录每日自己的善行善举。利用每周一早会点名,制作每周十分钟,播放好人好事事迹,在全镇形成良好的道德风气。

淮河镇2016年村级概况一览表

表15

村名	村民小组(个)	户数	人口(人)	耕地(公顷)	集体经济纯收入(万元)	农民人均纯收入(万元)	村支部书记	村委会主任
前进村	4	286	980	250	90	0.80	彭庆海	姚志好
花园村	11	712	2895	605	18	0.80	王元坤	陈　军
黄岗村	8	875	3960	530	25	0.75	王　晓	王　平
杨嘴村	10	850	3620	455	15	0.63	杨兆勤	陈丙云
腰滩村	10	829	3764	350	35	1.30	蒋兴军	魏纯正
蛤滩村	7	565	2281	400	75	1.20	周步兰	李玉银
沿河村	7	607	2462	580	20	0.70	满令风	闫凤祥
洪建村	5	262	1028	55	24	0.90	李春贵	段彩荣
城根村	15	798	3450	600	36	1.00	朱尤社	罗九洲
大洲村	13	625	2785	500	5	0.80	徐玉刚	许云峰

(供稿:刘凯文　审稿:张新生)

仇　集　镇
Qiuji　Town

仇集镇以仇姓在此兴集得名,位于盱眙县城西南部35千米处,东与桂五镇、天泉湖镇接壤,南与安徽省来安县相连,西与安徽省明光市交界,北与河桥镇相连,镇人民政府驻地在仇集镇清平路27号。全镇辖7个行政村、2个居委会、2个场圃,9203户31196人,镇域179.3平方千米,耕地2662公顷、水面0.574万亩、山林4461.3公顷。仇集镇属于低山丘陵地区,辖区多山,历史悠久,有老虎山紫云洞、清明山、凤凰山、牛头山、龙头山等多处人文景观。矿产资源丰富,主要有玄武岩、凹凸棒石黏土。玄武岩矿山主要分布在象山村、明山村、长港村、龙山村;凹凸棒石黏土主要分布在霖治村、演法村。特色农产品主要有小磨麻油、牛肉、草鸡蛋、中药材等。

2016年,全镇地区生产总值8.5亿元。农村居民人均可支配收入16010元,比2015年增长10.3%;完成公共财政预算收入5458万元,主要经济指标全面完成年度目标任务。

农业　2016年,仇集镇全镇完成农业产值7500万元,比2015年增长8%。小麦种植面积3000公顷,总产量约1.8万吨。全力绿化造林,打造绿色生态屏障,栽植成片林1680亩,建成绿色示范村一个,农田林网1100亩,绿化乡村道路6千米,四旁植树35万株。新增设施农业1100亩、新增高效农业2800亩,中药材、优质花卉苗木等具有仇集特色农业种植面积不断扩大。新增75马力以上拖拉机24台,新增玉米、稻麦收割机20台,秸秆还田机5台。

扩大新技术2项:玉米机播增密技术,从原亩3500株,增加到亩4500株,亩增产100公斤;推广高产抗病新品种苏玉29,面积666.7公顷以上。水产面积1400亩,其中龙虾养殖180亩;西瓜种植540亩;花生种植2600亩;芝麻种植1600亩。仇集镇牧草较多,牲畜饲养是该镇农民致富的途径之一。2016年,全镇肉牛存栏4000余头。由于采用传统的放牧饲养,仇集牛肉有较高的品质,素有"牛肉之乡"之美誉。有能繁母猪9218头,年存栏生猪7.5万头,年出栏量5.1万头。奶牛存栏1600头,年产奶10320吨。羊存栏4120只,年出栏2000只。家禽存栏30万羽。蜜蜂1000余箱,年产蜂蜜产量90吨,蜂皇浆8吨。

工业　坚持"项目为王"理念,新引进6000万元瑞福观光农业项目1个,中再德众不锈钢顺利通过市对县项目验收,丽都国际成功列入市重大项目考核体系,新增2户贸易服务业和1户工业列统企业。全镇7户列统企业实现开票销售57773.34万元,工业入库税金完成2590.58万元。其中,中再德众不锈钢项目,开票销售超2亿元,实现税收800万元。

第三产业　镇新增个体工商户36户和私营企业18户,比2015年增长19.8%,新增注册资金12.4亿元,比2015年增长18.8%。百货零售店46家,饭店10家,旅社3家,理发店5家,其他服务业58家,三产年收入5130多万元。

基础设施建设　实施四项民生实事重点工程。丘陵山区综合开发,2片丘陵山区开发项目立项,开发荒山2700亩;明山村土地治理项目,治理面积5000亩,受益人口4000人。水利设施改善,疏浚6面塘,3条沟,完成土方11万方,明山村、朱刘村3000人收益;水库移民工程,争取资金260万元,用于龙山村水塘疏浚、水泥路建设。村组饮水工程,解决克贵、演法2村2个组400人饮水问题。村庄环境整治,共投入资金300多万元,新建垃圾池192座,新增添置垃圾桶700只,配制垃圾清运车12辆、保洁车35辆,整治河道38条,架设路灯78盏,清理垃圾3270处1500吨,清理搬运草垛1274个,道路硬化84千米,村庄环境得到根本改善。新修乡村路7条10千米,新建农桥8座,对黄仇线石港至仇集街道4.5千米县乡道路进行大修。

社会事业　全镇有中学1所,教师79人,学生458人;有中心小学1所,教师76人,学生634人;幼儿园3所,有幼儿教师20人,幼儿369人,教育现代化进一步完善。卫生院有医护人员43名,医疗卫生条件改善,农民新农合参保率100%,全年报销合作医疗费用1288万元。完善社会保障系统。有敬老院1家,入住"五保"老人42人,五保、低保、社会救助实现全覆盖,实现"老有所养、病有所医、住有所居"。群众文化生活丰富多彩,送戏下乡3场,送电影35场,组织群众文化活动5场,有文化活动中心1处,图书室12个,有图书15万册。有体育活动场所13处,每天参加活动1200多人。建立矛盾调处及社会管理创新工程长效工作机制,镇党委、政府与各村、居、场签订信访工作责任状,做到有访必问、有信必查、有案必办,所有信访件微机录入,信息共享,全镇和谐稳定。

仇集镇2016年村级概况一览表

表16

村名	村民小组(个)	户数	人口(人)	耕地(公顷)	集体经济纯收入(万元)	农民人均纯收入(万元)	村支部书记	村委会主任
演法村	8	1000	3977	621	37.33	1.60	赵传国	赵传国
霖治村	9	955	3938	483	76.73	1.60	夏立柱	叶龙江
克贵居委会	10	961	4959	327	52.81	1.65	胡正权	胡正权
明山村	8	875	3593	396	24.26	1.55	蒋维明	李升元
象山村	8	813	3110	358	15.24	1.56	董红彬	董红彬
朱刘村	8	803	3273	351	57.99	1.64	孙更社	王思远
龙山村	7	545	2342	304	20.05	1.55	秦奋明	陈登宇
长港居委会	8	598	2359	277	34.97	1.65	候保刚	候保刚
凤山村	8	727	2881	452	127.53	1.58	张飞燕	吴多明

(供稿:孙高平　审稿:何勇　徐乃军)

观音寺镇
Guanyinsi Town

观音寺镇以境内的观音寺而得名，位于盱眙县东北部，距县城直线距离约32千米，沿省道121和国道205约42千米，镇域东与金湖县接壤，北隔三河和洪泽县相望，西部滨临洪泽湖，水陆交通十分便利，水路与淮河航道紧连，陆路宁连一级公路和宁淮高速公路穿境而过。距南京、扬州、淮安车程均在1小时左右。镇域面积129.7平方千米，耕地4413.3公顷，水面800公顷.辖10个行政村，2个居委会，237个村民小组，总人口3.08万。

2016年，实现地区生产总值12亿元，比2015年增长9%；公共财政预算收入完成5900万元；规模企业开票销售收入完成9.2亿元，比2015年增长13.6%；固定资产进项税全年完成550万元，比2015年增长200%；服务业入库税收完成5250万元，比2015年增长7.1%；居民人均可支配收入突破1.6万元，比2015年增长14%。

工业　推进招商引资工作，加大企业帮办力度。润宏粮贸和双羊米业2个项目通过市对县竣工验收；8月，新引进总投资3000万元的达兴机电项目，主要生产风力发电机、风叶等设备，已竣工达效，新增开票2200万元，纳税40万元；新培植淮宇铸造、双羊米业、达兴机电3家列统企业；投资10亿元的高传风电项目，在推进建设之中。

农业　围绕“农业增效，农民增收，农村发展”的目标，推广农业机械化技术，加快调整农业产业结构，发展特色优势产业，提高农民收入。注重打造高效农业项目。省农业开发局投入1500万，在三官村实施666.7公顷低产田改造项目，完成前期设计、招标，新建基站、防渗渠等在施工；水利局投入1500万，在桥北村实施“千亿斤”良田项目，包括翻修电灌站2座、防渗渠等设施，项目在施工。养殖项目突出特色化、精品化。招引海外客商投资700万元，在衡西村兴建占地1000亩的“蟹农之家”精品蟹养殖及深加工项目，年产精品螃蟹20万公斤；丁塘村兴建特种龟温室养殖项目占地10亩，投入资金500万元；推广稻虾养殖项目1300亩。“观”牌西瓜知名度不断提高，产品供不应求，成为顺河、龙墩口、衡西、高坝、丁塘等村居农民致富的重要项目。成功种植“秋延后”西瓜，试验培育成功“方形西瓜”“梦系列”等精品西瓜项目，为特色农业发展指明新的方向。畜禽养殖户37户，年生猪出栏量3.5万头，禽类出栏量20万只，淡水养殖面积4000亩，产量800吨，产值1840万元。

第三产业　社会消费品零售总额25479万元，有商品交易市场2个，批发和零售法人企业5家。

基础设施建设　全镇重点实施“村庄环境整治”“覆盖拉网式农村环境综合整治”等系列工程。为节约土地和村镇集约化发展，向上争取土地复垦项目及资金，完成龙墩口等6个村居23个村民小组的土地复垦工程，惠及三百余户村民；完成龙墩口村、丁塘村一事一议道路工程；投入11万元为全镇12各村居建设垃圾池；投入30余万元在龙墩口、朱楼、高坝三个村实施农村河塘河道疏浚项目。

社会事业　2016年，全镇有低保户184户442人，年发放低保金48万多元。五保户87户93人，其中分散五保户39人、集中供养老54人。敬老院按上级要求，达到省一星级敬老院标准。加强基层社区建设，完善以村民小组为单位的村民小组自治试点工作。加强双拥工作，各村居成立双拥工作站。全镇火化率100%，入墓率80%。全镇共有残疾人735人，年发放重残生活费14万多元。全镇参加居民养老保险8411人，基金征缴369.4万多元，60周岁以上领取养老金43000多人。完成省级公共文化服务示范区建设的资料整理归档工作。完成站房维修工作。完成送电影120余场，送戏下乡4场。协助完成13个县级非遗申报和3个市级非遗申报材料和摄像工作。完成全镇20个文物保护点的保护、巡视工作。完成马庄居委会、顺河居委会、高坝村、堆头村四个村公共文化服务中心创建工作。有镇卫生院1所，职工38名，其中：副主任医师1名、中医主治医师1名、医师12名、护师5名、护士4名。是新农合、医保定点的中西医结合公立医院。有DR、彩超、全自动生化仪等先进设备。2016年，总收入(不包括上级财政拔款)290.05万元、门诊8486人次、住院652人次，分别比上年同期增长15%、15%和20%。有镇中心小学1所，学校占地面积14000平方米，建筑面积3540平方米，建有高标准的教学楼、办公楼、综合楼和餐宿楼。学校辐射11个村(居)，下辖观音寺镇马庄小学，有18个教学班(含村小)，501名学生。学校现有教职工72名。其中，专职教师8人，达大专及以上学历67人，中小学一级及以上教师54人(其中小学高级教师4人)，县级骨干教师、教坛新秀9人，市学科带头人1名。

"阳光信访"平台累计录入矛盾纠纷45起,化解42起,化解率达93.33%,办理服务34件,办结34件,办结率达100%。阳光盱眙"12345"政府公共服务平台,及时签收、派单、按时回复,无超期回复现象,全年累计派单204件,所有工单均按时回复。

观音寺镇2016年村级概况一览表

表17

村名	村民小组(个)	户数	人口(人)	耕地(公顷)	集体经济纯收入(万元)	农民人均纯收入(万元)	村支部书记	村委会主任
龙墩口	16	575	2133	4050	24.51	16185	谷兴祥	朱金贤
顺河	21	1334	5470	4535	0.03	16225	王　咪	赵建荣
衡西	24	650	2636	6650	46.99	16180	戚如山	许仁祥
高坝	16	497	2050	5800	27.63	16097	王干成	周　能
丁塘	17	444	1820	4540	6.17	16180	刘仕河	高得芝
九里	15	420	1660	7400	18.96	16178	陈保军	李永兵
朱楼	18	511	1825	7000	—	15777	张仕万	王正江
周集	16	420	1640	6100	2.93	16269	朱久海	刘绪明
堆头	23	633	2560	4605	40.5	16177	贾后华	张发林
马庄	17	850	3772	7910	11.27	16177	梁家荣	张政彬
桥北	22	465	1979	9478	42.23	16177	姚正兵	杨永林
三官	32	820	3250	6600	30.77	16180	章　婷	阙学书

(供稿:章 翔　审稿:崔 勇)

天泉湖镇
Tianquanhu Town

天泉湖镇位于盱眙县最南端,地处苏皖两省两县一市(盱眙县、来安县、明光市)交界处,东与旧铺镇相连,西接仇集镇、南临安徽半塔镇、北与桂五镇相邻,全镇有14个行政村,2个居委会,239个村民小组,总人口3.84万,总面积169平方千米,拥有山地4566.67公顷,耕地4333.33公顷,水面333.33公顷。交通便利,601省道和248省道成十字型构成交通主动脉,距南京、扬州、淮安均约100千米。毗邻铁山寺国家森林公园,通过镇区融合发展,以农家乐为主体的旅游服务业正蓬勃发展,初具规模。

2016年,全镇一般预算收入完成8100万元;规模以上工业开票销售10.75亿元,规模以上工业入库税收745万元;完成注册外资到账110万美元;完成固定资产进项税640万元,超额完成全年任务;工业企业用电量860万千瓦时,服务业入库税收5400万元。工业总产值25.22亿元,城乡居民可支配收入13650元。

农业　推进农业产业化,将土地流转工作纳入镇对村目标考核,以杜山和化农为代表的各村共流转土地666.7公顷,形成大户有发展、集体有收入、农民得实惠的良好局面,全镇大户93户,经济合作社组织89个。农业招商新引进农业项目2个,其中投资1000万美元的蓝莓谷项目,正式签约,有序推进;同时包装绿森然和韵园2个生态农业项目,通过市对县验收。2016年全镇成片造林3700余亩,虾稻养殖2660亩。生猪出栏数12460头,家禽出栏数114526羽。督查和整改养殖业污染情况,重点督促生猪养殖户新上干湿分离设施,畜牧业污染得到有效控制。开展财政奖补的病死猪无害化处理工作,6月份,收集和转运病死猪一万余头,为群众争取环保补贴40余万元。

工业　2016年,天泉湖镇优化工业经济。作为生态发展片区,在项目优化和资产盘活上做文章。中电电气二期已经通过市对县验收,利用闲置工业用地新引进百业通新能源项目1个,广友建材已经竣工投产，产销两旺。全镇工业经济运行质效良好，工业入库税收百万元的企业有百仕通新型建材、华旭新能源、宏意科技、天烨铝业和福盛木业等5个。

第三产业　通过3个创建努力促进服务业提升。组建县级层面的领导小组，专题会办和推进天泉湖国家级旅游度假区建设，在各项基础设施不断完善的基础上，翡翠谷二期、禅意酒店、紫霞岭二期等三产项目通过县政府会办，即将开工建设。星空特色小镇作为全县仅有的两个国家级特色小镇之一，通过市委常委会研究，报省发改委备案。星空特色小镇招商前景良好，其中上海华建集团投资意向较为明确，初步投资约30亿元，设计方案报县级审核。推动翡翠谷国家级康养示范基地建设，提升全镇三产服务业水平。三产亿元项目推进迅速，其中金硕旅游和两可间艺术公馆列入市对县重点项目，通过初验。街道各类个体工商户总数249户、列统以上商业、服务业个数共7家。

基础设施建设　投入550万，实施天泉湖大街升级改造工程，实现镇区美化、亮化；投入650万元，新建新敬老院；投入270万元对古城街道三角带进行民防园改造；投资200万对天泉湖卫生院门诊楼和内外环境改造升级；疏浚塘坝11面，投入资金35万元；实施水库移民项目4处，投入资金670万元；实施杜山、甲山两村安全饮水工程，投入资金600万元。

社会事业　全镇有学校6所，其中幼儿园3所、小学1所、小学教学点1个、中学1所。共有在校学生4632人，其中：幼儿园在校学生592人，小学在校学生3580人，中学在校生460人。学龄前儿童入学率100%，小学生入学率100%，初中生入学率98.5 %。免费实施法律援助42例，让群众合理维护自身权利。全镇享受农村最低生活保障人数523人，累计发放生活保障金145万余元，发放民政救济资金6万余元；全镇新型合作医疗参合率达到98%以上，63710人次享受到政府提供的医疗保险，报销金额1505万元；低保户、困难户危房改造20户，政府补贴资金20万元。新建位于陡山的新四军后勤基地纪念馆占地400平方米，收集革命文物46件，收集老物件42件，收集整理历史文化故事、传说25个。以加强能力素质和纪律作风建设为保证，坚持队伍建设与业务工作并重、惩治与防范并重，全面打造天泉湖镇稳定的经济发展环境。2016年共立案64起，破案21起，惩罚刑事犯罪17人，行政违法83人。在做好镇村长效管理的同时，加强集镇管理，特别是超市附近，划定停车位，安排专人值班，对于流动摊点、车辆停放进行有效规范，主街道乱停乱放现象得到遏制。管理机制进一步健全，镇级层面整合村建、城管和农路三支队伍，配齐24名镇环卫工人，村级层面明确以各村主任为环境整治负责人，配齐83人的村保洁队伍，安排专人巡查督促，确保环境管理有序。规范建筑秩序，强势推进违建整治工作，对违章建筑零容忍，一经发现，立即处理。

天泉湖镇2016年村级概况一览表

表18

村名	村民小组（个）	户数	人口（人）	耕地（公顷）	集体经济纯收入（万元）	农民人均纯收入（万元）	村支部书记	村委会主任
王店	17	1023	3464	5093.76	—	13013	孙茂仁	李兆成
古城	10	969	3156	3426.66	—	12817	俞胜利	赵怀远
民建	16	675	2607	1138.83	29.00	12684	惠志标	唐玉书
北山	16	611	2302	3596.24	2.70	13584	贾之奇	梁文虎
陡山	14	702	2596	2828.23	16.26	13018	史春峰	梁正林
安乐	18	783	3001	4650.19	2.01	11065	纪玉奉	张宗保
化农	17	728	2727	6169.55	—	12351	秦必良	秦必良
杨山	9	451	1762	4086.18	6.40	10521	王本发	张道久
甲山	18	687	2643	7382.88	—	12125	宋良军	孙安友

续表

村名	村民小组(个)	户数	人口(人)	耕地(公顷)	集体经济纯收入(万元)	农民人均纯收入(万元)	村支部书记	村委会主任
杜山	17	757	2927	7815.65	9.76	12502	颜士忠	黄凤明
西湖	8	463	1775	4243.34	8.39	12326	王　波	关保林
良郢	16	463	1675	6510.19	26.79	11675	吴元清	朱金华
凡岗	14	524	2031	6332.13	2.90	12326	海克忠	海克忠
范墩	16	655	2613	7805.35	18.61	11443	杨兰军	杨兰军
范桥	15	474	1885	5393.11	2.00	10852	朱全海	陈加付
天泉湖社区	18	323	1214	183.82	—	12569	花　奎	花　奎

(供稿:周 秝　审稿:张大虎　张广成)

维　桥　乡

Weiqiao　Township

维桥乡位于盱眙县城东郊,东与马坝镇接壤,南相连于穆店乡,北与三河农场毗邻,作为县城区东扩范围,已和县城区发展融为一体,县经济开发区已东扩至维桥乡漫岗村.乡域面积72.6平方千米,其中集镇总面积3.5平方千米.地势南高北低,区位优势明显,水陆交通便利,距宁宿徐高速公路盱眙入口处3分钟车程,新老盱马路穿境而过,高桥河、维桥河纵贯南北,通达洪泽湖。随着盱眙国际汽车城的落户,维桥乡经济发展优势更加突出。全乡辖6个行政村,1个居委会,1个良种繁育场,76个村民小组,4360余户,总人口1.99万,耕地3406.7公顷。

2016年,全乡公共财政预算收入8100万元;规模企业开票销售7.2亿元;服务业入库税收6500万元;规模以上固定资产投资10.5亿元;农民人均可支配收入15200元。

农业　维桥乡作为全市土地确权办证试点乡镇之一,在全市率先完成任务,淮安日报报道试点经验。全乡7个村居4254户,实测面积3256公顷土地确权工作全部结束。粮食种植6200公顷,粮食总产量52250吨。稻虾共作试点成功,通过实地了解各村耕地情况,初步确定稻虾工作区域。把发展稻田养虾和土地流转,农户调田并田、按户连片种养结合起来。在永华村进行1000亩稻虾共作试点,每亩能养虾150斤,种植优质水稻800—1000斤,每亩增收2500—3000元。水产6000亩,产量780吨,其中龙虾400吨。沿盱马路高效农业园区建设有序推进。围绕农业"高效化、规模化、产业化"目标,以市场需要为导向,以种植效益为中心,以农民增收为目标,将园区定位于现代农业示范区、观光旅游休闲区、创业融合先导区、城乡统筹示范区。全乡火龙果、哈密瓜、水蜜桃、蓝莓等种植初显规模,仙荷莲子项目包装车间完工,冷库车间在建设。为促进农产品加工区提档升级,投入资金1100万元,新铺设园区污水管道2700米,新建一座日处理200吨污水提升泵站,将企业污水接入县经济开发区污水处理厂。全乡生猪存栏0.84万头,出栏2.41万头,肉鸡存栏67.82万羽,出栏344.9万羽,草鸡存栏2.4万羽,出栏4.64万羽,蛋鸡存栏1.2万羽,出栏0.96万羽,肉鸭存栏2.4万羽,出栏10.21万羽,鹅存栏1.4万羽,出栏5.4万羽,蔬菜2000亩,产量12000吨。初步形成以畜禽肉制品、蛋制品、水产品、粮油产品加工、果蔬加工及特色农产品加工为主导的特色园区。园区现有食品加工企业22家,省级农业龙头企业1家,市级农业龙头企业3家,成为省级农产品加工区并通过省农委验收。投资2.25亿元的振兴食品项目,主体厂房已竣工,设备在安装调试中。

工业　新引进投资1.2亿元的塑胶充气用品项目;投资3000万元的禾牧缘果汁项目;投资3000万元龙虾深加工项目,厂房建设完成,准备设备采购安装。新开工投资1.3亿元的江铃4S店项目;投资3000万元的晓贾二手车项目;龙虾深加工项目睿阳食品。新竣工别克4S店、广本4S店以及千亩莲子项目。质效项目有三森食品、广东家具城二期、甘泉山米业3个。重点项目五菱大厦开工前准备工作有序推进。新天能源项目已经完成指标核准、升压站设计,设备采购等工作,推进新公司注册、外资到账等工作。

贸易服务业　共有纳税贸易服务业企业53家,税收946.23万元,同比增长3.4%,其中,别克4S店、广本4S店投入运营;晓贾二手车项目已完成5776平方米的主体建筑及配套设施规划。其中,停车场13340平方米,交易大厅1600平方米。小贾二手车交易市场的运营,有望帮助政府解决现有二手车市场交易不规范的现象,力争打造盱眙最好的二手车交易市场。

基础设施建设　村庄建设用地布局调整试点工作顺利实施,围绕"以人为本、富民拆迁"的指导精神,完成大桥居委会和桥东村范围内的拆迁工作,共签约280户,建筑面积136125平方米,清除树木9000余棵。11月26日,按照国土局编制的土地复垦方案,启动桥东村土地复垦试点工作,清理建筑垃圾8000立方米,整平土地面积5000余平方米。其中,在桥东村拆迁过程中,2天整个拆迁地块196户全部签约。利用洪泽湖移民扶持项目资金226万元及乡财政所资金30万元对维穆路街道改造,将1.05千米路面黑色化、绿化、亮化、下水道、燃气管道等改造。3月,完成大桥公园健身广场项目并交付使用,项目总占地10000平方,投入300万元,包含篮球场、网球场、健身区多功能用房等。加大对桃园小区的提档升级,做好卫生清理。实施安全饮水工程,新建道路2.5千米,新建农民蔬菜地5000多平米,可供居民生活种植蔬菜。"一事一议"道路项目工程,完成5千米水泥路。

社会事业　抓好计划生育季度妇检工作,确保服务率100%。在全县率先完成0~14周岁独生子女提标工作。制定失独家庭帮扶政策、教育激励奖励政策,全年帮扶失独家庭6户,发放慰问金12000元。帮助困难学生40余人次,发放奖学金近3万元。在全县率先完成0~14周岁独生子女父母奖励金提标、免费优生健康检查等服务工作,制定失独家庭帮扶政策、教育激励政策,全年帮扶失独家庭6户,发放慰问金12000元。帮助困难学生40余人次,发放奖学金近3万元。完成农村养老保险4200人,服务低保对象95户计180人次,五保户55人,共对65人次进行临时救助,救助金额51200元,乡政府出资63160元慰问救助各类贫困对象,定期慰问帮扶123名优抚对象。确认办理农村部分计划生育家庭奖励扶助对象417人,奖励金发放190000余元。整合资源,建设集综治、司法、民政、社保、计生等部门为一体的综治中心,转变职能,由管理型向服务型转变。贯彻落实法治与普法工作,依法公开公共权力运行流程,党委、政府权力实行网上公开。启动"七五"普法工作,定期开展群众性法治文化活动。

维桥乡2016年村级概况一览表

表19

村名	村民小组（个）	户数	人口（人）	耕地（公顷）	集体经济纯收入（万元）	农民人均纯收入（万元）	村支部书记	村委会主任
大桥居委会	13	1030	3544	6836.67	102.30	2.001	景聪兵	刘兰新
大圣村委会	18	895	3669	12436.91	24.00	1.710	高　升	高　升
维才村委会	8	484	1899	3657.10	13.00	1.542	姚忠柱	姚忠柱
桥东村委会	8	514	2051	4152.92	26.10	1.790	伍光明	赵　江
车棚村委会	14	750	2820	8490.63	14.52	1.681	王继春	高明先
永华村委会	26	833	3559	9769.31	15.90	1.723	杜守军	马　杰
桃园村委会	8	443	1792	3037.92	45.00	1.826	胡兰忠	胡培高

（供稿:华文波　审稿:侯学初）

穆 店 乡
Mudian Township

穆店乡位于盱眙县城东南方向，距县城13千米，乡域东与旧铺镇相接，南于天泉湖镇毗邻，西与桂五镇、古桑街道相连，北和维桥乡相交，总面积97.02平方千米，耕地3760公顷，山地2013.3公顷，水域1340公顷。全乡下辖10个行政村，1个场圃，183个村民小组，总人口2.70万。该乡北部与县经济开发区紧连，境内有国家AA级风景名胜区——八仙台旅游风景区及投资10亿元建设的龙泉湖旅游风景度假区。

2016年，全乡实现财政收入5698万元，一般预算完成4992万元。规模企业开票3.32亿元，占任务数的110%，比2015年增长6.4%；固定资产进项税139.6万元，占任务数115%；开工项目注册外资到账220万美元；列统企业工业用电量增长8 %；新增列统企业2个；规模以上固定资产投资8.5亿元，占任务数的100 %，比2015年增长18 %；农民人均纯收入16156元，比2015年增长10%。

农业　2016年，穆店乡种植三麦1333.3公顷，种植油菜65公顷，种植杂粮1200亩，种植果树3990亩，种植水稻3466.7公顷，粮食产量44400吨，生猪出栏8.3万头，家禽出栏52.4万只，实现农业产值1.74亿元。经济合作社共30家，合作社经营种类覆盖种植业、畜禽业、水产养殖、林果业及其他领域，其中，以畜禽业为主达20家。水产养殖1万亩，其中稻虾共生4000亩；全乡生态林面积7585亩，其中2016年新增1000亩，水果2000亩。

工业　全年新引进项目3个，分别是投资3200万元新建的盱眙森工木业公司项目，实现开票销售4373万元；投资1.1亿元的江苏哈模模具；投资3200万元的江苏维亚泽针纺织品项目，实现开票销售500万元；新获批列统企业2个分别是投资3080万元的大顺木业有限公司，投资3100万元的森工木业有限公司。

第三产业　新增个体工商户23户，新增私营企业8家，新增注册资金1.2亿元。有百货零售店15家，饭店5家，旅社6家，理发店5家，其他服务业10家，第三产业实现产值0.75亿元，比2015年增长12.75%。

基础设施建设　新修防渗渠道3千米，配套建筑物20座，农桥5座，疏浚河道2条3.8千米，整治穆店村田洼大坝、姚塘大坝等4面塘土方14万立方米。投入资金350万元，建设龙王山村的江苏省美丽乡村示范点，建设村庄水泥路6000平方米，实现自来水入户率100%，建设污水处理设施，绿化覆盖率35%，供电通讯入户率100%，公共厕所106平方米，建设生活垃圾收运体系；卫生室200平方米；文化活动室90平方米；便民服务中心120平方米；农资超市120平方米；公共活动及健身场地350平方米。投入330万元完善穆店乡姚塘小区及龙泉湖大道基础设施工程。建设商业街道路面积1200平方米，下水道工程5500平方米。投入370万元完成成片林520亩，农田林网1200亩，绿色示范村1个。

社会事业　穆店乡有中学1所，教师48人，学生283人；有中心小学1所，教师91人，学生1120人；有幼儿教师19人，幼儿510人。投资300万元，进行新建、改建校舍及维修改造和购置课桌橖及电子设备，改善教学环境和条件。有卫生院1所，医护人员45名，有村级卫生室10个，卫技人员44人。卫生院争取资金，先后投资500万元，完成了镇卫生院改造工程，建成10个村级标准化卫生室，添置多项专业设备，改善医疗条件。新型农村合作医疗参保人员24390人，覆盖率100%。发放425户低保户低保救助金88万元，春荒救济3.5万元；发放4500位60岁以上老人基础养老金283.5万元；发放108名重度残疾人重残补助26万元；新增五保老人3名，全乡有57名五保老人集中供养，38名五保老人分散供养；投入40余万元对敬老院进行改造升级、投入30余万元建设肖桥村居家养老务中心及投入3100万元建设振兴养老中心。全年送电影进村180场，送戏进村6场，举办文艺演出20场，为各村场农家书屋配送图书600余册。由穆店离退休干部、教师编辑出版的《穆店史话》，龙虾节期间，县委县政府作为文化活动内容之一，举行首发仪式，由穆店乡诗词分会出版的《穆店诗草》出刊第八期、第九期，收集诗词作品300余首。乡关工委荣获市关工委、文明委先进集体二等奖；乡老促会获得年度先进集体一等奖。发放计划生育奖励扶助金55万元、发放独生子女家庭困难补助2.5万元；完成育龄妇检近260人，“祝您好孕”参检率达95%。

穆店乡2016年村级概况一览表

表20

村名	村民小组（个）	户数	人口（人）	耕地（公顷）	集体经济纯收入（万元）	农民人均纯收入（万元）	村支部书记	村委会主任
龙王山村	10	640	2100	2600.0	20.00	1.05	张公兵	王维兵
团结村	23	545	2545	466.7	70.59	1.45	唐平芝	唐平芝
穆店村	31	1112	6459	496.5	72.97	1.38	刘晓严	韩发春
范楼村	15	357	1810	466.7	21.00	1.25	陈正军	马新虎
七星村	14	527	2283	372.0	22.93	1.27	夏士方	钟书
马湖村	16	516	2487	315.0	20.95	1.48	王学林	
莲塘村	24	716	3292	332.6	76.50	1.50	沈信国	金寿祥
肖桥村	18	589	2318	421.0	33.11	1.32	贺长福	刘正祥
越李村	12	310	1574	306.7	15.80	1.62	张宝春	张宝春
仁昌村	19	416	2185	359.2	16.40	1.33	关宏恩	陶从志

（供稿：李迪　审稿：谢春新）

兴　隆　乡
Xinglong　Township

兴隆乡位于盱眙县西北部，淮河北岸，东临陡湖、明祖陵，西与铁佛镇相邻，北与管镇、鲍集接壤，距县城27千米。全乡总面积101平方千米，耕地2913.3公顷。辖11个行政村和1个渔场，99个村民小组，常住人口7652户，总人口3.58万。乡党委辖18个党支部，有党员970余人。

2016年，全乡实现地区生产总值7.77亿元，增长13.8%；工业总产值4.52亿元，增长17.3%；农业总产值2.51亿元，增长15.1%；第三产业生产总值0.88亿元，增长13.3%；农民人均纯收入14569元，增长15.5%。

农业　全乡有耕地2911公顷，水域3862.4公顷，粮食总产量47472.65吨，其中水稻29197.12吨、小麦18275.78吨；养殖生猪1.45万头，羊200余只，鸡25万羽。累计发放耕地地力保护补贴6776户558.99万元。依托优势资源打造“农业特色乡镇”，在盱眙龙虾产业博览会上，兴隆乡西陡湖虾稻共作示范园被省海洋与渔业局授予“江苏省现代渔业精品园”称号。3月，全省稻渔共作现场会在西陡湖渔业产业园召开。5月22日，第十六届中国·盱眙国际龙虾节开捕式在西陡湖成功举办，央视二套“第一时间”栏目现场直播连线。“江苏省现代渔业精品园”前期建设初具成效，水产品产量高、品质优、附加值高。涌现出龙飞湖、益地农业、万荣花木、西陡湖渔业产业园等一批规模化、标准化集中连片特色农业基地。其中，江苏龙飞湖生态农业发展有限公司获批中国水产科学研究院淡水渔业研究中心实验基地、江苏农牧科技职业学院产学研合作基地、南京师范大学盱眙龙虾博士后科研工作站。

工业　实现工业开票销售收入44638.43万元、入库税收561.37万元。投资3000万元的亚达电器项目开工建设；列入市对县亿元项目都梁第一街顺利开工；集五保养老、优抚养老、社会福利养老、康复娱乐于一体的“盱眙县河西医养融合服务中心”已投入前期资金2000万元。列统企业总数达26个，新培植3个。其中，工业企业2个，贸易服务业企业1个。凯亿电子、南江包装、艾姆迪获得淮安市市级高新技术企业，利德尔获得市级工程技术研究中心称号。在目标考评中，第二、三季度均取得一等奖的好成绩，在年度目标考评中获乡镇街道第10名。

第三产业　坚持把生态环境作为兴隆发展重要抓手，把优化服务作为兴隆发展的重要保障。镇区建成面积2.65平方千米，人口7200余人，道路硬质化率96%以上，绿化率35%以上，路灯亮化率96%以上。各类服务业网点以两条商业街为中心，围绕政府、学校、超市、市场等合理布局，投资领域由商业零售、餐饮服务等扩展到轻工业、工艺加工、养殖、建筑、娱乐和交通运输等。

基础设施建设　坚持"突出重点、突破难点、打造亮点、树立示范点"的原则,打造新农村村庄环境。投入长效维护管理资金100多万元,整治重点区域36处,环境长效管护工作已成常态化,季度考核始终位于全县前列。9月,兴隆乡获评首家淮安市村庄环境长效管护五星级乡镇,刘岗村获评第一批市级"康居村庄"。全面推进省级文明乡镇和省级卫生乡镇建设。9月底,兴隆乡获评江苏省文明乡镇,刘岗村获评江苏省文明村。11月10日,省卫生乡创建顺利通过省评估组考核验收,获评江苏省卫生乡镇,红旗村、金陡湖村获评江苏省卫生村。

社会事业　全乡有中学1所,教师33人,学生218人;中心小学1所,教师68人,学生986人;幼儿教师12人,幼儿165人;村小1所,教师5人,学生17人。乡卫生院1所,医护人员17人,村级卫生室10个,卫技人员25人。2016年,为5400余人发放城乡居民养老保险金750余万元;为230名城乡居民养老保险死亡人员发放丧葬补助费2.3万元;救助全乡困难户275户,发放救灾款8.156万元,确定低保户243户、572人,发放低保金180余万元;一站式便民服务中心竣工并投入使用;完成危房改造16户;全县首个进行道路提档升级工作,全乡拓宽道路总长达到35.1千米,拓宽道路12条,总投入资金约3565万余元;8个村实施一事一议财政奖补项目,总投资195万元,完成水泥路混凝浇筑5.63千米;做好脱贫奔小康工作,可脱贫低收入农户258户,1080人,脱贫率22%;完成村庄河塘整治土方工程和河道疏浚工程24.5万方,涉及黄庄、祖窑、金陡湖3个行政村;占地20亩的应急避难场所民防园,现已完成招投标;开展巡回演出40余场,送演6场具有地方特色的"兴隆秧歌";开展庆"五一"掼蛋比赛、庆"十一"篮球比赛等富多彩的文化活动;开展"爱我家乡"文明创建活动,在红旗村、刘岗建设占地1200平方米的文化长廊;组建一只文化创作队伍,深度挖掘"兴隆故事",已编撰21个关于兴隆的历史文化小故事;申报了兴隆集庙会、兴隆秧歌、兴隆太平集传说、开秧门习俗、了秧习俗、摸秋习俗非物质文化遗产;大力发展村级文化、企业文化、校园文化、一乡一特文化,大力培养和发展乡、村文艺表演事业,提高农民群众参与度,营造健康浓厚的文化氛围。2016年,全乡民生实事考核排名位于全县前列。

兴隆乡2016年村级概况一览表

表21

村名	村民小组(个)	户数	人口(人)	耕地(公顷)	集体经济纯收入(万元)	农民人均纯收入(万元)	村支部书记	村委会主任
双河村	12	720	3600	4500	3.2	14500	赵　刚	朱万春
刘岗村	5	401	1893	3400	1.3	11000	朱捍章	张　坤
张庄村	11	778	3560	4100	10.0	11000	梅永俊	陈俊尧
化岗村	7	354	1820	1779	2.0	11000	夏　杰	胡昌华
祖窑村	15	626	3860	6245	0.8	12000	彭锦美	—
陡北村	6	450	2222	2380	4.3	8930	薛　云	蔡士金
红旗村	11	870	4170	6000	3.0	14400	张　冲	蔡银太
晓庄村	6	426	2012	3860	30.0	15800	朱效兵	孙爱波
牌坊村	9	758	3780	5012	—	10500	黄金标	徐　建
金陡湖村	15	964	5016	5002	17.4	12000	侯秉辉	张　俊
黄庄村	6	456	2270	4362	2.1	14009	钱俊功	孙小勇

(供稿:李洋洋　审稿:赵勇)

盱城街道
Xucheng Street

盱城街道，位于县境中部偏西北，东和维桥乡毗连，北与官滩镇接壤，南与古桑街道相连，西临淮河。境内群山逶迤，是一座依山傍水的古老山城。宁宿徐高速公路、淮河航道穿境而过，水陆交通便利，区位优势明显。2015年8月13日因行政区域调整，撤销盱城镇，设立盱城街道，街道区域面积74.58平方千米，辖14个社区，总人口14.02万。

2016年，盱城街道实现财政总收入5.06亿元，其中公共财政预算收入完成4.36亿元，税收占比96.73%。入库列统工业企业35个，其中当年新增6个，实现规模以上工业企业开票销售43.1亿元，比2015年增长7.21%；列统企业入库税收3415万元，比2015年增长48.47%；用电量3415万千瓦时，增幅63.65%，增幅位列全县第一；固定资产设备进项税1132.2万元。城镇居民人均可支配收入29450元、农民人均纯收入25640元，分别比2015年增长8.6%、9.1%。荣获江苏省环境优美乡镇、江苏省计划生育工作先进单位、江苏省和谐社区建设示范乡镇、全国司法工作先进单位、全国社区戒毒康复工作示范单位称号、全国民政工作先进集体、全国文明镇、国家级生态乡镇等称号。

农业　2016年，盱城街道有农业社区5个、农业总户数2633户、农业人口1.16万。耕地2480公顷，小麦1353.3公顷、水稻1143.6公顷、玉米450亩、油料150亩、蔬菜750亩。全年粮食16744吨，其中夏粮7828吨、秋粮8916吨。渔业总产量2745吨，生猪出栏量6.82万头，禽蛋总产量587吨。在雨露社区实施农业“三新工程”项目，大力推广新型种植模式的同时也为集体经济增收找到新的增长点。启动建设盱城街道农业技术推广服务中心，配合省农委“五有乡站”建设总体要求，向上争取建设资金投入。发展高效农业，全年新增高效设施农业1300余亩。其中，以三农生态乐博园、奇石园、城市桃源为主要框架生态旅游园区，成为盱城街道农业一大特色亮点。抓住盱眙龙虾品牌价值和市场效应，发展稻虾综合种养，年新增3100亩，养殖5800亩。

工业　实现工业总产值84.569亿元，比2015年增长24.3%。形成电子电器新材料、机械制造、医疗器械、建材、卫生洁具等五大支柱产业。全年新引进3000万元以上项目共13个（工业项目9个，三产项目4个），其中亿元项目天龙山映月潭会所（投资额1亿元）、金康达观赏石博物园（投资额2亿元）、群跃新材料三期（投资额1亿元）、华耀电子二期（投资额2亿元）、电子数码城（投资额1亿元）等5个。全年新引进9个工业项目，其中竣工项目旭升电子、金穗服饰、宝露铜业、昌益机械、虹天电器技改等5个；2个项目（金穗服饰、宝露铜业）实现投产达效；金康达观赏石博物园纳入市对县考核体系，华耀电子一期、蔚百世二期均通过12月份的市对县工业项目竣工验收。

第三产业　全街道新增个体工商户和私营企业1147户，比2015年增长6.8%，新增注册资金11.25亿元，比2015年增长6.41%。瞄准“窗口经济”，培育城市配套功能项目，加大对文化创意、养生养老等战略性新兴产业的招引力度，重点推进沙岗社区养老中心、新湾农贸市场、林柴社区都梁游客服务中心等三产配套项目。全年服务业入库税收实现29356.5万元，其中商业入库税收5681.52万元。

基础设施建设　全年投入440余万元，对71条巷道、5个老旧小区、4个农贸市场进行集中治理。其中道路硬化36400平方米，修建下水道2420米，绿化400平方米，惠及13460人，进一步改善人居环境；通过清除坡面危石、浮石、砌筑块石挡墙、利用削坡降坡、恢复植被坡面复绿等工作措施，全面完成斩龙涧37号楼、原县第三中学两个地质灾害治理项目；开展村庄环境整治，投入资金约30万元，集中整治5个农业社区小草堆692个，猪圈、厕所96个，乱堆乱放2000多处，露天粪坑1000个，清理污水沟13000多米，新更换垃圾筒102个，用工3000人次，使用机械200小时，9月底荣获村庄环境长效管护“五星级乡镇”。

社会事业　为城市低保159户345人和农村低保48户114人发放生活保障金170.9万元；申报大病救助207户，申请救助资金65.3764万元；救灾款发放270人31.12万元；发放706名重残人员生活补助金651万元，57名低保中重残人员补贴费4.1万元，117名一级重度残疾人护理补贴149万元，258名二级精神病人和智障人员护理补贴363万元，100名残疾人车辆燃油补贴2.6万元，8名残疾学生教育补贴费1.9万元。为残疾人办理残疾人证200人次，发放残疾人证165本；为54名贫困精神病人提供免费服药服务；为13名贫困家庭申请白内障免费复明手术;为困难残疾人发放各类辅具53件;残疾人无障碍家庭建设50户。76户家庭享受到廉租房、41户家庭享受到公租房。

党建工作　全年党建组织活动40场,征集、办理问题350余条。实施农村基层党建“七个一”工程。实行社区干部“选聘分离”机制,着力解决“干多干少一个样”的问题;实行社区会计委派制度,所有会计均持会计证上岗,促使社区财务工作规范有序;强化干部考核奖惩机制,让社区干部有为、有位,2名书记、1名站长被县委考察进入乡镇领导班子,2名书记被市委明确为市县乡三级共管书记,1名主任成功考入2016年省公务员;开展“十佳向上先锋”评选活动,表彰和宣传一批“接受任务不讲价钱,完成任务不打折扣”的优秀党员;成立“巾帼帮办组”,加大企业帮办力度,先后关停非法炼铝企业3家,废旧塑料加工企业5家,帮助企业退还土地款340万元;促使三务公开规范高效,每季度发放督查清单、问题清单、整改清单、销号清单、党建成绩单等清单;在各社区建立“两学一做”微课堂、“流动党员之家”网络平台、“家规进社区”微信群和“今天你在哪办公”为主题的“向上盱城”微信群,推动线上学、线下做的良性互动,营造比学赶超的学教氛围。

盱城街道2016年村级概况一览表

表22

村名	村民小组(个)	户数	人口(人)	耕地(公顷)	集体经济纯收入(万元)	农民人均纯收入(万元)	村支部书记	村委会主任
新华社区	11	848	2825	409	261.97	24308	于　林	武丛斌
赵岗社区	12	561	224	351	59.85	24179	汤红兵	赵　涛
严岗社区	11	407	1709	334	25.34	24180	唐卫东	张　兵
雨露社区	9	425	1694	369	51.53	24270	冯维国	夏广成
新湾社区	17	1314	6037	219	163.52	24355	李中平	王庆国
沙岗社区		2777	9516	39	259.30		周生刚	刘邦成
石牛社区	—	4799	16222	189	197.03	—	庄业祥	罗守海
五墩社区	—	8355	26258	—	511.97	—	周厚斌	高新建
宣化社区	—	2108	7901	48	131.22	—	郭　义	刘成义
城南社区	—	6040	20257	—	0.11	—	韩少仁	王树荣
城北社区	—	7400	24060	—	126.18	—	戴　峰	朱丽莉
城中社区	—	4039	12470	—	61.29	—	李冬妹	陈建宁
林柴社区	—	845	2869	82	553.20	—	俞　坤	—
果园社区	—	5645	24118	26	721.87	—	明　嵘	—

(供稿:邰俊　审稿:于军)

古桑街道

Gusang Street

古桑街道位于县城南端,紧邻县城,东接穆店乡,南邻桂五镇,西连河桥镇,北临淮河镇。全街道总面积84.6平方千米,7个行政村,1个居委会,2个林场,55个村民小组,总人口2.04万。境内中部冈峦起伏,东部缓坡,西部丘陵,淮河流经西北边缘。自然资源主要有凹凸棒黏土、石灰石、玄武岩、矿泉水等。

2016年,完成公共财政预算收入1.81亿元,比2015年增长13.8%;规模以上企业开票销售收入7.28亿元,比2015年增长15.73%;农民人均纯收入17000元,比2015年增长15.72%;服务业入库税收9600万元,比2015年增长26.98%;固定资产进项税300万元,同比增长7.8%;外资到账1000万美元,比2015年增长90.6%;工业用电量1710万千瓦时,比2015年增长28.73%。

农业　加强农业基础设施建设特别是农田水利建设，在关帝村、白虎村、石龙村等建设水利基站、生态沟等水利工程，加大各项支农服务力度，确保粮食稳产高产、增产增收。街道播种小麦面积1933.3公顷，产量11600吨，水稻面积1833.3公顷，17050吨；发展高效农业6500亩，设施农业150亩，养殖面积5200亩，设施渔业450亩；稻虾轮作面积3500亩，每亩均增收1000多元。农业支持保护补贴（耕地地力保护）2944.8公顷，农户享受补助530余万元。加强秸秆综合利用，向上争取秸秆全量还田补贴面积1333.3公顷，改善土壤结构，增肥土质。全力推进农村土地确权登记颁证工作，年底发放土地确权证书3500份。春季在古桑居委会、石龙村韩山等处栽植成片林600亩；四旁植树6.2万株，龙潭村通过省级绿色示范村验收。现有农业专业合作社32家。辐射农户4500户。全年养殖生猪1.7万头，羊1万只，鸡16万羽。水产养殖3700亩，其中特种养殖1300亩。

工业　坚持"项目为王"理念，全力开展招商引资工作，重点围绕凹土、健康养老、文化创意等产业，招引和储备项目。在项目招引上，在谈意向性项目2个，签约项目2个，开工项目3个，竣工项目3个。书香文苑、龙翔大厦、农技综合服务中心、古桑人家、弘远养老中心等民生实事重点项目有序推进。

第三产业　全年新增个体工商户45户，新增注册资金3280万元。有百货零售店118家，饭店59家，旅社3家，理发店13家，其他服务业28家，三年总产值4.8亿元。

基础设施建设　推进村庄环境全域整治工作，采购800只垃圾桶、2台垃圾车，按照垃圾桶、垃圾池分布图，配足管理人员和保洁人员。城管分局不定期、不定时巡查，做到村庄无漂浮物，无积存垃圾，无卫生死角，改善农村基础设施，提升农村环境建设水平。加大违建宣传力度，规范违建管理；投入资金升级改造磨涧村竹园小区、古桑人家等集中居民小区的自来水、下水道和街道路面下水道、关帝村水泥路，亮化平安大道、原种场至南环路路段，对街道两旁进行绿化、亮化，补植和修剪花木面积1.8万平方米；规范街道车辆停放，杜绝因车辆乱停乱放带来安全隐患；规范沿街商铺经营行为，落实店主责任，规范摊位摆放，禁止占道经营。

社会事业　街道有中心小学1所，教师110人，学生560人；幼儿园276人。卫生院1所，医护人员21名，村级卫生室8个，卫技人员7人，农村合作医疗全覆盖；街道享受新农保17259人，参保率90%。有敬老院1家，入住"五保"老人87人。有文化活动中心1处，图书室1个，有图书9万册，体育活动场所9处，每天参加活动1400余人。加强和创新社会管理，建立健全街道、村、组三级治安防控网络，实行重大信访案件包案制，领导干部下访接待制度，社会矛盾纠纷排查调处机制，调处化解各类社会矛盾纠纷45起，畅通信访渠道，接待来信访件33件，处理阳光盱眙"12345"信访件175件。落实安全生产责任制，履行安全生产监管责任，有效地预防重特大安全生产事故的发生。人口和计划生育工作健康良性运行，人口出生率为9.28‰，计划生育率100%，自然增长率5.34‰。做好城乡居民医疗保险和社会养老保险工作，共有3190名60岁以上老人领到基础养老金。城镇低保、农村低保应保尽保、规范管理。民兵、"双拥"工作扎实开展，军政军民团结进一步巩固。校园食品安全、农村红白喜事就餐卫生工作得到加强。街道党工委和凹土科技园党工委建立"党建联盟服务中心"，深化街道与园区协同合作、资源共享、优势互补，着力推动街道和园区经济社会的健康发展。实行凹土管委会、街道机关村居、园区企业交叉交流挂职，首批互派16人，增进相互之间交流，通过党建融入经建，同频共振，互促共赢。实施"金财工程"试点工作，对村居"三资"管理、"三重一大"事项等权力事项进行全过程监控，成立会计核算中心，加强村级财务规范管理，发挥监督审计职能，规范村级权力运行。成立"学骏书记工作室"。非公党建书记工作室是根据"1+3+8"（"1"是指1名书记，党建基础工作好的恒信粘土党支部书记兼任工作室书记，以书记的名字命名；"3"是指党建顾问、管理顾问和生产顾问；"8"是指8个非公企业书记）的模式吸纳中材凹土、华源矿业、麦阁吸附剂等8家企业党组织书记作为工作室的成员，定期召开工作室成员会议，邀请党建、生产、管理顾问共同研究，解决企业存在的问题，推动党的活动与企业生产经营双向互动、健康发展。

古桑街道2016年村级概况一览表

表23

村名	村民小组（个）	户数	人口（人）	耕地（公顷）	集体经济纯收入（万元）	农民人均纯收入（万元）	村支部书记	村委会主任
关帝	8	430	1578	409	11.66	1.96	李化东	张平
季安	5	428	1467	361	15.00	1.86	邱建超	黄厚余
白虎	5	400	1545	339	27.34	1.95	贺吉卫	马旭祥
古桑	7	780	2600	251	14.21	2.36	李　军	孙德国
磨涧	11	1003	3651	401	130.12	2.41	黄　平	李国付
石龙	7	532	2036	356	21.06	1.75	刘国伟	韦联合
龙潭	7	590	2036	274	20.04	1.76	丁厚奇	植春辉
佛窝	5	438	1520	333	26.00	1.81	王迪付	王迪付

（供稿：周梦月　审稿：薛峰）

太和街道
Taihe Street

太和街道位于盱眙县境中部西北，东临穆店乡、西靠盱城街道、南接古桑街道、北连维桥乡，区域面积44.8平方千米，与盱眙经济开发区现有区划一致，常住人口7.9万。2016年3月，经盱眙县民政局批准，撤销三塘村委会、漫岗村委会，变更设立三塘社区居委会、漫岗社区居委会，至此太和街道辖5个社区居委会，分别为三塘社区、友法社区、漫岗社区、太和社区、毛营社区，户籍人口约2.5万。

2016年，太和街道办事处围绕“服务开发区、服务企业、服务群众”的工作主线，坚持党建引领，推进城市建管，践行为民宗旨，全面贯彻统筹发展，着力开展平安创建，配合开发区做好县内目标考核工作，在2016年度全县综合目标考评中，与开发区捆绑考核荣获全县综合目标考核突出贡献奖。城乡居民人均纯收入约2.3万元。

社会事业　太和街道辖区内有初中1所，教师60人，学生470人；小学1所，教师89人，学生1720人；幼儿园6所，教师76人，在园人数1211人。有社区卫生服务站5个；共有床位10张，卫计人员19人，卫生服务人员资格合格率100%。城镇居民医疗保险参保15974人，参加新型农村养老保险6412人。全年为全街道43户99人最低生活保障对象，发放生活保障金32万元，为31人低保边缘户发放临时救助金3.34万元。严格执行低保核查增减制度，坚决做到进社区、入住户，做细、做实。对五保户、孤儿均按月发放生活费，免费办理医保。为134名残疾人发放重残人员生活补助62.4万元。为街道34户大病户，发放救助医疗费14.11万元。为街道312名老年人发放尊老金21.2万元。打造“连心桥”信访调解品牌，开展积案化解“百日行动”，年内积案化解率70%以上。规范征收安置，完成漫岗社区已拆待安户260余户安置工作，高危房评估170余户，已安置一套房70余户，处理车库等遗留问题40余户；完成毛营社区前期用地与高危房户拆迁20余户安置工作；完成友法与三塘社区前期拆迁42户和高危房60户的安置工作。

基础设施建设　2016年，投入600万元解决各类民生实事。街道党群服务中心揭牌运行、漫岗社区党群服务中心投入使用、友法便民服务大厅完成改造升级；完成毛营社区老庄台砂石路改造、三塘社区夏郢小区亮化、绿化、道路黑色化及南苑新城B区居民晾衣架安装等工程；新修筑水泥路2.8千米；完成漫岗社区卫生服务站、东苑新城“庭训园”主题公园、东苑新城幼儿园等民生实事工程建设；推进三塘社区、漫岗社区居家养老服务中心建设；大力实施太和小区一区环境提升工程、三塘社区夏郢小区外墙出新工程，不断美化社区环境，提升小区整体形象。围绕县委党建工作总体部署，聚焦主责、积极履职，坚持将党建工作放到街道全面工作的大局中去谋划和推进。对照党工委研究出台的社区党建考核办法，按季度进行过堂，层层压实党建责任。开展“社企结对共建”，主动融入开发区企业，实现企业用工与农民得利互促共赢。推进“三提三知”群众工作法，设立“四助”资金，全年共慰问困难群众388户，落实各级扶贫资金30余万元。开展“进千家门 听千家情”活动，将街区两级干部编为46个组，网格化包干走访，全年开展入户走访380人次，开展“社民互动”广场问政活动4次，解决群众反映问题176件。

太和街道2016年村级概况一览表

表24

村名	村民小组（个）	户数	人口（人）	耕地（公顷）	集体经济纯收入（万元）	农民人均纯收入（万元）	村支部书记	村委会主任
三塘社区	14	729	2792	—	214	2.3	陈正刚	李　洋
友法社区	5	1230	4560	—	222	2.2	姜春勇	宋坚强
毛营社区	4	3011	8972	—	79	2.4	丛秀刚	韩卫明
太和社区	5	1109	4680	—	81	2.2	张　华	陆万江
漫岗社区	29	1101	4328	—	259	2.3	张叶奎	骈元刚

（供稿：赵玉峰　审稿：赵建军　杨行军）

江苏省三河农场

Sanhe State - Owned Farm of Jiangsu Province

【概况】 2016年，江苏省三河农场实现各项收入5086万元，完成财政预算的102%。实现场域营业收入为9.7亿元，职均收入达到4.2万元。“三舒”草莓和梨绿色食品商标认定获省绿委批准。“三舒”草莓在首届江苏省盐都大纵湖杯草莓评比活动中获“金、银”双奖，“缘来三河”节庆商标成功注册。农场被授予江苏省文明单位称号；新闻宣传工作被评为江苏农垦新闻宣传工作先进单位；在广播好新闻和网络好新闻评比中，荣获三等奖2个，思想政治工作3篇论文在全垦区评比中获得奖项。

【林果产业】 2016年，三河农场加大对零星拾边隙地的普查利用工作力度，先后对八区苗木土地，原潘庄分场分场部、邱上郢西猪场以及原马巷分场鸡场等零星拾边地进行土地平整，提高土地利用率，增加国有收益，美化农场环境。全场拥有林地1.3万亩，林木总株数50.5万株，绿化苗木29.4万株，果树灌木1.6万株。职工承包林地7748亩，约20万株。砍伐林木2.9万株，销售金额325.74万元，，其中，集体收益166.78万元；拓展苗木基地，加大对闲置零星土地的绿化力度，连续3年每年集中整治拓展苗木基地200亩，全场苗圃面积拓展到近700亩；先后引进速生樱花、中杉树等品种，全年栽植落羽杉、栾树等主要品种9.3万株，栽植其他品种1.1万株，合计栽植10.4万株；由以前的分成承包、买断承包转变个人管护集体承包，林业产权属于农场，农场出资，个人栽植管护，逐年考核验收发给管护费用。全年节约管护费用82.98万元。既壮大农场集体经济实力，又解决因水利施工或农场建设等需要引起的各种矛盾与赔偿，实行统一技术管理，提高林业产出率。

【休闲观光产业】 2016年，三河农场坚持结合林果产业化发展，实现造林、造景均衡获益；结合小城镇建设，制定《三河农场2016～2030休闲观光旅游发展规划》，实现绿化、亮化、美化的环境长效管理机制；结合借力“互联网+”与节庆，实现知名度、美誉度提升，获得“江苏省三星级乡村旅游示范区”称号；结合“一区两园”（科技园区+梨园、草莓园）升级打造，实现精细化、标准化、景观化多重提档。争取通过5～15年的努力，逐步把三河农场建设成为江苏省一流、南京都市圈必选的“农场型”乡村休闲旅游目的地。争取旅游局项目资金20万元，对场内主要场所和梨园做18块指示导游牌。

结合职能改革项目，游客接待中心、场史陈列馆，水果保鲜库土建工程完工，职工培训中心和游客接待中心设备采购基本到位，南大门、西大门、以及与土地平整相关联的双兴路、梨园旁停车场及梨园内部部分配套设施升级改造工程在建设之中。

农场举办“缘来三河”系列活动，提升农场形象，增强全场干群的凝聚力，吸引万余名游客到场，实现梨树认购、梨子、草莓等产品销售收入200多万元,全场梨树认购1032棵,涌现出认购、销售先进部门和个人,种业、米业、金象和物流公司等龙头企业都给予大力支持,4个生产区踊跃参与认购,为农场旅游集聚效应作出贡献。

【重点项目】 2016年,三河农场投资4440万元的《三河农场邱上郢管理区高标准基本农田建设土地整治项目》按序时进度推进。项目区总面积10788公顷,净增耕地面积1105亩。在土地平整过程中,邱上郢生产区管理人员主动上前,密切配合,项目办、社区和农场办公室人员各司其职。项目区的52户拆迁工作顺利结束,4000亩基本农田土地平整工作已基本结束,项目区的渠、路、桥、涵、闸在开工建设之中。农村公路项目建设1.6千米,主要用于潘庄东路和南路的拓宽维修。新建4座农桥。

【资产资源管控】 2016年,三河农场成立国有资产管理办公室,对长期欠缴农场租金的20个大户加大清收的力度,采取行政、经济和法律措施,全年收取各类资产资源性租金153万元。对长期低价出租的资产进行重新评估和向社会拍租,资源性和资产性租金一律采取先交后租,加大合同管理力度,对全场合同进行一次清理,严把合同的签订审批关。适时调整租金,规范渔场和原部队承包方案,实行先交后租。并对鱼塘周边零星拾边地收费标准进行调整。国有资产资源租金通过挖潜比2015年增收35万元。

【养殖业】 2016年,三河农场存栏肉鸡23.5万只,蛋鸡8.5万只,肉鹅4万只,肉猪3500头。年度鸡总出栏146万只约2920吨,鹅总出栏10.5万只约390吨。猪总出栏4500头约690吨。水产养殖的四大家鱼总产量2550吨。

【二、三产企业管理】 2016年,三河农场二、三产企业实行重大事项报告制,每个季度农场财务部门对所属企业进行财务检查,发现问题及时整改。全年场部医院完成门急诊病人约3.3万余人次,住院900余人次。农场电力中心全年购电量1820万千瓦时,比2015年增长9%,营业收入870万元,比2015年增长4.6%。电力中心作为农垦首家运用现代科技远程抄表技术,增收节支40余万元。三舒自来水公司把提升服务水平和饮用水安全放在首位,全年供水25万立方,实现自来水经营扭亏为盈。三舒广电在提升服务质量上下功夫,为全场1400余户的有线电视用户提供服务。

【民企发展】 2016年,全场中小民营企业应对经济下行压力的挑战,在重视环保和安全生产等规范的同时,寻找市场的突破口,吸纳场内职工居民就业。永进塑料厂吸纳40名转岗职工就业,其主导产品塑料透明片材和各种吸塑产品销往各大企业和民用市场。其中,水稻育秧软硬盘获得国家专利,在市场中有良好的发展前景,全年实现产值1500万元。恒河酿造有限公司生产醋8000吨、酱油1000吨,销售收入1550万元;半导体有限公司生产保险丝3亿只,销售收入850万元。

【推进农垦改革】 2016年,三河农场成立组织,明确场领导与部门对接工作任务,制订对接明细清单:即党委主要领导重点对接县委县政府主要领导,党委分管领导对接县委县政府分管领导及相关重点部门,农场行政办公室为常设联络机构,动态把握相关进展情况。梳理和总结出7个方面需要县委县政府帮助解决的问题:社会事业方面的问题,基本医疗和卫生,社会职能管办分离,争取政府授权,自来水移交,土地管理方面,财税政策方面的问题。形成书面报告,呈报县政府,并明确人社局等24个部委办局为重点对接部门。农场围绕购买服务、授权委托、管办结合,与地方政府对接,取得显著成效。农场安全饮用水得到政府重视和支持,11月5日县政府给予批复,解决150万元自来水主管道费用,城区饮用水主管道在农场境内铺设工作在进行;请求解决三河农场垃圾中转站的请示得到批复,从财政中解决全年垃圾转运费18万元;社区环境长效管理工作,全部纳入政府日常考核,与全县20个乡镇同检查、同评比、同奖惩,纳入地方管理和考核后,小城镇环境卫生得到改善;江苏省三星级乡村旅游区得到政府旅游部门的大力支持,旅游交通标识牌建成投入使用;农场城镇建设总体规划以及旅游规划等纳入盱眙县总体规划之中的请示得到批复;依靠环保项目投入600万元的农场城镇污水管网设施开工建设;医院主动与盱眙县卫计委接触沟通,争取公共卫生项目资金按时足额拨付。

【城镇建设】 2016年，三河农场先后投入电动清扫车1辆、洒水车1辆、吸粪车2辆、垃圾清运车8辆等环卫机械，提高工作效率。落实城镇长效管理制度，社管会对城管队员定员、定岗，将卫生包干、环境绿化责任制落到实处，对城镇范围内2.9万平方米的沥青、水泥路面，做到“一天两扫，全天候清洁”，全场100多处垃圾池、垃圾筒做到“日产日清”。投入资金1000余万元用于基础设施的维修改造，解决职工居民生活、出行等方面的困难。实施1.8千米的中心路沥青路面改造，实施9.6千米的路面拓宽维修工程，新建1158平米有38个停车位的居民楼停车场，优化扩建小城镇主干道两侧附属设施。将原有危桥拆除重建。职工培训中心和文化中心改造升级为游客接待中心；铺设维修洪泽湖大堤砂石路、新建拦草网改善泵站抗旱排涝的环境；农场多功能篮球场建设完工并投入使用。

【社会事业】 2016年，三河农场党委坚持把保障和改善民生作为发展的根本目的，做好新形势下的群众工作，加强和创新社会管理，认真解决好群众最关心、最直接、最现实的利益问题，让群众共享改革发展成果。全年，争取地方政策资金337.48万元。其中，民政部门235.9万元；残联55.67万元；计生部门28.48万元；人防部门4.43万元。向上级工会争取帮扶资金13万元，开展“康服服务”“四进”家庭活动，为残疾人发放轮椅车、助听器、拐仗、太阳能热水器50余件。完成双兴路东段两侧的绿化、美化工作，标准化职工之家在筹建；全场839名职工加入盱眙县互济会；向地方争取各项民生保障政策，主动与盱眙县人社局对接，非职工养老金接续问题有望协调解决。组织全场范围的安全生产大检查6次，专项检查7次，发现各类普通隐患45起，查出重大隐患1起，东风大桥危桥隐患被县政府挂牌督办，整改率98%。县政府组织交通、航道和安监等部门拿出具体方案。全场安全生产标准化工作在推进。丰富文娱活动，以节日为契机，开展文娱活动，元旦举办的元旦迎新春晚会获得职工群众好评。职代会提出的为民“十件实事”全部完成。

【党的建设】 2016年，三河农场党委发挥领导核心作用，以改革创新精神全面加强党的建设，巩固和发展风清气正、心齐劲足的良好政治生态。抓“两个责任”的落实。履行“一岗双责”，抓好党风廉政建设。建立健全“一把手负总责、分管领导各负其责、班子成员齐抓共管、纪检部门组织协调”的领导体制和工作机制。研究制订《2016年三河农场反腐倡廉和作风建设组织领导及责任分工任务清单》，农场纪委履行监督责任，做到执好纪、问好责、把好关。把“两学一做”作为作风建设的一把尺子，用实际行动树标杆、作表率。16个党支部按照学习要求开展活动，受教育的党员达500多人次。开展基层党员干部培训学习8次，培训基层党务工作人员90人次。培训党员干部800余人次。组织十八届四中、五中、六中全会精神学习培训班5次，培训300人次，召开党委中心组学习20次，专题学习党风廉政建设和作风建设等方面内容。党委书记与11个党总支、直属党支部分别签订《三河农场党风廉政建设责任书》，将检查考核的结果作为干部考核使用、评先选优的重要依据。全年开展各种主题反腐倡廉教育学习4次，学习人员达286人次。出台《2016年度三河农场工作人员绩效考核办法》，以德、能、勤、绩、廉、学作为考核主要内容。党委提拔2名副科级、1名正科级干部。公开选拔招聘大学生村官1名，具有大专以上学历和专业技能人才3名，实施“789”(70后、80后、90后)人才培养计划。表彰7个基层优秀党组织，23名优秀共产党员，62名先进个人，提升三河党员干部的良好形象。

(供稿：孙焕平　审稿：王波成)

本栏目责任编辑：李 静

统 计 资 料

Statistical Data

2016年盱眙县主要经济指标一览表

表25

指　标　名　称	单位	本年数	增长%	指　标　名　称	单位	本年数	增长%
年末户籍人口数	万人	80.47	0.28	规模以上固定资产投资	亿元	350.65	19.3
年末常住人口数	万人	65.35	0.15	#工业投资	亿元	228.63	19.4
地区生产总值(增幅为不变价)	亿元	356.70	8.9	#房地产开发投资	亿元	45.66	10.1
第一产业	亿元	54.20	1.2	社会消费品零售总额	亿元	123.89	11.6
第二产业	亿元	140.30	10.6	进出口总额	亿美元	1.88	-24.4
#工业	亿元	113.46	11.9	#出口总额	亿美元	1.34	-29.1
第三产业	亿元	162.20	10.1	实际到账注册外资	亿美元	1.20	2.9
人均地区生产总值	元	54625	8.6	金融机构年末存款余额(人民币)	亿元	277.13	26.6
财政总收入(不含社保基金)	亿元	37.05	-7.8	#储蓄存款余额	亿元	—	—
地方一般预算收入	亿元	30.78	-12.0	金融机构年末贷款余额(人民币)	亿元	222.34	7.8
全社会用电量	亿千瓦时	17.51	9.5	城镇居民人均可支配收入	元	30684	8.2
#工业用电量	亿千瓦时	10.26	4.7	农村居民人均纯收入	元	14495	9.0

2016年按当年价格计算的地区生产总值

表26

指标名称	绝对额(亿元)		构成(以地区生产总值为100,%)	
	2016年	2015年	2016年	2015年
地区生产总值	356.70	320.13	100	100
第一产业	54.20	51.98	15.2	16.2
第二产业	140.30	128.57	39.3	40.2
第三产业	162.20	139.58	45.5	43.6
地区收入总值	356.70	320.13	—	—
人均地区生产总值(元)	54625 .00	49145.00	—	—

补充资料：

指标名称	2016年	2015年	2014年
1. 年末常住人口(万人)	65.35	65.25	65.03
2.年平均常住人口(万人)	65.30	65.14	—
3.按常住人口平均的地区收入总值(元)	54625	49145	—

2016年按当年价格计算的地区生产总值构成项目

表27

指标名称	增加值	劳动者报酬	生产税净额		固定资产折旧	营业盈余
				补贴		
地区生产总值	356.70	170.61	32.44	2.47	72.30	81.35
农、林、牧、渔业	55.08	45.53	-2.47	2.47	7.30	4.72
农业	36.02	30.89	-1.62	1.62	4.07	2.68

续表

指标名称	增加值	劳动者报酬	生产税净额	补贴	固定资产折旧	营业盈余
林业	0.89	0.71	-0.19	0.19	0.14	0.23
畜牧业	7.22	6.10	-0.59	0.59	1.06	0.65
渔业	10.07	7.14	-0.07	0.07	1.93	1.07
农、林、牧、渔服务业	0.88	0.69	—	—	0.10	0.09
工业	113.46	43.97	16.46	—	17.76	35.27
采矿业	3.80	2.15	0.18	—	0.08	1.39
制造业	104.84	38.64	15.70	—	16.99	33.51
#金属制品、机械和设备修理业	0.01	0.01	—	—	—	—
电力、燃气及水的生产和供应业	4.82	3.18	0.58	—	0.69	0.37
建筑业	26.85	9.70	2.94	—	5.93	8.28
房屋建筑业	13.14	4.59	1.34	—	3.63	3.58
土木工程建筑业	6.22	2.55	1.06	—	1.15	1.46
建筑安装业	4.95	1.72	0.36	—	0.76	2.11
建筑装饰和其他建筑业	2.54	0.84	0.18	—	0.39	1.13
批发和零售业	22.93	7.44	5.65	—	2.31	7.53
批发业	7.64	0.88	2.50	—	1.00	3.26
零售业	15.29	6.56	3.15	—	1.31	4.27
交通运输、仓储和邮政业	17.44	8.99	1.52	—	2.65	4.28
道路运输业	10.17	6.22	0.91	—	1.55	1.49
水上运输业	3.46	0.97	0.31	—	0.58	1.60
管道运输业	0.05	0.04	0.00	—	0.01	0.00
装卸搬运和运输代理业	1.96	0.93	0.12	—	0.19	0.72
仓储业	0.67	0.22	0.07	—	0.13	0.25
邮政业	1.13	0.61	0.11	—	0.19	0.22
住宿和餐饮业	11.23	7.36	0.60	—	0.65	2.62
住宿业	1.01	0.30	0.19	—	0.21	0.31
餐饮业	10.22	7.06	0.41	—	0.44	2.31
信息传输、软件和信息技术服务业	6.48	2.24	0.83	—	2.68	0.73
电信、广播电视和卫星传输服务	4.09	1.14	0.48	—	2.10	0.37
互联网和相关服务	2.17	0.95	0.35	—	0.57	0.30
软件和信息技术服务业	0.22	0.15	0.00	—	0.01	0.06
金融业	9.76	4.19	1.06	—	1.20	3.31
货币金融服务	7.89	3.34	0.79	—	0.94	2.82
资本市场服务	0.14	0.04	0.01	—	0.05	0.04
保险业	1.25	0.59	0.16	—	0.20	0.30

续表

指标名称	增加值	劳动者报酬	生产税净额	补贴	固定资产折旧	营业盈余
其他金融业	0.48	0.22	0.10	—	0.01	0.15
房地产业	18.16	4.78	1.24	—	9.94	2.20
房地产开发经营业	6.84	3.29	1.07	—	0.79	1.69
物业管理业	1.90	0.40	0.13	—	0.93	0.44
房地产中介服务业	0.76	0.76	0.00	—	0.00	0.00
自有房地产经营活动	8.07	0.00	0.00	—	8.07	0.00
其他房地产业	0.59	0.33	0.04	—	0.15	0.07
租赁和商务服务业	20.38	7.13	2.52	—	4.20	6.53
租赁业	6.13	2.28	0.43	—	1.92	1.50
商务服务业	14.25	4.85	2.09	—	2.28	5.03
科学研究和技术服务业	1.60	0.55	0.17	—	0.43	0.45
水利、环境和公共设施管理业	2.30	1.23	0.04	—	0.73	0.30
居民服务、修理和其他服务业	8.50	4.60	0.40	—	1.29	2.21
教育	10.25	4.93	0.08	—	4.58	0.66
卫生和社会工作	10.30	4.10	0.59	—	4.04	1.57
文化、体育和娱乐业	5.27	1.81	0.62	—	2.30	0.54
公共管理、社会保障和社会组织	16.71	12.06	0.19	—	4.31	0.15
第一产业	54.20	44.84	-2.47	2.47	7.20	4.63
第二产业	140.30	53.66	19.40	0.00	23.69	43.55
第三产业	162.20	72.11	15.51	0.00	41.41	33.17

2016年盱眙县社会总产出情况一览表

表28

指标名称	按当年价格计算		
	绝对额(亿元)		以上年为100的指数(%)
	2016年	2015年	
总产出	1091.26	996.48	109.5
农、林、牧、渔业	100.75	96.91	104.0
农业	60.04	59.87	100.3
林业	1.67	1.46	114.4
畜牧业	19.01	18.12	104.9
渔业	18.30	15.93	114.9
农、林、牧、渔服务业	1.73	1.53	113.1
工业	592.86	544.26	108.9

续表

指标名称	按当年价格计算		
	绝对额(亿元)		以上年为100的指数(%)
	2016年	2015年	
采矿业	11.07	16.56	66.8
制造业	564.01	509.12	110.8
#金属制品、机械和设备修理业	0.05	0.05	100.0
电力、燃气及水的生产和供应业	17.78	18.58	95.7
建筑业	113.04	108.33	104.3
房屋建筑业	52.25	50.25	104.0
土木工程建筑业	28.93	27.44	105.4
建筑安装业	23.90	22.99	104.0
建筑装饰和其他建筑业	7.96	7.65	104.1
批发和零售业	33.22	30.73	108.1
批发业	10.22	9.41	108.6
零售业	23.00	21.32	107.9
交通运输、仓储和邮政业	45.20	41.52	108.9
道路运输业	27.56	25.12	109.7
水上运输业	6.54	5.98	109.4
管道运输业	0.08	0.07	114.3
装卸搬运和运输代理业	3.91	3.54	110.5
仓储业	5.03	4.77	105.5
邮政业	2.08	2.04	102.0
住宿和餐饮业	23.80	22.05	107.9
住宿业	1.80	1.69	106.5
餐饮业	22.00	20.36	108.1
信息传输、软件和信息技术服务业	11.53	9.81	117.5
电信、广播电视和卫星传输服务	6.64	5.63	117.9
互联网和相关服务	4.49	3.81	117.8
软件和信息技术服务业	0.40	0.37	108.1
金融业	19.79	18.21	108.7
货币金融服务	15.66	14.42	108.6
资本市场服务	0.19	0.18	105.6
保险业	3.32	3.03	109.6
其他金融业	0.62	0.58	106.9
房地产业	27.12	17.83	152.1
房地产开发经营业	10.28	6.58	156.2
物业管理业	3.66	1.89	193.7
房地产中介服务业	1.31	0.66	198.5

续表

指标名称	按当年价格计算		
	绝对额（亿元）		以上年为100的指数（%）
	2016年	2015年	
自有房地产经营活动	10.92	8.21	133.0
其他房地产业	0.95	0.49	193.9
租赁和商务服务业	35.23	29.52	119.3
租赁业	10.93	9.01	121.3
商务服务业	24.30	20.51	118.5
科学研究和技术服务业	3.06	2.71	112.9
水利、环境和公共设施管理业	3.21	2.89	111.1
居民服务、修理和其他服务业	15.05	12.56	119.8
教育	16.21	14.72	110.1
卫生和社会工作	17.58	15.73	111.8
文化、体育和娱乐业	8.31	6.95	119.6
公共管理、社会保障和社会组织	25.30	21.75	116.3
第一产业	99.02	95.38	103.8
第二产业	705.85	652.54	108.2
第三产业	286.39	248.56	115.2

2016年盱眙县居民最终消费支出情况一览表

表29　　单位：亿元

指标名称	2016年	2015年	指标名称	2016年	2015年
最终消费支出	169.77	144.02	(二) 农村居民	53.39	43.67
一、居民消费支出	139.01	114.80	1.食品烟酒	17.68	14.80
(一) 城镇居民	85.62	71.13	2.衣着	3.51	2.59
1.食品烟酒	23.09	17.48	3.居住（含自有住房服务）	10.12	7.55
2.衣着	7.17	5.67	4.生活用品及服务	2.01	1.78
3.居住（含自有住房服务）	13.52	9.99	5.交通和通信	4.80	3.61
4.生活用品及服务	6.00	5.82	6.教育文化娱乐	7.64	6.65
5.交通和通信	7.86	6.83	7.医疗保健	3.29	2.73
6.教育文化娱乐	11.33	9.84	8.银行中介服务	0.07	0.06
7.医疗保健	8.64	7.91	9.保险服务	0.04	0.03
8.银行中介服务	0.11	0.09	10.其他商品和服务	4.23	3.87
9.保险服务	0.05	0.04	二、政府消费支出	30.76	29.22
10.其他商品和服务	7.85	7.46			

2016年盱眙县居民消费水平一览表

表30

指标名称	计量单位	2016年	2015年	以上年为100的指数(%)
一、当年价格居民消费水平	元	21287.90	17623.58	120.79
城镇居民	元	25013.15	22048.98	113.44
农村居民	元	17183.78	13281.63	129.38
二、年平均常住人口	万人	65.30	65.14	100.25
城镇居民	万人	34.23	32.26	106.11
农村居民	万人	31.07	32.88	94.50

2016年盱眙县农林牧渔业产值与增加值一览表

表31　　单位:万元

指标名称	2016年	2015年	同比±%
一、农林牧渔业总产值	1007527	969117	3.96
(一)农业产值	600342	598683	0.28
(二)林业产值	16742	14641	14.35
(三)牧业产值	190084	181236	4.88
(四)渔业产值	183037	159290	14.91
(五)农林牧渔服务业产值	17322	15267	13.46
三、农林牧渔业增加值	550807	527490	4.42
(一)农业增加值	360205	351572	2.46
(二)林业增加值	8874	8122	9.26
(三)牧业增加值	72224	64344	12.25
(四)渔业增加值	100670	95665	5.23
(五)农林牧渔服务业增加值	8834	7787	13.45

2016年盱眙县农作物播种面积与产量一览表

表32　　单位:万亩、吨、公斤/亩

指标名称	2016年			2015年		
	播种面积	产量	单产	播种面积	产量	单产
农作物总播种面积	244.11	—	—	244.88	—	—
一、粮食作物合计	215.37	978624	454	214.13	987211	461
(一)夏收粮食	92.93	334532	360	92.43	348695	377
1.夏收谷物	92.90	334474	360	92.42	348667	377
(1)小麦	92.88	334412	360	92.40	348606	377
(2)大麦	0.02	62	413	0.02	61	407
2.夏收豆类(蚕豌豆)	0.03	58	193	0.02	28	187
(二)秋收粮食	122.45	644092	526	121.70	638516	525

续表

指标名称	2016年			2015年		
	播种面积	产量	单产	播种面积	产量	单产
1.秋收谷物	116.88	629083	538	115.19	620978	539
(1)稻谷	102.56	578000	564	99.02	563197	569
①中稻和一季晚稻	102.56	578000	564	99.02	563197	569
稻谷中:籼稻	57.03	320587	562	54.15	306669	566
粳稻	40.34	228968	568	42.72	244643	573
糯稻	5.19	28445	548	2.15	11885	554
(2)玉米	14.33	51083	357	16.17	57781	357
2.秋收豆类	3.47	5591	161	4.19	6993	167
其中:大　豆	2.40	4494	187	3.27	6060	185
绿　豆	0.78	794	102	0.68	680	101
红小豆	0.29	303	106	0.24	253	105
3.折粮薯类	2.10	9418	448	2.33	10545	454
二、油料合计	6.72	12019	179	8.46	15206	180
(一)花 生	4.37	8782	201	6.03	11980	199
(二)油菜籽	1.74	2714	156	1.73	2634	153
(三)芝 麻	0.62	523	85	0.71	592	84
三、棉花(皮棉)	0.14	84	62	0.14	83	61
四、中草药材合计	2.67	—	—	3.26	—	—
五、蔬菜(含菜用瓜)	15.02	2487	2487	14.93	363522	2436
六、瓜果类	3.62	2096	2096	3.74	81518	2183
其中:西瓜	2.94	2119	2119	3.24	71334	2202
香瓜(甜瓜)	0.12	1717	1717	0.26	3708	1454
草莓	0.30	1955	1955	0.23	4397	1954
七、其它农作物	0.59	—	—	0.24	—	—
其中:青饲料	0.59	—	—	0.24	—	—

2016年规模以上固定资产投资完成情况一览表

表33　　单位:万元

指标名称	本期投资	增幅
规模以上固定资产投资	350.65	19.30
项目投资	304.99	26.44
房地产开发投资	45.66	10.15

2016年房地产项目投资完成情况一览表

表34

指标名称	计量单位	2016年	指标名称	计量单位	2016年
计划总投资	万元	2493555	土地购置费	万元	54473
自开始建设累计完成投资	万元	1500383	按工程用途分:	—	—
本年完成投资	万元	456574	住宅	万元	201077
其中:本月完成投资	万元	12214	其中:90平方米及以下	万元	117213
按构成分:	—	—	90-144平方米	万元	70257
建筑工程	万元	360160	144平方米以上	万元	13607
安装工程	万元	14055	办公楼	万元	1000
设备工器具购置	万元	21077	商业营业用房	万元	241706
其他费用	万元	61282	其他	万元	12791
其中:旧建筑物购置费	万元	—	本年新增固定资产	万元	97387
土地购置费	万元	54473	—	—	—

2016年房地产项目房屋面积施工、销售及待售情况一览表

表35

指标名称	计量单位	合计	按用途分					
			住宅	户型结构		办公楼	商业营业用房	其他
				其中:90平方米及以下	其中:144平方米以上			
房屋施工面积	平方米	1892081	1398920	436293	88046	9180	452817	31164
其中:本年新开工面积	平方米	671653	403459	122342	1000	6330	260226	1638
本年房屋竣工面积	平方米	425757	130952	61239	1000	6330	273750	14725
其中:不可销售面积	平方米	14555	—	—	—	—	—	14555
本年住宅竣工套数	套	—	1345	772	6	—	—	—
本年房屋竣工价值	万元	67085	31114	10647	250	600	32716	2655
本年批准预售面积	平方米	173571	80958	60908	1000	6330	86283	—
本年批准预售住宅套数	套	—	852	686	6	—	—	—
本年商品房销售面积	平方米	1081727	770795	354885	46357	—	307886	3046
其中:本月销售面积	平方米	85860	53130	22360	2052	—	32730	—
现房销售面积	平方米	683169	381430	290091	9922	—	298739	3000
期房销售面积	平方米	398558	389365	64794	36435	—	9147	46
本年商品房销售额	万元	492108	293758	129589	21325	—	197880	470
其中:本月销售额	万元	30591	21105	9418	1082	—	9486	—
现房销售额	万元	330314	135645	104216	3829	—	194219	450
期房销售额	万元	161794	158113	25373	17496	—	3661	20
本年商品住宅销售套数	套	—	7675	4004	300	—	—	—
现房销售套数	套	—	4104	3254	53	—	—	—
期房销售套数	套	—	3571	750	247	—	—	—
待售面积	平方米	595777	296137	147526	35468	6330	285789	7521
其中:待售1-3年(含1年)	平方米	240357	158623	72075	35268	—	79347	2387

2016年盱眙县规模以上工业企业主要经济指标一览表

表36

指标名称	企业单位数(个)	亏损企业	工业总产值(当年价格)	工业销售产值(当年价格)	出口交货值
总　计	432	36	10380848.50	10285708.70	126817.40
一、按登记注册类型分组:	—	—	—	—	—
内资企业	412	36	9863452.70	9773261.10	36797.50
国有企业	1	—	24182.40	24182.40	—
中央企业	—	—	—	—	—
地方企业	1	—	24182.40	24182.40	—
有限责任公司	82	10	1735245.40	1711266.60	3156.20
国有独资公司	1	1	40217.20	72027.30	449.00
其他有限责任公司	81	9	1695028.20	1639239.30	2707.20
股份有限公司	13	2	170397.10	172901.50	3652.60
私营企业	316	24	7933627.80	7864910.60	29988.70
私营独资企业	4	—	89525.90	88912.00	—
私营合作企业	1	—	2278.20	2278.20	—
私营有限责任公司	283	24	7055869.20	6994123.70	29708.00
私营股份有限公司	28	—	785954.50	779596.70	280.70
港、澳、台商投资企业	11	—	307654.10	304404.20	55121.10
合资经营企业(港或澳、台资)	5	—	107450.40	109229.40	55121.10
港澳台商独资经营企业	6	—	200203.70	195174.80	—
外商投资企业	9	—	209741.70	208043.40	34898.80
中外合资经营企业	3	—	92029.60	91925.40	—
外资企业	6	—	117712.10	116118.00	34898.80
二、按经济组织类型分组	—	—	—	—	—
独资企业	17	—	431624.10	424387.20	34898.80
国有企业	1	—	24182.40	24182.40	—
集体企业	—	—	—	—	—
私营独资企业	4	—	89525.90	88912.00	—
港澳台商独资经营企业	6	—	200203.70	195174.80	—
外资企业	6	—	117712.10	116118.00	34898.80
合作、合伙企业	1	—	2278.20	2278.20	—
私营合伙企业	1	—	2278.20	2278.20	0.00
股份有限公司	41	2	956351.60	952498.20	3933.30
股份有限公司(内资)	13	2	170397.10	172901.50	3652.60
私营股份有限公司	28	—	785954.50	779596.70	280.70
有限责任公司	373	34	8990594.60	8906545.10	87985.30
国有独资公司	1	1	40217.20	72027.30	449.00
私营有限责任公司	283	24	7055869.20	6994123.70	29708.00
与港澳台商合资经营企业	5	—	107450.40	109229.40	55121.10
中外合资经营企业	3	—	92029.60	91925.40	—
其他有限责任公司	81	9	1695028.20	1639239.30	2707.20
三、在总计中:亏损企业	36	36	170238.80	202384.40	9445.00
在总计中:国有控股企业	4	1	75383.60	106903.90	449.00

2016年盱眙县主要畜禽产品产量一览表

表37　　　　单位:万只、万头、吨

品种	指标名称	2016年	2015年	增减±%	品种	指标名称	2016年	2015年	增减±%
羊	存栏	9.26	9.53	-2.83	禽	肉产量	41731	41156	1.40
	出栏	14.27	14.8	-3.58	牛	存栏	1.66	1.67	-0.60
	肉产量	1874	1913	-2.04		其中:黄牛	0.35	0.35	0.00
猪	存栏	20.77	20.83	-0.29		出栏	0.77	0.82	-6.10
	出栏	46.95	47.06	-0.23		肉产量	1299	1378	-5.73
	肉产量	30421	30489	-0.22	肉类总产量	肉类总产量	75374	74986	0.52
禽	存栏	551	542	1.66		其中:猪牛羊肉	33594	33780	-0.55
	出栏	1830	1804	1.44					

2016年盱眙县人口及其变动情况汇总表

表38　　　　计量单位:户、人

地区	年末总户数	年末总人口						本年度人口变动					
		合计	城镇人口	乡村人口	性别			出生			死亡		
					男	女	性别比	合计	男	女	合计	男	女
盱眙县	216478	804738	399321	405417	410979	393759	104.37	9084	4687	4397	3323	1867	1456
盱城街道	40587	119788	119788	—	59786	60002	99.64	1400	731	669	393	227	166
太和街道	4454	18275	18275	—	8932	9343	95.6	316	167	149	48	27	21
古桑街道	5620	20773	20773	—	10657	10116	105.35	269	131	138	30	21	9
马坝镇	20667	68651	40954	27697	35091	33560	104.56	820	426	394	272	149	123
官滩镇	9326	39033	8550	30483	19989	19044	104.96	463	234	229	210	114	96
旧铺镇	9003	36910	11654	25256	18823	18087	104.07	417	217	200	220	118	102
桂五镇	9656	34880	11197	23683	18015	16865	106.82	341	163	178	226	128	98
管镇镇	7553	34194	9751	24443	17489	16705	104.69	419	203	216	86	45	41
河桥镇	10424	38827	9658	29169	20137	18690	107.74	393	194	199	208	115	93
鲍集镇	13288	54411	8456	45955	28070	26341	106.56	669	350	319	242	135	107
黄花塘镇	9087	33557	7673	25884	16931	16626	101.83	314	151	163	175	91	84
明祖陵镇	8023	37238	9692	27546	19057	18181	104.82	479	250	229	41	30	11
铁佛镇	8402	37706	9809	27897	19466	18240	106.72	408	227	181	180	98	82
淮河镇	8100	31336	31336	—	16063	15273	105.17	370	187	183	156	86	70
仇集镇	8741	31977	7826	24151	16597	15380	107.91	340	184	156	152	90	62
观音寺镇	8664	31120	10256	20864	15744	15376	102.39	282	151	131	70	44	26
天泉湖镇	10555	39428	2884	36544	20531	18897	108.65	388	201	187	206	117	89
维桥乡	5272	20961	20961	—	10791	10170	106.11	242	122	120	112	58	54
穆店乡	6986	27542	27542	—	14101	13441	104.91	287	159	128	183	106	77
兴隆乡	7692	35845	—	35845	18621	17224	108.11	376	185	191	44	29	15
三河农场	4378	12286	12286	—	6088	6198	98.23	91	54	37	69	39	30

本栏目责任编辑:李 婧

文 件 选 编

Selections from Important Documents

盱眙县国民经济和社会发展第十三个五年总体规划纲要

序　言

“十三五”时期，是我国实现第一个百年奋斗目标的关键时期，是盱眙落实“四个全面”战略布局、全面建成更高水平小康社会的决胜阶段。科学编制好“十三五”规划，对于盱眙积极抢抓新一轮发展机遇、全面建成更高水平小康社会，奋力迈向“双强”具有十分重大的意义。依据中央和省委、市委“十三五”规划建议精神，按照国家发展改革委《关于“十三五”市县经济社会发展规划改革创新指导意见》和《中共盱眙县委关于制定盱眙县国民经济和社会发展第十三个五年规划的建议》，编制《盱眙县国民经济和社会发展第十三个五年总体规划纲要》。本规划纲要主要阐明“十三五”时期的发展目标、发展任务、发展重点和政策举措，是政府履行职责的重要依据，是今后五年全县经济社会发展的宏伟蓝图，是全县人民共同奋斗的行动纲领。

第一篇　坚持科学发展，全面建成更高水平小康社会

第一章　发展基础

“十二五”期间，是盱眙发展史上综合实力提升较快、转型升级结构较优、城乡面貌变化较大、对外形象塑造较佳、人民群众得到实惠较多的时期之一。面对错综复杂的宏观经济环境和艰巨繁重的改革发展稳定任务，全县上下以率先达小康为统揽，突出核心指标、重大项目、民生实事三大重点，深入实施八项工程，戮力同心、顽强拼搏、砥砺奋进，较好完成“十二五”规划确定的主要目标任务。

第一节　发展成就

综合实力实现新跃升。主要经济指标基本实现翻番。全县生产总值由2010年的154.25亿元增长到320.13亿元，年均增长12.2%；公共财政预算收入由13.83亿元增长到34.98亿元，年均增长20.4%；社会消费品零售总额由42.26亿元增长到111亿元，年均增长21.3%。人均生产总值从“十一五”末不足全国平均水平的80%攀升到接近全国平均水平，在苏北地区率先实现重点扶贫县摘帽。

转型升级取得新突破。三次产业的比重由2010年的19.6:46:34.4调整为16.2:40.2:43.6，产业结构显著优化。现代农业蓬勃发展，维桥农产品集中加工区获批省级农产品集中加工区，中澳乐博园、国际绿博园等一批现代农业特色园区落户建成，新建成省级农业园区3个、市级4个、县级234个，总面积30万亩。市级以上农业龙头企业从“十一五”末21家增长到50家。初步形成优质稻米、特色水产、畜禽养殖、高效园艺和休闲观光农业“4+1”现代农业产业格局。工业经济扩量提质，总量、增幅稳居全市第一方阵。产业集聚步伐明显加快，龙源风电、中弘轴承等10亿元以上特大项目相继落户建成，新能源、新材料、高端装备制造三大主导产业初步形成。现代服务业特色彰显，台湾大润发、五洲国际、苏宁生活广场等一批服务业知名品牌集聚盱眙，休闲旅游亮点纷呈，养生养老产业全市率先破题，天泉湖翡翠谷养生居住社区引领区域之先。园区建设站上新起点。盱眙经济开发区在全省同类开发区中排名进入第二方阵。乡镇特色产业园区全部纳入开发区统一管理，形成“1+8”特色产业园区大格局体系。盱眙人口首次出现回流现象，更多盱眙人就近就业、回乡创业，成为家乡建设生力军、主力军。

城乡统筹进入新阶段。城市建成区面积达34平方公里，常住人口城镇化率达50.3%，中等城市框架基本形成。马坝、旧铺入选省级重点中心镇。金马高速公路、淮河三桥、体育公园等一批重大基础设施和功能设施投入使用。铺设城镇燃气管网213公里，天然气管网实现新建小区全覆盖，城市燃气普及率98.4%。新建污水管网25.5公里、雨水管网42.04公里，紫光污水处理厂二期投用，污水处理率达83.38%。村庄环境全域整治全市领先，建成一批“康居乡村”和“江苏最美乡

村”。通过国家级生态县技术评估,获批苏北唯一的创建省绿色建筑示范县。

改革创新实现新发展。稳步推进江苏省行政审批制度改革试点县、全国相对集中行政许可权改革试点县建设,成立全国首家县级行政审批局,为全国县级政府提供了可复制、可推广的经验。积极推进金融改革创新,金融生态环境全省领先,成功创建全市第一个省级金融生态示范县。有序推进农村综合改革,启动农村土地承包经营权确权登记颁证工作,维桥乡试点任务基本完成。明祖陵镇土地综合整治全面完成,清理出耕地943亩。落实创新驱动战略,累计实施科技计划项目172项,其中国家级2项、省级71项、市级99项,建成省级科技公共服务平台2个,专利总授权量及发明专利授权量居全市首位,获全国科技进步先进县。

人民生活达到新水平。预计城镇居民人均可支配收入由2010年的16799元增长到28359元,年均增长11%;农民人均可支配收入由7382元增长到13295元,年均增长12.5%。创成全国义务教育发展基本均衡县、全国群众体育先进单位、省教育现代化先进县、省体育强县。义务教育阶段学校教育技术装备达省二类标准,县职教集团被省政府批准为苏北地区唯一一家县级技师学院。完成城区“三馆”、大剧院及乡镇综合文化站、村文化活动室硬件提档升级,图书馆获批国家一级馆。全面实施基本药物制度,县医院新院区一期工程启用,创建国家卫生县城通过市级验收。社会保险、新型农村合作医疗、大病医疗保险实现全覆盖。获江苏省首批“省级创业型城市”和“省级创业型示范城市”称号。成为十八大后全省第一家通过2003版小康验收的县份。全县科学跨越发展走在全市前列,盱眙全面建成更高水平小康社会、实现“双强梦”已具备坚实基础。

第二节 机遇挑战

发展机遇。“十三五”时期,盱眙发展既处于大有作为的重要战略机遇期,也面临诸多矛盾叠加、风险隐患增多的严峻挑战。世界经济在深度调整中曲折复苏,新一轮科技革命和产业变革蓄势待发,“互联网+”对经济社会发展催化作用日益彰显。全国发展出现战略分化、产业发展呈现多业态融合、制造业步入智能时代、客户思维渗透方方面面。供给侧结构性改革与扩大内需同步推进,不断提高供给体系质量和效率,提高投资有效性,为盱眙以满足国内需求为主的产业体系注入强大创新引领力和市场驱动力。去产能、去库存、去杠杆、降成本、补短板五大任务深入推进,我国经济将在攻坚克难中提升质量效益,有利于盱眙新兴产业和新兴业态健康成长。“一带一路”、长江经济带建设、南京江北新区等战略密集实施,将在盱眙及周边地区形成叠加效应,盱眙区位优势更加凸显。优良的生态环境、独特的资源禀赋,成为盱眙未来发展极富竞争力的战略性资源。全面深化改革纵深推进、县域治理体系日趋完善、营商环境持续优化,有利于盱眙抢占发展先机,赢得发展主动。

面临挑战。认清发展机遇,坚定发展信心的同时,也要清醒地看到,盱眙发展面临诸多矛盾和挑战。全球经济贸易增长乏力,外部需求总体疲弱态势短期内难以改观,对盱眙招商引资、提升开放型经济水平形成压力。经济下行压力不容忽视,紧运行、波动性成为国内经济常态,增速下滑有可能加剧财政金融风险,短期内还会加大结构性就业压力,盱眙保持合理增长区间面临较大压力。经济社会发展存在总量不大且效益不高、特色不明显且竞争力不强、小康总体水平不高且存在明显短板等问题。我们必须增强忧患意识、责任意识、进取意识,

准确把握盱眙发展阶段性特征和新的任务要求,认真落实宏观政策要稳、产业政策要准、微观政策要活、改革政策要实、社会政策要托底的要求,坚持目标导向和问题导向,着力在优化结构、切换动力、化解矛盾、补齐短板上取得突破性进展,始终坚持科学跨越发展不动摇,不断开拓发展新动能、新空间、新优势。

第二章 发展愿景

第一节 指导思想

高举中国特色社会主义伟大旗帜,深入贯彻落实党的十八大、十八届三中、四中、五中全会和习近平总书记系列重要讲话精神,落实“四个全面”战略布局,秉持创新、协调、绿色、开放、共享发展理念,紧紧围绕全面建成更高水平小康社会和跻身苏北十强、全国百强“一高双强”目标,实施创新驱动、产业融合、生态引领、城乡统筹、民生共享

五大战略,构建既特又强的现代产业体系、高水准与普惠性兼备的民生保障体系、盱眙特色与现代化特征兼具的县域治理体系、专业性与大众性兼融的众创空间体系、自然之美与人文之美兼汇的生态文明体系,把盱眙建设成为淮安南部增长极、南京都市圈北部门户城市、长三角山水文化休闲名城,奋力谱写好"中国梦"的盱眙篇章。

第二节 发展定位

淮安南部增长极。做强"两新一高"主导产业,形成三大百亿级先进制造业产业集群。做精休闲旅游、健康养生、文化创意三大特色服务业,塑造盱眙特色服务业新优势。加快现代农业发展,推进"规模做加法、效益做乘法"。增强主城区城市功能和发展能级,发展各具特色的镇村经济,打造淮安南部具有高成长性的增长极。

南京都市圈北部门户城市。依托南京向北辐射第一站的区位优势,实现与南京都市圈紧密连接。充分利用南京创新要素、消费市场拓展盱眙增长空间,提升盱眙经济竞争力。抢抓国家级南京江北新区获批的重大机遇,增强发展联动,提升门户城市功能地位。

长三角山水文化休闲名城。突出休闲功能,深度挖掘境内富集的山水文化旅游资源。结合全域旅游开发,加大山水环境整治,提升盱眙县城乡空间品质。依托生态资源为游客提供健康、舒适、怡人的旅游环境,彰显生态品牌优势,建设长三角极具特色和知名度的山水文化休闲名城。

第三节 发展战略

实施创新驱动战略。把创新作为盱眙发展的最大法宝,大力推进制度、科技、文化等各个方面创新,加大结构性改革力度,提高供给结构适应性和灵活性,提高全要素生产率,更好发挥创新驱动发展主引擎的作用。立足自身禀赋,以客户思维推进产业转型升级,稳中求进、稳中奋进、稳中求好,推进经济总量规模与质量效益的双提升。

实施产业融合战略。主动顺应产业跨界发展大趋势,推进创新链与产业链融合,制造业与服务业融合,互联网与三次产业融合,推进农业接二连三,在产业融合中拓展盱眙产业发展空间、提升盱眙产业价值链地位。

实施生态引领战略。把绿水青山就是金山银山的生态文明建设理念融入盱眙经济社会发展全过程。依托生态资源催生一批绿色产业,发展生态经济,走生产发展、生活富裕、生态良好的文明发展道路,加快建设资源节约型、环境友好型社会,推进美丽盱眙建设,形成人与自然和谐发展新格局。

实施城乡统筹战略。深入推进城乡规划、产业发展、基础设施、公共服务、就业社保和社会治理"六位一体"建设,促进公共资源在城乡之间均衡配置,加快生产要素在城乡之间合理流动,推进新型城镇化和城乡发展一体化均衡发展。

实施民生共享战略。坚持以人民为中心,把群众对美好生活的向往作为发展的价值取向,把推动民生改善和注重群众感受作为规划的鲜明特色。围绕增进人民福祉,推进人人参与、人人尽力、人人享有,努力让群众在增强获得感中提升幸福感。

第四节 发展目标

经济综合实力再上台阶。经济发展主要指标增幅超过全省平均水平,地区生产总值年均增长10%~12%,公共财政预算收入年均增长8%左右,规模以上固定资产投资年均增长18%~20%。到2020年,力争地区生产总值超过500亿元,实际到账注册外资总额超过1.7亿美元,外贸进出口额超过7亿美元,社会消费品零售总额超过180亿元,金融存贷款双超300亿元。产业结构更趋优化,现代农业发展水平达85%以上;新兴产业销售收入年均增长30%左右,第三产业增加值占GDP比重达49%。创新能力显著提升,高新技术产业产值占规模工业产值比重达33%左右,全社会研发投入占地区生产总值比重达2.5%左右。

人民生活水平和质量普遍提高。城乡居民收入年均增长10%~12%,到2020年,城镇居民人均可支配收入突破40000元、农村居民人均可支配收入突破20000元。形成更加公平更可持续的社会保障制度。实现县域教育更高水平现代化。加快推进健康盱眙建设,居民健康主要指标达到国内较高水平。建成比较完善的养老服务体系。提升居住品质。公共安全水平进一步提高。新标准下贫困人口实现全部脱贫。

生态文明水平和城乡环境面貌持续优化。绿色转型取得重大进展,资源能源利用效率显著提升,单位地区生产总值能耗降低15%,单位工业增加值用水量降低18%。资源环境约束得到有效缓解,主要污染物排放削减量达到省下达的控制目标。地表水国控断面优于Ⅲ类水质比例稳定在100%水平,空气质量达到二级标准天数比例达到80%,PM2.5年均浓度稳定在50微克/立方米左右,林木覆盖率达到31.1%以上。城镇化水平不断提高,常住人口城镇化率达到55%,户籍人口城镇化率达到50%。

公民素质与人文生态更加进步。中国梦和社会主义核心价值观更加深入人心,向上向善、诚信互助的社会风尚更加浓厚,人民思想道德素质、科学文化素质、健康素质明显提高,全社会法治意识不断增强,社会文明程度测评指标达到90。公共文化服务体系更加完善,文化影响持续扩大。

县域社会治理体系更加健全。治理体系和治理能力现代化取得重大进展,形成系统完备、科学规范、运行有效的体制机制,行政管理体制改革持续深入推进,综合执法改革取得明显突破。制定发展领域负面清单,明确底线,划定红线,设立发展举措的高压线。推进法治盱眙建设,打造现代法治型政府,司法公信力明显提高,公众安全感达到90%。创新社会治理,形成科学有效的社会治理体制,整个社会更加和谐有序、富有活力,城乡和谐社区达标率达到95%。

具体指标见附表1。

第二篇　做强县域实力,奋力迈向“双强”

围绕“经济强”,深入实施创新驱动和产业融合战略,构建既特又强的现代产业体系和专业性与大众性兼融的众创体系,塑造更多依靠创新带动、创业支撑、创意升华的引领性发展,夯实县域经济发展根基。

第三章　构建既特又强现代产业体系

坚持调高调轻调优调强调绿的导向,深入实施转型升级工程,打造“两新一高”主导产业升级版,推进三大特色服务业加速突破,促进产业高端化、高技术化和服务化发展,形成技术先进、发展集聚、优质高效、绿色低碳的现代产业体系。

第一节　提升发展先进制造业

牢固树立“工业强县”理念,加快推进新兴产业规模化、传统产业高端化,着力提升制造业集聚水平和整体竞争力。到2020年,“两新一高”产业、传统制造业开票销售分别突破300亿元和150亿元。

做强“两新一高”主导产业。围绕打造新材料、新能源、高端装备制造三大百亿级产业目标,提升产业能级、优化产业质态,推动产业向产业链、价值链高端攀升,增强三大产业对县域经济的主引擎功能。

——新材料产业。依托凹土科技产业园,支持玖川科技、博图凹土等企业强化研发能力,开展无机凝胶、纳米功能材料、农用缓释肥料、药物材料、畜禽饲料添加剂、有机无机复合材料等高新产品攻关,着力提升凹土资源高值化利用水平,打造具有国际领先水平的凹土新材料研发制造高地,到2020年开票销售突破80亿元。发挥中科院院士领衔的高性能非晶微晶软磁粉芯和高性能稀土永磁材料等项目的引领作用,强化江淮磁业、柯普斯磁业、瑞德磁材等磁性材料上下游企业功能配套,打造国内领先的高端磁性材料产业集群,到2020年开票销售突破20亿元。瞄准新材料前沿领域,引进行业骨干企业,发展功能膜材料、电子新材料、节能环保材料等市场前景好的新材料细分领域,延伸新材料产业链,到2020年开票销售突破10亿元。支持江苏省凹凸棒石粘土产业技术创新战略联盟等新材料专业联盟发展,力争在关键共性技术等前沿领域取得新突破。高标准建设凹土新材料、磁性材料质量监督检验中心,打造行业最具影响力的凹土新材料、磁性材料权威检测机构。支持研发机构、骨干企业参与和主导凹土产品行业标准制定。完成凹土产业集团组建和股份制企业建立,争创上市。到2020年,新材料规上企业15家以上,开票销售超过150亿元,建成国家级新材料产业基地。

——新能源产业。以争创绿色能源示范县为契机,延伸新能源产业链,着力做强低风速风力发电、太阳能等新能源装备制造,逐步提高新能源开发利用总量在能源结构中的比例,促进电场建设与装备制造协同互进。稳步推进光伏电站、渔光互补项目建设,有序发展低风速风力发电,积极发展生物质热电联产,支持LNG接收站、天然气发电项目建设,重点发展新能源汽车产品,建设新能源汽车制造和电动车充电桩生产线。到2020年,力争风力发电项目装机规模达到450兆瓦,建成功能健全的风电设备生产线;各类太阳能发电项目装机规模超过200兆瓦，建成行业领先的太阳能设备研发制造基地；各类生物质发电项目装机规模超过50兆瓦，新能源规上企业15家以上，开票销售超过100亿元，建成长三角地区新兴的新能源产业基地。

专栏2-1 “十三五”新能源项目

“十三五”期间计划新建和续建新能源项目总投资200亿元。包括淮河干线LNG应用示范项目、新能源汽车续航综合配套设施、200MW光伏发电项目、生活垃圾焚烧发电二期项目、龙源洪泽湖沿岸低风速风电场。储备项目包括抽水蓄能电站、新能源汽车制造、电动车充电桩生产线等项目。

——高端装备制造产业。重点发展具有自主知识产权的成套装备、高新技术装备、关键零部件及基础件，打造以高端成套装备为主体、关键核心零部件为基础、新兴装备产业为引领的高端装备产业体系。支持西马数控、西马特数控等骨干企业运用先进工艺，提升数控机床、数控模床等设备制造水平，发展机器人等新型装备制造。支持佳力起重等骨干企业发展成套机械设备制造，建成国内领先的机械设备制造基地。支持中弘轴承等轴承骨干企业做大做强，开票销售突破20亿元，跻身国内轴承制造业第一方阵。开展定向招商，推动轴承制造向汽车制造、轨道交通、冶金轧机、医疗器械、数控机床、航空航天等领域延伸，打造百亿级轴承制造产业集群。到2020年，装备制造规上企业15家以上，开票销售超过80亿元，建成全省特种先进装备制造业基地。

推动传统产业向中高端迈进。树立“存量就是资源、就是财富”的理念，支持现有企业加大技改、增资扩股、重组嫁接、盘活存量、就地转型，引导企业向研发设计、品牌建设、售后服务、市场拓展等高附加值环节拓展，培育形成更多龙头企业、名牌产品和驰名商标

——电子信息。依托盱眙经济开发区（盱城）电子新材料产业园等载体，重点发展光纤光缆、照明光源、微电子产品，延伸发展集成电路与新型元器件、软件和数据服务业、移动互联网、物联网及关联产业、电子装备制造，做大新海电子、虹天电器、宇特光电等骨干企业。到2020年，电子信息规上企业10家以上，开票销售超过50亿元。

——服装服饰。依托盱眙经济开发区（明祖陵）服饰加工产业园等载体，以天源服装、天生服装、丰源服装等龙头企业为主体，组建集设计师联盟、服饰研发中心、时尚设计培训等功能于一体的服装加工设计基地，孵化培育服装企业工业设计中心，鼓励企业运用先进技术、先进工艺，提高服装产业设计能力和服饰精品制造能力。到2020年，服装规上企业10家以上，开票销售超过30亿元。

——新型建材。依托盱眙经济开发区（河桥）新型建材产业园、盱眙经济开发区（官滩）新型建材产业园等载体，以满足绿色建筑需求为导向，重点发展安全、环保、节能、经济等综合性能优良的新型建材，打造服务盱眙及周边市场的新型建材基地。到2020年，新型建材规上企业10家以上，开票销售超过25亿元。

——食品加工。依托盱眙经济开发区（维桥）农产品加工集中区等载体，发挥三森食品、振兴食品、泗州城工贸等骨干企业引领作用，重点发展畜禽精深加工、果蔬特色加工、良种粮油加工、农产品保鲜冷藏、仓储物流及交易，打造农产品食品加工贸易特色基地。做大做强盱眙宠物食品出口示范区，增强出口创汇能力。到2020年，食品加工规上企业10家以上，开票销售超过30亿元。

第二节　跨越发展现代服务业

加快构建与先进制造业相融合、与新型城镇化相协调、与群众需求相适应的现代服务业发展体系，推动生产性服务业向专业化、网络化和价值链高端延伸，生活性服务业向精细和高品质转变。到2020年，服务业占GDP比重达到49%左右，生产性服务业和新兴服务业占服务业的比重达50%左右。

做精三大特色服务业。充分挖掘区位优势、文化底蕴和生态特色，着力加快休闲旅游、健康养生、文化创意等特色服务业发展，促进规模化、品牌化、网络化。到2020年，三大特色服务业培育规模以上企业达到25家，实现增加值100亿元以上，全面形成彰显盱眙元素、功能现代、极富魅力的特色服务业集群。

——休闲旅游。坚持“泛产业融合、全域化旅游”发展理念，系统整合盱眙生态、文化、产业、城乡旅游资源，打造“大景区”式旅游创新发展格局。重点突出休闲度假、盱眙美食和红色、乡村旅游，做强“有滋有味”休闲旅游品牌。以铁山寺、第一山等景区为重点打造特色生态旅游，以新四军黄花塘军部为引领打造跨境红色旅游，以明祖陵、

大云山汉墓等遗迹为依托打造历史文化旅游，以城市桃园、滨河生态公园等特色景区为依托发展城市休闲旅游，以中澳乐博园、满江红现代农业产业园、玉皇山生态园等载体打造农业科普体验游，以盱眙国际龙虾节为核心带动发展节庆赛事体验游。依托淮河入湖口景区建设，串联铁山寺国家森林公园、第一山、水下泗州城、甘泉山、老子山等景区，打造洪泽湖南部全域化旅游休闲度假区。加强赵岗、天泉湖北部地热资源开发，发展地热休闲度假产业。加强“食、住、行、游、购、娱”旅游六要素的健全与整合，形成完备的游客接待功能。建设以旅游导览为主要功能的智慧旅游平台，充分开发以龙虾及其衍生产品为特色的系列旅游纪念品。实施“畅游盱眙”行动，建设全国知名、长三角一流休闲旅游目的地。到2020年，旅游业总收入突破30亿元，争创国家5A级旅游景区1家，天泉湖度假区全力争创国家级旅游度假区，建成一批生态旅游度假区、观光休闲农业与乡村旅游示范点。

——健康养生。立足国内外日益增长的健康需求，发挥天泉湖翡翠谷养生居住社区项目示范带动作用，延伸康体健身、养生养老产业链条，打造盱眙“山水颐养胜地”健康养生品牌。沿天泉湖、蔡港水库、山洪水库、桂五水库及周边地区，布局高品质养生养老社区、休闲度假中心、山地运动基地、拓展训练基地等项目，打造具有行业标杆性的高端健康养生示范区。沿北玄武湖、朱雀湖及周边区域，布局特色医疗服务、生态养生体验等项目，打造对接南京都市区的健康养生样板区。沿圣山湖、甘泉山风景区及周边区域，加强与中心城区联动，布局养老综合社区、生态养生文化社区、生态慢道、户外运动基地等项目，打造便利市民参与的精致休闲型健康养生示范区。沿陡湖、兴隆水库及周边地区，结合淮河入湖口、陡湖湿地保护修复，布局养生养老、生态农业体验、水上运动等项目，打造大众性健康养生基地。沿铁山寺—棋盘山—玉皇山及周边地区，布局生态露营、户外拓展、山地运动等项目，打造生态健康休闲廊道。到2020年，健康养生产业实现增加值50亿元以上。

——文化创意。积极引进文化休闲、教育培训、影视娱乐等新兴文化业态，集聚文化创意与设计企业和专业人才，打造特色彰显的文化创意产业集聚区。重点发展基于互联网的新媒体、数字动漫游戏制作等数字内容新业态，强化文化对信息产业的内容支撑、创意和设计提升。推进文化创意产业与特色农业、新型工业和现代服务业的融合发展，延伸创意产业链，丰富盱眙现代农业、工业设计、休闲旅游等特色产业的品质内涵，提升产品附加值。到2020年，形成一批有地方特色的影视作品、数字动漫等文化创意产品，各类文化创意企业达50家以上，实现增加值20亿元以上，初步形成区域性文化创意新高地。

做优两大生产性服务业。以产业转型升级需求为导向，以产业服务能力提升为核心，以现代物流、现代金融为重点，积极发展面向先进制造业的生产性服务业。到2020年，生产性服务业规上企业达到30家，实现增加值超过100亿元，初步形成特色鲜明、支撑有力、协调配套的生产性服务业产业体系。

——现代物流。依托盱眙经济开发区、宁淮新兴产业科技园、港口产业园等重要发展平台，发挥物流龙头企业引领作用，重点实施澳华英隆冷链物流、欧亿港务等项目，大力发展仓储物流、电商物流、供应链物流等物流业态，推动传统物流向现代物流转型，建设布局合理、技术先进、便捷高效、绿色环保、安全的现代物流服务体系，使物流业成为发展的“第三利润源”。到2020年，建成3个以上区域性商品配送中心，培育10个以上专业化水平高、科技含量高、附加值高的本土物流企业，实现增加值50亿元以上，建成南京都市圈北部、淮河生态经济带物流网络的重要枢纽。

——现代金融业。围绕建设金融强县目标，大力引进各类金融机构和新型金融组织。建立拟上市挂牌企业后备资源库，鼓励更多企业赴新三板、中小板、创业板挂牌上市或海外上市。加大金融创新力度，提供更多金融产品与服务，扩大直接融资总量、引进民间资本，降低企业融资成本，为企业融资创造更多便利，让经营者“更容易拿到钱、拿到更便宜的钱”，有效降低实体经济企业融资成本。提高金融安全水平。到2020年，实现增加值30亿元以上，基本建成淮安县域金融集聚示范区、苏北地区金融创新先行区、全省金融生态优秀区。

做特服务业新兴业态。大力发展电子商务，依托印象盱眙电子商务产业园、特色中国盱眙馆、淮河镇农副产品电子商务销售示范基地等载体，发挥盱眙龙虾网上商城、澳吉尔网上商城等平台示范作用，推进电子商务规模化、品牌化发展，到2020年全县电子商务年交易额突破50亿元，建成国家级电子商务示范县。着力发展智慧产业，重点突破大数据、物联网、云计算等新一代信息技术产业，建设智慧城市、智慧园区、智慧社区、智慧企业。致力发展2.5产业，结合“两新一高”、休闲旅游、健康养生、文化创意等产业需求，发展面向先进制造业和现代服务业的专业外包、信息技术、中介服务等新业态，推动生产性服务业向专业化和价值链高端延伸。在中心城区、盱眙开发区等重点开发区域，结合楼宇经济发展，规划建设一批2.5产业园。合力发展分享经济，积极推动众创、众包、众扶、众筹等新业态发展，支持现代快递、家政服务、广告创意等领域整合资源，壮大分享经济规模。聚力发展现代生活服务业，统筹提升商业中心、专业市场和城市综合体服务功能，加快建设社区商业设施、特色商业街和24小时服务设施，促进便民经济、夜间经济发展。完善生活配套，增强产业园区日常生活服务能力，推动产业园区由“单一功能”向“综合功能”转型。

第四章　提升现代农业质态

紧紧围绕建设生态农业战略目标，坚持以科技创新提高农业装备水平，以业态创新丰富农业内涵，以模式创新提升农业附加值、以组织创新增强农业发展活力、以资本运作创新放大农业发展能级，努力提高农业综合生产能力。到2020年，创建县级以上农业园区300个，实现村村全覆盖，建成国家现代农业示范区，基本实现农业现代化。

第一节　做强龙虾全产业链

坚持“强链、延链、补链”并举，打造盱眙龙虾全产业链竞争优势，促进龙虾产业转型升级。高标准建设盱眙龙虾种质资源保护区和盱眙龙虾苗种繁育区，打造全国最大的龙虾苗种繁育中心。因地制宜建立龙虾池塘高效养殖区、藕田和柴滩地龙虾生态养殖区，打造全国最大的龙虾养殖示范基地。在沿淮沿湖地区推广“虾稻共作”种养模式。拓展养殖空间，发展县外连锁养殖10万亩以上。创建中国（盱眙）龙虾科技产业园，培育龙头企业，提升专业物流配送能力，打造全国最大的龙虾物流加工基地。强化龙虾技术研究中心技术攻关，打造全国最有成果的龙虾技术研究中心。完善基础设施和电子商务设施建设，形成线上线下双重优势，打造全国最大的龙虾贸易大市场。扩大盱眙龙虾驰名商标效应，鼓励龙头企业发展品牌连锁经营，实现“千城万店”规模。支持泗州城农业开发、林帝食品等龙虾加工企业上市。设立盱眙龙虾产业发展基金，“十三五”末达到亿元以上规模。实施龙虾产业倍增计划。到2020年，全县龙虾产业经济总产值达到120亿元。其中，第一、第二产业各为25亿元，第三产业产值为70亿元。

第二节　发展“4+1”特色农业

优质稻米。深入实施马坝镇、淮河镇等省部级水稻万亩高产创建万亩示范片工程。突出绿色、生态、优质、高效的产业定位，通过品种提升、品牌创建、龙头带动，促进优质稻米产业发展，带动全县主粮发展。推进国家农业综合开发高标准农田建设，开展河西土地集中连片开发续建，推进天泉湖、维桥土地集中连片开发，粮食总产量稳定在100万吨左右。

特色水产。开发地方种苗资源，推进生态科技高效型养殖模式，形成渔业生产、水产品加工和休闲渔业“三业”协调发展。到2020年，龙虾、河蟹养殖面积达20万亩，特种鱼类养殖面积达0.8万亩，高效设施渔业面积占比达到34%，虾蟹养殖亩均效益5000元，建成千亩以上水产养殖示范基地10个。

健康畜禽。加大对畜牧规模养殖场、养殖小区建设支持力度，实施畜禽良种工程，全面提升生猪、家禽养殖设施化、标准化水平，强力打造生猪家禽养殖产业强县。推进规模养殖，到2020年，规模养殖比重达80%，完成农业部畜禽养殖标准化示范场和省级畜牧生态健康养殖示范场创建任务。

高效园艺。扶持发展设施蔬菜、花卉苗木、林下经济、经济林产业，打造一批融观光、体验、商务、休闲等功能于一体的高效园艺精品园。积极发展高效园艺。着力构建普及年亩产纯效益5000元、扩大1万元、示范5万元、探索10万元的高效园艺发展模式。到2020年，高效园艺建成面积达32万亩。

休闲观光农业。围绕乡村旅游、健康养生、农事体验、科普教育、农耕文化等主题进行差异化布局,以西南丘陵岗坡、河西湖泊水网地区为重点区域,着力建设吃住行、游购娱一体化的休闲农业园区和新农庄。建设一批现代农业观光精品园、生态休闲度假区和升级版农家乐,策划一批休闲农业节庆和游乐活动,培育一批叫得响、传得开、留得住的休闲观光农业知名品牌。到2020年,建成100个休闲观光农业主体。

第三节 构建新型农业生产经营体系

鼓励农业企业化经营。以"盱眙龙虾"等知名品牌为依托,做大做强一批规模大、带动力强的加工型、流通型、外向型农业龙头企业,做优做精中小现代农业企业。规范发展农民专业合作社,鼓励农民兴办专业合作、股份合作等多元化、多类型的农民专业合作社。引进培育一批农业龙头企业。"十三五"期间,争创国家级龙头企业1家,新增省级龙头企业5家、市级龙头企业30家,销售收入超亿元的企业达到15家。

推进农业规模经营。按照高产、优质、高效、生态、安全的要求,围绕"一村一品,一乡一业",提升农民专业合作组织运营水平。积极培育家庭农场和专业大户,发展一批经营规模在100~300亩的集生产示范和休闲观光于一体的家庭农场和专业大户。深化省市县三级示范性家庭农场联创活动。到2020年,全县农业规模经营达到90%以上。

第四节 强化农业发展支撑保障

提高农业物质装备和技术水平。注重藏粮于技。加快推进高效设施农业机械化进程,重点推广设施蔬菜生产、高效水产养殖和规模畜禽养殖等关键环节急需的技术与装备。加速秸秆机械化还田和综合利用,每年选择1~2个5000亩以上相对连片地块开展秸秆还田示范区建设,布点推广铧式犁深翻、犁旋一体、反转灭茬等实用技术。到2020年,农业科技进步贡献率达到65%,农业综合机械化水平达到90%。

深入实施农业综合开发。注重藏粮于地。加强农业基础设施建设,推进小型农田水利建设和土地综合整治。继续丘陵地区综合开发,重点打造八仙台、天泉湖以及滨淮三大片区丘陵山区开发,推进大连蓝莓谷庄园、仇集虎山林场连片推进项目、玉泉湖旅游项目等项目,积极发展农业休闲旅游。开展高标准农田建设,全面改善农业生产条件,建设高标准农田50万亩以上。积极发展农业观光、体验、休闲等农业旅游,推进农业"接二连三"融合发展。争创国家农业综合标准化示范县。

培育新型职业农民。注重藏粮于民。加快引入涉农人才培养和培训机构,建立健全新型职业农民培训机制,加大对农业就业人才技能培训的投入,积极开展形式多样的农业生产经营管理者技能培训活动。大力实施现代青年农场主、农民合作社组织带头人、农业经纪人和各类农村实用人才等培训计划,积极培育新型职业农民,提高农业现代化的人力资本保障。

完善农业社会化服务体系。加快培育农业经营性服务组织,开展良种示范、病虫害统防统治、动物疫病防控、农田抗旱排涝、农机作业等专业化服务。推广合作式、订单式、托管式等服务。推进农业生产全程社会化服务机制创新试点,支持为农户提供代耕代收、烘干储藏等专业化社会化经营服务。

大力发展绿色高效农业。发挥澳吉尔生态农业等生态型农业项目示范作用,培育壮大一批绿色高效农业基地。加快转变农业生产方式和资源利用方式,推广各类节肥、节药、节水技术,实施农药化肥零增长行动,推进农业废弃物综合利用。推进农业全产业链标准化、品牌化建设,发展无公害农产品、绿色食品、有机食品和地理标志农产品,打造让消费者放心、安心的盱眙优质农产品品牌。到2020年,全县无公害、有机、绿色农产品品牌总数突破300个,"三品"农产品比重达50%以上。

第五章 加快产业转型升级

落实《中国制造2025江苏行动纲要》,以产业高端化为导向,以构建规模大、竞争力强、成长性好、关联度高的产业集群为核心,以专业园区建设为载体,培育壮大优势产业集群,提升产业竞争力和可持续发展能力,打造盱眙产业升级版。

第一节 实施规模企业培育工程

扶优扶强行业骨干企业,支持企业股改上市和发行债券,鼓励企业在突出主业基础上,通过兼并重组延伸产业链,实现优势互补、强强联合,促进企业向大型化、集团化、一体化发展。突出培育成长性企业,围绕有增长、有投入、有特色、有市场四有标准,每年筛选一批重点企业实施滚动管理、精准扶持,促进重点成长型企业迅速做大做强。推动中小企业向"专精特新"方向发展,强化中小企业科技队伍建设，搭建中小企业公共技术服务平台，培育一批科技“小巨人”企业，打造一批行业“隐形冠军”。到2020年，全县开票销售超20亿元企业达到5户，规模以上工业企业数突破500户。

第二节 实施制造装备升级工程

按照智能转型、绿色发展、安全可控的要求，推进企业装备自动化、数字化、智能化升级。加快数控化升级换代，提升服装服饰等传统产业装备数控化水平。推进机器人应用示范建设，支持装备制造、电子信息等行业关键岗位和生产环节，运用焊接、装配、分检、搬运等机器人替代换岗。推进换芯改造，选择行业领军企业示范推广运用智能软件，推动智能装备与信息系统的无缝对接和集成融合。开展智能制造示范创建，建设一批智能车间(工厂)。积极引入智能制造重大项目，推动智能制造产业向中高端发展。到2020年，大中型企业关键工序数控化率达到80%以上，实现关键环节信息技术集成应用的重点骨干企业比重达到60%。

第三节 实施质量品牌建设工程

深入推进质量强县和工业质量品牌创新行动。鼓励和支持企业导入卓越绩效评价准则、企业现场管理准则、品牌培育管理体系、精益生产等先进质量管理方法，推动企业建立首席质量官制度和专业性质量管理团队，提升企业质量设计水平、经营质量和绩效水平。推动企业严格落实质量首负责制、产品“三包”和缺陷产品强制召回等质量安全责任。加大质量违法行为打击惩处力度。深入推进“全国知名品牌示范区”、区域品牌、行业品牌、企业品牌建设，塑造“盱眙品牌”形象。到2020年，新创中国驰名商标3个，争创国家级质量强县示范县。

第四节 实施“互联网+”行动

推进互联网与产业融合，把互联网经济打造成为推动经济转型升级的强大动力。推动互联网嵌入农业产业链，发展精准农业、安全农业和智能农业。推进农村淘宝项目，结合盱眙龙虾、淮河生态蔬菜、玉皇山果蔬、维桥哈密瓜、观音寺冰淇淋西瓜、鲍集鲍贡蟹等特色生态农产品品牌建设，带动全县特色农产品向互联网销售转型。推动互联网与制造业融合，围绕实现装备智能化、生产自动化、产品数字化、管理网络化、商务电子化，促进制造业智能化生产、信息化管理、网络化销售与服务。推动互联网再造服务业，重点推进供应链管理、新服务范式、创意产业、云计算及服务等发展应用。加快发展互联网平台，促进同城同商、3D虚拟商城、无店铺销售、APP项目等电子商务应用，培育壮大一批具有区域影响力的平台经济品牌。

专栏2-2 “互联网+”行动重点任务

“互联网+”信息基础设施、“互联网+”工业化、“互联网+”现代农业、“互联网+”商贸流通、“互联网+”创业创新、“互联网+”旅游、“互联网+”普惠金融、“互联网+”文化创意、“互联网+”教育、“互联网+”医疗、“互联网+”社保就业、“互联网+”健康养生、“互联网+”食品药品安全、“互联网+”政务服务、“互联网+”社区服务、“互联网+”交通、“互联网+”阳光警务、“互联网+”智慧水利、“互联网+”生态环保。

第六章 激发创新创业活力

充分发挥科技创新在全面创新中的引领作用，积极推进大众创业万众创新。加快创新创业要素集聚，优化创新创业生态系统，推进产业、企业、市场、业态、管理及文化和社会治理的全面创新。到2020年，基本形成以盱眙经济开发区为龙头、以“两新一高”产业为主体、以众创为特色的布局合理、良性互动、开放配置、运行高效的区域创新创业体系。

第一节 推进科技创新

强化企业创新主体地位和主导作用。发挥市场对研发方向、路线选择和资源配置的导向作用，扩大企业在创新体系中的话语权，推动创新资源、创新政策、创新服务向企业集聚。加强高新技术企业培育和认定。推动行业领军型企业吸引集聚优秀人才、构建高水平研发机构。支持规模以上企业建设研发机构，加快形成创新型企业集群。到2020年，实现规模以上工业企业中设立技术机构的比例提高到40%以上，大中型企业中设立研发机构的比例提高到100%。

培育创新型企业。实施高新技术企业倍增计划，大力招引和集聚创新型企业。深入实施科技企业“小升高”计划和中小企业创新工程，扶持房乐淘等民营科技企业、中小微科技企业成长壮大。到2020年，力争培育创新型领军企业2家以上、国家高新技术企业60家以上、中小型科技企业150家以上。

完善新型产业研发体系。坚持需求导向和产

业化方向,集中支持事关产业发展的前瞻与共性关键技术研发以及重大成果转化。加强创新平台载体建设。重点推进盱眙经济开发区科创园、宁淮新兴产业科技园、磁材科创园、凹土科技园等政府投资的平台载体建设。大力发展中科院盱眙凹土应用技术研发与产业化中心、院士工作站、重点实验室等联合类创新平台。积极扶持创新型企业和行业骨干企业组建技术创新产业联盟,搭建创新创业平台。加快推进国家火炬计划凹土特色产业基地建设。培育壮大凹土新材料、高端磁性材料、钢管轴承等产业技术联盟,推动各种形式的行业协同创新。

强化政府创新服务功能。构建政策体系和强化要素支撑。积极引进众创中介服务组织,建立保险、担保、贷款联动机制,建立健全科技孵化、产业金融引导等面向科技型产业的基金。探索实行"科技创新券""高层次人才(团队)创业券""人才购房券"等创新支持政策,撬动更多人力物力财力投向创新创业。推进知识产权创造,加快知识产权转化运用,着力提升知识产权服务水平。开展知识产权优势企业培育活动,优化专利资助政策,提高企业专利在全社会专利中的占比。多渠道增加创新创业投入。争创江北首批创新型县份。

第二节　加快建设人才强县

突出引进高端创新创业人才。将招才引智与招商引资摆在同等重要位置,将人才和项目同步考核、同期推进,深入实施"汇智创业计划",重点聚焦有领军人才、有研发团队、有专利技术、有市场前景的招引主体,通过引入一批高层次人才、带来一批高科技项目,催生创新型产业成长,培育新的经济增长点。"十三五"期间,高层次人才新增200人,每年引进高层次人才40人,其中省"双创计划"2人以上、省"博士计划"3人以上、"淮上英才计划"领军人才5人以上,引进两院院士或国家"千人计划"专家不少于2人,其中创业类不少于1人。新培养省"科技企业家"10人以上。力争获批省"双创团队"1个。

统筹各类人才队伍建设。实施"新型技能大军培育工程",支持盱眙技师学院做大做强,积极开展校企合作,结合新能源、新材料、高端装备制造、电子信息、健康养生、研发设计、文化创意等新兴产业和服务经济发展需求,造就一支素质优良并适应产业转型升级要求的高技能人才队伍。统筹党政人才、企业经营管理人才、专业技术人才、高技能人才、农村新型实用人才和社会工作人才等六支人才队伍建设。到2020年,专业技术人才总量达2万人,高技能人才总量达0.5万人。

构建宽松灵活政策环境。创新人才发展体制机制,建成规范有序、公开透明、便捷高效的人才公共服务体系。健全人才引进培养、评价发现、选拔使用、流动配置、激励保障机制,破除人才流动的障碍和壁垒,以101%的服务、更优厚的待遇、更宽松的发展环境吸引人才、激励人才、留住人才。探索知识、技术、专利、管理等要素参与收益分配的有效办法,切实保护创新成果,使创新者按照创新贡献享受创新收益。

健全完善服务体系。强化政府人才公共服务职能,建立覆盖全面、运转高效、服务便捷的人才公共服务体系。发挥天使基金、"金凤凰奖"和"金梧桐奖"的激励效应,持续推进盱眙"人才岛"公寓建设。切实保证符合条件的人才能够享受到生活补助、购房补贴、医疗保健、子女入学、配偶就业、公共餐饮、园林旅游、城市交通等方面的配套服务,为人才提供一站式、全过程保姆式的服务。

第三节　发展大众创业万众创新

坚持市场导向,突出开放共享,整合创新资源,创优服务模式,弘扬创新文化,鼓励创新创业,全力打造"创业盱眙"品牌,形成全县经济发展新引擎。

发展行业引领性众创空间。深入实施众创空间建设、创业主体培育、创业企业孵育、优势特色产业引领、创业投融资促进、创业服务提升、创业技能跃升、创业文化营造行动,优化人力、资本、技术、管理要素配置,充分释放全社会创新创业活力。进一步降低创新创业门槛,清理妨碍创新创业的制度规定,破除不合理的行业准入限制,增强激励创新创业的制度供给。推进"互联网+"与传统创业载体融合,发展线上虚拟空间与线下实体空间相结合的新型众创平台。支持发展创客空间、创业咖啡、创新工场等新型孵化模式,依托盱眙经济开发区等平台,建设一批低成本、便利化、全要素、开放式的众创空间。"十三五"期间,力争创建上规模创业孵化基地3个,其中,建设1个电子商务创业孵化基地,1个"互联网+农产品销售"创业基地,1个大学生创业孵化基地。

强化创新创业公共服务。发展创业服务新业

态，培育专业化骨干创业服务机构，强化技术转移服务，支持知识产权服务机构为小微企业开展知识产权托管服务。构建开放的技术共享平台，建立健全科研设施、仪器设备等资源开放共享机制，为创客群体提供专业化服务。开展创业搭把手行动，鼓励全社会创新平台为大众创业提供支撑服务。完善创业培训体系，建立创业培训及实训基地，探索建立虚拟基地，形成职业院校、实训基地与人力资源市场紧密衔接的培训链条。建立创业导师队伍，发展"创业导师+专业孵化器+天使投资"的孵化模式，与其他城市形成联动的创业导师网络。

加强众创扶持力度。建立覆盖企业初创、成长等不同阶段的扶持体系，抓好初始创业补贴、担保贷款贴息、创业带动就业补贴等政策的落实，扶持资金重点向大学生、引进人才和留学回国人员等群体和电子商务等领域倾斜。"十三五"期间，发放创业贴息贷款每年不低于1500万元，其中农民创业小额贷款不低于1000万元。财政预算安排的就业专项资金重点将用在扶持创业。

第七章　拓展对外开放空间

主动融入国家和省对外开放总体布局，积极对接"一带一路"、长江经济带建设、南京江北新区等国家战略，加快开放型经济转型升级，更大范围集聚要素资源，更广领域开展区域合作，打造南京都市圈北部开放型经济发展高地。

第一节　塑造开放合作新优势

着力加强与长三角核心区合作，谋求在先进制造业、现代服务业和特色农产品供给等领域的深度融合发展。探索与江浙沪发达地区形成产业联动、分工协作、一体化发展机制，打造科技创新成果产业化基地、高端产业转移首选目的地。主动融入长江经济带建设，力争长江经济带中上游地区成为盱眙旅游重要客源地，提升盱眙旅游人群范围。顺应南京江北新区功能定位和产业重点，寻找接受江北新区和南京市辐射的最佳切入点，实现借力发展、错位竞争。及早谋划，主动作为，积极参与淮河生态经济带建设。深化对外经贸合作，提升对外开放度。加大"走出去"力度，积极发挥国家、省市县外经贸专项资金使用效益，鼓励外贸企业走出国门，在产品展销、品牌树立、扩大进出口实绩上多作贡献。扩大对外人文交流，拓展缔结友好城市。放大龙虾节的国际影响力，开展对外交流开放周(日)活动。

第二节　提高利用外资质量水平

扩大"两新一高"等先进制造业外资规模，按照"核心企业—产业链—产业集群"的思路，紧盯行业领军企业，着力引进一批战略型、龙头型、基地型项目。提高服务业利用外资水平，重点引进休闲旅游、健康养生、文化创意等特色服务业以及与制造业良性互动的现代物流、软件和服务外包等行业。拓展并购重组、股权投资、PPP等利用外资方式，推动引资、引技、引智有机结合，培育吸引外资全要素综合优势。突出做好央企和台资招引工作，力争在央企、台企产业基地布局上取得新突破。简化外资企业准入程序，探索实施准入前国民待遇加负面清单的管理模式，构建与国际接轨的体制机制。

第三节　加强开放载体建设

盱眙经济开发区。围绕"总量增七成、税收超十亿、苏北进十强、创成国家级"的奋斗目标，以创建国家级经济技术开发区为引领，持续提升产业能级、承载能力、对外形象、管理水平，使之成为盱眙承接国际国内产业转移、产业合作与产业竞争的核心功能区。

宁淮新兴产业科技园。坚持"宁淮深化合作先行区、科技创新试验区、产城融合样板区、新型城镇化示范区"目标，主动策应南京江北新区开发建设，按照产业功能错位补位、基础设施互联互通、平台载体共建共享的原则，积极参与南京都市圈城市功能外溢承载，打造"南京飞地、淮安特区"。瞄准健康养生、科技服务、生态旅游、商贸商务、智能制造等重点产业，积极招引科技型、生态新项目，培育区域性新兴增长极。

盱眙港口产业园。按照"绿色港区、产业廊道"定位，打造淮河水上服务区、生态旅游集散区、临港产业集聚区，为淮河生态经济带上升为国家战略创造有利条件。

盱眙磁性材料科技园。更大力度集聚磁性材料研发领军团队和领军人才，引进磁性材料行业龙头企业，围绕产业发展重点开展前沿技术研发，为磁性材料产业高端化发展提供更有力的创新引领和科技支撑。

盱眙凹土科技产业园。坚持集研发、孵化、生产、加工于一体的现代化、开放式园区的目标定位,重点建设研发区、创业孵化区和大项目区三大功能区,实施重大项目引进、优质企业发展、研发成果转化和产品市场开拓四大工程,建设具有国际先进水平的凹土科技研发基地。加强天泉湖蔡港、河桥裂山等地凹土勘查,实施凹土资源分类开采,为凹土科技产业园发展提供资源保障。

特色园区。推进特色园区"统一冠名、统一规划、统一建设、统一政策",规范运行。利用现有特色、荣誉和品牌,加大招商力度,放大集群集聚效应;加大现有特色产业的培育,进一步推动产业链纵向延伸,横向融合,高端提升,强化产业协同,加快企业集群发展,形成以产业链、价值链为纽带的产业集群和配套合作产业体系。

专栏2-3　盱眙1+8特色产业园

盱眙经济开发区与全县8个特色园区联合集聚发展。"1"为盱眙经济开发区;"8"为特色园区,包括:江苏盱眙经济开发区(马坝)新区、江苏盱眙经济开发区宁淮新兴产业科技园、江苏盱眙经济开发区(河桥)新型建材产业园、江苏盱眙经济开发区(官滩)新型建材产业园、江苏盱眙经济开发区(维桥)农产品食品科技产业园、江苏盱眙经济开发区(盱城)电子新材料产业园、江苏盱眙经济开发区(明祖陵)服饰加工产业园、江苏盱眙经济开发区凹土科技产业园。

第三篇　彰显绿色本底,建设美丽盱眙

围绕"环境美",深入实施生态引领和城乡统筹战略,着力构建自然之美与人文之美兼汇的生态文明体系,体现"含绿量"就是"含金量",以绿色发展引领经济社会转型发展,全面提升生态文明水平,用绿色本底描绘美丽盱眙新画卷。

第八章　优化县域空间布局

坚持规划引领,以城市总体规划修编为契机,实施"多规合一",形成以国民经济和社会发展规划为统领,以主体功能区规划为基础,各类规划定位清晰、功能互补、统一衔接的规划体系,实现全县"一本规划、一张蓝图"。突出抓好生态空间管控与保护,合理确定生产、生活、生态空间,严守生态保护红线,坚守基本农田红线,划定城市增长边界线,美化城市天际线。到2020年,全面形成生产空间集约高效、生活空间宜居适度、生态空间山清水秀的县域国土空间体系。

第一节　落实主体功能分区

发挥主体功能区作为国土空间开发与保护的基础制度作用,推进形成定位明确、布局合理、功能清晰的主体功能区。推进中心城区、重点中心镇、"一区八园"等重点开发区域优化开发。合理控制开发强度,提高存量空间再开发效率。完善中心城区和城镇、园区功能,推动人口、产业集聚,建成新型城镇化和工业化的主要载体。推动农产品主产区、重点生态功能区等限制开发区域特色发展。适度控制制造业规模,禁止污染项目进入,建成农产品生产核心区和生态旅游功能区。严格保护生态红线范围内的禁止开发区域。严禁不符合主体功能定位的开发活动,引导人口逐步有序转移,加快生态和自然修复,增强生态供给,建成生态涵养区。

专栏3-1　盱眙县域空间管制范围

禁建区。面积约1851.26平方公里,占县域总面积的74.13%。范围:包括生态红线区域的一级管控区、饮用水源地一级保护区、基本农田、湖泊水面与三级及以上河道、地质灾害易发区、高压走廊和文物保护单位范围。

限建区。面积约392.73平方公里,占县域总面积的15.73%。范围:包括生态红线区域的二级管控区、饮用水源地二级保护区、三级以下河道水面、一般农田、林地、基础设施控制用地、文物保护单位建设控制用地。

适建区。面积约189.18平方公里,占县域总面积的7.58%。范围:包括尚未开发且适宜进行集中建设的区域以及土地整理后新划定的可建设区域。

已建区:面积约64.14平方公里,占县域总面积的2.57%。

第二节　构建"一主双轴(带)三片"县域空间结构

基于盱眙县域不同的地理特征、发展基础、区位条件,将县域划分为"一主双轴(带)三片"的空间结构,分别为:主城区、淮河生态经济带、宁淮城镇发展轴、东片区、西南片、河西片。

主城区(县域发展核心区)。包括盱城、太和、古桑与维桥西北部。围绕现代化中等城市核心功能区功能定位,聚焦内涵发展,优化城市布局,着力提升发展能级和服务功能,打造带动全县乃至南京都市圈北部更大腹地范围的集聚辐射中心。到2020年,初步建成产业较为先进、功能健全、山水人文特色彰显的现代化中等城市核心区。

宁淮城镇发展轴。加强区域内部整合与外部

协同，打造盱眙重要的产业集聚区、新型城镇化示范区，建设盱眙融入南京都市圈、对接南京江北新区的重要承载区。到2020年，形成较强的产业综合竞争力和集聚辐射力，建成联结淮安城区与南京都市圈的经济隆起带。

淮河生态经济带。发挥淮河大动脉的独特优势，紧密结合盱眙港开发建设，打造区域新增长带。河桥、古桑、兴隆、盱眙、淮河、鲍集、管镇等淮河、洪泽湖沿线乡镇立足自身禀赋，围绕发展现代农业、现代物流、生态旅游等重点产业，打造淮河生态经济带各具特色的节点乡镇。到2020年，建成盱眙参与区域合作的可靠支撑带，黄金水道功能初步彰显。

东片区（平原集聚综合发展区）。包括马坝、旧铺、官滩、观音寺、穆店、维桥等乡镇及三河农场。按照"强镇培育，融入区域"的思路，着力推进产业功能与城市功能互动。到2020年，基本建成品质城镇、精致村落、现代农业交相辉映的城乡融合示范区。

西南片（山林生态休闲发展区）。包括天泉湖、桂五、河桥和仇集等镇。按照"保育生态、点状发展，强化旅游、完善设施"的思路，以天泉湖旅游度假区为带动，重点发展生态农业和休闲旅游、健康养生等特色服务业。到2020年，全面建成功能现代、山林特色鲜明的旅游度假和休闲生态示范区。

河西片（田园水乡特色发展区）。包括管镇、明祖陵、鲍集、兴隆和铁佛等乡镇。按照"统筹资源、适度集聚、人文引领、彰显特色"的思路，重点发展湖荡田园休闲度假、历史文化体验游与农业观光。到2020年，基本建成具有水乡特色的湖荡田园休闲度假与特色农业示范区。

第九章　推进新型城镇化和城乡发展一体化

第一节　建设现代化中等城市

优化中心城区格局。构建"核心集聚、三轴生长、廊带延伸、多片共生"的中心城区空间结构。依托现状国贸商圈，发展商贸商务、文体休闲等城市服务业。老城片区重点拓展旅游服务功能，北部片区结合金融街建设强化商务金融服务功能，南部片区打造科技研发职能中心，东部片区结合水系绿化形成开发区服务中心。沿山水大道、合欢大道、淮河东路—金鹏大道—圣山路形成三条城市功能发展轴。打造淮河休闲景观带、南北山体生态廊道、淮河—龙泉湖生态廊道。"十三五"期间，中心城区形成大纳湖跨河空间格局，基本形成生态优越、功能完善、基础完备、底蕴深厚的城区及近郊空间格局。

完善城市功能。立足现代化中等城市定位，突出做强城市产业，显著提升中心城区集聚度和首位度，放大设市效应。加快科教文体、商业商务、行政办公等特色集聚区建设，带动片区土地开发和服务配套，促进人口、产业、交通、市政配套和公共服务"五位一体"同步发展，提升主城区综合承载能力。完善城市公共服务功能，加大公共教育、文化、体育设施和商贸商务设施建设力度，提升中心城区教育医疗商贸服务功能。加强城市色彩和建筑风格规划引导，塑造城市独特风貌。

建设智慧城市。加快"光网盱眙"建设，推进城镇光纤到户，农村地区宽带网络全覆盖。推进"多网融合"，普及推广宽带业务、融合业务和移动互联网应用。加快无线城市建设，开展公共区域、热点区域无线覆盖。推进第四代移动通信（4G）网络建设，实现规模商用。加强未来网络、5G通信网等关键技术攻关和培育孵化。启动智慧盱眙大数据信息云平台、县公共信息中心建设。争取省、市级数据服务中心、呼叫中心、云计算中心等功能性平台落户盱眙，提升信息数据存储服务能力。推动互联网再造三次产业，构建智慧产业新体系。实施互联网企业创新培育和规模发展计划，把盱眙打造成为区域互联网经济发展的先行区。

第二节　建设特色乡镇

扎实推进小城镇建设，按照"分级强化、分类引导、分片整合"的总体发展思路，积极稳妥推动撤乡并镇，着力提高小城镇建设发展质量和水平。

推动重点中心镇综合发展。突出重点中心镇作为连接中心城区与农村的节点作用，优先推进重点中心镇提高基础设施和公共服务设施建设标准，增强人口集聚、产业发展、就业吸纳、公共服务等功能，切实发挥示范引导和带动作用，建设新型城镇化先行区、综合配套改革试验区、城乡统筹发展示范区。扎实推进马坝新型城镇化国家级重点中心镇试点，推进高桥河、黑泥河疏浚并建设港口，建设人口与产业集聚、辐射带动力强的新型特色小城市。旧铺镇重点发展休闲度假、养生养老等生态智慧型产业，建设宜居宜业生态名镇。管镇镇重点发展农产品深加工，推进洪泽湖旅游开发和渔港建设，打造商贸强镇。天泉湖镇重点发展养生养老、观光休闲农业，打造“山水休闲胜地”养生品牌，建设国内知名旅游度假小镇。官滩镇重点发展温泉度假、甘泉山观光旅游，形成特色产业集群。

专栏3-2 重点中心镇

国家级重点中心镇：马坝镇

省级重点中心镇：旧铺镇。

市级重点中心镇：管镇镇、天泉湖镇、官滩镇。

推动一般镇特色发展。坚持统筹整合、优化布局、择优培育，推进特色镇差异化发展，培育一批工贸型、农贸型、旅游型特色镇，建成一批有历史记忆、地域特色、个性特点的美丽城镇。工贸型城镇依托交通及产业优势，积极培育特色产业园区及产业集群，强化商业贸易服务职能；旅游型城镇重点依托历史文化、自然环境、农业基础优势，积极建设旅游景点、景区及服务接待设施，加强乡村旅游建设，打造以旅游为特色的宜居城镇。农贸型城镇重点发展现代农业，适度发展高效农业、休闲农业，因地制宜发展水产养殖业、丘陵有机与畜牧农业等特色农业，强化商贸设施配套对乡村公共服务的统筹作用。

专栏3-3 盱眙县城镇职能定位

城镇等级	城镇名称	城镇职能	城镇定位
中心城市	中心城区	综合型	江淮平原山水文化休闲名城，南京都市圈北部门户城市
重点镇	马坝	工贸型	淮安市域重要交通枢纽，县域重要工业与物流基地、商贸宜居小城
	旧铺	工贸型	宁淮新兴产业科技园核心区，南京都市圈滨湖宜居小城市
	管镇	农贸型	具有历史文化特色的现代农贸型重点城镇
	天泉湖	旅游型	以山水、文化旅游为主的城镇
	官滩	旅游型、工贸型	以文化旅游、新型建材产业为主的城镇
一般镇	穆店	农贸型、工贸型	以特色旅游、农副产品深加工产业为主的城镇
	桂五	农贸型	以特色农业、新能源产业为主的城镇
	河桥	旅游型、工贸型	以山水、文化旅游与新型建材产业为主的城镇
	鲍集	农贸型	以特色农业、水产养殖产业为主的城镇
	明祖陵	旅游型、工贸型	以特色旅游、水产养殖及服饰加工产业为主的城镇
	铁佛	农贸型	以水产养殖、农副产品加工产业为主的城镇
	仇集	农贸型	以特色农业、农副产品加工产业为主的城镇
	淮河	旅游型	以历史文化特色旅游为主的城镇

第三节　建设美丽乡村

优化村庄布局。完善村庄布局规划，以重点村庄、特色村庄、一般村庄分类引导村庄规划建设，形成适度集聚、生产便捷、生活舒适的村庄分布格局。“十三五”期间，每年选择5个重点村庄，按照“新型社区”标准，加快道路、绿化、水电气和公共服务设施配套，引导康居村、美丽村、整洁村建设。整合一般村，有序推进村民向新型社区集中。

加大村庄自然与文化资源保护。维护农村居住、生产、生态、文化、旅游等多种功能，因地制宜推进村庄特色化发展。自然生态型村庄严格保护自然生态格局，保留特色水网、河道等构建绿色生态网络，促进农业生产与特色旅游互动发展。历史文化型村庄严格保护古村落、古建筑，深入挖掘历史文化和地域文化特色，打造特色文化品牌。培育一批以特色农业、休闲旅游、商贸流通为主的新型村庄。

加强村庄环境综合整治。以治理垃圾污水、清洁村庄河道、完善配套设施为重点，深入推进村庄环境综合整治，逐步实现城乡环境管护一体化。加大管护经费保障力度。全面落实河道保洁、路道管养、村庄保洁、绿化养护、公共服务运行维护“五位一体”长效管护机制。加快农村供水、供气、污水处理等基础设施建设，提高乡镇管道燃气主干管网覆盖率。推进农村公路提档升级工程，扩大镇村公交覆盖面。“十三五”期间，建成美丽乡村试点项目25个。

第四节　深化新型城镇化综合配套改革

建立完善居住证制度。推进落实流动人口同城待遇政策，推动流动人口逐步融入城市生活。改革户籍制度，放宽落户条件，有序推进本地村民就近市民化。切实保障农业转移人口及其他常住人口合法权益。建立基本公共服务清单，形成城乡一体、普惠共享、功能完善、服务规范、管理高效的公共服务体系。深入推进马坝户籍制度改革试点，择机在全县范围内推广。到2020年，城乡基本公共服务均等化全覆盖的常住人口城镇化率达到55%，户籍人口城镇化率达到50%，基本形成政府、接纳主体、个人责任明确、操作可行的成本分担机制。

第五节　推进城乡发展一体化

完善城乡协调机制。突出政府对公益性公共服务设施的保障、对经营性公共服务设施的合理引导作用。鼓励社会资本参与城市公共设施投资运营，逐步建立低成本、多元化、可持续的城镇化资金保障机制。加大财政对农村公共服务的投入力度，加强基层公共服务设施建设。推进城乡规划、产业发展、基础设施、公共服务、就业社保和社会治理"六个一体化"，实现城乡协调发展共同繁荣。"十三五"期间，重点统筹城乡区域供水，实现城乡供水同水质、同服务。加大城区雨污分流工程力度，推进建制镇污水处理设施建设，提高污水处理能力。

专栏3-4　城乡一体化"八个一"工程

在重点中心镇新建或提标升级一所幼儿园、一所小学、一所中学、一个医院、一个文化中心、一个全民健身中心、一座示范性老年福利院和一个街道级社区服务中心等社会事业"八个一"建设。

第六节　完善城乡基础设施网络

优化县域综合交通网络。加快构建"南融南京、北接淮安，贯通东西、覆盖全域"的现代综合交通体系。推动宁淮城际铁路开工建设并在盱眙设站，推进盐蚌铁路前期工作。建设盱眙港口产业园。建设235国道形成盱眙南北大通道。加强重要景区道路建设。拆建淮河大桥，完成淮河三级航道整治，建成盱眙水运综合服务区。推进盱眙通用机场建设。到2020年，全县一级公路实现通达深度、通畅程度倍增提速，县域一级公路实现全覆盖，所有镇(乡)30分钟上高速。

专栏3-5　"十三五"期间交通基础设施重点工程

轨道交通。推进宁淮城际铁路建设并在盱眙设站。

水运航道。启动淮河三级干线航道综合整治工程，推进金宝航线三级干线航道整治，推进二淮河、溜子河、鲍引河七级次干航道整治，推进管镇、河桥、官滩、观音寺内河作业区建设。

公路工程。启动建设G235盱眙南段、S331盱眙绕城段改扩建工程，完成S49宿扬高速盱眙段、G235北段改扩建工程、G344盱眙段、S601盱眙旧铺段改扩建工程、宿扬高速盱眙段等工程，继续推进农村公路等连接线工程建设，形成完善的公路网。

机场建设。规划在天泉湖镇与桂五镇交界处设置通用机场。

完善安全可靠水利基础设施。扩大骨干引排通道，巩固提升流域防洪能力。实施南水北调配套工程输水线路完善工程，推进鲍集圩行洪区及三滩渐进式移民工程。开展区域河道综合治理，巩固和恢复调蓄水域，促进河湖水系互连互通。结合洪泽湖生态经济区建设，实施退圩清淤还湖工程、移民迁建和治涝工程，支持申报陡湖国家级湿地保护区。强化城市排涝和海绵城市建设。推进海绵型公园绿地、道路广场、住宅区及公共项目建设，延伸推进海绵型镇村建设。结合老城区改造、盱眙经济开发区建设等市政工程，分类实施一批海绵城市试点项目。实施小型农田水利重点县工程、中型灌区改造工程、县乡河道疏浚工程，提升农田水利现代化水平。实施河湖库水系综合整治工程，达到"水系贯通、调度灵活、系统治理"的要求。实施水库移民后期扶持工程，建设美丽库区。到2020年，巩固洪泽湖100年一遇防洪标准，区域防洪标准达到20年一遇。中心区防洪排涝能力全面达到国家规定标准。

专栏3-6　水利基础设施建设"五项工程"

围绕2020年基本实现水利现代化的总体目标，"十三五"期间重点建设"五项工程"，投资总额为76.86亿元。1.流域防洪"千秋工程"；2.城市及区域防洪排涝"安民工程"；3.河湖水生态环境治理"清水工程"；4.农村水利治理"民生工程"；5.现代水管理"金水工程"。

建立能源多元化供应体系。增强能源保障能力。多渠道拓展天然气气源，加快天然气管网和储气设施建设，有序拓展天然气城镇燃气应用。因地制宜发展地热能，选择建筑面积较大的小区和公共建筑建设冷热联供的新能源示范项目。重点发展非化石能源。加强坚强安全电网建设。做好特高压属地化服务，保障1000千伏淮南—南京—上海特高压盱眙段建设。加大配电网改造升级力度，进一步提升电网供电能力及供电可靠性。

专栏3-7　盱眙“十三五”电网发展规划

“十三五”期间电力规划总投入135.93亿元。到“十三五”末，上至交直流特高压，下至220伏配农网，各电压等级电网规划相互衔接、配套有序，县域坚强电网初具规模。其中220千伏电网，将以升压后的500千伏安澜(南京北)变电站为支撑，形成“安澜—都梁—方港—马坝—安澜”和“安澜—官滩—陡湖—方港—都梁—安澜”两个220千伏县域环网。110千伏及以下配电网，以提升电网智能化水平为支撑，实现智能互联、可观可控和提升供电可靠性，实现配电网“N-1”通过率100%，城区配电自动化覆盖率100%，分布式能源消纳率100%三个“百分百”。

第十章　构建山水田林湖生态体系

第一节　强化生态空间源头管控

严守生态红线。全面落实《江苏省生态红线区域保护规划》，加强对重要生态系统和自然资源的保护力度，确保生态红线保护区受到严格保护。明确各类生态红线区域保护措施，实施分级分类管理。明确各生态红线区域类型及主导生态服务功能，建立健全生态红线区域保护的管理体系、考核制度以及生态补偿机制，探索建立生态红线调整机制。实施生态恢复修复工程，确保划定的生态红线得到有效保护和恢复，实现全县生态红线区域保护从量到质的提升。

构建生态安全格局。依托盱眙自然生态优势，以水体及其沿岸防护林、农业区为主体，构建“一环、一片、两带、多廊”的生态安全格局。构筑中心城区外围生态环形隔离带，防止中心城区建设用地无序扩张。西南部低山片区实施封山育林，加强受损山体修复。发挥沿湖生态保育带和淮河生态保育带功能，保护湖岸线免受侵蚀，保护生物多样性。发挥公路防护林等生态廊道作用，减少机动车通行影响。

第二节　实施“蓝天碧水青山净土”工程

统筹山水田林湖生态治理，打造江淮平原风景秀丽、底蕴深厚的山水名城。实施“蓝天碧水青山净土”工程，确保大气、水体、土壤、森林、岸线等主要生态指标持续优化。

防治大气污染。完善区域大气环境监测网络体系，实施最严格最规范的排污许可权管理制度。淘汰落后产能，压缩过剩产能，严禁新增过剩产能行业项目。深入治理机动车尾气污染，积极推进油品升级，加强机动车环保管理。加强城市公共交通设施建造，推广应用新能源汽车，推进公交车、出租车、内河船舶“油改气”或“油改电”。全面推行“绿色施工”，强化道路交通扬尘控制，2020年城市建成区主要车行道机扫率达90%。大力开展餐饮行业油烟污染专项治理，2020年油烟污染治理率到达98%以上。加强秸秆综合利用，推进秸秆机械化还田及能源化、基料化等多种形式利用，严格落实禁烧责任制。到2020年，全县可吸入颗粒物浓度和细颗粒物浓度比“十二五”时期末下降5%，优良天数逐年增加，空气质量总体优良。

保持水体清洁。开展从水源到水龙头全过程监管，切实保障饮用水水源安全。深入实施饮用水源地专项整治，全面清理保护区内的违法设施和排污口。开展地下水封井工作，加强优质矿泉水保护性开发利用。优化流域水源配置，推进城乡统筹区域连片集中供水，逐步取消归并小水厂。推进小流域综合治理，实施维桥河清水走廊工程。推进盱眙经济开发区污水收集管网全覆盖。根治维桥河水质。彻底解决城区城东大沟雨污合流问题。加强环湖湿地保护，推动建设洪泽湖生态经济区。到2020年，全县水生态环境显著改善，水质显著提升。

守护青山。实施西南部丘岗和中部丘陵封山育林、护林行动。坚持因地制宜、适地适树原则，补种适宜树种。结合生态屏障和生物多样性建设，以农田防护林、速生丰产林、经济林、湿地保护建设为重点，发展高效生态林业。加强沿主要河流、交通干道的水景、植被景观建设。加强矿山地质环境保护治理，建设环保型“绿色矿山”。统筹关闭矿山地质环境治理，重建地貌景观，保护修复生态林相。“十三五”期间，新建成片林1.5万亩、森林抚育5万亩、省级绿化示范村15个。

净化土壤。全面落实国家“土十条”实施方案，有效防控污染土壤危险，严控新增土壤污染。加强土壤环境监管，定期对排放重金属、有机污染物的工矿企业以及污水、垃圾、危险废物等处理设施周边土壤进行监测，强化被污染耕地安全利用和被污染地块开发利用的环境风险控制。积极开展农田土壤修复，优先保护耕地和集中式饮用水源地的土壤环境安全。“十三五”期间，化肥使用量减少20%以上，农药施用量减少30%以上。到2020年，全县土壤污染得到全面控制，重大土壤安全隐患基本清除。

第十一章　加快生态文明建设进程

牢固树立生态文明理念，放大生态集聚人流、物流、资金流、信息流作用，提高生态对经济发展的承载力，增强发展后劲，把盱眙良好生态优势转化为现实发展优势。

第一节　发展绿色经济

依托盱眙绿色本底，催生一批低碳化、绿色化新兴产业与新型业态。发挥中再生等重大循环经济项目示范作用，加快淘汰落后工艺技术和生产设备，积极运用高新技术和先进装备改造提升传统优势产业，着力提升机械、建材等行业的绿色清洁生产水平。推行企业生态化改造，构建工业循环产业链。制定实行绿色规划、设计、施工、生产标准，强化盱眙经济开发区环境基础设施建设，创建国家生态工业示范园区。发展农业循环产业链，注重养殖业与种植业有机结合、能源开发与循环农业并举，打造具有盱眙特色的农业循环经济产业链。主动控制碳排放，加强高能耗行业能耗管控，有效控制电力、装备制造、建材等重点行业碳排放，实施近零碳排放区示范工程。巩固绿色建筑示范县创建成果，城镇新建建筑按一星及以上绿色建筑标准设计建造，公益性建筑、公共建筑按二星绿色建筑标准设计建造。到2020年，新建绿色建筑比例达到90%以上。实施最严格的水资源管理制度，加快建设节水型社会。

第二节　完善生态环境保护机制

健全完善源头严控、过程严管、损害赔偿、责任追究机制。在“两新一高”等行业执行国家污染物排放标准特别排放限值。加强环保执法监管，对工业点源、农业面源、交通移动源等全部污染源排放的所有污染物，对大气、土壤、地表水、地下水等所有纳污介质，加强统一监管。建立环境风险联防联控机制，有效防范和妥善处置环境污染事故。完善资源有偿使用制度和生态补偿机制。生态转移支付资金全部用于重点生态功能区、生态红线区域乡镇的基本支出需求，实现基本公共服务均衡均等。完善生态保护成效与资金分配挂钩机制。探索建立生态环境损害评估与补偿制度。

第三节　倡导绿色发展理念

加强生态文化建设，形成绿色发展新风尚，把生态环境作为最重要的公共产品、最普惠的民生福祉，为群众创业致富提供良好的生态环境，让群众共享山水名城建设成果。弘扬生态文明价值观，建设一批以绿色学校、绿色企业、绿色社区为主体的生态文化宣传教育基地，提高公众节约意识、环保意识、生态意识。推动全民在衣食住行等方面加快向勤俭节约、绿色低碳、文明健康的方式转变。推进节约型机关建设，实施“绿色行政，绿色采购”策略，形成高效、节能、节约资源的环境友好型政府。推行绿色出行方式，推广绿色交通工具，倡导公众选择节能环保、有益健康、兼顾效率的出行方式。树立绿色消费理念，倡导理性消费和清洁消费，严格限制发展高耗能、高耗水服务业，形成崇尚节约、合理消费的良好社会风尚。

第四篇　增进人民福祉，共享有滋有味生活

围绕“百姓富”，深入实施民生共享战略，着力构建高水准与普惠性兼备的民生体系，拓宽居民增收渠道广度，提升社会事业发展高度，增加社会兜底保障强度，加大新一轮脱贫帮扶力度，让人民群众有更多获得感，生活更加有滋有味。

第十二章　促进全体人民共同致富

第一节　持续增加居民收入

扎实推进居民收入倍增计划，持续增加城乡居民收入，逐步缩小城乡居民收入差距，有效降低城乡居民恩格尔系数。拓展城乡居民增收途径，形成以工资性收入为主渠道、以经营性收入为强劲增长点、以财产性收入为可靠支撑、以转移性收入为兜底补充的居民增收渠道。

提高居民工资性收入。健全工资协商、正常增长和支付保障机制，重点提高农民工工资支付保障和技术工人待遇，确保全社会平均工资收入增长速度高于经济发展速度。鼓励招引提供高工资岗位的投资项目。贯彻落实最低工资制度。稳妥调整机关事业单位工资标准，优化工资结构。

增加居民经营性收入。充分发挥创业致富的带动效应，深入实施全民创业工程，以创业带动就业，增加居民收入来源。

扶持中小微企业发展，实现经营性收入大幅提高。

提高居民财产性收入。鼓励居民财产向资本转化,规范健全资本、产权、债券以及房屋租赁等各类市场,丰富拓展租金、股息、红利等有效投资渠道。有序引导居民参股办企业或投资经营项目,稳步推进员工持股、岗位分红权激励,提高股权红利收入。

多渠道增加农民收入。在加快农业、就业、创业、物业"四业"富民基础上,推进农村土地确权、农村各类产权流转交易和发展村级集体经济,进一步扩大社区股份合作改革,完善被征地农民社会保障制度,赋予农民更有保障的财产性收入。实施新生代农民工职业技能提升计划,增强就业和转岗能力,提高工资性收入。

第二节　积极促进就业

丰富多层次就业岗位。进一步加快人口"回流"速度,鼓励更多盱眙人实现就近就业,实施更加积极的就业政策,扩大就业岗位有效供给。稳健发展实体经济,增强实体经济吸纳就业能力。鼓励发展劳动密集型、技能型服务业,拓展就业空间。政府购买公共服务,加强公益性岗位供给。执行动态调高最低工资收入标准。加强职业技能培训。建立终生就业技能培训制度,完善专业培训体系,提高劳动者职业技能,打造盱眙劳动力服务品牌。

促进重点群体就业。调整农村劳动力转移就业方向,全面实施对本地常住劳动力进行就业失业登记办法,更大力度扶持农村劳动力返乡创业和就地转移。完善就业援助制度,加强实名制动态管理和分类帮扶,确保零就业家庭和零转移家庭至少一人就业。依法推动残疾人按比例就业。

健全就业服务体系。坚持便利就业。建成功能齐全、便捷高效的县人力资源市场,鼓励乡镇建设人力资源市场、完善村级公共就业平台功能。建立便利就业的公共服务。推进县、乡、村就业服务平台与省、市就业市场的信息共通和资源共享,确保优质就业信息传递无障碍。建立健全劳动关系协调机制、企业工资分配制度,加强监察仲裁服务,切实提高劳动合同履行质量,依法维护劳动者合法权益。

第十三章　提升社会事业发展水平

坚持全覆盖、保基本、均等化、可持续方向,加快建立覆盖城乡的基本公共服务体系,增加普惠性公共产品供给,创新公共服务提供方式,提高公共服务共建能力和共享水平。

第一节　建设健康盱眙

让盱眙人民"少生病、不生病"。坚持关口前移,把疾病防控摆在公共卫生建设首要位置,加大公共财政向疾病防控倾斜力度。建立健全疾病预防控制、卫生监督、妇幼保健、精神卫生、应急救治、健康教育、职业病防治、采供血和计划生育等专业公共卫生服务网络。建成公共卫生服务中心。建成综合检验检测中心。探索建立以县级公立医院为龙头、乡镇(街道)卫生院为骨干、村卫生室为基础的医疗联合体。医疗卫生计生服务机构全部完成标准化、规范化建设,省级示范化乡镇卫生院达50%以上,全面推进省级示范村卫生室和特色科室建设。做优城乡一体化"15分钟健康圈"。到2020年,基本建成覆盖城乡居民的现代医疗服务体系、现代公共卫生服务体系、现代医疗保障体系。

让盱眙人民"看得起病、看得好病"。深化医药卫生改革,推进乡镇(街道)卫生院领办村卫生室,实施乡村医生签约服务。有序推进县人民医院法人治理结构改革试点。建立完善特岗制度。全面建立国家基本药物制度,实现所有医疗卫生机构全部配备使用并零差率销售基本药物。创新人才引进培养机制,采取农村订单定向医学生培养和继续教育相结合的方式,不断提升基层医疗技术服务水平和能力。到2020年,全县医疗卫生计生服务持续改善,公益性质充分彰显,使城乡居民普遍享有安全、有效、方便、价廉的现代医疗卫生计生服务。

专栏4-1　健康盱眙工程

医疗服务。县人民医院创成三级综合医院。县中医院在巩固二级甲等医院创建成果的同时,力争达到三级中医院创建标准。每千人医师数达到2.5人,每千人注册护士达到3人,每千人床位数达到6张。

公共卫生服务。启动建设以县妇幼保健院和县疾控中心为主体的县公共卫生服务中心,具有疾病预防控制、卫生监督、急救、采供血等公共卫生功能。

基层卫生。100%的乡镇卫生院达到省定建设标准,实现以街道为单位的社区卫生服务中心全覆盖,加强基层卫计人才培养,提升基层卫生计生服务能力。

农民健康保障。巩固完善新农合制度。确保全县平均参合率达到100%,到2017年人均筹资水平提高到600元以上。门诊统筹补偿比例不低于50%,县内住院政策范围内费用平均补偿比例不低于75%。确保筹资标准和政策范围内门诊、住院报销比例达到国家和省、市的要求。大病保险政策报销比例不低于50%。

智慧健康服务。构建全县区域卫生计生信息化平台及服务体系，发展远程医疗、网络医疗和健康咨询，推进电子档案、电子病历系统应用，实现居民健康信息和检查检验结果等信息共享。

健康素养。开展城乡居民健康素养干预及监测，推进城乡居民家庭医生契约服务，促进中医医疗资源进入养老机构、社区和居民家庭，开展中医医疗、护理、养生、康复。

增强人民体质。均衡配置城乡公共体育设施，优化城市社区“10分钟体育健身圈”功能。“十三五”期间各乡镇建有多功能运动场及全民健身活动中心；各行政村建有1片有篮球场、10件套健身路径，基本建成覆盖城乡的全民健身网络。科学布局全县青少年体育训练项目，全面提升青少年体质水平。大力推进体育生活化进程，发挥全民健身组织网络作用，逐步实现全民健身社会化。

第二节　办好人民满意的教育

以“立德树人”为根本任务，加强教育内涵建设，开展教育现代化创建工作，大力实施中小学布局调整工程、现代学校标准化建设工程、教育教学质量提升工程、校园文化建设工程和智慧教育工程，完成江苏省创建国家教育现代化试验区县级任务。

推动学前教育优质普惠发展。完善学前教育体制，积极发展公办幼儿园，扶持普惠性民办幼儿园发展，加大对农村幼儿园投入力度。理顺学前教育管理体制，规范幼儿园常规管理。到2020年，学前教育三年毛入园率达到99%以上，全县所有公办园全部创建成省优质园，全部实现独立法人，民办园中有三分之一达到省优质园标准，其余全部达到市优质园标准。

促进义务教育优质均衡发展。优化义务教育学校布局结构。建立健全义务教育施教区划分调整机制。充分发挥盱眙中学、县实验小学等优质学校的辐射带动作用，组建教育集团，推动优质教育资源共享。健全义务教育均衡发展保障机制，全面改善义务教育薄弱学校办学条件。到2018年，全县所有义务教育学校达到江苏省现代化学校办学标准。

专栏4-2　调整教育布局

教育类型	调整类型	调整内容
学前教育	提升办园点	提升肖嘴、洪山、龙山、马庄、黄岗、古城、水冲岗幼儿园
	新建公办园	实验小学迁址后原址上新建1所6轨幼儿园；在桃花园小区附近新建盱城幼儿园1所6轨分园；在开发区南苑新城小区内新建1所4轨公办园；官滩镇再建1所4轨幼儿园；铁佛镇建1所4轨公办园
	新建民办园	新建太和社区4轨民办园、远方物流6轨民办园
义务教育	城区学校新建改造	实验小学本部、实小三分校老校区、开发区南苑新城小学、开发区初中部迁建
	乡镇学校新建改造	对马坝镇、旧铺镇、河桥镇、明祖陵镇、天泉湖镇、穆店乡、铁佛镇等乡镇的中心小学进行有限扩建

促进高中教育优质特色发展。优化普通高中布局，提升中心城区高中办学质量，支持马坝高中等乡镇中学提升品质。促进高中学校特色发展，推进学校办学模式和育人方式多样化、个性化。落实高中课程改革、国家普通高中课程标准，制定课程实施指导方案，完善课程内容结构，注重基础知识和基本能力培养。

推进职业教育优质创新发展。大力提升职业教育办学层次。支持县技师学院建设学生实训基地，提高服务盱眙经济建设的能力和水平，创建江苏省高水平现代化职业学校和江苏省重点技师学院。加大对校内实验、实训设施的投入，加强学生实际操作能力的培养。深化校企合作试点改革，推动校企深度合作，培育一批校企合作示范组合。打造一流师资队伍，到2020年，职教集团的教师队伍中具有研究生学历的比例达15%以上，专业教师达到“双师型”标准的达80%以上。

加强终身教育优质协调发展。加快完善终身教育体系，加大社区教育投入，积极整合基层党校、人口学校、老年大学、文化活动中心、成人教育中心等教育资源，创建成10个以上省级社区教育示范区，满足群众多样化学习需求。

重视特殊教育。加强特殊学校建设,推进残疾少年儿童随班就读,开展送教上门,保障残疾孩子平等接受教育。健全留守少年儿童、流浪未成年人教育关爱服务体系。稳妥做好户籍流动人口、外来务工人员随迁子女的入学工作。“十三五”期间,建设特殊教育资源教室5个。

第三节　让盱眙人民都能安享晚年

坚持政府主导和社会参与相结合,加快以居家为基础、社区为依托、机构为支撑、医养相结合和功能完善、规模适度、覆盖城乡的社会养老服务体系建设。推行医养融合模式。推进马坝中心卫生院医养融合中心挂牌运行,并逐步推广。

专栏4-3　医养融合模式

推进医疗机构与养老机构加强合作。推动中医药与养老结合,充分发挥中医药“治未病”和养生保健优势。依托天泉湖翡翠谷养生居住社区等健康产业载体,探索医养融合发展。推动二级以上医院与老年病医院、老年护理院、康复疗养机构、养老机构内设医疗机构等之间的转诊与合作。支持有条件的养老机构设置医疗机构。构建规模适宜、功能互补、安全便捷的健康养老服务网络。

建设盱眙县康复护理院,实施楚东康老服务中心、振兴养老、弘远养老等项目,增强养老服务功能。加强社区服务对养老服务的支援作用,为社区老人提供生活照顾、社区食堂、护理、康复训练和文体娱乐等多种类服务。建立健全政府为特殊困难老年人购买养老服务制度,完善困难老年人、养老机构入住老年人意外伤害保险制度,探索建设老年人护理保险制度。逐步推行健康体检服务,加强老人身体健康状况评估。2020年,全县所有医疗机构均开设养老病床。养老机构护理型床位占养老床位总数达到40%以上,社会力量举办或经营的养老机构床位数占比达到50%以上。每千名老年人口床位数达40张以上。

专栏4-4　实施老年人精神关爱工程

建立老年人精神服务与心理服务组织和网络。加大为老年人购买心理咨询、精神关爱服务的支持力度,健全老年人精神关爱与慢病管理、未病预防等养老健康服务的统筹机制和工作机制,为老年人提供多样化、多层次的心理咨询、心理疏导、精神慰藉以及精神病预防、筛查与康复治疗等服务。

第四节　强化人口管理服务

全面实施一对夫妇可生育两个孩子政策,加强出生人口性别比综合治理,提升人口和家庭公共服务水平。深入实施数字人口—金人工程,加强妇幼保健能力建设,强化妇幼保健医护人员培养,提高计划生育服务管理水平。完善计划生育利益导向政策体系,全面落实“两奖两扶”政策,做到奖扶对象资格确认准确,资金发放足额及时,无重大责任事故。全面完成计生“三结合”工作任务,将失独等特殊计划生育困难家庭纳入所在乡镇(街道)帮扶部门重点帮扶任务。强化流动人口计划生育管理。规范开展计划生育优质服务。继续实施免费生殖健康普查项目。推行关爱服务,切实保障留守儿童、留守妇女、留守老人权益,加强特殊人群服务管理,建立政府、社会、家庭三位一体的社会关怀帮扶体系。积极开展幸福家庭创建活动,全面提高家庭发展能力、生活质量和幸福指数。到2020年,全县出生政策符合率保持在95%以上。

第十四章　织牢百姓基本保障网

建立健全民生保障制度,增投入、补短板、兜底线、织密网,使发展成果更多更公平地惠及全体人民,不断增强人民群众的幸福感。

第一节　提升社会保障水平

完善社会保障制度。深化基本养老保险制度改革,加快实施机关事业单位养老保险制度改革,完善企业职工养老保险账户制度。推进城乡基本医疗保险制度并轨,完善城乡居民大病保险制度及重大疾病救助制度,将生育保险和基本医疗保险合并实施。进一步完善参保缴费、社保补贴、基本养老保险关系转移衔接等政策,以及城镇职工医疗保险和城镇居民基本医疗保险、新农合制度之间的转移衔接办法,解决流动就业人员基本医疗保险关系转移接续难题。

推进社会保障全民覆盖。实施“全民参保登记计划”,持续推进社会保险扩面,确保城乡养老保险参保率达98%以上,城乡医疗保险覆盖率达99%以上,其他社会保险覆盖率达99%以上,基本实现法定参保对象全覆盖。推进建筑业等高风险行业从业人员优先参加工伤保险,引导灵活就业人员参加城镇职工社会保险,着力帮扶优抚对象、城乡残疾人和各类困难群体参加社会保险。进一步完善被征地农民社会保障政策,确保新增被征地农民100%纳入保障体系。

构建多层次社会保障体系。完善社会保险待遇确定机制,健全多缴多得、长缴多得的激励机制，引导参保人员通过多缴费、长缴费提高基本保障水平。建立统筹兼顾各类人员的基本养老金正常调整机制，实现基本养老保险待遇水平持续、有序、合理增长。落实城乡居民基本医疗保险筹资机制，稳步提高补贴标准。健全失业保险金标准与物价上涨挂钩联动机制，稳步提高工伤保险和生育保险待遇水平。加快推进以年金和商业保险为重点的补充保障，扩大企业年金制度覆盖面。

第二节　加强社会救助和社会福利

统筹社会保险与社会救助制度。构建以最低生活保障、特困人员供养、受灾人员救助为基本，以医疗、教育、住房、就业救助和临时救助等专项救助为补充的救助体系，深入推进扶老、助残、救孤、济困等福利事业发展。加强医疗救助与基本医疗保险、大病保险的衔接，更好发挥各项医疗保障制度合力。支持社会力量参与社会救助，促进慈善事业与社会救助功能互补。健全城乡基层防灾减灾体制机制，开展“综合减灾示范社区”创建。推进适度普惠性儿童福利制度建设，建立困境儿童分类保障制度。完善优抚对象医疗、住房等补助保障制度。

第三节　完善住房保障体系

构建政府以提供基本保障为主、市场以满足多层次需求为主的住房供应体系，在实现“住有所居”基础上向“住有宜居”迈进。以解决中低收入者和外来务工人员、新就业人员等住房困难为重点，统筹推进公共租赁房、廉租住房、经济适用房、限价商品住房建设，实现城镇常住人员住房保障应保尽保。加大城镇棚户区和城乡危房改造力度，推进老旧小区更新提升，提高物业管理标准化水平。不断扩大住房保障覆盖面，健全保障房准入、使用、退出机制。

第十五章　坚决打赢脱贫帮扶攻坚战

第一节　推进精准扶贫精准脱贫

全面实现低收入人口脱贫。完善相对贫困收入人口认定纳入机制。坚持开发式扶贫方针和精准扶贫、精准脱贫方略，以全县农村6%左右的低收入人口、6%左右的经济薄弱村为主要帮扶对象。按照省定相对贫困人口规模和扶贫标准，完善精准建档立卡机制，实现户有卡、村有册、县乡有数据库，确保一个不少、一户不落。创新扶贫开发体制机制，实现扶贫资金由“大水漫灌”向“精准滴灌”转变，扶贫资源使用方式由多头分散向统筹集中转变，扶贫开发模式由偏重“输血”向注重“造血”转变。找准致贫原因，因村因户施策，对有劳动能力的低收入人口，通过产业扶持、转移就业、教育培训、医疗救助等措施实现脱贫；其余完全或部分丧失劳动能力的低收入人口，实行低保政策兜底脱贫。通过努力，低收入人口生活水平明显提高，义务教育、基本医疗和公共服务得到有效保障。

发展壮大经济薄弱村集体经济。因地制宜发展壮大村级集体经济，对集体经济年收入低于18万元的经济薄弱村，加强村级新“八有”建设，增强经济薄弱村内生发展动力。支持经济薄弱村积极创新方式开发资源、经营资产、用活资金，实现集体经济增收。继续组建县委扶贫工作队，采取成员单位驻村帮扶和联系点帮扶两种方式，实现经济薄弱村驻村帮扶全覆盖。强化领导干部及部门负责同志联系经济薄弱村机制。实行工作到村、帮扶到户、责任到人、措施到位，推动帮扶对象、帮扶责任人和帮扶项目三落实。

全面完成重点片区扶贫攻坚。对重点片区实施整体帮扶、连片开发，突出河西片省定重点帮扶的管镇镇、鲍集镇、铁佛镇等片区扶贫攻坚。加强重点扶贫片区交通出行、饮水安全、农田水利、农业综合开发、电力通信、环境保护等基础设施建设，大力培育特色优势产业，加快教育、卫生、文化等社会事业发展步伐，提高社会保障水平。到2020年，重点扶贫片区面貌显著改善，基本公共服务主要指标接近全省平均水平，建成较高水平的社会主义新农村。

专栏4-5　精准脱贫重点工程

精准识别工程。按照省定低收入农户标准，对符合条件的低收入农户建档立卡。健全低收入农户信息管理系统，坚持帮扶对象长期公示制度，加强扶贫对象动态管理。

精准扶贫工程。实施国家部署的就业、教育、健康、金融等“六大扶贫行动”，找准低收入农户致贫原因，逐户制定和落实帮扶措施，精准施策、靶向治疗。

精准帮扶工程。完善干部驻村帮扶制度，向经济薄弱村选派第一书记，发挥第一书记在扶贫开发上的作用。健全帮扶联系卡制度，推进扶贫“四到”：工作到村、帮扶到户、责任到人、措施到位。

第二节　完善脱贫开发长效机制

拓展扶贫增收渠道。突出产业脱贫，积极培育新型农业经营主体，大力发展农村电子商务和乡村旅游等特色产业。加强政策补贴，推进教育强民和技能富民，增强文化素质和就业能力。深化农村金融改革，鼓励农户用足用好强农惠农资金。实行低保政策和扶贫政策有效衔接，动态调整低保标准。探索有利于贫困地区、低收入农户的生态环境保护补偿和资源开发收益分配机制。坚持“扶贫扶志、扶勤扶能”的原则，建立激励机制，充分激发贫困户自力更生、自我脱贫的内生动力。

强化社会扶贫。完善脱贫工作责任制，加大财政投入，整合扶贫资源，实行最严格的考核督查问责制，确保脱贫致富政策措施落地生根。强化党政各级各部门帮扶责任，支持各类社会组织积极从事扶贫开发，积极推进村企挂钩，承接政府扶贫项目。及时有效解决返贫问题，确保兜住贫困人口脱贫底线。量化帮扶考核，加大帮扶单位的工作考核力度，量化各帮扶单位扶贫资金投入最低额度，明确责任到人。加强财政监督检查和审计、稽查工作，建立扶贫资金违规使用责任追究制度。强化帮扶工作队力量，完善干部驻村帮扶制度，加强扶贫开发队伍建设。

第五篇　弘扬向上向善，提高社会文明程度

围绕“社会文明程度高”，深入推进社会主义精神文明建设，强化盱眙向上向善文化的价值引导力、文化凝聚力、精神推动力，唱好“盱眙文化四季歌”，推进以文惠民、以文兴业，建设思想文化高地、道德风尚高地。

第十六章　弘扬向上向善风尚

深入推进社会主义核心价值观，充分发挥向上向善文化引领风尚、教育人民、服务社会、推动发展的作用，全面提升社会文明程度、文化建设质量和人的现代化水平。

第一节　推进社会主义核心价值观盱眙化

推进向上向善文化宣传培育。深化社会主义核心价值观与盱眙向上向善文化的解读阐释，推进向上向善文化宣传向各类媒体、各类公共空间、各类宣传文化阵地、各类人群全面覆盖。坚持以向上文化引领党员领导干部“科学发展攀登向上、岗位履职争先向上、团队协作团结向上、精神状态奋发向上、生活情趣健康向上、人生追求积极向上”。坚持以向善风尚引领人民群众自觉遵守社会公德、职业道德、家庭美德，共同建设向上、风雅、和美新盱眙。围绕向上向善，策划开展生活化、接地气的主题宣传教育活动。

推动向上向善文化养成践行。积极开展“盱眙好人”等群众性道德模范评选活动，加大各类先进典型的选树培育和宣传力度。进一步完善模范好人等道德典型的关爱礼遇制度，形成好人好报、崇德向善的价值导向。建成慈善城市。突出抓好领导干部、企业家、知识分子、青少年等重点人群，推动公众人物发挥示范引领作用。注重家庭、家教、家风建设，深化拓展未成年人思想道德建设。建好用好省级未成年人社会实践基地，广泛开展核心价值观主题活动，在未成年人中普及向上向善文化。用好用活丰富的红色文化资源。加强黄花塘新四军军部纪念馆、盱眙革命烈士纪念馆、河桥爱国主义教育培训基地等红色教育基地建设。利用重大节日、重要纪念日组织开展群众性爱国主义教育活动和青少年走进爱国主义教育基地活动。

第二节　提升城乡文明水平

以人文生态引导工程为总抓手，放大省文明城市品牌效应，把思想教育与整治环境、德治人心与法治社会有机结合起来，使文明城市创建的每一项工作都能成为陶冶人、教育人、提高人的重要活动。加强农村精神文明建设，深入推进文明村镇创建。广泛开展文明行业、文明单位创建活动，夯实精神文明创建工作基础。深化文明交通、文明旅游、文明餐桌等行动，对全社会进行宣传教育、示范普及和约束监督。建立健全常态长效机制，持续深化道德领域突出问题专项治理，抓住重要契机、典型案例大力整治不正之风，持续净化党风政风社风民风。

第十七章　推进以文惠民以文兴业

推进以文化人、以文惠民、以文兴业，完善公共文化服务体系，丰富文化产品和服务供给，满足群众的文化需求，增强群众的文化获得感。

第一节　推进以文惠民

健全公共文化设施。加强县乡（镇）两级文化机构和村级综合文化中心建设，精心打造“城市15分钟文化圈”、“农村10里文化圈”。坚持面向

基层、服务群众，规划建设一批代表盱眙形象、展现盱眙特色的文化重点工程。重点打造以电子阅览室和数字图书馆为主体的公共文化服务平台项目，推动全县公共数字文化服务的信息共享。创成省级公共文化服务示范区。

开展文化惠民系列活动。继续实施和推进文化信息资源共享、广播电视村村通、乡镇和社区文化（站）室达标提升、农村电影放映、农家书屋等重点文化惠民工程项目建设。持续开展送戏下乡等群众性文化活动、"法德讲堂"、"十百千"理论宣讲等常态化文化活动。建设书香盱眙。用好"都梁文华奖"奖励基金，支持引导盱眙文化人创作更多精品文化产品。到2020年，建成拥有5台计算机以上的社区公共电子阅览室30个，90%的县支中心达到省文化共享工程示范县标准，80%的基层服务点实现标准化，入户覆盖率达到100%。

第二节　推进以文兴业

推动文化产业提质增效。加大文化产业发展专项资金投入力度，培育文化产业战略投资者，在文化旅游、创意设计、广告会展等重点文化产业中选择一批成长性好的企业，加大政策扶持力度，力争形成一批具有较强市场竞争力的骨干文化企业。鼓励多种所有制文化企业共同发展，扶持一批有核心技术、自主知识产权的中小文化企业。深入推进圣海·天鹅湖畔文化旅游中心等重点文化旅游产业项目建设。主动参与区域文化产业协同发展，积极探索"总部基地+生产基地"、"主园区＋分园区"等协作模式，吸引南京等发达地区文化产业链延伸至盱眙。到2020年，力争全县文化产业增加值占GDP的比重达到5%。

推进文化与相关领域融合发展。充分挖掘盱眙文化资源，做强文化旅游，放大龙虾节庆文化、红色文化、生态休闲文化和历史文化品牌效应，实现以文兴旅。顺应"互联网+"发展趋势，促进文化与互联网深度融合，积极发展基于网络的文化产品。以建设"智慧盱眙"为契机，推进文化与科技高效融合。进一步推进文化与金融融合发展，采取政府、金融机构、担保机构、保险公司、产权交易所、行业协会等共同合作的方式，提升金融对文化企业的支持力度。

大力培育和促进文化消费。建立公共文化服务政府采购和资助目录，加大政府购买服务力度。完善公益性演出补贴制度，通过票价补贴、剧场运营补贴等方式，支持艺术表演团体提供公益性演出。鼓励在商业演出和电影放映中安排低价场次或门票。引导和支持文化企业提供更多优质产品和服务，主动发展适应消费者购买能力的业务。研究制定促进文化消费的政策，发放文化消费券，为低保人员、中小学生、外来务工人员等特定人群进行文化消费提供适当补贴。

第十八章　建设历史文化名城

深入挖掘盱眙历史文化名城的价值、特色与内涵，发挥优秀历史文化在彰显城市特色、提高市民精神文化素养上的独特作用，延续文脉，承载乡愁，打造盱眙人民共有的精神家园。

第一节　加强历史文化遗产保护利用

加强文化遗产保护。加大对文物古迹保护的投入，科学规范实施文物古迹保护工程。对大云山汉墓、泗州城、明祖陵进行强制性保护、严谨性修复。坚持不破坏原物、原貌、原址，科学展示历史古迹。加大古树名木保护力度，对50多棵百年以上古树逐株跟踪养护。结合文化古迹保护利用，进行爱国主义教育和传统文化教育。"十三五"期间，新建一批国家级、省级、市级文物保护单位。

加强非遗保护。进一步加大对盱眙民俗民间文化、传统技艺、名特等非物质文化遗产的挖掘、保护与传承力度。依托镇村文化活动场所等原生土壤及生活氛围，建设泗州调、马坝楚东民谣、官滩高跷、旧铺茶文化等一批非遗传承基地。"十三五"期间，力争新增一批非遗项目纳入国家级、省级、市级非物质文化遗产保护名录。

实施历史文化街区整治。严格保护历史街区的整体格局和街巷肌理，逐步完善和整治黄牌街、井头巷等历史文化街区，体现历史的真实性、风貌的完整性和生活的延续性。整治周边环境，对城市主要道路、沿线景观进行文化形象再造，使城市街道、建筑在环境风貌上更符合历史文化名城的要求。到2020年，历史文化街区（镇、村）完好率达到国家标准，基本完成老城片区历史文化街区规划整治，实现历史保护、城市景观、产业布局、文化重塑四位一体协调发展。

加强历史文化场馆建设。提升盱眙历史文化博物馆、中国龙虾博物馆等现有博物馆功能。进一步挖掘资源优势，积极鼓励、引导和扶持创办具有地域特色、人文传统或产业优势的各类专题博物馆,建设大云山博物馆等历史文化场馆。到2020年,各类博物馆、纪念馆、名人故居等开放单位达到10个以上。

第二节　扎实开展历史文化名城创建

超前做好历史文化名城申报基础性工作。系统整理盱眙历史文化资源。坚持"规划先行、保护为主、抢救第一、合理利用、科学管理"的原则,科学构建历史文化保护体系。编制历史文化名城保护规划,划定历史文化街区、文化保护单位、历史建筑的保护范围及建设控制地带,制定严格的保护措施。编制重要保护地段的详细规划。

加强历史文化名城建设政策支持。制定历史文化创建相关配套政策,拓宽资金渠道,充分发动社会各界协同推进。根据不同街区定位,寻求与保护相协调的商业服务、旅游休闲、文化民俗等产业发展优势,把古城区建设成为具有繁荣的经济、优良的区位、丰富的内涵、独特的民俗的历史文化展示区域。出版新版盱眙县志。文物主管部门要对规划实施情况进行跟踪监督,对有可能涉及文物保护的建设工程进行前置审核。

加强历史文化研究宣传。进一步理清盱眙历史脉络,加强盱眙历史、学术文化和文学艺术等传统文化研究。开展"泗州文化""淮河文化""龙虾文化""向上文化"等地域文化研究。积极弘扬优秀传统历史文化,充分发挥其引导和教育功能,加强对学校师生、社区市民、企业职工、机关干部的学习教育,增强城市的认同感和凝聚力。

第六篇　推进县域治理体系和治理能力现代化

深入推进地区治理体系与治理能力现代化,着力构建盱眙特色与现代化特征兼具的县域治理体系,引入负面清单管理,加强社会治理创新,推进社会治理现代化、法治化、精细化,探索形成县域治理改革的盱眙模式,打造县域善治样板区。

第十九章　完善政府治理体系

深化行政管理体制改革,综合运用现代监管方式和"互联网+"模式,打造形成以集中高效审批、分类监管和优化服务、综合执法为核心的"橄榄型"基层政府治理结构,实现由分散审批向集中审批转变、由重审批向审批监管并重转变、由多头执法向综合执法转变、由管理型政府向服务型政府转变"四个转变"。

第一节　行政管理体制改革先行先试

推进相对集中行政许可权改革。深化国家级相对集中行政许可权改革试点。完善行政审批局、政务服务、公共资源交易、公共信息、社会信用管理"一局四中心"服务功能,加快建立事中事后监管体系,稳步推进综合执法体制改革,努力构筑"集中高效审批—分类监管服务—综合行政执法"橄榄型治理结构,县域治理体系和治理能力现代化取得实质性进展。

推进政府职能转移改革。推进政府部分职能向社会转移,将政府部门做不好、做不了的公共服务性职能事项交给社会组织承担,确保各项转移事项转得出、接得住、管得好。进一步深化政社"五脱钩"。按照机构、职能、资产、人员和党建等方面"五分离五规范"要求,深入推动行业协会商会与行政机关脱钩,让其回归提供公共服务、促进行业发展的本位。进一步清理规范职业资质资格认定。梳理全县各类职业资格资质认定、评定事项,编制公布全县职业资质资格目录清单,并建立动态管理制度,进一步为创新创业清障搭台。

第二节　深入推进要素市场化改革

推进土地市场改革。全面推进空间优化战略。积极推进宁淮新兴产业科技园产城融合功能片区、同一乡镇村庄建设用地布局调整、工矿废弃地治理工程、旧铺镇零散基本农田归并整合等试点工作。加强土地集约综合利用。探索农村土地使用制度改革试点。探索农户将集体资产所有权、土地承包经营权、宅基地使用权及住房置换成股份合作社股权、社会保障和城镇住房。开展农村居民以宅基地置换商品房、农民公寓房、物业或货币补偿试点工作。鼓励农村集体经济组织成员"离土不离权",采取转包、转让、出租、互换、入股等形式流转土地承包经营权。

推进金融市场改革创新。支持鼓励金融机构、各乡镇开展金融改革创新,重点将维桥乡作为农村金融改革创新试点,县经济开发区作为科技金融改革创新试点。促进互联网金融健康发展,研究支持互联网金融创新发展政策,进一步发挥P2P、众筹等互联网金融服务"三农"和小微企业的作用。鼓励符合条件的市场主体依法发起设立网络借贷、网络证券、网络保险、网络支付、股权众筹等新型“互联网+”模式，促进互联网金融产业集聚。

推进投融资机制改革创新。加快建立多元化、可持续的资金保障机制，积极引入各类市场投资主体，灵活运用基金投资、银行贷款、发行债券等各类金融工具，更大范围推广应用政府与社会资本合作(PPP)模式。大力引进和培育产业投资基金、科技引导基金，推动重点企业和传统优势产业重组整合。不断提高天使基金的规模和管理水平。完善科技金融服务体系，加快推进科技支行、科技小贷公司等专营机构建设。

第三节　深入实施农村综合改革

推进承包地确权赋能。完成农村土地承包经营权确权登记颁证工作，促进土地经营权有序流转。拓展土地承包经营权权能，开展入股、担保、抵押融资等业务，激活承包地资本功能。

实施农村集体资产分类改革。健全公益性资产“投、运、管”机制，提升服务效能。推行经营性资产股份制改革，建立社区股份合作社，培育农村集体经济新型经营主体，建立村集体与村民的利益联结机制，实现农村集体资产保值增值。

建设农村产权流转交易市场体系。建成县、乡镇、村三级农村产权流转交易平台，健全农村产权流转交易市场体系。不断扩大交易品种和交易量，优化农村产权配置。促进农村产权流转交易公开、公正、规范运行，逐步建立归属明晰、权责明确、保护有力、流转顺畅的农村产权制度。

第二十章　引入负面清单管理

落实中央全面实行负面清单管理制度改革部署，积极推进先行先试，为面上改革积累经验。遵循经济社会发展规律，制定符合盱眙发展实际的负面清单名录，以有所不为保证更好地有所作为。

第一节　产业发展负面清单管理

制定产业负面清单名录。贯彻落实《国务院关于实行市场准入负面清单制度的意见》，结合盱眙发展需求，制定《产业结构调整指导目录》，明确限制和淘汰类产业目录。“十三五”时期，禁止投资国家产业结构调整目录淘汰类项目。淘汰类项目不得新建和改造升级，已有项目必须限期关停。禁止新建国家产业结构调整指导目录限制类项目。严禁新批新建化工、印染、制革项目，“十五小”和“新六小”项目，国家淘汰产业项目。

落实产业负面清单管理。对属于限制类的新建项目禁止投资，投资管理部门不予审批、核准或备案，各金融机构不得发放贷款，相关管理部门不得办理有关手续。对淘汰类项目，禁止投资，各金融机构应停止各种形式的授信支持，并采取措施收回已发放的贷款。职能部门和有关企业要采取有力措施，按规定限期淘汰。

第二节　生态建设与城乡统筹负面清单管理

加强生态建设负面清单管理。生态红线区域内，一级管控区禁止一切开发建设活动。二级管控区超出限批范围的项目禁止进入，所有新上项目无论体量多大，全部实行“三个一律”：破坏生态的一律不要，违反产业政策的一律不要，高排污的一律不要。在生态敏感区，不新批新上光伏发电项目。禁止未经评估和无害化治理的污染场地进行土地流转和开发利用。严禁开山采石，沿第一山不搞大拆大建。不围湖造田，不新批新建有污染的畜禽养殖及加工项目。

加强城乡统筹负面清单管理。强化主体功能区规划定位和开发强度标准设定的双约束，严格控制新增建设用地规模。保障农户宅基地用益物权，严格执行宅基地使用标准，严格禁止一户多宅。主城区内不新批新建同质市场项目，乡镇(街道)不新批非规划点农户宅基地建房。在规划和建设中，重视保护城市格局，注重城区环境整治和历史建筑修缮，不得进行任何与名城环境和风貌不相协调的建设活动。

第二十一章　加强社会治理创新

第一节　加强社会治理体系创新

提升社会治理能力和水平。合理界定政府和社会多元治理的权限和范围，推动政府职能转变。建立法治型社会治理制度，引导和推动各类主体严格依照法律规定的权限、规则、程序参与社会治理。加强源头治理、动态治理、应急处置和标本兼治。

推动社会治理重心下移。深化县、乡、村三级社会治理平台建设，完善“一委一居一站一办”社区服务管理体系，强化社区、社会组织和社会工作专业人才“三社”联动效应。加大新型农村社区建设力度,拓展就业社保、医疗卫生、民政事务、综治警务等服务。加强社会规范引导,完善公众参与治理的制度化渠道。进一步厘清行政事务和社区自治事务、政府委托事务和社区自治事务边界,构建“政社互动”新模式。充分发挥群众自治性组织作用,引导社区群众依法参与社区事务。全力推进网格化社会治理、应急联动、公安指挥、互联网舆情安全管理、视频资源管理、反恐指挥等“六大中心”建设,形成跨部门同步反应、扁平化专业处置的工作格局。

创新社会矛盾预防和化解机制。建立健全社会矛盾预警机制、利益表达机制、协商沟通机制、救济救助机制,畅通群众利益协调、权益保障法律渠道,引导和支持群众理性表达诉求、依法维护权益。强化县、乡、村三级人民调解网络队伍建设,构建社会联动大调解格局。深化行政复议体制改革,完善仲裁体制机制,改革信访工作制度,实行网上受理信访制度,全面打造“阳光信访”。培育发展公共法律服务组织,推进覆盖城乡居民的公共法律服务体系建设,完善法律援助制度,有序扩大法律援助范围,健全司法救助体系,保证人民群众及时获得有效法律帮助。

第二节 切实保障社会公共安全

健全公共安全体系。强化红线意识,坚持底线思维,实行党政同责、一岗双责、失职追责,建立隐患排查治理体系和安全预防控制体系,推进安全生产标准化管理,加强危爆物品监管,杜绝较大以上安全生产责任事故发生。建立最严格的覆盖全过程的监管制度,落实食品药品安全责任制,健全食品药品企业“黑名单”制度,创建省级食品安全城市,确保人民群众“舌尖上的安全”。建立健全更加注重源头预防、综合治理的社会治安治理模式。健全分析研判、社会治理、部门联动、区域协作运行机制,全面提升严重违法犯罪打处、治安突出问题整治、反恐防暴、矛盾纠纷排查化解、公共安全监管工作水平。切实强化网络安全,主动做好网上舆论工作,创新网上宣传方式,加强网络内容建设。加快形成法律规范、行政监管、行业自律、技术保障、公众监督、社会教育相结合的互联网管理体系,依法打击网络违法犯罪,推动网络社会和网络文化和谐有序。

提升公共安全应急响应能力。有效应对突发公共事件。坚持预防与应急并重、常态与非常态结合、政府与社会协同,注重运用信息化手段,提高危机管理、应急反应和处置能力。制定和完善全方位、多层次的应急预案,加强公共安全基础设施和专业应急队伍建设。健全完善公安应急处突机制。建设三级联合指挥机构,健全情报信息合成研判、应急处突联合指挥常态运作机制,开展常态化“实兵实战实景”对抗和应急处突演练。全面提升防灾减灾救灾能力。完善灾害救助应急预案体系,组织开展防灾减灾宣传活动,增强居民防灾减灾意识,提升居民应对灾害水平。

第三节 加强社会信用体系建设

建立健全社会征信体系,推进政务诚信、商务诚信、社会诚信和司法公信。建立以金融、纳税、合同履约、生效裁判执行、产品质量等信用记录为重点,以政府、企业、社会组织、个人为信用主体的社会信用体系。加强诚信政府建设和司法公信建设。建立健全企业信用自律机制和信用风险防范机制。完善公民守法信用记录。积极培育和发展信用服务机构,加强信用服务市场监管。推动实现公共信用中心实体化运转,在全市率先为社会提供征信服务。健全守信激励和失信惩戒机制。

第二十二章 全面推进法治建设

积极推进中国特色社会主义法治体系建设和法治国家建设在盱眙的实践和探索,全面推进法治盱眙建设,努力在法治政府建设、公正廉洁司法、法治文化宣传、社会治理法治化水平、法治工作队伍建设、法治建设绩效和法治建设满意度等领域实现“七个进入全市前列”。“十三五”期间,建成省法治县,20个乡镇、街道全部进入市级法治创建工作先进行列、60%以上乡镇、街道进入全省创建工作先进行列,人民群众对法治建设的满意率持续保持在92.5%以上。

第一节 加快法治政府建设

依法设定权力、行使权力、制约权力、监督权力,依法治理经济和社会事务,实现政府活动全面纳入法治轨道。深化行政执法体制改革,完善政府行政执法管理体制,整合行政执法机构和职能,推进重点领域综合执法。完善并落实行政决策程序,具体明确重大行政决策范围,落实行政机关内部重大决策合法性审查机制,建立健全政府法律顾问制度,建立重大决策终身责任追究制度及责任倒查机制。坚持严格规范公正文明执法，强化政府层级执法监督，建立执法全过程记录制度，健全行政执法和刑事司法衔接机制。完善政府信息发布制度和监督保障机制，深入推进行政权力网上公开透明运行。加强政府权力清单动态管理，强化对行政权力的监督。

第二节　提升司法公信力

支持法院、检察院依法独立公正行使职权，建立领导干部干预司法活动、插手具体案件处理的记录、通报和责任追究制度。优化司法职权配置，明确司法机关内部各层权限，健全内部监督制约机制。推进严格司法，做到事实认定符合客观真相、办案结果符合实体公正、办案过程符合程序公正。探索创新人民群众参与、监督、评判司法的途径和方式，在司法调解、司法听证等司法活动和涉诉信访工作中保障群众参与。完善人民陪审员制度，保障公民陪审权利，扩大人民陪审员参审范围，规范人民陪审员选任条件，提高人民陪审制度公信度。强化人权司法保障，依法保障诉讼过程中当事人和其他诉讼参与人的知情权、陈述权、辩护辩论权、申请权、申诉权。

第三节　加强法治惠民

建立村镇法律顾问制度，深入开展“七五”普法活动，对外来流动人口针对性地开展法制教育宣传，提供新市民服务。大力推进“阳光复议”工作，进一步畅通行政复议渠道，提高行政复议的公正性、透明度和公信力。扩大群众的知情权、参与权、监督权，实现以公开促公正。坚持有错必纠原则，坚决维护申请人的合法合理诉求。积极开展法律援助工作，加强劳动者权益保护、军人军属、低保和低收入等重点人群的法律援助工作，维护困难群体合法权益，促进社会公平正义。

专栏6-1　法治惠民行动计划

公共法律服务体系建设工程、村居司法惠民服务站建设工程、法律援助扶困助弱工程、法治文化场馆建设工程、“法律六进”工程、律师、公证服务提升工程、乡村人民调解委员会建设工程、社会志愿者法律服务提升工程。

第七篇　强化规划实施，谱写好中国梦的盱眙篇章

第二十三章　创新实施机制

维护规划权威。本规划纲要是全县各地、各部门制定区域规划和专项规划的主要依据，经县人代会审议通过、完善出台后，不得擅自修改、随意调整，确保其刚性约束力和权威性、严肃性。严格贯彻落实《江苏省发展规划条例》和《淮安市发展规划管理办法》，规范规划修编程序，增强规划修编的公开性和透明度。

强化规划执行。按照本规划确定的目标和任务，明确年度目标、工作指标和推进措施，制定国民经济和社会发展年度计划、财政预算计划等。强化规划执行督查机制，加强县人大、政协对规划实施行为的督查检查，确保规划成果顺利转化。

实施规划评估。建立健全发展规划前期评估、中期评估和后期评估相衔接、定量评估与定性评估相配套、政府自我评估与第三方评估相结合的规范完善的规划评估体系，将规划评估结果作为规划修编的主要依据，提高规划评估的客观公正性和约束指导性。

健全考核机制。本规划确定的约束性指标要分解落实到县有关部门和各乡镇，纳入部门、乡镇科学跨越发展目标考核，实行规划目标责任制。建立规划实施情况纳入相关党政领导干部任期考核和离任审计机制，确保本规划纲要得到严格执行。

第二十四章　履行政府职责

加强组织领导。强化主体意识，明确政府和各部门对规划实施工作的具体职责和责任。各部门按照发展总体规划要求，修订完善相关中长期规划和编制近期专项规划，并按“多规合一”要求形成合力。

凝聚社会力量。加强规划宣传，着力推进规划实施的信息公开，进一步完善规划实施公众参与和民主监督机制，健全政府与企业、社会的信息沟通和交流机制，发挥新闻媒体、群众社团的桥梁和监督作用，促进规划实施，接受社会监督。组织各乡镇对规划进行系统学习，让规划理念和目标任务深入人心。

强化项目支撑。以规划带动项目建设，以项目促进规划落实。加强重点项目前期工作，健全重点项目储备库，形成谋划一批、启动一批、竣工一批、储备一批的年度项目滚动机制。加强项目实施的资金、土地等要素保障。

加大政策保障。按照规划确定的目标和任

务,研究制定规划实施的财政、金融、税收、价格、投资、产业、土地、人口、环保等相关配套政策,合理配置公共资源,有效引导社会资源。加强宏观经济监测预警,动态调整和完善宏观政策,把短期调控政策和长期发展政策有机结合起来,并加强各项政策协调配合,确保规划的有效实施。

附　图

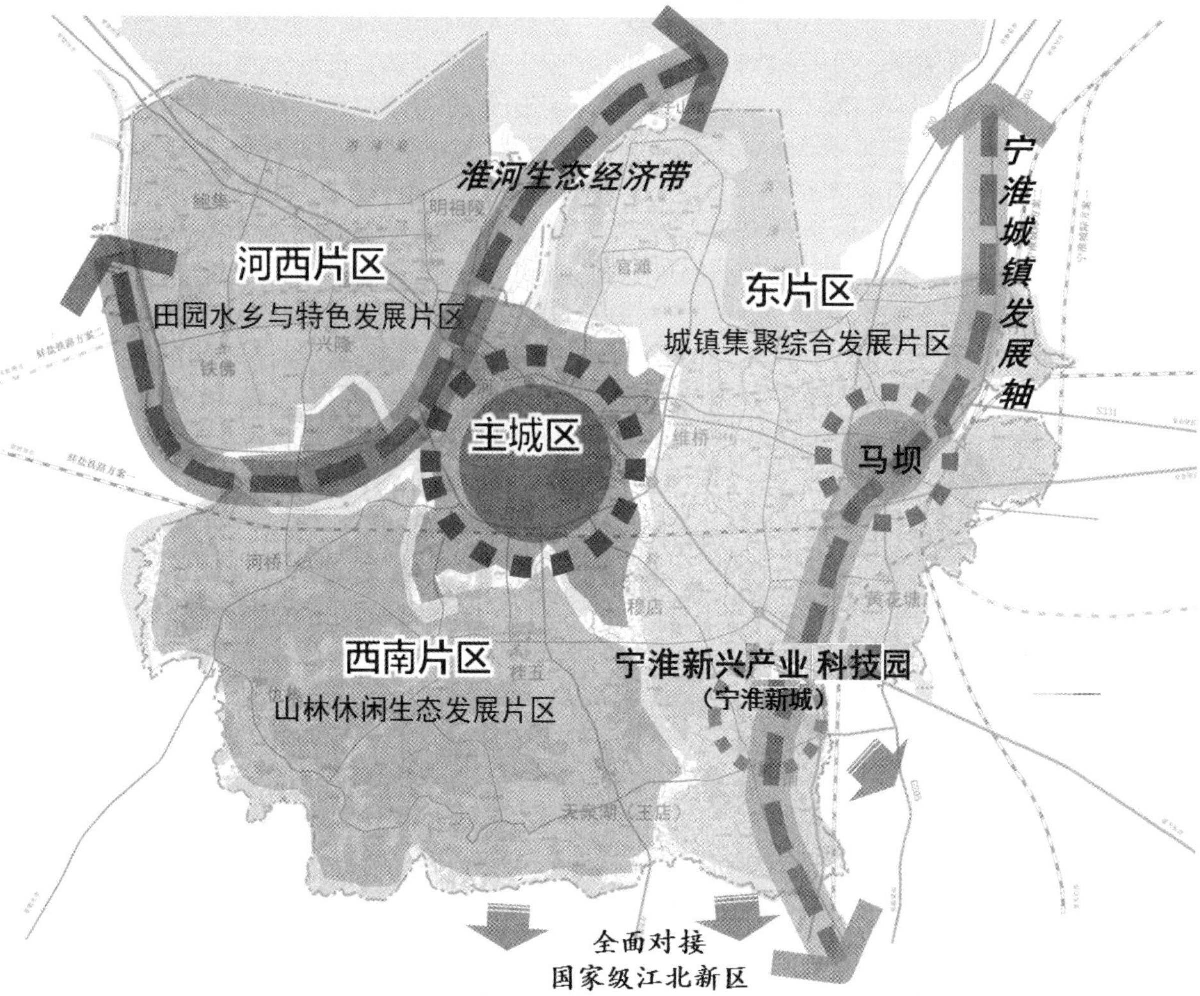

图1　盱眙县域空间开发引导示意图

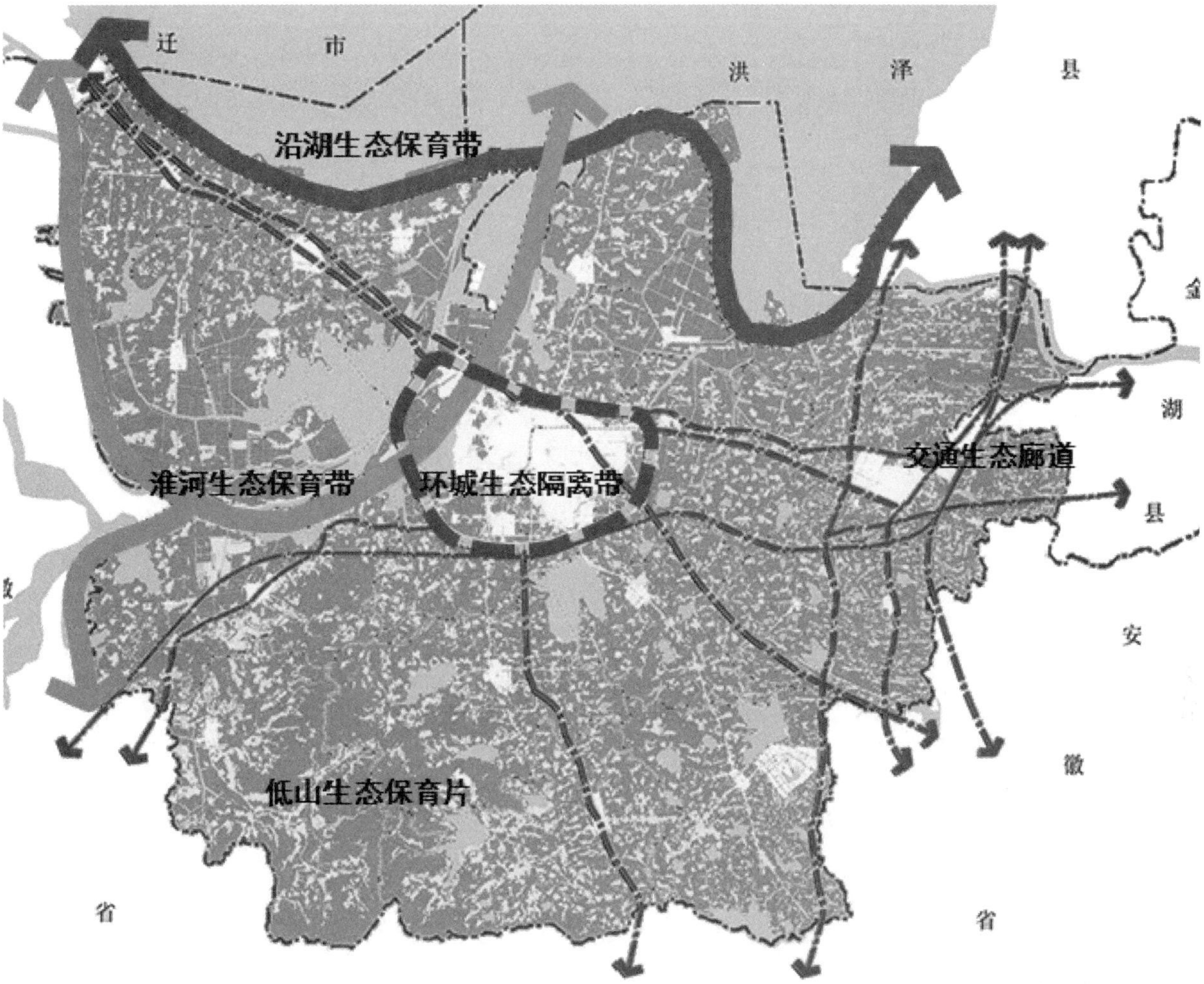

图2 盱眙生态安全格局示意图

附　　表

表1 “十三五”经济社会发展主要指标

分类	指　　标		2015年预计	目标值	增　　速(%)	属　性
经济强	地区生产总值(万亿元,2015年价)		320.13	>500	10-12	预期性
	一般公共预算收入(亿元)		34.98	51.4	8左右	预期性
	规模以上工业增加值		175.06	266	9左右	
	全员劳动生产率(万元)		8	>12.3	10-12	预期性
	城镇化率	常住人口城镇化率(%)	50.3	55	提高4.7个百分点	预期性
		户籍人口城镇化率(%)	47	50	提高3个百分点	预期性
	研发经费支出占地区生产总值比重(%)		1.7	2.5	提高0.8个百分点	预期性
	科技进步贡献率(%)		50	60	提高10个百分点	预期性
	每万人发明专利拥有量(件)		3.3	8	提高1.4倍	预期性
	消费对经济增长贡献率(%)		40	50	提高10个百分点	预期性

续表

分类	指标		2015年预计	目标值	增速(%)	属性
经济强	服务业增加值比重(%)		43.6	49	提高5.4个百分点	预期性
	高新技术产业产值占规上工业产值比重(%)		27	33	提高6个百分点	预期性
	现代农业发展水平(%)		76.6	85	提高8.4个百分点	预期性
	信息化发展指数		—	90		预期性
	宽带接入能力	城市(Mbps)	20	100	提升80Mbps	约束性
		农村(Mbps)	8	50	提升42Mbps	
百姓富	城镇居民人均可支配收入(元)		28359	>40000	10-12	预期性
	农村居民人均可支配收入(元)		13295	>20000	10-12	预期性
	人均预期寿命(岁)		75	79	增加4岁	预期性
	新增劳动人口平均受教育年限(年)		10.3	12.2	增加1.9年	预期性
	18周岁人口高等教育入学率(%)		55	60	提高5个百分点	约束性
	城镇就业	城镇调查失业率(%)	—	—	控制在4%内	预期性
		五年新增城镇就业(万人)	—	3	年均0.6万	预期性
	城乡基本社会保险覆盖率(%)		95.93	98	提高2.07个百分点	约束性
	城镇常住人口保障性住房覆盖率(%)		14.73	20	提高5.27个百分点	约束性
	每千人执业(助理)医师数(人)		2.3	2.5	增加0.2人	约束性
	每千名老年人养老床位数(张)		44	70	增加26张	约束性
	人均拥有公共文化体育设施面积(平方米)		1.8	2.3	增加0.5平方米	预期性
环境美	非化石能源占一次能源消费比重(%)		—	8	—	约束性
	单位地区生产总值能耗降低(%)		—	完成省定指标	—	约束性
	单位地区生产总值二氧化碳排放降低(%)		—	15	—	约束性
	主要污染物排放减少(%)	化学需氧量	—	完成省定指标	—	约束性
		二氧化硫	—		—	
		氨氮	—		—	
		氮氧化物	—		—	
	空气质量达到二级标准的天数比例(%)		75	80	提高5个百分点	约束性
	地表水优于Ⅲ类水质的比例(%)		100	100	保持稳定	约束性
	林木覆盖率(%)		31	31.1	提高0.1个百分点	约束性
	单位工业增加值用水量降低(%)		—	18	保持稳定	约束性
	村庄环境整治达标率(%)		100	100	保持稳定	预期性
社会文明程度高	法治建设满意度		90	92.5	提高2.5个百分点	预期性
	公众安全感(%)		—	90		预期性
	城乡和谐社区建设达标率(%)		93.5	95	提高1.5个百分点	预期性
	每万人拥有社会组织数(个)		6	10	增加4个	预期性
	社会文明程度测评指数		—	90		预期性
	城乡居民依法自治	城镇居委会依法自治达标率(%)	100	100	保持稳定	预期性
		农村村委会依法自治达标率(%)	100	100	保持稳定	预期性
空间管控能力强	开发强度(%)		—	16.8	—	约束性
	耕地保有量(万公顷)		11.2	11.2	保持稳定	约束性
	生态红线区域占国土面积比重(%)		29.2	29.2	保持稳定	约束性
	城镇、农村、生态三类空间比例		—	15.29:55.51:29.2	—	约束性

表2 "十三五"重大项目初步安排表

序号	项目名称	建设规模	建设起止年限	计划总投资
	合计	合计45个		8,640,013
第一部分	十三五期间实施项目	实施项目35,储备项目10个		
一	重大基础设施(21个)			
(一)	农业水利(6个)			
1	洪泽湖退圩还湖、清淤增容工程	调蓄淮河上、中游15.8万平方米来水的平原水库,总库容量135亿立方米,是"南水北调"工程东线部分的过水通道,多年平均淤积率50.1%,按多年平均淤积量327吨计算,1983~2014年淤积来沙10796万吨,库容减少12.05亿立方米	2016~2020	200000
2	洪泽湖周边滞洪区安全建设工程	计划新建、改造排灌泵站30座,加固、护砌主堤70公里,加固岗堤120公里,疏浚圩内排水大沟10条24公里,开挖、整治截水沟166公里,新建撤退道路30公里	2016~2020	30,000
3	鲍集圩行洪区及"三滩"渐进式移民工程	鲍集圩行洪区和"三滩"共需搬迁安置移民15687户,59135人,其中:鲍集圩行洪区计划搬迁安置移民9590户,37033人,涉及鲍集、铁佛、兴隆、淮河等4个乡镇18.0m高程线以下的27个圩区;淮河镇"三滩"搬迁安置移民6097户,22102人	2016~2020	100,000
4	龙王山水库水源地达标建设	龙王山水库东、西侧二级保护区清淤三万平方米,河道疏浚、整治全面完成,建设保护区边界隔离网2.5公里,建设背水坡绕行道路1.5公里,水库水域周边种植防护林,集水区域生活垃圾收运处理、村庄生活污水收集处理体系,农业面源污染防治工程 。实施备用水源保护工程,包括清水坝引河清污分流、城东大沟改道工程,调水通道隔离网、标志牌、交通警示牌,清水坝引河断航,取缔码头、吊机	2016~2020	10,000
5	南水北调配套工程输水干线完善工程	计划新建、改造排灌泵站54座、水闸35座,疏浚引河10条43.6公里,新建护坡34.15公里	2016~2020	10,000
6	沿淮国际绿博园	在明祖陵建设高效农业、观光农业、生态农业,建设配套基础设施、园区道路升级改造等	2016~2020	50,000
(二)	交通(10个)			
1	235国道盱眙北段、331省道盱眙绕城段改扩建	全长57.353公里,一级公路	2014~2018	212,513
2	国道344盱眙段	盱眙至明祖陵镇段,全长25公里	2016~2020	45,000
3	省道601	全长50公里	2016~2018	90,000
4	省道330	二级公路,全长48.6公里(利用十老线18.25公里)	2016~2020	45,000
5	盱张线(X204)	二级公路,全长28公里	2016~2020	28,000
6	淮河沿线港口建设	升级为三级航道,在淮河沿线的官滩、管镇、铁佛及河桥建立4个港口	2016~2020	20,000
7	淮河航道升级	疏浚河道38万平方米,新建护滩5429平方米,标志标牌155座,整改桥梁2座,设置锚地1处,停泊区2处	2016~2019	55,000
8	盱眙县城综合交通优化	以开发区道路的市政化改造为重点,完善城市功能,提升城市形象,提高交通承载力。目前宝山路、铁山路、甘泉路道路改造已进入招投标程序	2015~2020	30,000

续表

序号	项目名称	建设规模	建设起止年限	计划总投资
9	省级重点中心镇(马坝、旧铺)综合交通优化、基础设施配套工程	市政道路建设,商业一条街立面、市政官网改造,集镇中心转盘改造,供水系统及污水处理设施	2015~2017	30,000
10	淮河大桥拆旧建新	淮河大桥引桥及桥面3公里	2016~2020	30,000
(三)	能源(5个)			
1	淮南—南京北—上海1000KV特高压输变电工程盱眙段	建设南京北变电站1座,1000千伏铜塔双回路61公里	2014~2016	260,000
2	800千伏晋北至南京直流特高压输变电工程	新建直流换交流的换流站一座及线路长度37.2公里	2015~2017	496,000
3	龙源风力发电	装机容量50兆瓦	2015~2016	50,000
4	洪泽湖沿岸风力发电项目	装机容量100兆瓦	2016~2018	100,000
5	淮河干线LNG应用示范项目	装配一座空温式气化器;水上加注趸船船长78米、型宽16米、型深3.2米,装配200立方米LNG储气罐,LNG加注油压吊臂1台,建造油货仓500吨及加油吊1台,具有柴油和LNG船舶双加注功能	2016~2019	36,000
二	重大产业项目(9个)			
(一)	制造业(3个)			
1	中弘高端轴承	建筑规模463494.7平方米,包括深沟球轴承分厂、滚子轴承分厂、精密轴承分厂、重型轴承分厂、汽车专用轴承分厂及配件园等	2013~2016	200,000
2	凹土纳米新材料开发利用	开采原矿15万吨,年加工脱色剂10万吨、分子筛2万吨、高黏剂3万吨。研发生产保水剂和污水处理剂等产品	2016~2020	300,000
3	盱眙高性能磁性材料产业园	年产500吨稀土永磁体生产线	2016~2017	35,000
(二)	服务业(6个)			
1	圣海·天鹅湖畔文化旅游中心	占地1500亩,其中水面1108亩,建筑面积56万平方米。包括高档国际社区、圣海乐园、环湖道路及附属配套设施	2013~2016	380,000
2	天泉湖翡翠谷养生居住社区	占地1348亩,建筑面积130万平方米	2014~2020	600,000
3	马坝"台资创业园"	重点发展机械装备、电子电器产业类项目,以台资企业、外资企业为主。2014年计划开发1000亩,基础设施达到"六通一平"	2016~2020	350,000
4	宁淮新兴产业科技园	规划面积45平方公里,启动区5.22平方公里,其中启动区一期位于都梁湖周边,总面积约2.56平方公里	2014~2017	300,000
5	盱眙港	港口及物流产业园集,建成集装卸、仓储、中转和物流服务为一体的综合性服务港口,占地面积约12.2平方公里	2016~2020	600,000
6	大云山西汉王陵墓遗址公园	建设博物馆、星级宾馆、道路、园林、休闲娱乐、旅游服务等设施	2016~2020	150,000
三	重大民生工程(5个)			
(一)	民生保障(4个)			
1	县人民医院2号病房楼	2号病房楼土建、装饰及附属设施,建筑面积25700平方米	2014~2016	26,500

续表

序号	项目名称	建设规模	建设起止年限	计划总投资
2	盱眙公共卫生服务中心和乡镇卫生院建设	建设占地面积30亩，总建筑面积15000平方米，集疾病控制、卫生监督、妇幼保健三大指导中心为一体公共卫生服务中心。提标建设乡镇卫生院5所	2016～2017	10,000
3	盱眙地方粮食储备库	建设仓容为4万吨的粮库、粮食培训中心及放心粮油配送综合服务楼、粮食应急加工厂、高科技粮食深加工工厂等配套设施	2016～2020	15,000
4	乡村文体设施建设	新建乡镇文化中心10个，完成数字农家书屋建设300个，全民健身中心10个，全民健身点300个	2016～2020	10,000
（二）	生态环保（1个）			
1	中再生苏北环保科技产业园	废旧金属、塑料回收利用	2015～2018	106,000
第二部分	十三五期间储备项目（10个）			
1	盱眙通用机场建设	建设小型通用机场1个，临时起降点6个	2016～2020	50,000
2	宁淮城际铁路盱眙段	设计时速250公里，全长184.081公里，盱眙境内约42公里	2016～2020	800,000
3	冯铁营引河工程	淮河干流浮山以下段行洪区调整工程中的关键性工程，引河开辟后，可有效缓解淮干中游的防洪压力和降低水位，配合疏浚河道、加固堤防等措施。鲍集圩行洪区调整为洪泽湖周边滞洪圩区的一部分	2016～2020	300,000
4	抽水蓄能电站	建设规模60万千瓦，平均年发电量10亿千瓦时	2016～2020	380,000
5	新能源汽车制造	生产制造新能源汽车、客车等，年生产规模1万辆	2016～2020	300,000
6	甘泉山养生养老	在甘泉山风景区内，建设养老养生服务基地	2016～2020	200,000
7	古泗州城开发	考古勘探已经确认泗州古城的具体位置、走向、内外城墙及其结构和构筑方法、五座城门的位置和其中部分城门的平面形状以及城内的主要街道、古汴河等的位置结构，按原貌分期复建	2016～2020	100,000
8	盱眙-淮河入湖口廊道风景区	项目包括城市桃源、体育公园、象山公园、第一山国家森林公园升级改造、宝积山、淮河水上航线升级、中澳乐博园、满江红龙虾养殖基地等，淮河沿线交通配套设施、淮河风光带夜景生态保护工程等	2016～2020	300,000
9	铁山寺生态功能区建设	重点发展休闲度假、生态旅游、康体养生、文化体育和生态农业等产业，加强环天鹅湖生态保护，打造环湖生态区，发展绿色低碳养老社区，打造品质宜居生态环境	2015～2020	500,000
10	盱城明清历史文化街区保护修复工程	淮河北路片区重点打造特色文化、民俗、休闲、游憩等多个特色空间，打造彰显山水城市特色的片区。淮河南路片区用地性质以居住用地为主，配套建设部分商业及公共服务设施，两个片区共9个项目	2016～2020	700,000

工 作 报 告

Work Report

县委工作报告

2016年12月30日在中共盱眙县委
十四届二次全体(扩大)会议上的报告

县委书记 梁三元

同志们:

今年四季度以来,全县上下认真学习贯彻十八届六中全会、省第十三次党代会、省经济工作会议、市第七次党代会、市七届三次全会等系列会议精神,一手抓冲刺全年、一手抓谋划明年。县委先后召开城市工作、农业农村工作专题座谈会、常委务虚会,常委同志分头到乡镇(街道)、部门、企业调研,为做好明年工作作了充分准备。特别是省委李强书记来盱调研时,对我们提出了个性化要求,坚定了我们走特色化发展路径的信心和决心,也为盱眙今后发展提供了根本遵循。今天,我们召开县委全体(扩大)会议,主要目的就是,深入落实中央和省市委决策部署,客观总结今年工作成效,研究部署明年工作的目标思路和重点举措,动员全县各级党组织和广大党员干部群众进一步认清发展走势,统一思想、凝聚共识,聚焦重点、狠抓落实,确保圆满完成明年各项任务,以优异成绩迎接党的十九大胜利召开。

下面,我根据县委常委会会议研究的意见,讲四个方面。

一、开局之年各项工作实现首战告捷

今年以来,在市委、市政府正确领导下,县委团结带领全县上下,以“向南向前”为引领,积极推进产业招商、城乡统筹、改革创新、民生幸福、社会事业、党的建设等各项工作,不断提升发展境界,经济社会发展呈现稳中有进、进中有新之势,全年预计完成GDP350亿元、增长9%,工业企业入库税金7.2亿元、增长17.5%,注册外资实际到账1.2亿美元、增长9%,圆满完成既定任务,“十三五”时期发展实现良好开局。

一年来,我们抓项目、建平台,产业发展增添新动力。坚持项目为王不动摇,以大项目带动产业结构调整,以大载体支撑产业集聚发展,三次产业的规模、质态和效益不断提升,发展后劲明显增强。聚焦项目引进。海选“招商先锋”,优化招商团组,举办专题推介,设立琅琊榜单,持续掀起产业招商热潮。葛洲坝环嘉产业园等156个重点项目成功落户。聚焦项目推进。建立县级领导“双会办”、乡镇部门“捆绑帮办”等工作推进机制,大力弘扬“新五办”作风,积极开展“四方五办在行动”活动,项目推进有力有效,港口产业园等37个项目列入市对县体系,光大生物能源等26个项目通过市对县竣工验收,重点项目在市对县考核中继续发挥支撑作用。着力提升企业质效,入库税收超百万元企业90家,超千万元企业8家,昌盛电气预计实现税收1.25亿元,成为第一家税收超亿元企业。聚焦平台建设。组建“两区两园”工作指挥部,全力推动关乎全局的重点工作。县经济开发区进入省同类园区第二方阵,国家级经济技术开发区创建正式启动,低效闲置企业处置稳步实施,一批10亿元以上重特大项目正在抓紧跟踪落实;宁淮产业园核心启动区基础设施建设全面拉开,与江北新区达成战略合作,省南北共建园区通过省发改委、省商务厅等7个部门审核,进入最后报批程序;港口产业园规划和建设同步推进,列为省级PPP试点项目,有望获得省财政大额贷款补贴,有力助推港区建设。

一年来,我们重统筹、促协调,城乡建设呈现新风貌。规划引领更加有效。全县城市总体规划修编成果报市待批,新一轮优化镇村布局规划编制全面完成,乡镇控规编制基本实现全覆盖。启动历史街区保护规划,持续完善各类专项规划和特色规划,城市化率较上年提高3.3个百分点。城市功能更趋完善。7个功能提升类项目建成使用,6个功能完善类项目加快推进,城区污水处理率达89.8%、燃气普及率达98.6%、绿化覆盖率达41.9%,与五年前相比实现倍增。乡村风情更富魅力。按照高层次策划、高标准规划要求,加快特色小镇项目包装,马坝的秦汉小镇、明祖陵的大明小镇、黄花塘的铁军小镇上报省财政厅,申请列入省PPP项目库,近期有望获得批准。兴隆、管镇、官滩、盱城、明祖陵5个乡镇获评村庄环境长效管护“五星级乡镇”,数量全市最多。盱城新华获批

全省休闲观光农业示范村，马坝大众创成省级“康居乡村”，官滩甘泉、兴隆黄庄被确定为省美丽乡村。生态环境持续改善，维桥河整治成效初显，高标准通过国家级生态县验收，“盱眙蓝”成为盱眙最为愉悦的色彩、老百姓人人享有的福利。现代农业特色鲜明，农业嘉年华有滋有味，休闲农业观光季多姿多彩。多业融合引领新风尚，虾稻共作新模式全省推广。“互联网+”取得新突破，淮河、旧铺创成省级电子商务示范镇。“旅游+”实现新提升，中澳乐博园成为全市唯一五星级乡村旅游区，我县获批国家级森林旅游示范县、江苏省乡村旅游创新发展示范县。

一年来，我们增动力、激活力，改革创新取得新突破。行政体制改革成效显著，相对集中行政许可权改革试点通过省级评估，在全省推广。综合行政执法改革试点持续跟进，市场监管等5支综合执法队伍组建完成。全面实施标准审批，营商环境明显改善，全年新增各类市场主体同比增长15%，入选2016年度中国最具投资潜力中小城市百强县市。农村土地确权登记颁证工作基本完成，覆盖238个村居12.7万农户。农村集体产权交易平台规范运行，集体产权交易步入正轨，全年成交金额达3.96亿元，土地流转风险有效降低，村居资源发包收入明显提高。金融创新持续突破，推动33家国有企业战略重组，成立国联、金控、都梁凹土、天源水务四大国有集团公司，完善现代企业运作模式和结构，年内各类融资有望到位100亿元；华洪新材料实现新三板上市“零突破”，博图凹土成为第一家省股交中心价值板挂牌企业。科技创新支撑有力，国家级高新技术企业新增11家，高新技术产业产值突破250亿元，占工业总产值四分之一，全县科技进步贡献率达53%，接近全国平均水平；凹土产业获批成立全市首个国家级专业标准化技术委员会工作组，凹土技术创新及产业化应用荣获省科学技术一等奖，实现零突破。

一年来，我们顺民心、惠民利，社会事业实现新提升。始终坚持财为民用，民生支出持续增长，十大类46项民生实事全面完成，城乡低保、农村五保等再次提标。群众生活有效改善，棚户区改造三年计划启动实施，龙城新天地等10个问题楼盘有效化解。社会事业协调发展，“文化四季歌”、“健身四季赛”精彩纷呈，城区15分钟文化圈、乡镇十里文化圈基本形成，建成省级公共文化服务体系示范区；教育现代化水平持续提升，创成“江苏省促进义务教育均衡发展先进县”；医疗卫生条件持续改善，分级诊疗、双向转诊模式有效落地，新农合参合率达100%，妇幼保健计划生育服务中心、恒康肿瘤医院等一批重点项目加快推进。扶贫开发富有实效，全县2.15万低收入人口实现脱贫、4个省定经济薄弱村达到“新八有”标准，黄花塘片区“点穴式”扶贫获得省级层面重点支持。城乡居民持续增收，人均可支配收入预计达到30620元和14490元，分别增长8%和9%。社会治理创新成效显著，平安盱眙、法治盱眙、信用盱眙建设深入推进。全面完成农村技防“村村通”工程，严厉打击各类违法犯罪，刑事发案率持续下降，公众有了更多的安全感；开展高危行业和重点领域隐患排查治理，安全生产形势平稳；构建多元矛盾化解机制，实现赴京非访“零登记”。创新建立信用联合激励惩戒制度，县法院关注留守儿童督促令被评为全省十大优秀法治案例，县检察院党务检务融合发展在全省政法队伍建设会议上作经验交流，县公安局“两提两知”社区警务工作法、“所队合一”模式成为全省品牌。向上向善蔚然成风，李银江荣膺江苏时代楷模称号，全国“最美农广人”陈士海、江苏省优秀女法官姚月梅等先进典型不断涌现。

一年来，我们抓班子、带队伍，党的建设得到新加强。坚持全面从严治党，抓好“两个责任”落实，认真贯彻《准则》《条例》，切实扛起主体责任。顺利完成县乡村三级党组织换届，选优配强各级党组织领导班子。务实推进“两学一做”学习教育，开通智慧党建云平台，开展党员干部立家风、行家规活动，制定党员“三清单”，出台党员“十不准”新规，推动党内教育由“关键少数”向全体党员延伸。聚焦能力素质提升，常态化举办“村书记论坛”，赴浙江大学、华东政法大学开展系列培训。创新干部管理监督方式，干部“健康档案”考评机制《人民日报》专题报道，“信息纪实网络管理”被中组部《典型案例汇编》收录。坚持挺纪在前，推动纪检组织向村居延伸，启动驻点巡察试点，准确运用“四种形态”，扎实开展关爱谈心，严格抓好同级监督，深入开展“两为”整治，查办“小五长”问题人员121名，公开质询评议主体责任落实不力单位，219名被查处人员中轻处分占68%，切实做到用纪律管住大多数。

回顾即将过去的一年,成绩来之不易。这些成绩的取得,是市委、市政府正确领导的结果,是县委新老班子接续奋进,全县各级党组织和广大党员干部群众同心同德、奋力拼搏的结果,也是各位老领导、老同志和社会各界鼎力支持的结果。在此,我代表中共盱眙县委,向所有为盱眙发展作出贡献的同志们、朋友们,表示衷心的感谢和崇高的敬意!

二、同心同德凝聚创新导向、富民导向、生态导向广泛共识

谋划安排明年乃至今后一段时期工作,我们必须清醒认识和准确把握面临的外部环境、内在条件和阶段性要求的新变化、新趋势。外部环境方面,从全省看,江苏传统产业厚重,经济转型任务重、压力大,结构调整正在经受着阵痛。前不久集中强制性去除"地条钢"产能,动作快、下手重、处置严,推进供给侧结构性改革的力度前所未有。今后,产业发展如果继续盲目扩张、不讲究质态和效益,道路必然越走越窄。省委提出聚力创新、聚焦富民两大工作重点,表明了江苏转型发展的方向和路径,看重"三个口袋"体现了省委鲜明的工作导向和工作标杆。这些省级层面的工作要求,必须成为我们谋划今后发展的重要指向。从全市看,随着行政区划调整的到位,苏北重要中心城市框架已经拉开,正在打造的港口、铁路、航空三大板块,使得淮安综合交通枢纽地位日益凸显。对盱眙来说,面临着宁淮两地的双向辐射,这样的格局将更加有利于我们当好"向南向前"的"前哨"角色。内在条件方面,客观讲,还存在不少明显短板。城乡统筹发展还不够协调,镇村发展相对滞后,基础设施、产业培育等诸多方面欠账较多。发展空间和资源环境约束加剧,老城区发展已经逼近城市边际线,新一轮城市规划修编后,几乎没有剩余空间,再想拓展,很难突破规划、国土、生态方面红线,这也倒逼城区只能转向做优做足存量。在生态环境倍受重视的大背景下,盱眙的环境位置变得尤为重要。我们是生态保护重点县份,处在南水北调重要水源地,影响到整个下游地区饮用水安全,同时也是省城重要的北部生态屏障。这些因素从某种程度上,决定了省市对盱眙发展的定位和要求,也决定着盱眙的发展方式和路径选择。阶段性要求方面,省委把富民提上了高水平小康建设的突出位置,这既是工作要求,更是政治责任。对照省委高水平小康"六个更"标准,对照我们自己确定的"一高双强"目标,最大的弱项在于富民。目前全省唯一一个贫困线以下的革命老区在我们这里,如果不能尽快补齐这一短板,我们将有可能成为小康路上"洼地中的洼地"。总的来看,我们所处的外部环境和内在条件在不断变化,机遇与挑战并存。全县各级党组织要深刻认识和准确把握发展中的变化,坚持创新导向、富民导向、生态导向,顺势而为,趋利避害,增强县域实力,实现跨越发展。

集聚创新这一核心动能。抓创新就是抓发展,谋创新就是谋未来。创新招商工作机制。继续高举项目为王大旗不动摇,从根本上推动招商方式转型,实施平台招商、专业招商、精准招商。以开发区、宁淮产业园、港口产业园、凹土产业园等园区平台为载体开展招商;整合招商力量,选派专门队伍,进驻上海、江浙、京津冀、珠三角等片区驻点招商;鼓励乡镇(街道)、部门自主招商,对乡镇(街道)、部门面上招商引资工作的考核,以奖为主,在大目标考核中占有适当分值,不作为否决项目。创新目标考核机制。深化实施差别化考核,不搞一刀切。科学设定乡镇(街道)、部门考核内容,进一步拉大乡镇之间的差别化距离,切实发挥考核杠杆作用,让考核导向与乡镇(街道)、部门的工作实际最大限度契合。坚持求真务实的工作评判标准,乡镇(街道)干部要眼睛向内,把主要精力放在谋划镇村发展上。具体来讲,乡镇(街道)要力求做到"五个上台阶",即:镇村实力上台阶、环境面貌上台阶、服务群众上台阶、和谐稳定上台阶、党的建设上台阶。县直部门工作要聚焦服务发展和向上争取两个重点,评判部门工作优劣,主要看本职工作在全省全市的位置,看特色亮点工作的多少,看向上向外争取政策、项目、资金的多少。具体来讲,就是确立"123"的工作追求:"1",就是要有1个在全国有影响的创新创优项目;"2",就是要有2个在全省示范推广的创新试点;"3",就是要有3个以上在全市有重大影响的特色亮点,把部门的主要精力投放到主业主责上,为盱眙发展谋求实惠,多作贡献。不再将经济指标分解到各个部门,强化指标主管部门职能,对承担指标的部门进行专项考核奖惩;同时,秉持为担当者而担当原则,县里将加大对指标承担部门的支持力度,明确相关县级领导指挥调度、统筹协调,在人力、财力上进行倾斜，为他们创造性开展工作营造良好环境。

聚焦富民这一根本目的。治国有常，利民为本，富民为先。要把居民收入、企业利润、财政收入“三个口袋”鼓起来，作为我们工作的出发点和落脚点。大力招引发展前景好、工资标准高的项目，延伸拉长产业链条，围绕龙头企业做好上下游配套项目，实现产业富民。鼓励扶持有创业意愿和创业能力的能人上项目办企业，实现创业富民。抓好职业技能培训，提高劳动者素质，创造更多的岗位，实现就业富民。大力发展养生养老、休闲观光、农业旅游等生态型经济，实现生态富民。研究好、承接好、转化好各类政策，实现政策富民。运用新技术加快转型升级，提高经济效益，实现科技富民。要着力补齐富民短板，重点抓好黄花塘片区和纳入西南岗片区2个乡镇的脱贫攻坚，积极向上争取对接，分类实施精准扶贫，确保在小康建设新征程中一个不少、一户不落。

彰显生态这一独特优势。绿色是盱眙最美的本底，生态是盱眙最大的优势。要站在盱眙未来发展根本出路的高度，来认识和对待生态引领、绿色发展。我们可以自信地讲，在苏北板块中，盱眙是最有条件、最有基础、最有底气发展生态产业、生态经济的。打好生态这张牌，是我们的必然选择。不但可以得到省级财政的直接支持，而且有利于推动发展转型升级。这是真正利长远、得实惠的好事实事。我们要主动作为，全力争取，通过发挥生态优势，彰显生态特色，努力把盱眙建成全省生态引领绿色发展示范区。

三、狠抓各项举措落实奋力建设美好盱眙

新的一年，是“十三五”发力之年，抓好各项工作举措的落实至关重要。我们要坚持稳中求进工作总基调，牢固树立和贯彻落实新发展理念，以提高发展质量和效益为中心，紧扣“两聚一高”，聚焦“一高双强”，持续“向南向前”，明确目标，主攻重点，奋力建设“品位繁荣智慧文明幸福”美好盱眙。明年经济增长预期目标为9%，固定资产投资增长15%，注册外资实际到账1.2亿美元，城镇居民人均可支配收入增长9%以上，农村居民人均可支配收入增长10%以上，实现可用财力稳步增长，确保科学跨越发展考核继续走在全市前列。

（一）着力建设城乡一体、面貌一新、生态一流的“品位盱眙”

城市让生活更美好，乡村让城市更向往。要统筹推进城乡发展，坚持以城带乡、以乡促城、城乡互动，精致规划、精品建设，塑造个性、彰显特色，完善城市功能、建设美丽乡村，为城乡百姓提供宜居宜业宜游的生产生活环境，让盱眙的城乡大地既有活力也有魅力、既有个性更有品位。

打造现代宜居之城。加快推进撤县设市，按照现代城市标准规划建设。践行新的规划理念。树立“紧凑集约、精明增长”规划理念，加快城乡建设规划、土地利用规划等“多规合一”进程，推动规划全面落地。完善雨污水、燃气、管线等专项规划和绿地系统、停车设施等特色规划编制。实现新一轮乡镇总规修编全覆盖。打造精品工程。突出抓好功能性项目，精雕细琢、精益求精，建设一批宜居宜业宜游项目。加快沿淮风光带建设，实现“显山、透绿、出新”。实施嘉喜转盘生态湿地公园和大明湖西侧小花海建设，增加城市生态板块。推动城市桃源等海绵城市项目建设，增加精品绿地面积。完善城区功能配套。创新投入机制，采用PPP等模式吸纳更多市场主体和社会资本，参与公共服务和基础设施建设。加快公厕、垃圾中转站、停车场、道路等公共设施建设，完成东方商城等15个老旧小区和巷道自来水管网改造，新建8个老旧小区燃气低压管网，加快中安家天下等商业综合体建设。构建大交通格局。突出互联互通、外联内畅，聚焦高铁、高速“两高”，打通对外快速通道，争取宁淮城际铁路在马坝设站。贯通国省干线、县域骨干道路、农村公路“三路”，构建对内循环路网，全面实施601省道改扩建、235国道盱眙北段和环龙泉湖路二期项目建设。丰富城市文化内涵。突出历史传承和自身优势，加快历史文化名城创建，留住城市特有的文化特色、民俗风情、建筑风格等“基因”，把盱眙建设成为有历史记忆、地域特色和个性鲜明的精品。

建设新型特色镇村。把新型城镇化和新农村建设紧密结合起来，推动重点中心镇、特色乡镇建设管理，构建特色鲜明、布局合理、功能完善、规模适度的现代城镇体系。推进特色小镇建设，坚持整体推动、重点打造、分批建设，启动龙虾小镇、凹土小镇、秦汉小镇、星空小镇建设，规划好策划好大明小镇、铁军小镇、淮河生态小镇、陡湖金斗小镇，力争打造1～2个省级或市级特色小镇。丰富美丽乡村内涵，完成黄花塘新街、旧铺新铺、铁山寺古城林场等7个美丽乡村建设。完善镇村基础设施建设,推进燃气、供水、污水处理等基础设施向镇村延伸;加快推进淮河、管镇天然气综合站建设,实现河西片区7000户居民生产生活集中供气;实施饮水安全提质增效工程,完成管镇等5个乡镇自来水管道更新,建成城东水厂,扩建桥口水厂。推行城乡客运一体化,加快公交线路向镇村延伸。

彰显山水生态魅力。巩固国家级生态县创建成果,严格执行生态管护负面清单,抓好"两减六治三提升"任务落实,守好生态家底、打响生态品牌。改善城乡生态环境。实施城市环境综合整治行动,加强背街小巷、老旧小区等环境治理。实施村庄环境改善提升行动,强化村庄环境长效管理机制,积极开展"五星级乡镇""康居乡村"创建。完善城乡垃圾收运体系,试点实施生活垃圾分类回收和集中处理,完成全县95个行政村污水处理和垃圾清运。强化生态保护监管。建立健全环保信用、排污许可、生态环境损害追责等一系列生态保护机制。更大力度治理各类环境污染,实施饮用水源检测预警体系工程,强化农业面源污染防治,完善开发区污水管网建设,提高光大集中供热覆盖率。策应生态保护引领区建设。目前,盱眙已初步被列为全省8个生态保护引领区之一,这就要求我们在做好生态保护和生态监管的同时,必须全力谋划和发展生态经济。要加大向上争取力度,用足用好生态保护引领区的各类扶持政策。重点包装好以维桥河整治为目的的生态整治类项目,以陡湖湿地保护为支撑的生态修复类项目,以淮河入湖口景观打造为主体的生态小镇类项目,真正让盱眙的绿水青山变为金山银山。

(二)着力建设产业体系优、平台载体强、创业氛围浓的"繁荣盱眙"

园区强则产业兴,产业兴则城市旺。要以转型升级为引领,以特色主导产业培育为抓手,以大众创业、万众创新为补充,努力形成项目建设红红火火、平台建设蒸蒸日上、产业发展欣欣向荣、群众创业蓬蓬勃勃发展态势,打造产业结构更优、经济质态更好、综合实力更强的"繁荣盱眙"。

创新务实推进招商转型。集中力量、整合资源,改变方式方法,进一步提高产业招商专业化、精准化、科学化水平。突出抓好专业招商。重组招商机构,构建"一办一局四片区"组织架构。一办,就是将产业招商办调整为产业发展办,统筹县级层面产业研究、政策制定、项目引进和推进、考核管理等工作。一局,就是充实投资促进局,与重点办合署办公,在产业办的领导下,具体负责全县产业招商管理工作。四片区,就是组建上海片区、京津冀片区、江浙片区和珠三角片区招商局,开展"组团式"专职驻点招商。片区招商局人员从全县股级以上后备干部中选拔,由投资促进局统一管理,在片区招商局局长领导下开展工作。每个片区招商局全年至少引进5亿元项目1个、亿元项目4个。全力推进园区招商。各园区自行组建专职招商队伍,围绕园区产业发展方向开展精准招商。经济开发区要发挥产业招商主力军、项目建设主阵地作用,锁定高端装备制造、电子电器信息(半导体)和新材料等高新技术领域,重点承接上海等地产业转移,全年至少引进1个10亿元项目、2个5亿元项目、5个亿元项目。宁淮产业园、港口产业园、凹土产业园要结合项目落地的实际承载力,招引一批科技成长型、临港产业类、凹土产业化项目,全年至少引进1个5亿元、3个亿元项目。各园区要围绕自身定位做好产业规划、项目评审、帮办服务工作。鼓励开展自主招商。未列入专业招商、园区招商范畴的单位,鼓励进行自主招商,并在线索提供、政策扶持、项目推进等方面做好服务,形成人人关注招商、个个参与招商的生动局面。原则上,有平台的乡镇(街道)全年至少引进2个亿元项目,其余乡镇(街道)和所有A组部门至少引进1个亿元项目。

既快又好推进平台建设。聚焦"两区两园",加强资源调配、优化规划布局、完善配套设施、推动产业升级,着力打造盱眙经济发展重要增长极。做实做强经济开发区。加快国开区创建步伐,对存在问题、薄弱环节抓好整改、补齐短板,确保生态环保、科技创新等指标达到标准。拓展园区空间,与上海产业合作促进中心合作,共建2平方公里特色园区,培育新的增长点。加大低效企业处置力度,全年盘活土地存量不低于1000亩,盘活闲置厂房不少于20万平方米。力争全省同类开发区排名再进4位。做靓做特天泉湖旅游度假区。以创建国家级旅游度假区为引领,高标准编制总体规划,新建智慧旅游系统,完成污水管网、大型停车场等基础设施,加快护理院、疗养院、康复中心建设进度,丰富漂流、滑雪等旅游产品,打造华东地区休闲度假特色区、全国养生养老产业集聚区。做新做快宁淮产业园。加快基础设施建设,建成污水处理厂、商业综合体、游客中心、标准化厂房等功能项目,提高园区项目承载力。深化与江北新区合作,落实融合发展协议条款,对接江北新区"4+2"主导产业,承接1~2个产业项目。做实做活港口产业园。加快前期工作,完成土地规划、岸线调整等手续报批,实施PPP项目招标,争取获省财政补助。启动公用港区建设,先期建设10~15个通用泊位,初步建成仓储物流和产业配套中心。

精准发力推进产业培植。围绕到"十三五"末形成1~2个销售超300亿元、3~5个销售超100亿元的产业目标,对现有产业体系提档升级,着力构建"321"产业体系。做大"一高两新"主导产业。300亿级高端装备智造产业,以钢管轴承、数控机床、电子电器等为基础,瞄准轨道交通、3D打印、智能家居、工业机器人等产业前沿,推动氢动力汽车、金俊装备制造、浩鑫电脑等重大项目尽快落户,力争2017年率先突破百亿能级。100亿级新材料产业,围绕凹土、磁材、光学膜、动力电池材料等领域,延伸产业链、提升价值链、突破创新链,打造创新能力突出的国家级新材料产业基地;重点加快凹土产业集团上市步伐、力争在新三板挂牌,推动北矿磁材项目落户,确保新能源电池材料产业园竣工投产。100亿级新能源产业,以新能源动力电池、新能源技术研发、新能源设备制造为主攻方向,有序推进新能源电站建设,打造产业链较为完整的新能源产业基地。做强龙虾旅游两大特色产业。充分发挥龙虾节等平台集聚作用,更多运用市场机制,创新举办第十七届中国·盱眙国际龙虾节,使龙虾节成为投资环境的"放大器"、优质资源的"强磁场",推动产业持续壮大。200亿级龙虾产业,在全产业链发展、连锁化经营、品牌创新三个方面谋求新的突破,盱眙龙虾江北新区旗舰店明年龙虾节前开业,实现经营连锁化和标准规范化;正常运转龙虾产业股份公司,提升盱眙龙虾实体化发展能力;积极拓展虾稻共作,新增虾稻共作面积10万亩,大力发展健康种养,培育盱眙"虾稻米"知名品牌;加快龙虾交易中心和龙虾交易市场建设,打造全国最有影响力的龙虾交易集散地。100亿级旅游产业,坚持"泛产业融合、全域化旅游"理念,扎实推进国家级全域旅游示范区、康养旅游示范基地建设,编制黄金旅游线路规划,完成旅游导览系统建设和旅游咨询点规划布局;提升景区管理水平,推动明祖陵国家4A级景区"复牌";创新营销模式,与途牛、携程、中青旅等开展合作,打造精品线路。做优生命健康新兴产业。100亿级生命健康产业,以金陵天泉湖养生养老社区为龙头,大力发展健康养老、医疗服务、体育休闲、生物制药、医疗器械等业态,打造全国知名的生命健康产业基地。"321"百亿级产业培植,要突出抓好两个实现路径。一是实施全产业链招商,聚焦产业招大引强,引进一批重特大项目,做粗做长产业链条。二是实施规模化、集团化发展,依托龙头企业组建一批产业集团,增强现有产业市场竞争力,推动产业规模不断扩大、能级持续提升。

多措并举推进全民创业。增加群众收入,最大的潜力在于创业。我们既需要顶天立地的大企业来带动,也需要铺天盖地的草根经济来支撑。要高度重视全民创业的富民作用,采取积极有效方式,点燃创业激情,实现做大做强。丰富创业载体。出台更加优惠的政策,盘活乡镇工业集中区闲置的厂房、镇村废弃的学校等各类资产资源,支持鼓励全民创业。提升印象盱眙电商产业园等创业平台服务功能,打造一批低成本、便利化、开放式的创业服务载体,为创业者提供政策解读、融资担保、人才培训、管理咨询等配套服务。选择一批基础条件好、创业氛围浓的乡镇(街道)、村居(社区),创建省级创新创业示范点。突出创业扶持。积极落实中央和省市县创业扶持政策,细化创业补贴、贴息贷款等实施细则,引导在外事业有成人员返乡创业、鼓励更多的城里人到农村创业、支持县内有意愿有能力的自主创业,持续掀起全民创业新高潮。开辟创业项目审批绿色通道,实行优先便捷办理,减免部分规费。启动创业项目大赛,通过"以赛代奖",加大对创业者的支持力度。定期举办创业沙龙、银企对接、创业讲堂等活动,传授创业知识、分享创业心得,提高创业的成功率。强化典型示范。分类选树一批"草根"能人、创业"达人"先进典型,通过宣传表彰、现身说法、结对联系等方式,发挥示范带动作用,坚定大众创新创业的信心和决心,努力营造"人人想创业、个个敢创业"的浓厚氛围。

(三)着力建设创新驱动、改革推动、活力涌动的"智慧盱眙"

盱眙人民有开放开明的好传统、改革创新的

大智慧。站在新的起点上,我们要策应时代变化,勇立变革潮头,善于以信息化的手段管理城市、革故鼎新的谋略推进改革、包容天下的胸怀扩大开放,在盱眙发展过程中融入、集聚、释放更多的智慧元素。

在精细管理中融入智慧。启动智慧城市建设,加快数字城管向智慧城管转变,争创省级优秀管理城市。坚持规划引领,启动智慧城市建设规划编制,统筹整合城市各类信息系统,推动城市管理数字化、精细化、智能化。创新城市管理机制,建立现代信息工作平台,推进网格化管理。组建"天眼"系统,借助高清探头、无人机巡航等现代技术手段,对交通秩序、市容市貌、违章建筑进行重点监管,实现"一台电脑"掌控全城。实施智能照明工程,通过智能控制终端、数据通信、云计算及地理信息系统融合,实现"一把闸刀"管亮化。推动公交IC卡全省互联互通,实现公交运营智能调度。打造"城市服务"智慧平台,汇聚交通、社保、政务互动等民生服务功能,通过智能终端实现智慧出行、智慧消费、智慧医疗,给市民带来更多个性化体验,努力实现"以人为中心"的智慧生活。

在深化改革中释放智慧。突出抓好事关全局的重点改革,确保改有所进、改有所成。推动行政体制改革再提速。全面推进行政审批制度改革标准化,深化综合执法改革,建立信息推送平台,实现行政许可、日常监管、行政处罚3个方面信息实时流转,保障执法工作顺畅有序。抓好"不再审批"省级试点,全面实施证照联办、全程代办,加快政务服务"一张网"建设,确保营商环境继续走在全国前列。推动市场主体活力再迸发。借助金融杠杆撬动经济发展,加快都梁凹土等国有企业实体化经营、市场化转型,新增主体评级AA+企业1户、AA企业1户。深化金融改革,依托国联等国有平台,通过争取政策性银行贷款,成立产业基金、发行公司债、企业债、美元债、融资租赁等形式,扩大对外融资,力争实现融资120亿元以上。推动农村综合改革再深化。加快构建新型农业经营体系,推进家庭经营、合作经营、企业经营等农业经营方式创新。突出深化农村产权制度改革,推进农村土地流转,促进农业规模经营,扩大土地承包经营权抵押贷款试点范围,让农民真正成为农村土地的主人。深化户籍制度改革,全面放开县城、建制镇落户条件,推行全县范围内本地居民户口通迁制度。推动多领域改革再延伸。深化教育领域综合改革,探索建立教师专业发展的提升机制,争创"全国中小学校责任督学挂牌督导创新县"。加快推进县级公立医院改革,建立医院法人治理模式。坚持司法为民、公正司法,积极推进审判权运行机制和法院人员分类管理改革,着力解决案多人少和"执行难"等问题。

在扩大开放中集聚智慧。以开放集聚资源。扩大对外人文交流,在文化、教育、卫生等领域实现新突破。拓展外向型产业发展领域,在制造业、生产性服务业、新能源、现代农业等领域加大利用外资力度。加强与南京、上海等地旅游合作,把更多的人气、财气吸引过来。以开放集聚要素。围绕创新主线,构建以企业为主体、市场为导向、产学研相结合的创新体系。争取中科院盱眙凹土研发中心纳入省产业技术研究院产业创新中心体系,建成2个省级工程技术中心,新培育2户省级高新技术企业。完善科技服务体系,发挥创新政策和科技资金杠杆作用,引导企业增加研发投入、拓展对外合作,企业研发投入占全社会研发投入比重达85%以上。抓好科技服务站建设,发挥科技镇长团作用,加强与南京财经大学、邮电大学等知名院校对接,让大院大所的项目和资源,源源不断涌向盱眙。以开放集聚智力。增强柔性引才实效性,广聚天下英才而用之。大力实施"盱眙英才计划",围绕主导产业发展需要,培养引进一批专业拔尖、掌握核心技术的创新型领军人才,力争引进国家"千人计划"专家2人以上,省"双创"计划人才3人以上、市"淮上英才"计划5人以上,为盱眙发展提供更加有力的智力支撑。

(四)着力建设文明有序、文化昌明、平安和谐的"文明盱眙"

文明是一个地方最为温暖的底色,也是最为深厚的软实力。要推动社会主义核心价值观落细落小落实,深化社会治理创新和平安法治建设,使向上向善价值观成为广大市民植根于心的修养、无需提醒的自觉、以约束为前提的自由、为别人着想的善良,打造市民素质高、文化底蕴厚、城市形象优的"文明盱眙"。

建设文明有序之城。启动全国文明城市提名城市创建,建设更高水平文明城市。培育社会文明新风。以文明创建为抓手,实施文明有序提升工程,从交通红绿灯、文明礼仪、讲法守信等方面抓起，针对重点区域、难点问题开展专项整治，开展文明礼仪月、十佳文明市民评选等活动，让“住文明城、做文明人”成为自觉行动，引导人们在社会做个好公民、单位做个好职工、家庭做个好成员、学校做个好学生。突出先进典型引领。大力发掘各个行业、各条战线上的盱眙好人、道德模范、最美人物，不断放大李银江“时代楷模”典型效应。积极推动志愿服务事业发展，完善社会志愿服务体系，激发群众参与公共事务、公益活动热情。加强正确舆论引导。全面落实意识形态工作责任制，把握正确舆论导向，壮大主流舆论，持续传播盱眙好声音。加强网络舆论引导，关注网络民情民意，健全网络舆情应急处置机制，走好网上群众路线，发展积极向上的网络文化，确保“网上盱眙”文明有序。

建设文化昌明之城。文化是城市独一无二的印记，更是城市的精髓和灵魂。要努力建设文化凝聚力和引领力强、文化事业和文化产业强的文化强县。大力发展文化事业。实施“文化精品工程”，推出一批把握时代脉搏、体现地域色彩、具有艺术感染力的优秀作品，重点打造弘扬新四军铁军精神的大型文艺演出。放大“都梁文华奖”效应，扶持文艺工作者创作更多精品。实施“特色培育工程”，继续打造“一乡一特、一镇一品”文化品牌，加强对盱眙地域文化、历史文化和非物质文化遗产的挖掘、保护、传承。实施“文化惠民工程”，完善县乡村三级公共文化服务网络，重点推进村级综合文化中心建设，深入开展“四送四进”公益性文化活动，积极推进全民阅读和“书香盱眙”建设，充分发挥大剧院、体育馆等公共文化平台作用，不断丰富群众文化生活。大力发展文化产业。加大政策扶持力度，引入社会资本，建设一批文化特色产业基地。加快推进新四军文化园、大云山汉王陵博物馆等重点项目建设，改造提升盱眙博物馆，启动建设盱眙名人馆，培育一批创意设计、广告会展企业，扶持一批有自主知识产权的中小文化企业。

建设平安和谐之城。加快推进治理体系和治理能力现代化建设，构建社会治理新格局。加强法治建设。深入实施“七五”普法，健全“谁执法、谁普法”机制，兴办法治惠民实事，广泛开展群众喜闻乐见的法治文化活动，让法治理念深入人心。加强执法司法规范化建设，突出文明执法、公正司法，构建覆盖城乡的公共法律服务体系，推动法律服务向农村基层延伸。健全诚信体系。实施信用体系建设全覆盖工程，推动信用管理中心实体化、规范化运行，试点工作继续走在全省前列。建立诚信“红黑榜”，深入开展“诚信示范街区”创建为载体的系列信用创建活动，构建守信联合激励、失信联合惩戒机制，在行政许可、政府采购、评先评优、信贷支持等工作中严加限制，让失信者寸步难行。促进社会和谐。深入实施“无讼村居”创建，构建“一综多专”大调解机制，从源头上预防矛盾发生。强化信访积案攻坚，依法解决信访难题。落实安全生产“一岗双责”，遏制重大安全责任事故发生。强化食品药品安全监管，提高食品药品综合检验检测能力，确保人民群众饮食用药安全放心。常态化推进社会治安专项治理，严密防范、严厉打击各类违法犯罪，让平安和谐成为盱眙的形象口碑。

(五)着力建设群众收入好、公共服务好、生活质量好的“幸福盱眙”

我们要始终坚持以人民为中心，持续加大民生改善力度，为群众做好事、办实事、解难事，让盱眙人民充分感受经济发展带来的获得感、公共服务带来的愉悦感、民生保障带来的踏实感，共同建设“幸福盱眙”。

千方百计促进就业增收。把富民作为高水平全面建成小康第一要务，积极促进群众增收致富。要促进充分就业，让群众有更稳定的工作。实施更加积极有效的就业政策，逐步实现公共就业服务平台镇村全覆盖，创建更多充分就业社区。落实好企业稳岗补贴、相关税费减免等政策，统筹做好高校毕业生、城镇就业困难人员等重点群体就业，建立健全就业援助制度，切实兜住就业底线。实施技能培训工程，重点培养专业技工队伍。要拓宽增收渠道，让群众有更满意的收入。完善最低工资调整机制，健全工资正常增长机制，促进居民收入增长与经济增长同步。鼓励城乡居民投资经营，显化资源资产资本效益，增加财产性收入和经营性收入，让盱眙老百姓的口袋更加殷实。

提质增效优化公共服务。提供优质高效便捷的公共服务，是维护改善民生的重要体现。要加快发展社会事业。继续加大投入，高标准办好民生实事，让发展成果更多惠及百姓。全力推进高水平教育现代化建设，优化学校布局，加快推进学校“改薄”工程,着力改善办学条件。实施乡村教师支持计划,不断提升义务教育质量,缩小城乡校际差距。不断提升职业教育水平,培养更多“盱眙工匠”。深化公立医院综合改革,完善分级诊疗和家庭医生签约服务制度,加强基层医疗卫生基础设施建设和人才培养,建成一批省级示范卫生院(室),培育一批“盱眙名医”。要完善社会保障体系。扎实推进全面参保,实施统一的城乡居民医保制度。建立健全大救助平台,推动城乡低保、五保供养、孤儿供养提标扩面,完善社会救助标准动态调整机制,探索建立低保标准与上年度城乡居民人均消费支出挂钩的调整机制,提升社会救助精细度。继续提高基础养老金标准,实施“尊老金”制度,深化医养融合模式,提高社会化养老服务水平。要提高住房保障水平。加快推进棚户区改造项目实施,提高货币化安置比例,压茬推进问题楼盘化解,实施鲍集圩行滞洪区及淮干“三滩”居民迁建工程,不断改善群众居住条件。

蹄疾步稳推动脱贫攻坚。坚持精准扶贫、精准脱贫,抓好低收入农户增收、经济薄弱村增收和片区扶贫开发三大重点,全年确保2.1万人脱贫、5个经济薄弱村实现“新八有”目标。推进片区扶贫。抢抓黄花塘革命老区“点穴式”扶贫和西南岗片区管镇、鲍集2个乡镇整体扶贫政策机遇,对接好、落实好扶贫政策,加快推进环洪泽湖路、黄高路、洪泽湖渔港、黄花塘片区土地整理等重点扶贫项目,将各类涉农资金、各项惠民政策和工程项目向重点片区倾斜,加快片区整体脱贫致富进程。坚持到人到户。做到精准识别、因户施策,以务实有效举措帮助贫困群众解决实际问题,推动增收致富,让他们有实实在在的获得感。要力戒形式主义,坚决防止“数字脱贫”,绝不能让困难群众经济收入“被增长”,弄虚作假的要进行严肃追责。要摸清因病、因灾致贫返贫情况,及时纳入救助帮扶范围,通过探索购买保险方式,对低收入农户进行二次扶贫兜底。加强项目扶持。用好扶贫资金,加快奖补项目、集体增收项目的编排和实施进度,支持经济薄弱村根据资源禀赋,因地制宜发展特色产业。

四、全面从严治党为事业发展提供坚强保证

建设美好盱眙、实现跨越发展,关键在党,关键在干部。县委将认真贯彻中央和省市委关于党的建设系列决策部署,切实强化管党治党责任,扎实抓好“两个责任”落实,不断提升党风廉洁建设和反腐败工作水平,为全年目标任务完成提供坚强有力的组织保障和作风保证。

*一是锤炼过硬作风。*突出抓好中国特色社会主义理论和习近平总书记系列重要讲话精神的学习,切实增强道路自信、理论自信、制度自信和文化自信。积极开展经常性党性教育,尤其要把党章党规学习作为领导干部的必修课,不断增强政治意识、大局意识、核心意识、看齐意识,不忘初心、继续前进。要认真落实《准则》《条例》,深化同级党委监督,重点抓好领导干部特别是主要领导干部监督,构建“县委统一领导、党委(党组)全面监督、纪律检查机关专责监督、党的工作部门职能监督、党的基层组织日常监督、党员民主监督”的党内监督体系。要扎实抓好党员干部素质能力提升,更新思想理念、开阔眼界胸襟,勇于争第一、创唯一,善于用新思维、新路径、新举措打开各项工作新局面,锻造勇于开拓的好作风。要在增强实力、平台建设、产业培育、城乡发展、民生改善、社会治理“六个一线”锤炼干部,多搭台,多压担子,锻造深入一线的好作风。要引导各级干部深刻领会省委李强书记关于苏北发展“急不得,慢不得”的丰富内涵,牢固树立“今天再晚也是早,明天再早也是晚”的时间意识、效能意识,压实工作责任、压紧推进节奏,锻造立说立行的好作风。要坚持群众路线,深化“三提三知”,开展大走访活动,集聚群众智慧,密切干群关系,锻造亲民爱民的好作风。

*二是用好问责利器。*动员千遍,不如问责一次。我们既要对腐败行为“零容忍”,对不作为、慢作为的整治也要硬碰硬。要发挥问责的利器作用,开展常态化巡察,严格问责党的领导弱化、党的建设缺失、全面从严治党不力的人和事;严格问责落实县委县政府重大决策部署和工作要求不力的人和事;严格问责损坏生态环境的人和事;严格问责社会稳定和安全生产问题突出的人和事。要坚决抓好党风廉洁和反腐败工作,正确把握“常态、大多数、少数和极少数”辩证关系,科学运用“四种形态”,坚持挺纪在前、抓早抓小,惩前毖后、治病救人,将第一种形态运用作为落实主体责任的重要内容,让红脸出汗成为常态,让党纪轻处分和组织调整成为违纪处理大多数。对顶风违纪、执法犯法、关键岗位、损害群众利益、影响发展的“五类人员”,以及资金密集、资源富集、权力集中、

问题突出的重点区域、领域和行业，进行专项检查、集中整治，坚决做到执纪必严、有腐必惩。

三是彰显考核导向。考核是发展的“指挥棒”、干事的“风向标”。发挥好考核的指挥棒作用，考核既要推动全面发展，也要推动特色发展，既要有利于“高原”的形成，更要有利于“高峰”的涌现，鼓励创造更多的盱眙经验、盱眙模式。考核要提高精准度和公信力，坚持考真考实，坚决杜绝掺水分、和稀泥、打和牌，让先进的经得起推敲、落后的心服口服。考核要建立科学的评价机制，既看发展也看基础，既看显绩也看潜绩，既看结果也看平时。发挥好考核的“风向标”作用，考核的顶层设计、考核的内容、考核的办法设定要有明确的干事指向，要把重点工作作为考核的重点内容，让考核的内容成为引导干部干事创业的着力点和突破口。要运用好考核的结果，让考核结果与干部使用挂钩，认真落实20字好干部标准和“四型”干部特质要求，坚持任人唯贤的干部路线和德才兼备、以德为先的用人导向，旗帜鲜明地选用工作面前真抓实干、敢于担当的干部，难题面前勇往直前、善于突破的干部，让不事张扬、埋头苦干的干部有更好回报，让作风过硬、业绩过硬的干部有更大空间。

同志们，推进富民强县、建设美好盱眙，是时代赋予我们的光荣使命，是全县人民的共同期盼。让我们持续发力，在“一高双强”的道路上快马加鞭、奋勇前进，为盱眙人民过上有滋有味的美好生活而努力奋斗！

附件

报告专用名词解释

1.两聚一高

聚力创新、聚焦富民，高水平全面建成小康社会。

2.一高双强

建设更高水平小康社会，跻身苏北十强、全国百强。

3.两区两园

创建国家级经济技术开发区、天泉湖国家级旅游度假区，宁淮新兴产业科技园、盱眙港口产业园。

4.经济薄弱村“新八有”

有群众拥护的“双强”班子、有科学合理的发展规划、有高产高效的基本农田、有特色鲜明的主导产业、有持续稳定的集体收入、有先进适用的信息网络、有健康向上的文明村风、有整洁美观的村容村貌。

5.全省“两减六治三提升”环保专项行动

“两减”即减少煤炭消费总量和减少落后化工产能；“六治”即治理太湖水环境、生活垃圾、黑臭水体、畜禽养殖污染、挥发性有机物污染和环境隐患；“三提升”即提升生态保护水平、提升环境经济政策调控水平、提升环境监管执法水平。

6.全省高水平全面小康“六个更”标准

经济发展更高质量、人民生活更加幸福、生态环境更加优美、文化发展更加繁荣、城乡区域更加协调、社会治理更加完善，是高水平全面建成小康社会目标内涵的具体体现。

7.新五办

作出承诺的立即办、政策规定的必须办、合理需求的全力办、不突破底线的创新办、该办不办的依纪依规直查快办。

8.“四送四进”公益性文化活动

送图书、送电影、送戏剧、送展览，进社区、进企业、进校园、进军营。

9.四种形态

咬耳朵、扯袖子，红红脸、出出汗成为常态，党纪轻处分、组织调整成为大多数，重处分、重大职务调整的是少数，严重违纪涉嫌违法立案审查的只是极极少数。

10.20字好干部标准

信念坚定、为民服务、勤政务实、敢于担当、清正廉洁。

县政府工作报告

2017年1月6日在盱眙县第十七届

人民代表大会第一次会议上

代县长　朱海波

各位代表：

现在，我代表县人民政府向大会作工作报告，请予审议,并请各位政协委员和其他列席同志提出意见。

过去五年工作回顾

自2012年3月政府换届以来,在市委、市政府和县委的正确领导下,在县人大、县政协的监督支持下,我们坚持以率先达小康为总揽,全力突破三大重点,全面推进八项工程,经济社会实现了又好又快发展。地区生产总值突破300亿元,2016年预计实现350亿元,比2011年增长83%;人均地区生产总值突破5万元,2016年预计实现5.3万元,比2011年增长83.5%;一般公共预算收入突破30亿元,2016年达30.78亿元,比2011年增长53.1%;城镇居民人均可支配收入预计实现30620元,比2011年增长59.8%,农村居民人均可支配收入预计实现14490元,比2011年增长69.5%;存、贷款余额均突破200亿元,2016年分别达260亿元和223亿元,比2011年增长85%和113%;三次产业结构比优化为15.3:40.1:44.6。科学跨越发展目标年度考核均位居全市第一方阵,成为十八大后全省首批通过“2003版”小康验收的县份。

——五年来,我们聚力做强三次产业,综合实力持续攀升

工业经济全市领先。工业开票销售收入连续五年位居全市前列,2016年预计实现310亿元,是2011年的2.4倍;工业入库税收实现7.2亿元,同比增长17.5%,增幅全市第一。列统企业净增191户,总数达447户、全市最多。项目建设成效明显,五年共开工亿元以上项目103个,竣工亿元以上项目69个,列入市考核项目总数位居全市前列。龙源风电等3个投资10亿元以上项目竣工投产。骨干企业发展势头较好,2016年入库税收超百万元企业达90家,其中天源服饰等8家企业入库税收超千万元,昌盛电气成为全县首家税收超亿元企业。开展县长质量奖评选活动,宇特光电等6家企业获得表彰,推动了全县企业质量管理水平不断提升。华洪新材料成为全县首家新三板上市企业。园区建设提档升级,经济开发区创成省级生态工业园区、省知识产权试点园区和全国出口宠物食品质量安全示范区,科学发展综合评价进入全省同类园区第二方阵。宁淮新兴产业科技园完成“园镇合一”规划编制,建成核心区道路、管网等基础设施。我县荣获“中国凹土之都”称号。凹土产业获批成立全市首个国家级专业标准化技术委员会工作组。凹土科技产业园获批省中小企业集聚示范区、省凹土产业产学研协同创新基地和国家火炬计划凹土特色产业基地。

现代农业亮点频现。五年累计涉农支出37.5亿元,新增高标准农田27.9万亩、高效种植业面积7.8万亩、高效渔业面积2.5万亩。农田水利现代化水平86.5%,农业综合机械化水平85.5%,农业保险覆盖面达60%以上,气象预警信息城乡覆盖率达90%以上。荣获全国农技推广示范县、全国平安农机示范县。创新举办农业嘉年华、七彩秀等系列活动,农业融合发展模式成为全市样板。建成县级以上现代农业园区242个,新培育家庭农场520家、发展农民专业合作社922个,市级以上农业龙头企业达47家,维桥农产品加工区获批省级农产品加工园区。构建盱眙龙虾“四位一体”发展新模式,推广虾稻共作面积3.5万亩,全省稻渔综合种养现场会在我县召开。龙飞湖获批全国唯一的龙虾(活体)出口基地。盱眙龙虾品牌价值不断刷新记录,达169.9亿元,位居全国淡水产品之首。

服务业快速发展。推动旅游泛产业融合,第四届江苏乡村旅游节启动仪式在我县举行,中澳乐博园创成全国四星级休闲农业与乡村旅游园区,明祖陵镇明祖陵村、天泉湖镇陡山村获批中国乡村旅游模范村,天泉湖旅游度假区荣获苏北首个省级旅游度假区,我县被授予全国休闲农业与乡村旅游示范县、全国森林旅游示范县等荣誉称号。浦发银行、南京证券等一批金融机构入驻我县,总数达46家,金融服务实体经济的能力不断增强。建成苏北首家县级阿里巴巴特色中国馆,全县电商年交易额突破10亿元,荣获省农业电子商务示范县和省农村电子商务示范县。一批知名快捷酒店和金陵山庄建成营业,苏宁等商业综合体投入使用,大众等汽车4S店入驻国际汽车城,知名品牌快速集聚。2016年全县服务业增加值占GDP比重较2011年提高7.3个百分点。

——五年来,我们合力推进城乡统筹,山水魅力持续显现

美丽盱眙展现新貌。按照空间布局合理化、城乡一体化、县域大景区化要求,编制完成县域城乡空间特色提升规划和新一轮城市总规修编,形成“一主三片”空间布局,城区控规实现全覆盖。建成大明湖公园等19个景观提升工程,大剧院、游泳馆等一批公益性场馆建成使用，体育公园等绿道系统对外开放，城市进一步显山露水透绿，魅力不断显现。完成淮明园等41个老旧小区环境综合整治，在全市率先以县域为单位实现村庄环境全域整治，创成穆店乡龙王山村等3个省“美丽乡村”和天泉湖镇天泉小镇等4个“三星级康居乡村”。

基础设施不断完善。五年累计投入79.4亿元，完成城乡一体化建设项目124个。金马高速、淮河三桥建成通车，新建改建城乡道路508公里，城区主干道基本实现黑色化。城区第二水厂等3个新水厂实现供水，26座高标准压缩式垃圾中转站投入使用，17个污水处理厂建成运行，全市首家垃圾焚烧发电厂并网发电。城市形象识别系统投入使用，在全市率先完成地下管线普查，累计铺设城乡污水管网211公里、雨水管网174公里、燃气管网338公里。数字城管实现主城区全覆盖，建成全国首个县级无线城市。城市建成区面积扩大一倍以上。

生态环境持续优化。严格执行《生态红线区域保护规划》，划定729平方公里生态红线管控区，占比位居全省前列。年均植树100万株以上，林木覆盖率达29.3%，荣获全省绿化造林先进县和全国绿化模范县。建立组保洁、村收集、乡转运、县处理“四位一体”垃圾处理体系，垃圾收集点实现村居全覆盖，城乡垃圾基本做到日产日清。加强环境保护管理，划定畜禽禁养区、限养区，关停采矿企业300余家。2016年PM2.5浓度同比下降27.7%，空气质量优良天数全市第一。省级生态乡镇（街道）实现全覆盖，国家级生态县高标准通过验收。

——五年来，我们着力深化改革创新，内生活力持续迸发

各项改革扎实推进。开展国家相对集中行政许可权改革试点，在全省率先公布“五张清单”，组建全国首家县级行政审批局，实现“一枚印章管审批”，审批时限压缩70%以上。全省行政审批制度改革现场会在我县召开，审改“盱眙模式”成为全国样板。成立市场监管等5支综合执法队伍，获批全省唯一跨部门、跨行业综合执法改革试点县。实施不动产权统一登记发证，颁发产权证书8831本。农村土地确权登记颁证工作基本完成，土地流转服务中心实现乡镇（街道）全覆盖。建成县级农村产权交易中心、乡镇（街道）农村产权交易服务站，2016年实现农村产权交易额5.05亿元，成交额全市第一。小型水库工程管理体制改革经验在全省推广。加大国有企业改革力度，将33家国有企业整合重组为四大国有资产公司。国联集团和天源水务公司成功发行公司债和企业债，全县平台融资资金超100亿元。获批省金融改革试点县。马坝镇国家新型城镇化综合改革试点工作扎实推进，省行政管理体制改革试点通过省级评估验收。

开放水平得到提升。五年新批外资项目147个，其中3000万美元以上项目17个，累计外资到账10.6亿美元。全市首家外资科技小贷公司挂牌营业。设立淮安海关盱眙联络处和淮安出入境检验检疫局盱眙工作点，建成全市第一家市级进口代理平台，累计实现外贸进出口14.3亿美元。我县与浙江省开化市、加拿大圣托马斯市、美国杭廷顿市结成友好城市。龙虾节先后走进美国、新加坡、香港、台湾等国家和地区，节庆影响不断扩大。创新能力明显增强。高度重视人才引进和智力支持，先后引入2名院士和5名“千人计划”专家团队在我县创新创业，获批“淮上英才计划”领军人才25人、总数全市最多。深化政产学研合作，签订各类协议160个。广州能源所等6家高校院所在盱设立科研机构，中科院STS区域中心项目落户我县，新成立市级以上“两站三中心”61个。强化科技成果转化应用，实施省级以上科技项目60个，凹凸棒石棒晶束解离关键技术创新及产业化应用项目获省科学技术一等奖，全县每万人发明专利拥有量位居全市第一。在全市率先设立天使基金、科技创新引导基金和创投基金，助推科技成长型企业发展壮大，国家高新技术企业累计达31家。2016年高新技术产业产值达260亿元，是2011年的2.9倍。我县荣获全国科技进步先进县、省知识产权示范县和省级创新型县份。

——五年来，我们大力增进民生福祉，保障能力持续增强

社会保障更加有力。坚持每年实施一批民生实事项目，五年累计民生投入149.6亿元，占财政总支出的62.3%以上，群众获得感不断增强。扎实推进就业创业，建成县级人力资源市场，新增就业4.4万人，零就业家庭连续五年动态清零。建成创业孵化基地18个，扶持各类创业人员1万人以

上,新增私营企业5362户、个体工商户16238家,荣获省级创业型城市和省级创业型示范城市。推进社会保障提标扩面,城乡低保等保障标准年均增长10%以上。城乡居民基础养老金连续五年、城镇职工养老金连续十年增幅超7%,城镇职工和居民医疗保险实际报销比例分别提高到83%和71%。在全国首设"关爱驿站",乡镇(街道)敬老院全部达到省星级标准,全县居家养老服务中心覆盖率达91.8%。累计建成保障房4817套,交付安置4328户。全面完成"十二五"脱贫奔小康各项任务。

社会事业协调发展。坚持教育优先发展,建成盱眙中学、实验小学等8个新校区,第一山中学对外招生,义务教育学校装备水平全部达到省II类标准。职教集团创成省高水平现代化职业学校,建成苏北首家县级技师学院。我县荣获省教育现代化先进县、省促进义务教育均衡发展先进县和全国义务教育发展基本均衡县。完成255个行政村健身工程提档升级,创成省体育强县、省公共体育服务体系示范区和全国群众体育先进单位。扎实推进公立医院综合改革,精神康复医院和县医院新区建成使用,推广运用智慧医疗信息系统,创成省级示范卫生院、卫生室24个。县乡村三级公办医疗机构全部实行药品零差率销售。疟疾病防治工作国际领先,计划生育工作稳步推进,荣获省药品安全示范县、"十二五"省人口协调发展先进县。提升城乡公共文化服务水平,文化馆、图书馆建成国家一级馆,数字农家书屋实现行政村全覆盖,全县万人拥有公共文化服务设施面积1979平方米,位居全市前列。开展文化"四季歌"活动,举办各类大型群众文化活动500余场。新增县级以上非遗项目155个,大云山西汉王陵荣获全国十大考古新发现,泗州城遗址、第一山题刻获批全国重点文物保护单位。县老促会连续八年荣获全国老区宣传工作特等奖。创成省公共文化服务体系示范区。弘扬向上文化,以文化人,涌现各类"好人"209名,李银江荣膺江苏省"时代楷模",杨后玉等10名先进人物荣获国家级表彰。韩开春、张爱萍等一批本土作家、书画家作品荣获国家级奖项。

社会大局和谐稳定。加强社会治理创新,连续三届获评省文明城市。推动军民融合发展,连续七次荣获省双拥模范县。全面实施"阳光信访",建成县乡村三级社会管理服务中心,社会治理与司法惠民服务站实现全覆盖,矛盾纠纷调解成功率达99.8%。推行社区"四位一体"治理模式,城市和谐社区建设合格率100%。公安"所队合一"改革成效显著、经验全省推广。八大类刑事案件、侵财性案件和青少年违法犯罪数量持续下降,社会公众安全感达96%以上,位居全省前列。完成76项重大安全隐患整改,安全生产形势总体稳定趋好。

此外,人防、慈善、残联、老龄、档案、地震、地方志、工商联、红十字、民族宗教、国防动员,以及关工委、老体协、诗词协会、老年大学、新四军历史研究会、历史文化研究会等工作也取得了新的进展。

——五年来,我们致力加强自身建设,政府效能持续提高

严格依法行政。坚持依法执政、依法治县共同推进,严格落实公众参与、专家论证、风险评估、合法性审查、集体讨论决定重大行政决策法定程序,规范性文件报备率、及时率、规范率达100%。"六五"普法全面完成。坚持重大事项向人大报告、与政协协商,自觉接受监督。办理人大代表446件,政协委员提案649件,办复率100%。

全面提升效能。积极探索新形势下软环境和效能建设新路径,创新设立"效能101"中心,扎实推进"两为"整治,五年累计开展督查督办1830次,问责1200人次。强化政务信息公开,建成"智慧盱眙"城市客厅。在全市率先开通阳光盱眙"12345"公共服务平台,五年办结群众诉求13万件,合理诉求得到及时回应和解决。

强化廉洁从政。深入开展党的群众路线教育实践活动、"三严三实"专题教育和"两学一做"学习教育,严格执行中央及省市县委各项规定,驰而不息地加强政府作风建设。落实财政资金管理"四个一律",实现资金拨付和使用全程监管。认真执行新《预算法》,推行重大政府采购项目专家论证和公务卡结算制度,实施行政机关公车改革,严控"三公经费"。全面落实党风廉洁建设责任制和"一岗双责",强化审计监督,着力建设风清气正的政治生态。

各位代表,过去五年取得的成绩来之不易,是上级党委、政府和县委正确领导的结果,是全县人民锐意进取、创业创新、团结奋斗的结果。在此,我谨代表县人民政府，向付出辛勤劳动的全县人民，向各位人大代表、政协委员和离退休老同志，向各民主党派、工商联、无党派人士和人民团体，向驻盱部队、武警官兵，向在盱投资兴业的企业家，向所有关心盱眙发展的社会各界人士，表示衷心的感谢和崇高的敬意！

在总结成绩的同时，我们也清醒地认识到面临的挑战和问题：支柱产业规模不大，科技创新型企业偏少；低收入人口比重较高，村级集体经济增收乏力；问题楼盘等一些热点难点问题未能得到全面化解；破解改革发展难题的能力有待增强；政府服务效能还需进一步提升，等等。针对这些问题，我们将高度重视，采取有力措施，切实加以解决。

今后五年奋斗目标

各位代表，今后五年是我县全面完成“十三五”规划目标、高水平全面建成小康社会的决胜期，也是我们加快向南向前发展，冲刺“苏北十强、全国百强”的攻坚期。我们必须科学判断和准确把握经济社会发展的新趋势新特征，积极主动抢抓机遇，坚定信心、攻坚克难、接续奋斗，着力开创盱眙科学特色发展新境界。

今后五年，政府工作的总体思路是：全面贯彻落实中央和省市县系列会议精神，认真践行创新、协调、绿色、开放、共享的发展理念，聚力创新、聚焦富民，以向南向前为引领，以“一高双强”为统揽，努力把盱眙建设成为淮安南部增长极、南京都市圈北部门户城市、长三角山水文化休闲名城，让盱眙人民和全省人民同步过上高水平的小康生活。

主要奋斗目标是：

——*经济发展更加活跃*。地区生产总值年均增长8.5%左右，人均超过全国平均水平，二三产业增加值占GDP比重达90%左右，科技创新指标达到全省平均水平。培育1个三百亿级产业，2～3个百亿级产业，规模以上工业企业数突破600户。凹土科技产业园创成省级高新技术产业园区，盱眙新港吞吐量达到1000万吨能级，宁淮新兴产业科技园与江北新区对接合作取得明显成效，经济开发区创成国家级经济技术开发区。龙虾产业总量实现倍增，龙虾产业发展股份公司在主板上市。大力发展优质稻米产业，打响“盱眙虾稻米”品牌，现代农业发展水平达85%以上，争创国家级现代农业示范区。天泉湖旅游度假区创成国家级旅游度假区，我县创成国家全域旅游示范区，促进生产性服务业向专业化和价值链高端延伸，推动生活性服务业向便利化、精细化、品质化提升。

——*生态环境更加优美*。坚持把保护和优化生态环境作为政府工作的重中之重，实施生态环境全域治理，开展“两减六治三提升”环保专项行动，加强省生态保护引领区建设，着力发展生态经济、循环经济，构建、发展和壮大具有盱眙特色的绿色产业体系。建立资源有偿使用和生态补偿制度，严守生态保护红线。严格执行新环保法等法律法规，对各类环境违法行为零容忍。推进西南片区丘陵林相改造和陡湖湿地保护修复工作，单位GDP能耗下降率和主要污染物排放削减率全部达标。争创国家生态文明先行示范区。

——*文化发展更加繁荣*。建设文化强县，持续加大文化投入，建成一批体现盱眙特色的文化惠民工程，不断完善公共文化服务体系。继续开展“都梁文华奖”评选活动，引导激励文艺工作者创作更多文化精品。加强文化遗产保护，申报一批国家级、省级文保单位和非遗项目。完成历史文化名城保护规划编制，历史文化街区（镇、村）完好率达到国家标准，创建省级历史文化名城。放大历史文化、红色文化和龙虾节庆文化品牌效应，积极发展文化创意产业，培育一批具有较强市场竞争力的骨干文化企业，文化产业增加值占GDP比重达5%以上。

——*城乡区域更加协调*。实现撤县建市目标。推动城乡协调发展，精心打造一批特色小镇，乡镇（街道）实现镇村实力、环境面貌等“五个上台阶”，城镇化率年均增长1.6个百分点以上。完善村庄布局规划，完成鲍集圩行蓄洪区居民迁建工程，新建一批“美丽乡村”“康居乡村”。推进公共服务和基础设施向农村延伸，城乡供水、供气和雨污水处理等功能配套更加完善。积极推进宁淮城际铁路盱眙段和通用机场建设，加快淮河航道盱眙段二级改造，完成淮河大桥改扩建工程，镇村公交实现全覆盖，构建“水陆空铁管”立体化现代综合交通体系。

——*社会治理更加完善*。弘扬社会主义核心价值观，继续开展“盱眙好人”“盱眙工匠”等评选活动，加大各类先进典型选树和宣传力度，市民文明素质和社会文明程度得到明显提高,争创全国文明城市。健全社会治安防控体系,促进社会更加和谐。强化法治盱眙建设,80%乡镇(街道)进入全市法治创建工作先进行列,全面完成“七五”普法任务,创成国家级法治建设示范县。健全守信激励和失信惩戒机制,建设诚信盱眙。深入推进行政管理体制改革和综合行政执法改革,形成以集中高效审批、分类监管服务和综合行政执法为核心的政府治理体系。

——*人民生活更加幸福*。在苏北率先高水平全面建成小康社会。实施更加积极的就业创业政策,城乡居民收入实现倍增、差距进一步缩小,“十三五”农村低收入人口全部脱贫。开展“全民参保登记计划”,城乡基本社会保障覆盖率超过98%。完善社会保险与社会救助制度,关注关爱留守儿童、空巢老人和孤残人员等弱势群体,实现民生保障能力与新增可用财力同步提高。统筹推进棚户区改造等惠民工程,改善困难群众生产生活条件。优化中小学校布局,新建、改造公办学校20所左右,全县公办幼儿园全部创成省优质幼儿园,义务教育学校装备水平全部达到省I类标准。职教集团创成省现代化示范性职业学校。集中整合优质教育资源,全面提升教育教学水平,打造盱眙名校。深化医疗卫生体制改革,县医院创成三级综合医院,培育盱眙名医,省级示范化乡镇(街道)卫生院达到50%以上。落实全面两孩政策,居民健康主要指标超过国内同类地区平均水平,创建国家级卫生县城。

为实现上述目标,我们将充分发挥自身比较优势,大力推动新型工业化、信息化、城镇化、农业现代化和绿色化同步发展,摆脱传统路径依赖,积极探索具有盱眙特色的生态优先、绿色发展之路。

2017年工作安排

2017年是新一届政府履职开局之年。我们将按照县委十四届二次全体(扩大)会议部署要求,坚持稳中求进总基调,以提高发展质量和效益为中心,明确目标,主攻重点,聚力创新、聚焦富民,不断增加居民、企业和财政收入,奋力推动经济社会发展持续跨台阶、上水平、走在前。

主要预期目标是:地区生产总值增长8.5%左右;同口径税收增长10%左右;规模以上固定资产投资增长13%左右;城镇居民人均可支配收入增长7.5%左右,农村居民人均可支配收入增长8.5%左右;社会消费品零售总额增长11%左右。

围绕上述目标任务,我们将重点做好六个方面工作:

一、重抓重大项目,增强发展潜力后劲

不断扩大招商实效。创优招商模式,推行专业招商、园区招商、以商引商,持续提高产业招商水平,全力突破龙头型、基地型、旗舰型项目。整合招商力量,选派专职队伍进驻重点区域驻点招商,每个片区至少引进5亿元以上项目1个、亿元以上项目4个。以经济开发区、宁淮新兴产业科技园、港口产业园和凹土科技产业园为主载体,开展精准招商和产业链招商。经济开发区确保引进10亿元以上项目1个、5亿元以上项目2个、亿元以上项目5个,宁淮新兴产业科技园、港口产业园和凹土科技产业园分别引进5亿元以上项目1个、亿元以上项目3个。每个乡镇(街道)和重点部门力争有亿元以上项目引进。全年确保亿元以上项目引进数、开工数、竣工数均达30个以上。

打造一流营商环境。深化县级领导“双会办”和新“四方五办”项目推进机制,每月集中会办一次企业发展难题,对一般问题做到即交即办、即知即办,确保100个重大项目顺利实施,高标准完成年度建设任务。对开票销售、入库税收前30强企业实行个性化服务,定期开展政银企等对接活动,推动生产要素、政策资源和政府服务向重点企业集聚。全年完成新海电子等1000万元以上技改项目25个,新增开票销售超亿元企业10户、入库税收超千万元企业3户。加快雅高物流等项目建设,提升物流配套水平。发挥产业发展扶持资金撬动作用,助推企业做大做强。鼓励企业深耕主业,发扬“工匠精神”,强化品牌建设,进一步提高产品和服务质量,用坚守和专注打造独特优势,力争培育一批领军型企业家。

做优平台载体建设。加快经济开发区创建国家级经济技术开发区步伐,强化“双创”平台建设,清理低效闲置项目,提升园区土地利用水平和产出率,在全省同类开发区中排名不断前移。完善宁淮新兴产业科技园功能配套,加快推进创客中心、标准化厂房和污水处理厂建设,实现一批项目落地,获批省南北共建园区。策应全市亿吨大港建设规划,加快推进港口产业园建设,建成疏港道路等先导项目,完成岸线调整等手续报批和PPP项目招标。凹土科技产业园争创省知识产权试点

示范园区。进一步推进马坝物流、盱城电子电器、明祖陵服装等特色园区建设，完善配套、集聚产业、做大总量。加强与江北新区对接，建立多层交流合作机制，实现产业功能错位补位、基础设施互联互通，融入南京发展取得实质性成效。发挥园区平台开放型经济主阵地作用，全年确保全县外资到账1.2亿美元以上，外贸进出口额达1.9亿美元。

二、重抓特色产业，提升县域经济实力

做大做强新型工业。实施产业升级工程，推动现有产业体系提档升级，加快培育100亿级新能源、100亿级新材料和300亿级高端装备智造产业。发挥昌盛电气龙头引领作用，支持清陶能源等项目加快发展，建成新能源电池材料产业园，重点打造动力电池、储能电池等新电池全产业链，力争在全市率先突破百亿级产业目标。抓住市委市政府连续三年“一县一题”扶持凹土产业发展机遇，加大凹土科研成果产业化应用力度，加快凹土纳米新材料开发利用等项目建设，推动中科香兰凹土股份公司在新三板上市，凹土产业实现量质齐升。推进两化融合，提升智能制造水平，争取氢动力汽车等重大项目落户，持续壮大高端装备智造产业。

提升壮大现代农业。整合涉农资金向重点区域集中，逐片提高全县农业基础设施水平，推进农水重点县和环洪泽湖路沿线土地整理等项目建设，打造黄花塘片区、河西片区两大现代农业示范工程，全年新建高标准农田8万亩以上，新增高效设施农业面积1.8万亩、渔业面积0.6万亩。推动土地所有权、承包权、经营权三权分置，加大土地流转力度，全年新增土地流转面积18万亩。围绕农业供给侧结构性改革，调优农业种养结构，积极发展“5+1”主导产业，逐步形成“一镇一特”“一村一品”。重点推动盱眙龙虾全产业链发展，在洪泽湖南部和淮河沿线区域推广虾稻共作等综合种养模式，推进西陡湖农业产业园等项目建设，构建“一湖一河”龙虾主产区，新增“龙虾+”养殖面积10万亩。建成盱眙龙虾江北新区旗舰店，实现龙虾产业发展股份公司实体化运作。大力发展绿色优质稻米产业，打造“盱眙虾稻米”品牌。做大“观音寺西瓜”“仇集牛肉”等品牌效益。推动盱马路现代农业示范带提档升级，做优做强维桥省级农产品加工区，加快农业与二三产业融合步伐。

着力发展康旅产业。以创建“国家全域旅游示范区”为引领，高标准编制全域旅游发展规划，保护利用自然历史人文资源，构建环天泉湖和淮河沿线“一南一北”旅游发展新格局。规划建设夜游路线，完成全县旅游导览系统建设和咨询点布局，打造一批特色民宿、星级农家乐，争创省首批乡村旅游创新发展示范县。完善明祖陵、第一山等景区功能配套，持续提升管理水平。推进金陵山庄二期等项目建设，加快天泉湖国家级旅游度假区创建步伐。积极引进一批体育赛事在我县举行，推动体育公园南延北伸，城市桃源项目建成开放。发挥翡翠谷养生养老社区示范作用，立足我县山水兼备的独特生态优势，招引一批休闲度假、养生养老项目，发展健康养老等新型业态，打造国家级康养旅游示范基地。

三、重抓城乡统筹，加快一体化发展步伐

强化协调发展。深入推进多规合一，开展重点地块城市设计研究和控规修编，加快县域绿道系统、城市绿地系统、城区停车场(点)等特色和专项规划编制，实现新一轮乡镇总规修编全覆盖。加快滨河生态公园等景观类项目建设，进一步彰显山水城市魅力。坚持以保护古城历史文脉和改善老北头原居民生活条件为核心，抓住国家棚户区改造政策机遇，实施城北片区整体改造工程。建设龙虾、铁军和凹土科技等特色小镇，打造1～2个市级以上特色小镇。合理确定村庄布点和建设规模，引导农民向城镇和农村社区集中居住。启动鲍集圩行蓄洪区58.9平方公里、5539户居民迁建工程，把这一区域打造成为生态环境优先、产业高度融合的样板区。强化村庄环境长效管护，穆店乡等5个乡镇创成“五星级乡镇”，官滩镇甘泉村等7个村建成“美丽乡村”。

完善基础设施。实施331省道盱眙绕城段和淮河大桥改扩建工程，新建提升城乡道路68公里，建成农桥85座，开通县城至马坝快速公交和仇集等5个乡镇镇村公交，改善群众出行条件。加快推进雨润中央广场、中安家天下等项目，打造金源北路、金鹏大道现代服务业集聚区。建成淮河、管镇天然气综合站，更新城乡自来水管网477公里，扩建桥口水厂，完成淮河等8个乡镇垃圾中转站升级改造，推进燃气、供水、污水处理等基础设施向镇村延伸。

突出精细管理。开展智慧城市建设，打造城

市服务智能平台,加快数字城管向智慧城管转变。完善城镇长效网格化管理机制,继续开展“931”城市环境综合整治行动,重点整治背街小巷、农贸市场等区域,规范车辆停放和户外广告设置。完善路牌路标标识系统,燕山路创成市级市容示范路。建立城区范围内房屋现状影像台账。实施城乡路灯补盲工程,实现城区公共亮化设施统一管理。继续推行“三方融合、四位一体”社区管小区模式,完善物管小区长效管理月考评制度,提升小区物业管理水平,全年创成市级优秀管理小区3个以上。

四、重抓生态文明,着力放大绿色优势

严格生态环境保护。强化生态红线刚性约束,加强省生态保护引领区建设,严格生态空间管控保护,推动生态环境持续改善。继续实施“美化本底、绿化家园”行动,成片造林3500亩,抚育森林2.2万亩,新增省级绿化示范村6个以上。严格环评审批,落实“三同时”制度,从源头保护生态环境。加强生态文明宣传教育,严厉打击环境违法行为,营造生态文明共建共享的良好局面。

加大环境整治力度。严格落实省“两减六治三提升”要求,确保取得阶段性明显成效。强化“河长制”履职监督,统筹河道功能管理,完成城乡20条河道、132面塘坝疏浚整治。加强龙王山等饮用水源地保护,推进维桥河综合整治,确保水质明显改善。按照禁养区、限养区、适养区生态环境保护要求,规范畜禽养殖行为,全面控制农业面源污染。完成鲍集等5个乡镇22个行政村覆盖拉网式农村环境综合整治,优化农村生态环境。加强土壤修复治理,改善土壤环境。深入开展大气污染防治,推进建筑扬尘、渣土运输和油烟治理,提高秸秆禁烧禁抛和综合利用工作水平,确保PM2.5浓度持续下降,空气质量优良天数位居全省前列,让盱眙的天更蓝、水更绿、山更青、空气更清新。

倡导绿色低碳发展。坚持以绿色增长推动生态建设,积极发展低碳环保产业,推动经济从粗放型向集约型转变。淘汰落后产能,全面取缔“十小企业”,单位GDP能耗下降3.5%。积极发展以电子商务为代表的绿色经济,完善印象盱眙电商产业园配套服务,打造智慧盱眙云城,争创省级电子商务示范园区。大力推动互联网与三农工作深度融合,全县电商年交易额力争突破20亿元。坚持集约节约用地,推进节地水平和产出效益“双提升”。倡导绿色消费和低碳生活,创成省绿色建筑示范县,争创全国绿色能源示范县。

五、重抓改革创新,持续释放发展活力

深化重点领域改革。推进供给侧结构性改革,推动“三去一降一补”五大任务取得更大成效。巩固行政审批制度改革成果,探索证照联办机制,打造“互联网+政务服务”平台。推行“双随机、一公开”抽查机制,深化综合行政执法改革,实现审批、监管和执法“三平行、三联动”。整合全县行业和部门非紧急类服务热线,做到“12345”一个号码全服务。推行本地居民户口通迁制度,全面放开县城、建制镇落户条件。继续开展新型城镇化土地使用制度改革,推进同一乡镇范围内村庄建设用地布局调整和工矿废弃地复垦,开展农村宅基地有偿退出和农村建设用地“减量化”试点,全年完成城乡建设用地增减挂钩2000亩以上,新增耕地6000亩以上。扩大土地承包经营权抵押贷款试点范围,打造规范统一的农村产权交易市场。提高国有平台公司资产总量和信用等级,增强服务经济社会发展能力。加强与国开行、农发行等政策性银行合作,成立产业发展基金,支持国有平台公司发行债券,严格控制融资成本,全年力争平台融资规模达120亿元,新增国有土地储备1万亩,实现金融资本和土地资本的高效双向流动。全面落实粮食安全责任制,深化粮食流通体制改革,增强粮食生产、流通、消费等各个环节保障能力。

增强科技创新能力。加大高层次人才引进力度,全年引进国家“千人计划”专家2人以上,省“双创”人才3人以上,市“淮上英才计划”领军人才5人以上。深入开展“名企院校行”产学研对接活动,支持神力特等高新技术企业与科研机构和科技人才开展合作,实施产学研合作项目20个以上,新增市级以上“两站三中心”15家,力争中科院盱眙凹土中心纳入省产业技术研究院产业创新中心体系。发挥“苏科贷”、“创新券”等政策激励效应,鼓励企业加大研发投入,培育国家高新技术企业10家以上,高新技术产业产值占规模工业产值比重达27%以上。

创新社会治理方式。弘扬社会主义核心价值观,广泛开展形式多样的志愿服务和先进典型选树活动,启动全国文明城市创建工作。推动信用管理中心规范化运行，构建诚信盱眙体系。深化法治盱眙、平安盱眙建设，实施城乡技防“一网通”工程，实现刑事案件和治安案件数量持续下降。贯彻落实信访条例新规，推行疑难信访听证评议制度，畅通群众合理信访诉求渠道。完善社会矛盾纠纷排查化解调处机制，着力解决城市发展过程中尤其是房地产行业存在的问题，依法打击缠访闹访等违法行为。建立突发事件应急处置联动机制，提高突发事件应对能力。建成苏北一流的综合检验检测中心，切实保障群众舌尖上的安全。推进企业安全标准化建设，深化专项整治和打非治违活动，确保安全生产形势持续向好。

六、重抓民生改善，不断提高幸福指数

拓宽富民增收渠道。持续放大龙虾节庆富民效应，创新举办第十七届中国·盱眙国际龙虾节。积极实施国家“七大群体激励计划”和省聚焦富民33条意见，开展富民增收行动，实现城乡居民收入较快增长。健全城乡就业服务体系，加强职业技能培训，推动公共就业服务平台镇村全覆盖，新培育职业农民3000人以上，新增城乡就业6500人以上。加大创业扶持力度，降低创业门槛，鼓励高校毕业生、科技人才、能人大户、返乡人员等群体自主创业，新增农民专业合作社60家以上、家庭农场100家以上，创业人数3000人以上。支持蔚百世医疗、虹天电器和万润发商贸等骨干企业发展，着力壮大民营经济。提高城乡居民基础养老金和企业退休人员养老金待遇，提升困难群体社会保障标准，让更多发展成果惠及群众。

加快发展社会事业。优化教育布局，集聚优质教育资源，推进盱眙教育集团化发展。创成省优质幼儿园5所，全县所有公办幼儿园实现法人独立。实施27所学校“改薄”工程，新建改建城区4所公办学校，新增3000名左右儿童进城就学，不断满足群众日益增长的教育需求。争创全国中小学校责任督学挂牌督导创新县。推动全民健身，实现乡镇(街道)多功能运动场全覆盖。加快恒康肿瘤医院建设，完成县妇幼保健院升级改造并投入使用。完善分级诊疗制度，构建市县乡村四级医联体，持续提高公共卫生服务水平。推进城镇居民医疗保险与新农合一体化整合，建立更加公平、可持续的医疗保障体系。推进村级综合文化服务中心建设，开展大型群众文化活动100场以上，巩固提升省级公共文化服务体系示范区创建成果。加快新四军文化园、盱眙名人馆建设，实施县博物馆提升工程，力争大云山西汉王陵博物馆建成开放。编制泗州城遗址和老城区历史文化街区保护规划，加快历史文化名城创建进程。扎实开展双拥共建，争创全国双拥模范县。

大力实施精准扶贫。发挥党员干部结对帮扶作用，激发低收入人口内生动力，多渠道帮助低收入农户增收脱贫。发挥社会保障兜底作用，逐步实现低保线与贫困线“两线合一”。建立低收入人口补充医疗保险制度，减少群众因病致贫、因病返贫。扎实做好扶贫对象动态监测管理，实现2.1万低收入人口精准脱贫，做到全面小康路上一个不少、一户不落。鼓励村集体组织与农户签订土地“预流转”协议，整体推进对外流转经营，增加村集体经济收入，确保5个以上经济薄弱村实现新“八有”目标。切实做好黄花塘革命老区点穴式扶贫和西南岗片区管镇、鲍集整体扶贫开发，加大向上争取力度，加快实施环洪泽湖路、黄高路和洪泽湖渔港等扶贫项目，实现片区整体面貌明显改观。

各位代表，民生连着民心，党心系着民心。新的一年，我们还将投入15.2亿元，办好八大类46件民生实事。一是实施富民工程，建成扶贫道路41公里，实施农业开发项目5.6万亩，发放扶贫小额贷款1.5亿元，培训电商人才3000人。二是实施便民工程，新建县车辆管理服务中心，推动公交IC卡省内城市互联互通，更换城区路灯173盏，完成虎宣路黑色化改造。三是实施乐民工程，为群众送图书5000册、电影2808场、演出展览86场。四是实施育民工程，全年投入2700万元，免除中等职业学校学生学费，资助贫困中小学生和大学新生就学。五是实施健民工程，提升城乡自来水水质达标率，完成2000座农村户厕无害化改造，为1000名残疾人提供适配辅助器具，为城乡65岁以上老年人、15000名退休老职工和3600对育龄对象开展免费体检。六是实施惠民工程，完成36个老旧小区基础设施改造，为3000名居家老人提供个性化护理服务。七是实施助民工程，增发低保金210万元、养老金1320万元，发放困境儿童救助金626万元、困难职工生活救助150万元，帮扶低收入人口补充大病医保726万元。八是实施安民工程，对城区82个成建制小区、100个老旧小区以及学校、机关企事业单位、金融网点等重点区域技防监控进行改造升级。

建设人民满意政府

各位代表,人民政府就是为人民做事、为人民服务、受人民监督的,我们将认真落实习总书记以人民为中心的发展思想,顺应时代和人民的新期待,努力建设人民满意的政府。

坚持求实务实落实,打造实干政府。突出实干为先,多做打基础、利长远、惠民生的事情。按照国务院和省政府对地方政府真抓实干的工作要求,全力做好创优环境、改革创新等24项专项工作,让更多发展资源在我县集聚。坚持考实考准要求,不断完善目标考评机制,推动考核导向与乡镇(街道)和部门的工作实际最大限度契合,把更多时间和精力用在谋发展、抓落实、求实效上。弘扬马上办作风,加大效能督查,强化事事落实、步步紧逼的工作推进机制,确保上级和县委的决策部署不折不扣落到实处。强化责任担当,以改革创新的思维和举措推动工作落细落小落地,着力破解发展难题,让群众有实实在在的获得感,不断增强政府的公信力。

坚持依法依纪依规,打造法治政府。坚持法定职责必须为、法无授权不可为,严格依法办事、依程序办事。完善重大行政决策程序,加强行政决策合法性审查和风险评估。健全政府法律顾问制度,行政机关负责人出庭应诉率100%。自觉接受人大法律监督和政协民主监督,认真做好人大代表议案、建议和政协委员提案办理工作。继续推进政务公开、村务公开,主动接受公众监督和社会舆论监督,促进行政权力公开透明高效运行。开展"七五"普法宣传教育,增强全民法治观念。

坚持清正清廉清明,打造廉洁政府。认真落实党风廉洁建设责任制,严格执行"八项规定"和省市县相关规定,严守财经纪律,严厉纠治"四风",规范公车管理使用,进一步压缩"三公经费"。加强行政监察和审计监督,强化重点领域、重点项目和重大资金监管。严格落实《准则》、《条例》等党内法规要求,加强五项重点权力监督制约,加大惠农政策落实、征地拆迁、农村"三资"管理等重点领域违法违纪问题查处力度,坚决惩治腐败,做到干部清正、政府清廉、政治清明。

各位代表,新的目标催人奋进,新的使命任重道远。让我们在县委的坚强领导下,不忘初心、不负众望,埋头苦干、创新实干,走好每一步、干好每一天、做好每一项工作,奋力谱写盱眙加快发展的崭新篇章!

重要文件索引

Index of Important Document

中共盱眙县委文件

(2016年)

2号　中共盱眙县委关于制定盱眙县国民经济和社会发展第十三个五年规划的建议

3号　关于批转《县关工委2016年工作要点》的通知

4号　关于进一步加强产业招商工作的通知

5号　关于表彰2015年度科学发展目标考核先进集体的决定

6号　中共盱眙县委关于批转《县人大常委会2016年工作要点》的通知

7号　关于印发《2016年度工业经济考核奖惩办法》的通知

8号　中共盱眙县委关于批转《政协盱眙县委员会2016年工作要点》的通知

9号　盱眙县2016年效能提升工作实施意见

10号　关于2016年乡镇(街道)、经济开发区科学发展目标考核的意见

11号　关于2016年县直机关科学发展目标考核的意见

12号　关于完善拥军政策增强军人荣誉感的实施办法

13号　关于调整部分县委常委工作分工的通知

14号　关于实施脱贫致富奔小康工程的意见

15号　关于县委常委工作分工的通知

16号　中共盱眙县委转发《中共盱眙县人大常委会党组关于做好全县县乡两级人民代表大会换届选举工作的意见》的通知

17号　关于印发《盱眙县2016年人才强县推动创新型经济发展考核奖惩办法》的通知

18号　关于深入推进全县人民防空改革发展的实施意见

19号　中共盱眙县委批转县委组织部、县委

统战部《关于县政协换届人事安排的意见》的通知

20号　关于批转县人大常委会党《关于筹备和召开盱眙县第十七届人民代表大会第一次会议的报告》的通知

21号　关于印发《盱眙县领导干部“六单监督”工作办法(试行)》的通知

22号　关于进一步加强全县司法所建设的意见

23号　中共盱眙县委批转县政协党组《关于筹备和召开政协盱眙县第十届委员会第一次会议的报告》的通知

24号　转发《县委宣传部、县司法局关于在全县公民中开展法治宣传教育的第七个五年规划(2016—2020年)》的通知

盱眙县人民政府文件

(2016年)

4号　关于表彰2015年度全县民政工作先进集体和先进个人的通知

5号　关于印发2016年县政府实事项目的通知

6号　关于做好农业普查工作的通知

7号　关于调整淮河干流水源封湖禁渔时间的通告

8号　关于表彰2015年度安全生产先进集体和先进个人的决定

9号　关于调整县安委会组成人员的通知

10号　关于印发《盱眙县国民经济和社会发展第十三个五年总体规划纲要》的通知

11号　县政府批转县审计局关于盱眙县2016年度审计工作意见的通知

12号　关于表彰2015年度食品安全工作先进集体和先进个人的决定

13号　关于印发盱眙县河湖和水利工程管理范围划定实施方案的通知

14号　关于开展2016年度村级公益事业一事一议财政奖补项目建设工作的通知

15号　县政府关于进一步加强耕地保护工作的实施意见

16号　关于调整民兵整组工作领导小组组成人员的通知

17号　关于做好2016年度民兵整顿工作的通知

18号　关于分解落实2016年市对县社会事业发展目标任务的通知

19号　关于县政府领导成员分工的通知

20号　关于在盱眙实施不动产统一登记的通告

21号　关于印发供给侧结构性改革补短板实施意见的通知

22号　关于表彰处置5.7危化品车辆交通事故有功人员的决定

23号　关于公布第七批县级文物保护单位的通知

24号　关于表彰2015年度征兵工作先进集体和先进个人的决定

25号　关于县政府领导成员分工的通知

26号　关于撤县设市方案论证和社会稳定风险评估报告

27号　关于提请审议授予唐红军等5名同志盱眙县荣誉市民称号的议案

28号　关于成立盱眙县综合行政执法改革工作领导小组的通知

29号　关于公布第二批县级非物质文化遗产代表性传承人的通知

30号　关于进一步做好新形势下就业创业工作的实施意见

31号　关于表彰2015~2016学年度优秀教育工作者、优秀教师和师德之星的决定

32号　关于拟将天源水务有限公司2016年公司债券偿债资金纳入财政预算的议案

33号　关于提请免去刘爱国同志职务的议案

34号　关于印发进一步加强财政资金支出管理的实施意见

35号　关于印发棚户区(危旧房、城市村)改造改造三年计划实施意见的通知

36号　关于印发盱眙县建筑工程农民工工资支付实施意见的通知

37号　关于提请免去陈宏波同志职务的议案

38号　关于提请任免冯建淮等同志职务的议案

39号　关于提请任命孙彬同志职务的议案

40号　关于公布第四批县级非物质文化遗产名录的通知

41号　关于机关事业单位工作人员养老保险制度改革的实施办法

42号　关于提请免去杨忠同志职务的议案

43号　关于提请任命冯建淮同志职务的议案

44号　关于提请任免张鹤鸣同志职务的议案

45号　盱眙县征地补偿和被征地农民社会保障实施细则

46号　关于落实粮食安全责任制的实施意见

47号　关于县政府领导成员分工的通知

48号　关于在公共服务领域推广政府和社会资本合作模式的实施意见(试行)

49号　关于印发盱眙县突发事件总体应急预案的通知

50号　关于表彰2016年度盱眙县县长质量奖获奖单位的决定

51号　关于印发盱眙县全民健身实施计划(2016—2020)的通知

52号　关于全面治理拖欠农民工工资问题的实施意见

中共盱眙县委办公室文件

(2016年)

1号　关于做好新华日报“交汇点”和“无线淮安”“掌上淮安”新闻客户端推广使用工作的通知

2号　关于开展全县“百户企业大走访”活动的通知

4号　关于开展“招商先锋”海选活动的通知

5号　关于成立恩来干部学院黄花塘新四军干部教育基地工作领导小组的通知

6号　关于成立盱眙县港口产业园建设领导小组的通知

7号　关于调整盱眙县现代公共文化服务体系建设工作领导小组成员的通知

8号　关于印发《关于推进省级公共文化服务体系示范区创建工作的实施意见》的通知

9号　关于印发《中共盱眙县委十三届七次全体(扩大)会议重点目标任务分解表》的通知

10号　关于下达2016年全县主要经济指标任务的通知

11号　关于下达2016年首季“开门红”目标任务的通知

12号　关于印发《盱眙县2016年重特大项目突破工程“春雷行动”实施方案》的通知

13号　关于印发《盱眙县招商分局长考核(暂行)办法》的通知

14号　关于印发《盱眙县招商分局长日常管理办法》的通知

15号　关于调整县审计工作领导小组成员的通知

16号　关于调整全县社会信用体系建设领导小组成员的通知

17号　关于2016年全县农村土地承包经营权确权登记颁证工作的通知

18号　关于进一步规范产业招商项目准入和评审制度的通知

19号　关于印发《盱眙县2016年产业招商考核办法(暂行)》的通知

20号　关于印发《盱眙县2016年度产业招商基金和风险抵押金管理办法(暂行)》的通知

21号　关于转发《盱眙县老区开发促进会、扶贫开发协会2016年工作要点》的通知

22号　盱眙县2016年双拥工作实施意见

23号　关于印发《盱眙县农村基层党建工作考核暂行办法》的通知

24号　关于印发《盱眙县县直机关党建工作考核暂行办法》的通知

25号　盱眙县2016年效能提升工作考评办法

26号　关于印发《盱眙县信访稳定工作责任追究暂行办法》的通知

27号　关于创新2016年度工作推进机制的通知

28号　关于印发《盱眙县环境保护网格化划分及监管实施方案》的通知

29号　关于印发《关于加强村级党组织书记队伍建设的意见》的通知

30号　关于印发《盱眙县乡镇(街道)党委(党工委)书记党建责任清单》的通知

31号　关于推进软弱后进基层党组织和经济薄弱村整顿转化工作的通知

32号　关于印发《关于提高村级干部待遇和村级组织保障水平的意见》的通知

33号　关于印发《中共盱眙县委2016年度关于加强党的建设与经济社会发展深度融合的实施方案》的通知

34号　关于印发《盱眙县档案馆收集档案范围实施细则》的通知

35号　关于下达2016年"双过半"目标任务的通知

36号　关于印发《盱眙县加强城乡社区协商的实施意见》的通知

37号　关于推荐杨学盼等同志任职的报告

38号　关于集中开展信访积案化解专项行动的通知

39号　关于印发《盱眙县2016年项目引进与项目推进"红色风暴"实施方案》的通知

40号　印发《关于在全县党员中开展"学党章党规、学系列讲话,做合格党员"学习教育的实施方案》的通知

41号　关于成立县委"两学一做"学习教育协调小组的通知

42号　关于印发《都梁商道——菁英企业家联谊沙龙方案》的通知

43号　盱眙县重特大项目建设捆绑帮办工作实施细则

44号　关于印发盱眙县2016年夏季秸秆禁烧禁抛与综合利用工作方案的通知

45号　关于成立乡镇党委换届工作指导组的通知

46号　关于印发盱眙县严重失信行为人联合惩戒办法(试行)的通知

47号　中共盱眙县县委办公室印发《县委常委会开展"两学一做"学习教育工作方案》的通知

48号　关于印发小盱小眙真人秀暨千名志愿者服务龙虾节活动实施方案的通知

49号　关于转发县农村土地承包经营权确权登记颁证工作领导小组《关于认真做好农村土地承包经营权暂缓或不予确权等工作的意见》的通知

50号　关于印发盱眙县处置低效闲置企业暂行办法的通知

51号　关于成立维桥乡村庄建设用地布局调整工作领导小组的通知

52号　关于印发盱眙县党委(党组)意识形态工作责任制考评方案的通知

53号　关于印发《盱眙县帮办人员考核管理暂行办法》的通知

54号　关于调整县征兵工作领导小组组成成员的通知

55号　关于推荐马俊同志任职的报告

56号　关于印发《2016盱眙·周恩来读书节活动方案》的通知

57号　关于成立盱眙县第十四次党代表大会筹备工作机构的通知

58号　关于成立中央环保督查工作盱眙县协调联络组的通知

59号　关于召开中国共产党盱眙县第十四次代表大会的通知

60号　关于调整盱眙县捐资助学活动组委组成人员的通知

61号　关于印发《盱眙县2016年项目引进与项目推进"百日竞赛"实施方案》的通知

62号　关于调整县四套班子及副处职领导挂钩乡镇(街道)安排表的通知

63号　关于公布2016—2017年度县委帮扶工作队成员名单的通知

64号　关于下达2016年三季度目标的通知

65号　关于深入开展县乡党员干部结对帮扶低收入农户工作的通知

66号　关于印发《关于加强城区居民住宅小区和机关企事业单位技防监控建设的实施意见》的通知

67号　关于印发《盱眙县县级党政机关办公用房管理暂行办法》的通知

68号　关于成立盱眙县"三推三选"村党组织领导班子成员工作领导小组的通知

69号　关于印发《中共盱眙县第十四次代表大会重点目标任务分解表》的通知

70号　关于建立江苏省文明城市创建长效机制的意见

71号　关于调整盱眙县精神文明建设指导委员会成员的通知

72号　关于成立盱眙龙虾产业转型升级工作领导小组与分解产业发展重点目标任务的通知

73号　关于印发《进一步加强和完善部门统计工作意见》的通知

74号　关于转发《盱眙县农村土地承包经营权确权登记颁证成果检查验收实施方案》的通知

75号　关于调整县房屋征收工作领导小组成员及工作内容的通知

76号　关于印发《天泉湖国家级旅游度假区创建目标任务》的通知

77号　关于印发《金陵天泉湖国家康养旅游示范基地创建目标任务》的通知

78号　关于第三个"全国扶贫日"期间组织开展访贫问苦调研活动的通知

79号　关于印发盱眙县2016年秋季秸秆禁烧禁抛与综合利用工作方案的通知

80号　关于印发《全县四季度科学跨越发展考核指标"冲刺会战"实施方案》的通知

81号　关于印发《盱眙县2016年项目"冲刺会战"实施方案》的通知

82号　关于加快"5+1"现代农业产业转型升级提质增效发展计划

83号　关于做好2017年度重点党报党刊征订发行工作的通知

84号　关于做好全县第十一届村民委员会和第六届居民委员会换届选举工作的通知

85号　关于推荐何善光等同志任职的报告

86号　关于开展党风廉洁建设"两个责任"落实情况专项检查的通知

87号　关于印发《盱眙县新入党、新录用和新任职人员廉洁教育"五个一"制度》的通知

88号　关于做好2017年度党内刊物订阅工作的通知

89号　县委办公室转发《县委统战部关于工商联(商会)换届工作的意见》的通知

90号　关于成立县工商联(商会)换届工作领导小组的通知

91号　关于印发《盱眙县深化行业协会商会与行政机关脱钩工作实施方案》的通知

92号　关于印发《乡镇(街道)纪委(纪工委)书记提名考察办法(试行)》等的通知

盱眙县人民政府办公室文件

(2016年)

3号　关于印发盱眙县户外广告路灯亮化设施管理意见(试行)的通知

4号　关于封存备用水源井保护任务的通知

5号　关于印发盱眙县2015年政府实事项目实施方案的通知

6号　关于印发盱眙县小型水利工程管理体制改革的实施方案的通知

7号　关于印发盱眙县技术标准战略三年推进计划实施意见的通知

8号　关于印发2016年县政府工作报告任务分解表的通知

9号　关于表彰2015年度全县政务信息工作先进单位和先进个人的决定

10号　关于印发盱眙县公共信用信息归集和查询使用管理、行政管理中实行信用管理、失信惩戒责任追究等办法的通知

11号　关于印发盱眙县社会信用体系建设实施方案(2016-2018年)的通知

12号　关于分解落实2016年市对县爱国卫生工作目标任务的通知

13号　关于印发盱眙县2016年城镇长效管理工作考核实施方案的通知

14号　关于印发盱眙县透明放心菜市场创建实施的通知

15号　关于下达2016年全县应急管理工作任务的通知

16号　关于成立乡镇(街道)食品安全委员会及其办公室的通知

17号　关于印发《盱眙经济开发区拆迁补偿安置实施办法》的通知

18号　关于印发维桥河水环境整治工作方案的通知

19号　关于盱眙县环境问题专项整治突击月工作方案的通知

20号　关于调整盱眙县职业教育招生工作领导小组成员的通知

21号　关于成立盱眙县社会保障卡建设实施工作领导小组的通知

22号　关于印发盱眙县社会保障卡建设实施方案的通知

23号　关于印发盱眙县创建省级公共文化服务体系示范区工作任务的通知

24号　关于进一步规范肉品市场经营的通知

25号　盱眙县十三五农村饮水工程提前实施项目奖补资金补助办法

26号　关于进一步加强住房公积金归集扩面的通知

27号　关于调整盱眙县住房公积金归集扩面领导小组的通知

28号　关于扩大城区住房保障范围的通知

29号　关于印发盱眙县三级政务平台建设实施方案的通知

30号　关于成立盱眙县国有企业整合工作领导小组的通知

31号　关于做好美国白蛾防控工作的紧急通知

32号　关于印发盱眙县城市周边永久基本农田划定工作实施方案的通知

33号　关于印发盱眙县城乡二次供水管理办法(试行)的通知

34号　关于加强施放气球安全管理工作的通知

35号　关于转发盱眙县主要涉农价格和收费公示目录的通知

36号　关于印发2016年度地质灾害防治方案的通知

37号　关于印发2016年盱眙县秸秆机械化还田实施办法的通知

38号　关于提高城乡低保和特困人员供养标准的通知

39号　关于成立夏粮收购领导小组的通知

40号　关于印发盱眙县(2016-2018)棚户区(危旧房)改造改造实施意见的通知

41号　关于印发盱眙县全民参保登记工作方案的通知

42号　关于成立盱眙县光伏扶贫领导小组的通知

43号　关于印发盱眙县金融支持扶贫工作方案的通知

44号　关于印发盱眙县危险化学品安全专项整治方案的通知

45号　关于印发扶持乡镇应急避难场所(民防园)建设管理暂行办法的通知

46号　关于加强高速公路沿线广告设施长效管理工作的实施意见

47号　关于印发洪泽湖网络管理实施方案的通知

48号　关于进一步做好重点优抚对象精神慰藉工作的通知

49号　关于印发盱眙县加强对过境垃圾联管联控实施意见的通知

50号　关于印发盱眙县加强全县集中式地表饮用水源地保护与管理的实施意见

51号　关于印发《关于加强城区居民住宅小区和机关企事业单位技防监控建设的实施意见》的通知

52号　关于印发天泉湖镇高标准基本农田建设项目实施方案的通知

53号　关于印发盱眙县人民政府办公室主要职责内设机构和人员编制规定的通知

54号　关于印发盱眙县发展和改革委员会主要职责内设机构和人员编制规定的通知

55号　关于印发盱眙县经济和信息化委员会主要职责内设机构和人员编制规定的通知

56号　关于印发盱眙县教育局主要职责内设机构和人员编制规定的通知

57号　关于印发盱眙县科技局主要职责内设机构和人员编制规定的通知

58号　关于印发盱眙县公安局主要职责内设机构和人员编制规定的通知

59号　关于印发盱眙县民政局主要职责内设机构和人员编制规定的通知

60号　关于印发盱眙县司法局主要职责内设机构和人员编制规定的通知

61号　关于印发盱眙县财政局主要职责内设机构和人员编制规定的通知

62号　关于印发盱眙县人社局主要职责内设机构和人员编制规定的通知

63号　关于印发盱眙县国土局主要职责内设机构和人员编制规定的通知

64号　关于印发盱眙县住建局主要职责内设机构和人员编制规定的通知

65号　关于印发盱眙县城管局主要职责内

设机构和人员编制规定的通知

66号　关于印发盱眙县交通局主要职责内设机构和人员编制规定的通知

67号　关于印发盱眙县水务局主要职责内设机构和人员编制规定的通知

68号　关于印发盱眙县农委主要职责内设机构和人员编制规定的通知

69号　关于印发盱眙县商务局主要职责内设机构和人员编制规定的通知

70号　关于印发盱眙县文广新局主要职责内设机构和人员编制规定的通知

71号　关于印发盱眙县卫计委主要职责内设机构和人员编制规定的通知

72号　关于印发盱眙县市场监督局主要职责内设机构和人员编制规定的通知

73号　关于印发盱眙县统计局主要职责内设机构和人员编制规定的通知

74号　关于印发盱眙县安监局主要职责内设机构和人员编制规定的通知

75号　关于印发盱眙县民宗局主要职责内设机构和人员编制规定的通知

76号　关于印发盱眙县行政审批局主要职责内设机构和人员编制规定的通知

77号　关于印发盱眙县家庭医生签约服务实施方案的通知

78号　关于印发盱眙县2016年度耕地占补平衡补充耕地项目库实施方案的通知

79号　关于印发盱眙县2016年度工矿废弃地复垦项目实施方案的通知

80号　关于印发盱眙县深化行政执法体制改革全面推进综合行政执法的实施意见的通知

81号　关于印发盱眙县低效产业用地再开发工作方案的通知

82号　关于印发城镇基本医疗保险住院医疗费用实行总额控制下按病种分值估算的意见(试行)的通知

83号　关于印发盱眙县气象灾害应急预案(修订版)的通知

84号　关于农村环境完善提升长效管护实施办法(试行)通知

85号　关于印发盱眙县十三五人防发展规划的通知

86号　关于印发盱眙县预决算信息公开管理暂行办法的通知

87号　关于印发盱眙县妇女发展规划2016-2020年和盱眙县儿童发展规划2016-2020年的通知

88号　盱眙县2016-2020年度冬春农田水利基本建设实施方案

89号　关于印发2016年四季度政府实事冲刺会战实施方案的通知

90号　关于印发盱眙县老旧小区基本物业服务实施办法的通知

91号　关于印发盱眙县电梯安全管理实施意见的通知

92号　盱眙县棚户区(危旧房、城中村)改造工作实施方案

93号　关于印发盱眙县畜禽养殖禁养区和限养区划定方案的通知

94号　关于印发盱眙县水污染防治工作方案的通知

95号　关于印发盱眙县政府投资工程融资资金池管理办法的通知

96号　关于印发盱眙县粮食安全责任制考核办法的通知

97号　关于农村留守儿童关爱保护工作实施方案

98号　关于下达今冬明春农村绿化造林任务的通知

99号　关于开展2017年无偿献血活动的通知

100号　关于印发盱眙县砖瓦企业专项整治工作实施方案的通知

101号　关于印发盱眙县粮食物流体系规划(2016～2020年)的通知

102号　关于印发盱眙县医疗机构设置规划(2016～2020年)的通知

103号　关于印发盱眙县十三五卫生与健康发展规划的通知

104号　关于印发盱眙县医疗卫生服务体系规划(2016-2020年)的通知

105号　关于印发盱眙县卫生计生服务资源优化整合方案的通知

本栏目责任编辑:王行政

附　录

Appendix

荣　誉　栏

Column of Honor

2016年盱眙县获市级以上先进单位一览表

表39

获奖级别	获奖单位	获奖名称
获全国性表彰	盱眙县	全国森林旅游示范县
	盱眙县农业技术推广中心	2014～2016年度全国农牧渔业丰收奖二等奖
	铁山寺国家森林公园	全国森林体验基地试点建设单位
	盱城五墩小学	特色学校
	盱城街道新华社区、盱城街道沙岗社区	全国综合减灾示范社区
	政府网站	中国优秀政务新媒体
	盱眙县委统战部	《中国统一战线》杂志学习宣传先进单位
	国土资源局	2015年度县级国土资源政务信息网上公开第19名
获全省性表彰	盱眙县	现代民政建设示范县、江苏省中小学校责任督学挂牌督导创新县、江苏省促进义务教育均衡发展先进县、省级公共文化服务体系示范区、江苏省人口协调发展先进县、省级农村电子商务示范县、2015年度江苏省国土资源节约集约利用进步奖
	政府网站	省政府网站信息保障工作先进单位
	政府办	全省政务信息工作先进单位
	中共盱眙县委组织部	“三提三知”工作法荣获江苏省基层社会治理十大创新成果
	盱眙县工商联	江苏省“五好”县级工商联
	县人民防空办公室	2016年度人防工作先进单位
	法院办公室	全省法院信息工作先进集体
	盱眙县人民法院	2013～2015年度省文明单位
	法院执行局	执行创新单位
	县公安局	江苏省文明单位、全省县级公安机关执法质量考评优秀单位
	国土资源局	2016年度各地档案工作通过省五星级规范测评单位、先进单位
	环保局	优秀单位组织名单、2016年度《江苏环境》宣传工作先进单位
	盱眙县司法局	2011～2015年度全省普法工作先进单位、全省司法行政系统安置帮教工作先进集体、全省司法行政系统宣传工作先进集体、
	白蚁防治中心	江苏省白蚁防治协会2016年度先进单位
	盱眙县社区矫正中心	省级社区矫正示范中心、全省司法行政系统‘四个全覆盖’体系建设先进单位
	盱眙县法律援助中心	全省法律援助工作先进集体
	县人社局	2013～2015年度省文明单位、省级创业示范基地、江苏省大学生优秀创业项目、
	盱眙县护林防火指挥部办公室	2013～2016年度全省森林防火工作先进单位、2014～2016年度苏浙皖毗邻地区护林防火先进集体
	交通运输局	2016年度“江苏省交通建设优质工程”项目
	城市管理综合执法大队	全省城市环境综合整治先进集体、城市长效综合管理先进基层单位
	教育局	“苏教国际杯”江苏省第十六届中学生作文大赛（初中组）优秀组织奖、厅属教育报刊宣传通联工作先进集体、金钥匙科技竞赛青少年科技教育先进单位

续表

获奖级别	获奖单位	获奖名称
获全省性表彰	盱眙县管镇中心小学	江苏省“阳澄湖半岛杯”青少年航空模型锦标赛女子组单项“团体第三名”、江苏省“阳澄湖半岛杯”青少年航空模型锦标赛“团体优胜奖”、江苏省“阳澄湖半岛杯”青少年航空模型锦标赛女子组单项“团体第一名”
	鲍集中心小学	江苏省优质学校
	江苏省盱眙中等专业学校	江苏省高水平现代化职业学校
	盱眙县广播电视台	江苏省文明单位、江苏省社会科学普及示范基地、江苏省五一巾帼标兵岗
	盱眙县广播电视台团总支	江苏省五四红旗团总支
	金陵山庄	江苏精品休闲度假饭店
	盱眙县民政局	文明单位
	盱眙县马坝镇人民政府	江苏省文明乡镇
	马坝镇兴隆村	江苏省文明村
	马坝镇石桥村	江苏省文明村
	马坝镇大众村	江苏省文明村、省级康居示范村
	马坝镇财政和资产管理局	江苏省财政系统先进集体
	马坝镇东阳卫生室	江苏省示范村卫生室
	马坝中心卫生院	江苏省免疫规划工作先进集体
	马坝中心小学	江苏省文明校园、江苏省“红十字”示范校
	旧铺镇	江苏省农村电子商务示范镇
	旧铺镇旧铺村	江苏省农村电子商务示范村、江苏省巾帼电商服务示范基地
	旧铺镇时集村	江苏省绿化示范村
	旧铺镇茶场	江苏省绿化示范村
	旧铺镇郑盘村	江苏省民主法治示范村
	淮安盱眙玉皇山农业园	2016年江苏乡村“最美百果园”
	维桥乡政府	省级科普示范乡镇
	盱城街道五墩社区	2013～2015年江苏省文明社区、江苏省科普示范社区
	盱城街道城南社区	第十一批省级“民主法治示范村”“民主法治示范社区”、江苏省平安创建活动示范社区(村)
	盱城街道新华社区	江苏省文明村、江苏“水美乡村”、江苏省休闲观光农业示范村
	盱城五墩小学	江苏省教育工作先进集体、特色学校
	盱城中心小学	淮安市女童保护公益行动先进集体、淮安市健康促进学校 铜奖
	盱眙县盱城街道办事处	淮安市村庄环境长效管理五星级乡镇
	盱城街道财政所	全市财政系统先进集体
	盱城街道石牛社区	第二届“全国119消防奖提名奖”先进集体
	盱城街道城南社区	全市“平安家庭”创建活动示范村(社区)
获全市性表彰	盱眙县	2015年度平安法治建设目标管理先进县、2016年度全市安全生产工作先进集体、2015年度全市创新创优优秀项目一等奖
	政府网站	市政府网站绩效考核第三名、市政府门户网站内容保障工作突出单位
	中共盱眙县委组织部	《五维评干激励干部担当有为》被市委市政府评为2016年创新创优项目二等奖
	盱眙县法宣办	全市领导干部、公务员网上法律知识竞赛“优秀组织奖”
	县人社局	2012～2014年度淮安市文明单位、“五一”劳动奖章、淮安市创业孵化基地
	盱眙县整治办	城市环境综合整治先进单位

续表

获奖级别	获奖单位	获奖名称
获全市性表彰（荣誉）	盱眙县长效办 盱眙县整治办	城市长效综合管理及环境整治精品亮点项目：盱眙县山城农贸市场升级改造项目
	教育局	淮安市第三届中小学生体育艺术文化节优秀组织奖、普通高中教研工作先进单位、淮安市女童保护公益行动先进集体
	盱眙县民政局	社会事业发展先进单位
	河桥中学	2015年淮安市未成年人心理健康教育千场宣讲活动先进单位
	河桥财政所	淮安市“先进财政所”

2016年盱眙县获市级以上先进个人一览表

（以姓氏笔画为序）

表40

姓　名	工作单位	获奖名称	授奖单位
马　伟	数字城管监督指挥中心	城市长效综合管理	中共淮安市委 淮安市人民政府
王盱明	盱眙县广播电视台	优秀党务工作者	淮安市委
王树森	人防办	全国人民防空先进工作者	国家人社部、中央军委国防动员部
王晓香	盱眙县公安局	全省公安机关执法示范岗位	省公安厅
王铭铭	管镇镇	2015年度优秀人大代表	淮安市人大常委会
王　锋	城管综合执法大队	城市长效综合管理	中共淮安市委 淮安市人民政府
付洪涛	盱眙县公安局	省公安厅表彰为“江苏最美警察”	省公安厅
朱志林	兴隆乡人民政府	2015～2016年度全省基层党员冬训先进个人	省委组织部、宣传部
向正兵	县住建局	优秀共产党员	省住房城乡建设厅
刘正根	国土资源局	先进个人	省国土资源厅
刘志超	县法院	全省法院优秀党务工作者	江苏省高级人民法院
汤习文	盱眙县城市管理综合执法大队	优质服务明星	江苏省建设工会工作委员
许开远	国土资源局	先进工作者	江苏省国土资源厅
许　松	盱眙县疾控中心	全省疾病预防控制工作先进个人	江苏省卫生和计划生育委员会
孙红中	政府办	全省政务信息工作先进个人	省政府办公厅
孙智勇	县法院	执行标兵	江苏省高级人民法院
李　彪	江苏省盱眙中等专业学校	五一劳动奖章	淮安市人民政府
陈士海	盱眙农广校	全国最美农广人	中央农广校
陈亚红	古桑中心小学	义务教育阶段先进个人	淮安市教育局
陈同洋	兴隆乡人民政府	2015年度服务外资先进个人	市委、市政府
周东琪	县住建局	建筑节能与绿色建筑先进个人	省住房城乡建设厅
周　勤	环卫处	江苏省劳动模范	江苏省人民政府
侯希南	盱眙县希望小学	2016年金钥匙科技竞赛“先进个人”、江苏省2016年青少年科学调查体验活动优秀辅导教师	江苏省教育厅、江苏省科协江苏省文明办、江苏科技厅、江苏省青少年科技中心

续表

姓　名	工作单位	获奖名称	授奖单位
侯秉树	管镇镇	淮安市农村青年致富带头人	共青团淮安市委员会、淮安市农业委员会
姚月梅	县法院	2014～2015年度先进个人二等功、专项个人三等功、江苏优秀女法官	江苏省高级人民法院
夏　寅 王绪峰 郑嘉烁 张维斌 孙连文 黄辅胜 孙德奎 何　欢 邢殿亮	盱眙县公安局	百名平安卫士	市委市政府
徐正达	盱眙县委统战部	《中国统一战线》杂志学习宣传先进个人	中央统战部宣传办 中国统一战线杂志社
谈　震	盱眙县希望小学	江苏省2016年青少年科学调查体验活动优秀辅导教师	江苏省青少年科技中心
黄　小	古桑中心小学	优秀教师	淮安市教育局
戚善举	盱眙县公安局	优秀党务工作者	市委市政府
程福新	管镇镇	优秀共产党员	中共淮安市委
傅永刚	盱眙县公安局	“淮安市十佳模范民警”	市委市政府
谢　杨	盱眙县疾控中心	全省血寄防健康教育和科普作品二等奖	江苏省血吸虫病防治研究所
颜世铭	县铁山寺管委会	文明旅游推广大使、森林旅游游客量报送优秀信息员	国家旅游局、国家林业局森林公园管理办公室
薛　伟	盱眙县运输管理所	“十二五”镇村公交发展工作先进个人	江苏省交通运输厅
戴　浩	县环保局	《江苏环境》宣传工作先进个人	江苏省环境保护宣传教育中心

2016年度科学发展目标考核先进集体名单

一、突出贡献奖(10个)

管镇镇、马坝镇、官滩镇、盱眙经济开发区、旧铺镇、国土局、财政局、公安局、国税局、供电公司

二、乡镇(区、街道)先进集体奖(14个)

一等奖(2个)

盱城街道、黄花塘镇

二等奖(4个)

天泉湖镇、穆店乡、铁佛镇、桂五镇

三等奖(8个)

鲍集镇、兴隆乡、河桥镇、明祖陵镇、古桑街道、仇集镇、淮河镇、维桥乡

三、部门先进集体奖(28个)

一等奖(3个)

发改委、住建局、机关工委

二等奖(10个)

文广新局、经信委、卫计委、农机局、环保局、人社局、教育局、地税局、法院、政法委

三等奖(15个)

民政局、商务局、交通局、旅游局、科技局、水务局、市场监察局、农委、审计局、开发局、安监局、城管局、司法局、检察院、团县委

四、优秀服务单位奖(29个)

行政审批局、供销总社、现代信息中心、统计局(国调队)、妇联、商业集团、统战部、气象局、信访局、党校、党史工委、科协、人行、工商联、广电总台、龙虾产业局、扶贫办、人武部、地震局、效能101中心、阳光盱眙管理办公室、投资促进局、残联、技师学院、盱眙中学、马坝中学、县医院、农商行、建行

(县志办)

索　　引

说　明

一、本索引采用主题分析方法编制，按汉语拼音字母顺序排列，字母相同的按声调顺序排列。大事记、特载、重要文件选编、统计资料、文中图表的相关内容未作索引。

二、本索引标引词一般采用中心词或简称。栏目、类目、分目标题用黑体字标示。栏目中的综述、类目、分目中的常规性条目，分别在其标引词下空两字距附见。个别重复出现的典型性条目，标注在常规性条目内。

三、标引词后的数字表示内容所在页码，数字后的拉丁字母a、b分别表示左栏、右栏。标引词后第二个页码起为参见页码。

（李 静）

图书在版编目（CIP）数据

盱眙年鉴. 2017/ 盱眙县地方志编纂委员会编. --
北京：方志出版社，2017.12
ISBN 978-7-5144-2746-2

Ⅰ. ①盱… Ⅱ. ①盱… Ⅲ. ①盱眙县－2017－年鉴
Ⅳ. ①Z525.34

中国版本图书馆CIP数据核字(2017)第295710号

盱眙年鉴（2017）

编　　者： 盱眙县地方志编纂委员会
责任编辑： 顾　洁

出 版 人： 冀祥德
出 版 者： 方志出版社
地址　北京市朝阳区潘家园东里9号（国家方志馆4层）
邮编　100021
网址　http://www.fzph.org
发　　行： 方志出版社发行中心
电话（010）67110500
经　　销： 各地新华书店
印　　刷： 扬州市机关彩印中心

开　　本： 889×1194毫米　1/16
印　　张： 21.25
字　　数： 518千字
版　　次： 2017年12月第1版　2017年12月第1次印刷
印　　数： 0001～1000册

ISBN 978-7-5144-2746-2　　**定价：** 200.00元